Allgemeines Reisepraktisches

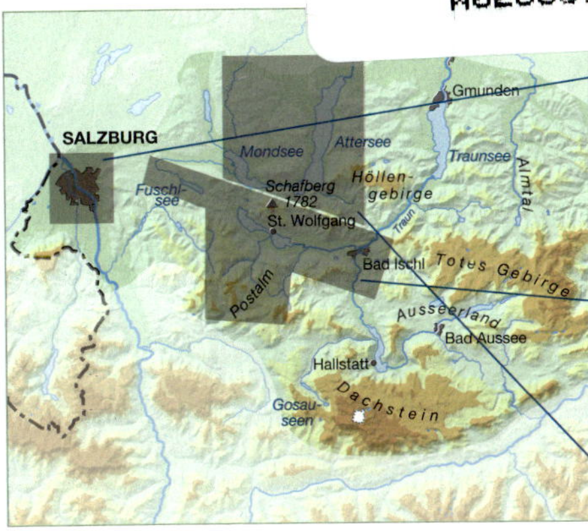

Salzburg

Von Salzburg nach Bad Ischl

An Mondsee und Attersee

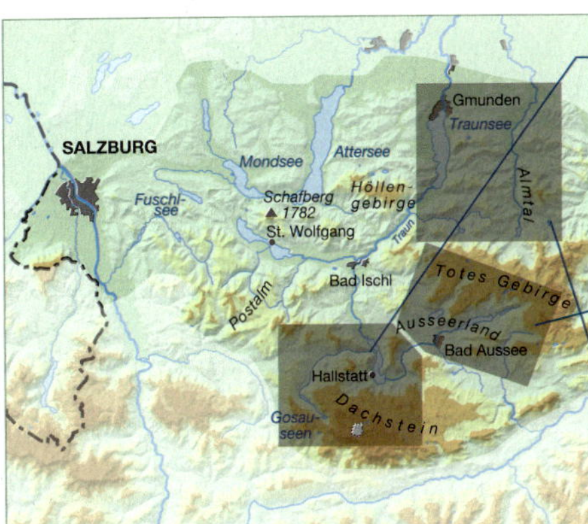

Inneres Salzkammergut

Im Ausseerland

Am Traunsee und im Almtal

Text und Recherche: Barbara Reiter & Michael Wistuba
Lektorat: Angela Nitsche, Horst Christoph (Überarbeitung)
Redaktion und Layout: Christiane Schütz
Karten: Carlos Borell, Günther Grill, Judit Ladik, Gábor Strecska, Inger Holndonner
Fotos: Barbara Reiter & Michael Wistuba
Covergestaltung: Karl Serwotka
Covermotive: Hallstatt (oben)
Stadt Salzburg (unten)
Blick auf den Hallstätter See (S. 3)

ISBN 978-3-89953-482-5

 Druck: Wilhelm & Adam, Heusenstamm.

Wichtige Änderungen, die sich nach dem Druck dieser Auflage ergeben haben, finden Sie in den Rubriken Reise-News und Reise-Updates unter **www.michael-mueller-verlag.de**.
Aktuelle Infos zu unseren Titeln, Hintergrundgeschichten zu unseren Reisezielen sowie brandneue Tipps erhalten Sie in unserem regelmäßig erscheinenden Newsletter, den Sie unter **www.michael-mueller-verlag.de** kostenlos abonnieren können.

2. komplett überarbeitete Auflage 2009

Salzburg & Salzkammergut

Barbara Reiter & Michael Wistuba

INHALT

Salzburg & das Salzkammergut – Wissenswertes

Alles im Kasten

Kartenverzeichnis

Wanderungen

Mittels **GPS kartierte Wanderungen** – Waypoint-Dateien zum Downloaden unter:
www.michael-mueller-verlag.de/gps

Zeichenerklärung für die Karten und Pläne

Autobahn
Bundesstraße
Hauptstraße
Landstraße
Fahrweg
Fußweg
Wanderweg mit Wegpunkt
Schifflinie
Bahnlinie
Seilbahnstation
Gipfel
Höhle
Aussichtspunkt
Hütte
Wasserfall
Kloster
Kirche
Schloss/Burg
Tierpark
Hauptverkehrsstraße
Tunnel
Straße
Fußweg/Fußgängerzone
Grünanlage
Friedhof
Wald
Flughafen
BUS Bushaltestelle
S Straßenbahn
P Parkplatz
i Information
Post
Krankenhaus
Sehenswürdigkeit
M Museum

Was haben Sie entdeckt?

Was war Ihr Lieblingswirtshaus, in welchem Hotel haben Sie sich wohl gefühlt, welchen Campingplatz würden Sie wieder besuchen?

Bitte schreiben Sie uns, wenn Sie Kritik, Verbesserungsvorschläge, Anregungen oder Empfehlungen zu diesem Buch haben.

Barbara Reiter, Michael Wistuba
Stichwort „Salzkammergut“
c/o Michael Müller Verlag
Gerberei 19
91054 Erlangen
reiter_barbara@michael-mueller-verlag.de

Salzburg & das Salzkammergut

Wissenswertes

Von den Kirchenglocken der Stadt Salzburg …

Das „Salz“ im Namen

… haben beide, und doch sind es zwei Welten, die Stadt Salzburg und das Salzkammergut: Hier die einstige fürsterzbischöfliche Residenz mit barocker Pracht, Hochkultur und großstädtischer Szene, dort ein Sport- und Freizeitparadies in einer faszinierenden Seen- und Gebirgslandschaft.

Die **Stadt Salzburg** ist nach Wien die berühmteste Österreichs. Sie liegt etwa auf halber Strecke zwischen Wien und Innsbruck, am Übergang der Nordalpen in das weite Voralpenland. Als UNESCO-Weltkulturerbe und Mozarts Geburtsstadt zieht sie jährlich rund zwei Millionen Besucher aus aller Welt an, die sich in den Altstadtgassen, Kaffeehäusern und zahlreichen Kunstmuseen, auf den belebten Märkten und Plätzen und den aussichtsreichen Stadtbergen zu beiden Ufern der Salzach tummeln. Mit 145.000 Einwohnern ist Salzburg eine „kleine“ Großstadt, überschaubar und am besten zu Fuß zu erobern. Das Gedränge kann daher groß werden, besonders im Hochsommer zur Zeit der weltberühmten Festspiele mit hochkarätiger Künstlerschaft und Hochglanzprominenz oder im Advent, wenn Weihnachtsmärkte und Schneeflocken romantische Gemüter anlocken. Verantwortlich für den Bau der imposanten Festung und der zahlreichen Kirchen und Barockpaläste, die das Stadtbild als eindrucksvolles Gesamtkunstwerk erscheinen lassen, waren Salzburgs Fürsterzbischöfe, unabhängige geistliche Landesherren, deren jahrhundertelange Herrschaft erst im frühen 19. Jh. zu Ende ging und die ihren Reichtum dem Salz des nahen Halleiner Dürrnbergs zu verdanken hatten.

Das **Salzkammergut**, das sich östlich der Stadt Salzburg mit einer grandiosen Seen- und Alpenwelt über eine Fläche von rund 2500 km² erstreckt, hat historisch weder

... bis zu den Kuhglocken im Salzkammergut

mit der Stadt Salzburg noch mit dem Salz vom Halleiner Dürrnberg etwas zu tun. Es war bis in die Mitte des 19. Jh. Privateigentum der von Wien aus regierenden Habsburgerkaiser, die es wegen der lukrativen Salzvorkommen in Hallstatt, Ischl und Altaussee weitgehend unzugänglich hielten. Erst danach, zu Zeiten Kaiser Franz Josephs, der das heutige Bad Ischl im Herzen des Salzkammerguts zu seinem Urlaubsdomizil erkor, schwang es sich zur kaiserlichen Sommerfrische und ab dem 20. Jh. zu einem der meistbesuchten Feriengebiete Österreichs auf.

Mit dem Aufkommen des Tourismus wurden die Stadt Salzburg und das Salzkammergut in einem Atemzug genannt – als gegensätzliches Paar, das sich ideal ergänzt: Wer die Stadt Salzburg besucht, sollte eine Landpartie aus dem städtischen Trubel an die Ufer eines Salzkammergutsees ins Auge fassen. Wer hingegen im Salzkammergut seinen Urlaub verbringt und Lust auf großstädtisches Kulturangebot verspürt, plant einen Stadtausflug ein.

Im Salzkammergut selbst sind Natur und Kultur, touristische Infrastruktur und unverfälschte Landschaft aufs Angenehmste miteinander verbunden: über 70 tiefblaue bis smaragdgrüne Seen mit einsamen Badeplätzen und modernen Seebädern, mit Bootsverleihen und Segelschulen, schroffe Felsen, ewiges Gletschereis und markante Aussichtsberge, die mit Zahnrad- oder Seilbahn einfach zu bezwingen sind, wildromantische Alpentäler und idyllische Almhütten, kulinarische Genüsse in Fischrestaurants und Wirtshäusern, riesige Höhlen und Schaubergwerke, Mountainbiketouren, gemütliche Wanderwege und Klettersteige, Kurorte mit Villenarchitektur und beschauliche Dörfer mit Holzbauten. Das leicht angestaubte Sommerfrische-Image, das noch vor wenigen Jahren für rückläufige Touristenzahlen sorgte, wurde mit gelungenen Werbeaktivitäten, mit der Erneuerung von Hotels und Freizeitbetrieben und aktionsreichen Events kräftig aufpoliert. Erste Zuwächse an Urlaubsgästen sind die erfreuliche Folge dieser Investitionen.

Weite „Karstwüste" am Dachstein

Natur- und Kulturlandschaften

Geologische Entwicklung

Salzburg und das Salzkammergut liegen am Übergang von den Alpen zum Alpenvorland, eine Region, die sich durch großen geologischen Formenreichtum auszeichnet. Im Urmeer *(Tethys)*, das vor 250 bis 65 Mio. Jahren ganz Europa bedeckte, lagerten sich Salz und mehrere Tausend Meter dicke, horizontale Kalkschichten ab. Als 100 Mio. Jahre später Afrika gegen Europa driftete, wurden diese abgelagerten Schichten zerrissen, übereinander geschoben, aufgetürmt und zu den Alpen geformt. Als nördlichste Gebirgskette entstanden die **Nördlichen Kalkalpen**, die von schroffen, hellgrauen Felsstöcken und riesigen Karsthochflächen geprägt sind. Beste Beispiele sind das Dachsteingebirge (höchste Erhebung: *Hoher Dachstein*, 2995 m) und das Tote Gebirge (*Großer Priel*, 2515 m), deren durchlässiges, wasserlösliches Kalkgestein gewaltige, unterirdische Hohlräume entstehen ließ. Von den 400 Höhlen im Dachstein sind jene in Obertraun die bekanntesten.

Eine bei der Alpenfaltung angehobene Gesteinsschicht ist das in den Nördlichen Kalkalpen vorkommende **Haselgebirge**, ein Gemenge aus Ton, Sandstein, Gips und Steinsalz mit bis zu 70 % Kochsalzgehalt. Es bildet die ostalpinen Salzlagerstätten, die in Bad Reichenhall, Berchtesgaden, Hall in Tirol, Hallein, Bad Ischl, Hallstatt und Altaussee abgebaut wurden bzw. werden (→ Kasten S. 15, oben).

Das Salzkammergut formte die letzte **Eiszeit** (Würmeiszeit) vor 60.000 bis 10.000 Jahren. Der Traungletscher ergoss sich als gewaltiger Eisstrom vom Dachstein herab durch das Hallstätter Becken bis Bad Ischl und spaltete sich dort am Höllengebirge. Eine Zunge zog sich durch das trogförmige Trauntal bis nach Gmunden und wurde unterwegs von den Gletschern des Langbathtals und des Traunsteins genährt.

Salzabbautechnik im Salzkammergut

Die Bergknappen der Bronze- und Eisenzeit bauten trocken ab: Sie brachen Steinsalz in festen Brocken und förderten diese mühsam aus bis zu 300 m tiefen Stollen zu Tage. Seit dem 12. Jh. wird der nasse Abbau praktiziert, das sog. *Soleverfahren*: Dabei wird ein künstlicher Hohlraum im Salzstock mit Wasser geflutet, ob als unterirdischer Salzsee, in tiefen Schächten oder in über 100 m langen Bohrlöchern, wie beim heutigen Bohrlochsondenverfahren, und das Wasser mit dem herausgelösten Salz, die sog. Sole, zu den Sudhäusern der Saline geleitet. Dort wird die Sole erhitzt, das Wasser verdampft und reines Salz bleibt zurück. Heute gibt es dafür thermische Verdampferanlagen, in früheren Zeiten geschah dies in riesigen, befeuerten Eisenpfannen, wofür der Brennholzbedarf enorm war.

Der andere Eisstrom erstreckte sich über den Wolfgangsee bis zum Fuschlsee mit Abzweigungen zum Attersee und Mondsee. Im Westen reichte der mächtige Salzachgletscher bis über die Stadt Salzburg hinaus ins Alpenvorland und schürfte das Salzachtal aus. Nur die Kalkstöcke des *Festungsbergs* (542 m) und des *Kapuzinerbergs* (636 m), der das Nordende der Nördlichen Kalkalpen darstellt, konnten den Eismassen widerstehen. Letzter Rest der gewaltigen Eisströme ist heute der Dachsteingletscher. Nach dem Abschmelzen der Gletscher füllten sich die Becken mit Schmelzwasser, und es entstanden die Salzkammergutseen. Manche Aussichtskuppe in den Voralpen ist Überbleibsel erodierter Schuttmassen, etwa der *Gmundnerberg* (822 m) und die Salzburger Stadthügel *Mönchsberg* (508 m) und *Rainberg* (510 m), deren braungraues Konglomeratgestein das heutige Stadtbild als Baustoff prägt. Und weil die Endmoränen einst dem Schmelzwasser den Weg versperrten, entwässern heute manche Seen entgegen der Richtung des ehemaligen Eisstroms: Die Ischl rinnt aus dem Wolfgangsee nach Bad Ischl, vereinigt sich dort mit der Traun und fließt durch den Traunsee zur Donau. Irrsee und Fuschlsee entwässern über ihre Achen in den Mondsee und dieser über den Attersee und die Ager in die Traun. Wo Gletscherbrocken liegen blieben und als Toteis unter Geröll eingeschlossen wurden, findet man heute kleine sumpfige Seen oder Moore (z. B. den *Egelsee* bei Unterach oder den *Krottensee* bei Gmunden).

Was gehört zum Salzkammergut?

Das Salzkammergut hat heute keine verwaltungstechnische Bedeutung mehr, sondern ist auf die drei österreichischen Bundesländer Oberösterreich, Steiermark und Salzburg aufgeteilt. Seine genauen Grenzen werden unterschiedlich definiert und sind meist an touristischen Bedürfnissen orientiert. Dieses Buch führt von der Stadt Salzburg aus ostwärts in das Salzkammergut, über den Fuschlsee und Wolfgangsee nach Bad Ischl, dem geografischen Zentrum der Region. Nördlich davon erfasst es den Mondsee, Irrsee und Attersee. Dann beschreibt es das südlich von Bad Ischl gelegene Innere Salzkammergut mit der Welterberegion Hallstatt-Dachstein und das daran anschließende Ausseerland. Der Traunsee nordöstlich von Bad Ischl und das Almtal schließen das Salzkammergut im Westen ab.

Jüngeren Datums sind einige beachtliche Felsstürze, die ihre Ursache im weichen, leicht verformbaren Haselgebirge haben. Der größte ereignete sich 1920 am Sandling bei Altaussee. 1978 und 1983 donnerten haushohe Felsbrocken von der Zwerchwand nahe der Hütteneckalm zu Tal und schufen ein spektakuläres Durcheinander (→ Wanderung 9). Im Gschliefgraben, der sich unterhalb des Traunsteins bis zum Traunseeufer zieht und seit alters her als geologisch instabiles Gebiet bekannt ist, sind seit November 2007 1,5 Mio. Kubikmeter Erd- und Geröllmassen in Bewegung geraten. 12 Häuser mussten evakuiert, 12 Hektar Wald gerodet werden. Nach neun Monaten konnte die Hangrutschung durch Wasserableitung vorerst stabilisiert werden (→ Wanderung 17).

Flora und Fauna

Fast zwei Drittel der Bodenfläche der Region sind mit **Wald** bedeckt. Neben Buche, Tanne und Ahorn findet man aufgeforstete Fichtenwälder, in höheren Lagen gesellen sich Lärchen, an trockenen Südhängen, etwa um Traunsee und Attersee Kiefern hinzu. Den Waldboden besiedeln Orchideen- und Veilchenarten, Seidelbast und Heidelbeeren. Auf den **Wiesen** gedeihen Glockenblumen, Margeriten, Klee- und Lilienarten, Narzissen kommen im Almtal und im Ausseerland vor. Die Karsthochflächen von Dachstein, Höllengebirge und Totem Gebirge dominieren Latsche (Legföhre) und der im Sommer dunkelrot blühende Almrausch (Alpenrose). Weil Weideflächen wegen des Holzbedarfs der Salinen und kaiserlicher Jagdinteressen nicht gerodet werden durften, gibt es kaum große Almen. Ausnahmen sind die Post- und die Tauplitzalm, die mit bunten Bergblumen von Enzian bis Silberwurz erfreuen. Unbewirtschaftete Almen verwalden zunehmend oder wurden bereits aufgeforstet.

Apollofalter

Von der **Tierwelt** des Salzkammerguts zeugt die Abschussliste von Kaiser Franz Joseph im Ischler Stadtmuseum: Hirsche, Damwild, Rehe, Wildschweine, Hasen, Füchse, Auer- und Birkhähne und Gämsen. Letztere sind auch am Kapuzinerberg mitten in Salzburg heimisch. Weit verbreitet sind Schlangen wie die Ringelnatter und die giftige Kreuz- bzw. die ganz schwarze Höllenotter, der man bis 2000 m Höhe begegnet. Mit Glück sieht man Feuer- und Alpensalamander sowie den rot gepunkteten Apollofalter – alles streng geschützte Arten. Unangenehm sind die blutsaugenden Zecken, die vor allem im Gesträuch von Mischwäldern zu Hause sind. Gänse- und Entenarten bevölkern die Salzkammergutseen, der Traunsee ist für seine im 19. Jh. angesiedelten Höckerschwäne bekannt. Von den einheimischen Fischen landen Forelle, Saibling und Reinanke (Renke) bevorzugt in der Pfanne.

Winterlandschaft am Fuschlsee

Klima und Reisezeit

Da hilft kein Herumreden: Das Klima von Salzburg und dem Salzkammergut ist feucht. Wenn der Westwind atlantische Luftmassen heranbringt, die sich am Nordrand der Alpen stauen und Wolken bilden, dann trommelt bald der berühmte **Schnürlregen** (der in Schnüren vom Himmel fällt) auf Salzburg und die Seenlandschaft – oft auch tagelang (Schlechtwettertipps → S. 54). Die Sommersaison ist leider auch die regenreichste Zeit: Gewitter sind im Juni und Juli häufig, der August zählt durchschnittlich 14 Regentage, Sonnentage sind dann eine Kostbarkeit. Aber das Wetter ist nicht grundsätzlich schlecht. Statistisch gesehen, ist die Zahl der Sonnenscheinstunden pro Jahr mit 1700 bis 1900 sogar relativ hoch. Und wenn die Sonne strahlt, ist der Himmel so tiefblau, die Landschaft so satt und grün und die Seen so klar, dass jeder Regentag vergessen ist.

Zur Reisezeit gilt: Die Stadt Salzburg hat immer Saison. Am dichtesten drängt sich das Publikum zur Festspielzeit (Ende Juli bis Ende August) und von Anfang Dezember bis über Neujahr hinaus, wenn die schneeverhüllte Stadt mit Adventsingen und Christkindlmarkt winterliche Romantik versprüht.

In das Salzkammergut reist man im Mai und Juni, wenn die Frühlingswiesen blühen, im Sommer, wenn Badeseen und Abende am wärmsten sind, und im stabilen Herbstwetter von September bis Oktober, wenn die Sonne das Gelb der Lärchen aufleuchten lässt und die klare Luft die Fernsicht zu den schneebedeckten Gipfeln freigibt. Trotz der Seen gibt es im Inneren Salzkammergut und im Ausseerland kaum Herbstnebel – an Mond-, Atter- und Traunsee halten sie sich hingegen oft bis zum Nachmittag. Im Dezember locken stimmungsvolle Adventveranstaltungen ins Salzkammergut. Die überaus schneereiche Wintersaison dauert von Weihnachten bis März und bietet Skifahrern zahlreiche Möglichkeiten zu Abfahrt und Langlauf.

„Kammermusik" auf Bad Goiserisch

Brauchtum und Traditionen

Im Salzkammergut haben sich dank der Abgeschiedenheit und dem regionalen Selbstbewusstsein alte Bräuche und Sitten lebendig und unverfälscht erhalten.

Das Brauchtumsjahr beginnt mit dem 5. Januar, der letzten der vier **Raunächte** (21., 24., 31.12. und 5.1.), die eine geheimnisvolle Bedeutung für die Zukunft haben sollen. Durch Räuchern (daher der Name) mit Weihrauch will man künftiges Unheil von Haus und Hof fernhalten. Während in dieser Nacht im Ausseerland (und in anderen Teilen Österreichs und Süddeutschlands) **Perchten** als Winterdämonen unterwegs sind, ist das übrige Salzkammergut Schauplatz von **Glöcklerläufen**. Glöckler sind Schönperchten, weiß gekleidete Burschen mit meterhohen, kunstvollen, innen mit Kerzen beleuchteten Gebilden am Kopf mit umgegürteten Glocken, die in kleinen Gruppen *(Passen)* Kreise, Achter und Spiralen laufen. Damit sollen die Geister der Finsternis vertrieben werden. Hochburgen des Glöcklerlaufs sind Ebensee und Bad Ischl. Am 6. Januar ziehen die **Heiligen Drei Könige** von Haus zu Haus, in St. Wolfgang und Bad Ischl hoch zu Ross, in Gmunden kommen sie per Schiff über den See. Höhepunkt der **Faschingszeit** sind die drei Tage vor Aschermittwoch. Die berühmtesten Umzüge finden in Ebensee *(Fetzenzug)* und im Ausseerland (→ Kasten S. 215) statt. Die anschließende Fastenzeit dauert bis Karsamstag, an dem vielerorts **Osterfeuer** brennen. Am 1. Mai werden **Maibäume** aufgestellt, am **Fronleichnamstag** Prozessionen abgehalten, von denen jene in Hallstatt und Traunkirchen zu den stimmungsvollsten gehören, weil sie auf den See führen. Sie sind ein Relikt der prunkvollen Inszenierungen der Gegenreformation. Am letzten Mai-Wochenende findet jährlich im Ausseerland das **Narzissenfest** statt (→ Kasten S. 209).

Rund um den 21. Juni leuchten von vielen Bergen **Sonnwendfeuer**, mit denen früher die Sennen die gesunde Ankunft der Herde auf der Alm bekanntgaben. Der Almabtrieb Ende September wird nur in wenigen Orten zelebriert. Zuvor, am 15. August, treffen sich die Seitelpfeifenspieler des Salzkammerguts auf einer Alm zum **Pfeifertag**. Rund geht es wieder mit **Nikolo- und Krampusbräuchen** um den 5. Dezember. Die Krampusse, teuflische, mit Fell und Masken verkleidete und mit Schellengurt und Rute ausgerüstete Begleiter des Hl. Nikolaus, vermischen sich im Aussehen immer mehr mit Perchten, die eigentlich zur Raunacht unterwegs sind. Ein althergebrachter Brauch ist das Nikolospiel in Bad Mitterndorf (→ S. 229). Zur Weihnachtszeit gehören im Salzkammergut kunstvolle **Krippen**. In den Museen werden jahrhundertealte, vielfigurige Krippenlandschaften hervorgeholt, in Bad Ischl und am Traunsee können sie auch in Privathäusern besichtigt werden, im Rahmen einer *Kripperlroas* – einer Reise von Haus zu Haus zwischen Weihnachten und Ende Januar. Alle 4 Jahre findet in Bad Ischl auch ein Krippenspiel statt.

Vom Gwand und von der Musi

Salzkammergütler hüllen sich gern in Tracht, an Sonntagen, beim Kirchgang und zu Volksfesten. Im steirischen Salzkammergut, dem Ausseerland, ist die Tracht schlichtweg Alltagsgewand. Wenn auch Schnitt, Material und Farbe von einem Tal zum anderen variieren, gilt generell: Die Frauen tragen Dirndl mit engem Mieder, Faltenrock, Schürze und Seidentuch und die Männer eine grau-grüne Lodenjacke, eine kurze Leder- oder Bundhose in Braun oder Schwarz und grüne Wollstutzen. Der weibliche Kopfschmuck reicht, je nach Anlass, vom Filzhut bis zur Goldhaube, Männer veredeln ihre Lodenhüte mit einem Gamsbart, der bekanntlich nicht vom Haupt, sondern vom Rückgrat der Tiere stammt. Salonfähig wurde das Tragen der Tracht im 19. Jh. mit Erzherzog Johann, der sich im praktischen Outfit der Ausseer Jäger gewandete. Ihm folgte sein Großneffe Kaiser Franz Joseph, der sich in seiner Ischler Sommerfrische in punkto Kleidung nicht vom einfachen Volk unterscheiden wollte. Selbst an den *Goiserern*, den genagelten, zwiegenähten Bergschuhen fand er Gefallen. Adel und Großbürgertum eiferten dem bald nach. Der Einfluss von Sommergästen und Stadtmode entwickelte die Tracht schließlich behutsam weiter, so dass sie bis heute tragbar blieb.

Wie die Tracht ist auch die echte Volksmusik im Salzkammergut allgegenwärtig. Aufgespielt wird im Dorfwirtshaus, auf der Alm und auf der Festbühne, meist mit Geigen, steirischer Harmonika, Gitarre und Kontrabass. Im Freien kommen auch Trommel und *Seitelpfeife*, eine hölzerne, klappenlose Querflöte, zum Einsatz. Die typischen Tänze sind *Landler* (Urform des Walzers) und *Steirer*, gesungen werden *Jodler* und *Gstanzln*, vierzeilige, scherzhafte Reime. Eine Spezialität ist das *Paschen*, ein rhythmisches Klatschen mit flachen oder hohlen Händen, dessen Tempo und Ablauf von Ort zu Ort unterschiedlich und nur von Einheimischen wirklich beherrscht wird. Junge Musiker aus dem Salzkammergut (Hubert von Goisern, Ausseer Hardbradler, Die Seer) haben seit den 1990ern die Volksmusik ihrer Heimat mit Rock, Punk, Jazz oder Reggae verschmolzen und so das Crossover-Genre der Neuen Volksmusik populär gemacht.

Museum Hallstatt – eine Reise in die Eisenzeit

Geschichte

Von den Anfängen bis zu den Kelten

Schon in der **Altsteinzeit** (180.000–6000 v. Chr.) streiften Jäger und Sammler durch das Land. Sie fanden Unterschlupf in Höhlen, wo sie Spuren in Form von Stein- und Knochengeräten hinterließen. Entdeckt wurden diese in den Bergen des Salzburger Beckens (Dürrnberg bei Hallein, Rainberg), aber auch in alpinen Regionen, wie in der Salzofenhöhle oberhalb des Grundlsees auf rund 2000 m Höhe. Seit der **Jungsteinzeit** (6000–2200 v. Chr.) waren die Menschen sesshaft und lebten von Ackerbau und Viehzucht. Erste Siedlungen entstanden im Salzachtal, in Hallstatt und an den Ufern von Traunsee, Mondsee und Attersee, wo um 1870 Reste jungsteinzeitlicher Pfahlbauten entdeckt wurden. Die darin aufgefundenen Keramikgefäße, Stein- und Kupfergeräte waren so einzigartig, dass man ihrer Entstehungszeit (3000 bis 2200 v. Chr.) den Namen *Mondseekultur* gab.

Der Einsatz metallener Werkzeuge in der **Bronzezeit** (2300–800 v. Chr.) erleichterte den Bergbau, in Hallstatt begann der bergmännische Abbau von Salz. Im Laufe des 8. Jh. setzte die Ältere Eisenzeit ein, die in Mittel- und Nordeuropa nach der Ausgrabungsstätte am Hallstätter Salzberg auch *Hallstattkultur* genannt wird. Seit 1846 wurden dort an die 1500 Gräber freigelegt, deren kostbare Grabbeigaben den durch den Salzhandel erwirtschafteten Reichtum bezeugen.

Um 450 v. Chr. breitete sich von Westen her die **Jüngere Eisenzeit** (La-Tène-Zeit) aus. Träger dieser Kultur waren die Kelten, die sich auch am Halleiner Dürrnberg ansiedelten und den dortigen Salzbergbau übernahmen. Die Reste ihrer Siedlung zählen heute zu den bedeutendsten Fundplätzen keltischer Kultur in Europa. Unter

Führung des keltischen Stammes der Noriker entstand ab dem 2. Jh. v. Chr. das Königreich *Noricum*, das sich von den Karnischen Alpen im Süden bis an die Donau und vom Inn bis an den Neusiedler See erstreckte.

Römer, Völkerwanderung und erste Christen

15 v. Chr. annektierten die **Römer** das keltische *Noricum*. 45 n. Chr. erhob es Kaiser Claudius zur gleichnamigen Provinz und machte *Iuvavum*, die zu Beginn der Römerzeit an der Salzach gegründete Siedlung (heutige Stadt Salzburg), zur Stadt. Funde belegen auch römische Siedlungen am Hallstätter See, im Ausseerland und am Traunsee. Dort schienen sich die Römer besonders wohl gefühlt zu haben, nannten sie das Gewässer doch *Lacus felix*, also „glücklicher See". Am Salzabbau im Gebirge hatten die Römer kein Interesse. Sie versorgten sich mit Meersalz, das im Imperium reichlich vorhanden und einfacher zu gewinnen war. Um 170 n. Chr. gelang es den **Germanen** erstmals, in das Römische Reich vorzudringen. Nach wiederholten Einfällen im 4. und 5. Jh. zogen sich die Römer 488 in den Süden zurück.

Im 6. Jh. breiteten sich von Norden her **Bajuwaren** donauabwärts bis in die Alpentäler aus und besiedelten die heutigen Länder Salzburg und Oberösterreich. Von Südosten stießen **Alpenslawen** ins Ausseerland und entlang der Traun ins Ischler Becken. Orts- und Gewässernamen slawischen Ursprungs, wie *Aussee*, *Toplitz-* und *Grundlsee* erinnern daran. Im 7. Jh. setzt sich die christliche Missionierung auf bairischem Territorium durch und damit gegen Ende dieses Jahrhunderts auch im Raum Salzburg/Salzkammergut: Um 700 erhielt der Wormser Bischof *Rupert* vom Baiernherzog *Theodo* das zwischenzeitlich verwaiste Iuvavum zum Geschenk. Er ließ dort Kirchen errichten und wurde zum eigentlichen Gründer der Stadt Salzburg, die bald Bischofssitz war. Bairische Herzöge errichteten im 8./9. Jh. die Klöster *Mondsee* und *Trunseo* am Traunsee, von denen aus das spätere Salzkammergut missioniert wurde. Nachdem *Karl der Große* 788 den letzten bayerischen Agilolfinger-Herzog Tassilo III. gestürzt hatte, gliederte er dessen Herzogtum (mitsamt den heute österreichischen Gebieten) in sein fränkisches Reich ein und ließ Salzburg 798 von Papst Leo III. zum Erzbistum erheben. Durch Landschenkungen der bayerischen Herzöge und fränkischen Könige reich geworden, erstreckte sich das Salzburger Gebiet Mitte des 9. Jh. vom Chiemsee bis zur Drau im Süden und vom Unterinntal bis zum Plattensee. Es umfasste damit auch das gesamte Gebiet des heutigen Salzkammerguts.

Hochmittelalter und das Werden des Salzkammerguts

Ende des 9. Jh. fielen die aus dem Osten herandrängenden **Magyaren** (Ungarn) mehrmals in das Frankenreich ein. 907 bereiteten sie dem fränkisch-bayerischen Heer in Pressburg eine vernichtende Niederlage: Der Salzburger Erzbischof Theotmar I. fiel und die Salzburger Besitzungen östlich der Enns gingen endgültig verloren. Nachdem der Expansionszug der Ungarn 955 mit der Schlacht auf dem Lechfeld bei Augsburg schließlich beendet war, wurden die erstmals unter Karl dem Großen zum Schutz der Ostgrenze des Reichs eingerichteten Marken reorganisiert: Die Verwaltung der sog. *Ostmark* (oder Ostarrichi) östlich der Enns erhielt 976 das bayerische Geschlecht der **Babenberger** übertragen, das seine Gebiete in den folgenden 270 Jahren beträchtlich ausdehnte. Als es 1246 ausstarb, beherrschte es ein reichsunmittelbares Herzogtum mit Residenz in Wien und erstreckte sich in etwa über das heutige Nieder- und Oberösterreich und die Steiermark. Das spätere

Salzkammergut war damit in seinen östlichen Gebieten babenbergisch. Der Attersee, das Mondseeland und Teile des Wolfgangsees hingegen gehörten weiter unmittelbar zum Herzogtum Bayern, der Fuschlsee und der übrige Wolfgangsee zum Erzbistum Salzburg. Letzteres war wie ganz Mitteleuropa im 11./12. Jh. von den politischen Rivalitäten zwischen Papst und Kaiser (Investiturstreit) betroffen und hatte – auf Seiten Roms stehend – die Verhängung der Reichsacht und eine Brandschatzung der Stadt Salzburgs 1167 durch Kaiser *Friedrich Barbarossa* erlitten. Mit der Wiederaufnahme der seit der Römerzeit eingestellten Salzproduktion am Halleiner Dürrnberg erfuhr das Erzbistum im 13. Jh. jedoch einen wirtschaftlichen Aufstieg. An Stelle des früheren bergmännischen Abbaus wurde nun das wirtschaftlich günstigere Soleverfahren angewandt (→ Kasten S. 15, oben) und damit das konkurrierende Reichenhall mit seinen Solequellen überflügelt. Ab etwa 1230 war die Saline Hallein die ertragreichste im gesamten Südostalpenraum.

Auch im ehemaligen Babenbergerreich, das östlich an das Gebiet des Erzbistums Salzburg grenzte und seit 1278 von König *Rudolf I. von Habsburg* regiert wurde, waren die Salzvorkommen mittlerweile wieder reaktiviert worden: Benediktinerinnen vom Traunsee hatten die Gewinnung in Hallstatt wieder aufgenommen und bergbaukundige steirische Zisterziensermönche jene im Ausseerland. Aus dem Konkurrenzverhältnis zwischen diesen habsburgischen und den erzbischöflichen Salzbergwerken resultierte unter Erzbischof Konrad IV. und Rudolf von Habsburgs Sohn Albrecht I. 1291–97 der *Salzkrieg*, an den noch heute der als Verteidigungsbau errichtete Rudolfsturm am Hallstätter Salzberg erinnert. Das zum Gebiet der Habsburger gehörende Hallstatt wurde zerstört, dafür kam das bislang salzburgische Gosautal unter habsburgische Herrschaft. Albrechts Witwe Elisabeth von Görz-Tirol reorganisierte schließlich 1311 das Hallstätter Salzwesen und machte den Salzberg und das für Weiterverarbeitung und Handel notwendige Trauntal über Ischl bis Gmunden (sog. *Ischlland*) zum Kammergut der habsburgischen Landesfürsten.

Das Kammergut – die Privatschatulle des Landesherrn

Als Kammergut bezeichnete man jene Teile des Römischen Reiches, über deren Einkünfte die Landesfürsten ohne Genehmigung der Stände verfügen konnten, die also gleichsam Privatbesitz waren. Der Name stammt von der Hofkammer, die für die Verwaltung zuständig war. Und die Einkünfte aus einem Kammergut, in dem Salz produziert wurde, waren enorm. Weil im kühlschranklosen Mittelalter Salz zur Konservierung von Nahrungsmittel unerlässlich war, hatte es den Wert von Gold. Kein Wunder, dass die Habsburger mit Argusaugen über dieses Privatreich wachten und das Leben der in Salzgewinnung und -transport, Holzbeschaffung und Lebensmittelversorgung der Region beschäftigten Personen streng regelten: Sesshaftigkeit war Gebot, Ein- und Ausreise wurden reglementiert, Hochzeiten mussten genehmigt werden und seinen kargen Lohn erhielt man in Naturalien. Im Gegenzug gab es eine Befreiung von Militärdienst und Steuern und die medizinische Versorgung. Verhungern musste keiner, aber reich wurden nur die *Salzfertiger*, jene Bürger, die von den Habsburgern Salzhandelsrechte erhielten. Ab 1800 ging es mit dem Kammergut im ursprünglichen Sinn allmählich zu Ende, doch der Name lebt als Landschaftsbegriff weiter.

Moosberg: einstiges Zentrum des Altausseer Salzbergbaus

Dank dem Halleiner Salz florierte die Wirtschaft im Erzbistum Salzburg. Das weiße Gold wurde auf Salzach und Inn bis Passau verschifft oder auf Saumpfaden über die Alpen nach Süden getragen. Auch die Habsburger waren erfolgreich und erwarben 1380 den *Attergau* rund um den Attersee. Etwa zu selben Zeit spaltete sich ihr Reich unter den Söhnen Rudolfs IV. in zwei Linien auf, wobei das Ausseerland vom übrigen Salzkammergut abgetrennt wurde. Als die selbstständigen Ausseer Salzhandelsherren (sog. *Hallinger*) zu mächtig wurden, unterstellte der spätere Kaiser *Friedrich III.* 1449 das dortige Salzwesen einem Salzverweser, der ihm direkt verpflichtet war. Friedrichs Sohn *Maximilian I.* vereinigte 1491 nicht nur die beiden Habsburgerlinien wieder, sondern reformierte auch die Salinen zu straff organisierten Großbetrieben und ließ die vom riesigen Brennholzbedarf der Sudpfannen vernichteten Wälder im Inneren Salzkammergut wieder aufforsten (was auch der habsburgischen Jagdleidenschaft zugute kam). Zusätzlich erwarb er 1506 das waldreiche Mondseeland und Teile des Wolfgangsees. Anfang des 16. Jh. war die Salzproduktion ein landesfürstliches Monopol der Habsburger bzw. der Salzburger Erzbischöfe geworden.

Reformation und Gegenreformation

Die durch *Martin Luther* ab 1517 verbreitete **Reformation** hatte sich in Salzburg und im Salzkammergut gegen 1550 durchgesetzt. Adelige Salzhandelsherren, Stadtbürger, Bergknappen, Salinen- und Holzarbeiter sowie Bauern waren überwiegend protestantisch, das Kloster in Mondsee zählte nur mehr wenige Mönche, jenes in Traunkirchen verwaiste 1571. Wirtschaftlich erfuhr das Salzwesen im Kammergut Mitte des 16. Jh. durch die Ausdehnung des Absatzmarktes auf Böhmen, das Teil des Habsburgerreiches geworden war, einen enormen Auftrieb. Neue Salinen gingen 1571 in Ischl und 1595 in Ebensee in Betrieb. Von Hallstatt aus wurde dorthin eine 42 km lange *Soleleitung* errichtet, die bis heute besteht (→ S. 196).

Ende des 16. Jh. setzte die **Gegenreformation** ein. Lutherische Bauern und Bergknappen wurden gewaltsam rekatholisiert, protestantischer Adel verlor Grund und Vermögen. Unterstützung kam von dem ins Land geholten Jesuitenorden, der im Salzkammergut das Kloster Traunkirchen übernahm und mit dessen prächtig barockem Ausbau und festlichen Seeprozessionen das Volk beeindruckte. Im Erzbistum Salzburg brach 1587 die Ära jener Fürsterzbischöfe an, deren Bauten bis heute das Gesicht der Stadt prägen: *Wolf Dietrich von Raitenau*, *Markus Sittikus von Hohenems* und *Paris Lodron*, dem es gelang, Salzburg vor dem **Dreißigjährigen Krieg** (1618–48) zu bewahren – durch geschickte Neutralitätspolitik und den Ausbau der Stadtbefestigung. Auch das abgeschiedene Salzkammergut war von Kampfhandlungen verschont.

Gegenreformatorische Maßnahmen hielten bis ins 18. Jh. an und trafen nun Geheimprotestanten, die sich in abgelegenen Tälern (Gosautal, Inneres Salzkammergut) den neuen Glauben bewahrt hatten. 20.000 wurden um 1732 von Fürsterzbischof Leopold Anton Firmian nach Ostpreußen vertrieben, Bergknappen vom Halleiner Dürrnberg emigrierten nach Holland, andere fanden im amerikanischen Georgia eine neue Heimat. An die 1000 Protestanten wurden 1734–37 per Dekret des Salzkammerguts verwiesen und im bevölkerungsarmen Siebenbürgen (Transsilvanien/Rumänien) angesiedelt, das seit 1691 zum Habsburgerreich gehörte. 1752–56 kamen auf Geheiß von Kaiserin *Maria Theresia* noch Tausende aus dem „Landl", einem Gebiet nördlich von Gmunden, dazu. In Siebenbürgen erhielten sie den Namen *Landler*, in Bad Goisern ist ihnen heute ein Museum gewidmet.

Von der Aufklärung zum Wiener Kongress

Erst Maria Theresias Sohn *Joseph II.*, ein Vertreter des aufgeklärten Absolutismus', legalisierte mit dem **Toleranzpatent** 1781 den Protestantismus in Österreich. Im Salzkammergut konnte sich der Großteil der Goiserer, Hallstätter und Gosauer nun offiziell zum neuen Glauben bekennen und Bethäuser errichten. Joseph II. verringerte auch die kirchlichen Feiertage, schränkte die Wallfahrten ein (was St. Wolfgang zu spüren bekam) und hob rund 700 „entbehrliche" Klöster im Reich auf, darunter auch jenes in Mondsee.

Im Erzbistum Salzburg hielt die Aufklärung 1772 mit *Hieronymus Graf Colloredo* Einzug, der zugleich Salzburgs letzter Fürsterzbischof war. Als **Napoleons Truppen** die Stadt 1800 besetzten, floh Colloredo nach Wien. Drei Jahre später wurde das geistliche Fürstentum Salzburg säkularisiert und in ein Kurfürstentum umgewandelt. Nach mehrmaligem Herrscherwechsel wurde es im **Wiener Kongress** 1814/1815, der nach der Niederlage Napoleons die territoriale Neuordnung Europas verhandelte, der Habsburgermonarchie zugeschlagen. Das Gebiet um den Attersee, das als einzige Region des Salzkammerguts von Napoleons Verbündeten besetzt wurde, kam ebenfalls an die Habsburger.

Touristischer Aufbruch im 19. Jahrhundert

Die ersten Jahrzehnte unter den Habsburgern stellten einen Tiefpunkt in der Salzburger Stadtgeschichte dar. Die frühere Fürstenresidenz war in der ersten Hälfte des 19. Jh. eine bedeutungslose Kreisstadt.

Für das Salzkammergut hingegen brach eine neue Ära an, als ein kaiserlicher Leibarzt 1823 die Heilkraft der Salzsole entdeckte und in Ischl ein **Kurbad** eröffnete.

Kaiser *Franz I.* war einer der ersten Gäste, ihm folgten gekrönte Häupter, Bischöfe und Adelige aus allen Teilen Europas. Sie kurten in der Sole und erfreuten sich an der unberührten Natur der abgeschiedenen Gegend. Deren Schönheit war schon zuvor Malern und Dichtern der Romantik aufgefallen, Reiseschriftsteller hatten zu Beginn des 19. Jh. von einer „österreichischen Schweiz" geschwärmt. Als dem kinderlosen habsburgischen Erzherzogspaar Franz Carl und Sophie die Kur in Ischl zum lang ersehnten Nachwuchs verhalf, und 1830 der erste „Salzprinz" Franz Joseph zur Welt kam, stieg die Stadt endgültig zum europäischen Modebad auf. Das 19. Jh. brachte auch neue Verkehrsmittel: 1836 erreichte die für den Salztransport nach Böhmen errichtete *Pferdeeisenbahn* von Budweis aus Gmunden, 1839 verkehrte der erste Dampfer am Traunsee.

Das Wappen mit Rübe führte Erzbischof Leonhard von Keutschach

Während es im Salzkammergut friedlich zuging, kam es 1848 in Wien unter dem Einfluss der französischen Februarrevolution ebenfalls zur **Revolution**, die von kaiserlichen Truppen blutig niedergeworfen wurde. Kaiser *Ferdinand I.* (1835–48) musste abdanken und sein Neffe, der bereits erwähnte „Salzprinz" Franz Joseph übernahm die Regierung. Unter dem Eindruck der Aufstände machte er die Stadt Salzburg 1850 zum Mittelpunkt eines eigenen Kronlandes der Monarchie, das 1861 eine gewählte Landesregierung erhielt. Er beendete die Sonderstellung des Salzkammerguts, die bereits seit *Joseph II.* ausgehöhlt war, und verstaatlichte den Vertrieb des Salzes, der bisher in Händen selbstständiger Salzfertiger lag.

Das Zeitalter Kaiser Franz Josephs

Mit Kaiser Franz Joseph hielt der Höhenflug von Ischl an. 1853 verlobte er sich hier mit seiner bayerischen Kusine, der Wittelsbacherprinzessin *Elisabeth in Bayern*, 1854 bezog er die Ischler Kaiservilla und nutzte sie bis 1914 als Sommerresidenz, wo er mit Kaisern und Königen aus aller Welt zusammentraf. Das waldreiche Salzkammergut kam seiner exzessiven Jagdleidenschaft entgegen, deren erschreckendes Ausmaß in der Ischler Kaiservilla bestens dokumentiert ist. Weniger erfolgreich als der Kaiser bei der Jagd war seine Armee. Die Kriege gegen Frankreich und Piemont-Sardinien 1859 und gegen Preußen 1866 endeten mit Niederlagen. 1859 ging dabei die Lombardei verloren, 1861 wurde schließlich auch die Toskana, wo eine habsburgische Nebenlinie regierte, Teil des neuen vereinigten Königreichs Italien.

Seine Majestät Kaiser Franz Joseph auf der Jagd

Großherzog *Leopold II. von Toskana* hatte Florenz verlassen müssen und fand im Schloss Ort in Gmunden am Traunsee, das mittlerweile Kurstadt geworden war, Zuflucht. Der *Deutsche Krieg* von 1866 bescherte Gmunden mit den entthronten Königen von Hannover, die hier im Exil lebten, ein weiteres Adelshaus.

Wo die Aristokratie ihre Sommersitze unterhielt, verbrachte meist auch das Großbürgertum seine Ferien. Dazu kamen Maler, Literaten und Komponisten, die der Schönheit der Landschaft auf der Spur und ihren Mäzenen auf den Fersen waren – **Sommerfrische** hieß die neue Mode, die in der zweiten Hälfte des 19. Jh. ihre Blütezeit erlebte. Voraussetzung dafür waren neue Straßen, Schiffe und Eisenbahnen, die das Salzkammergut erschlossen. 1860 erreichte von Wien aus eine nach Kaiserin Elisabeth benannte Bahnlinie, die heutige Westbahn, Salzburg. 1865 wurde die Straße am Westufer des Traunsees aus dem Felsen gesprengt, über die man Bad Ischl erstmals auf dem Landweg erreichen konnte. 1877 fuhr die erste Dampflok auf der Salzkammergutbahn, die die Westbahn über Gmunden, Ischl und Aussee mit der Ennstalbahn verband. Sie diente dem Salz- und Gütertransport und vervielfachte im Ausseerland die Zahl der Sommerfrischler und Kurgäste. Altaussee zog den Adel, Jagdliebhaber und Literaten an, am Grundlsee waren englische Sportfischer die ersten Touristen. Der Fremdenverkehr am Mondsee setzte 1870 ein, die ersten Dampfschiffe folgten bald. 1890 ging die schmalspurige Salzkammergut-Lokalbahn in Betrieb. Sie verband die Stadt Salzburg mit dem Wolfgangsee, Bad Ischl und Mondsee (→ S. 109). 1893 wurde die Zahnradbahn auf den Schafberg eröffnet. Gute Geschäfte machten auch die Salinen: Der gestiegene Soleverbrauch – Salz ist einer der wichtigsten Grundstoffe der chemischen Industrie – erforderte 1906 den Bau einer Soleleitung von Altaussee nach Ebensee.

Erster und Zweiter Weltkrieg

Nach der Ermordung des österreichischen Thronfolgers *Franz Ferdinand* durch serbische Nationalisten 1914 in Sarajewo, stellte Österreich-Ungarn (Ungarn war seit 1867 selbstständiger Reichsteil) an Serbien ein Ultimatum, dem am 28. Juli 1914 eine Kriegserklärung folgte. Das berühmt gewordene Manifest mit den Anfangsworten „An meine Völker!“ wurde von Kaiser Franz Joseph in seiner Villa in Ischl unterzeichnet, auf jenem Schreibtisch, der heute noch dort steht. Der Erste Weltkrieg endete 1918 mit der Niederlage Österreich-Ungarns und dem Zerfall des Habsburgerreichs. *Karl I.*, Nachfolger des 1916 verstorbenen Franz Joseph, musste auf die Regentschaft verzichten, Österreich wurde Republik und im *Friedensvertrag von Saint-Germain* 1919 im Wesentlichen auf die deutschsprachigen Teile der Monarchie beschränkt. Salzburg und das Salzkammergut waren von Kriegshandlungen verschont geblieben, doch hatten Tausende der Bewohner ihr Leben an der Front gelassen. Wirtschaftskrisen, Hunger und Armut kennzeichneten die ersten Nachkriegsjahre. Die neue Republik setzte auf die alten Stärken Kunst und Kultur, ein Meilenstein waren die ersten Salzburger Festspiele 1920. Die Elektrifizierung der Salzkammergutbahn 1924, der Bau des Flughafens und des Kleinen Festspielhauses 1926 in Salzburg und des Kurhauses in Bad Ischl 1927 sowie der Straße auf den Gaisberg 1929 sollten die Wirtschaft ankurbeln. Die Österreichischen Salinen wurden 1926 Bundesbetrieb, die Hälfte des einheimischen Absatzmarktes war durch das Ende des Habsburgerreichs verloren gegangen. Jetzt blühte der Fremdenverkehr, die Sommerfrische erreichte in den 1920er und 30er Jahren noch einmal einen Höhepunkt. Der Attersee und Altaussee waren begehrt, St. Wolfgang verwandelte sich mit der 1930 in Berlin uraufgeführten Operette „Im Weißen Rößl" vom Wallfahrts- zum Touristenort.

Während sich die wirtschaftliche Lage in Österreich konsolidierte, verstärkten sich die innenpolitischen Gegensätze zwischen Bürgerlichen und Sozialdemokraten. Parteien gründeten bewaffnete Wehrverbände, und Nationalsozialisten lieferten großdeutsche Anschlussparolen. Am 12. März 1938 marschierten Hitlers Truppen in Österreich ein, einen Tag später war der **Anschluss** an das nationalsozialistische Deutsche Reich vollzogen, den auch viele Österreicher begrüßten. Österreich wurde zur Ostmark und in Reichsgaue unterteilt. Das steirische Ausseerland kam an

Ungewollter „Tourismus-Pionier": Ralph Benatzky, Komponist der Operette „Im Weißen Rößl"

das Land Oberösterreich, das nun Oberdonau hieß. Die österreichischen Salinen und andere Großbetriebe wurden deutsches Eigentum. Jüdisches Vermögen in Salzburg wurde beschlagnahmt, Sommerfrischevillen im Salzkammergut wurden enteignet und von Nationalsozialisten bezogen – die Gegend war schön und die Lage günstig, residierte doch der Führer seit 1936 am Obersalzberg im nahen Berchtesgaden. Auf Schloss Fuschl, das Reichsaußenminister Joachim von Ribbentrop seit 1939 für sich beanspruchte, soll der deutsch-sowjetische Nichtangriffspakt vorbereitet worden sein, der zum Überfall auf Polen und damit zum Zweiten Weltkrieg (1939–45) führte. Im November 1943 wurde am Traunsee das Konzentrationslager Ebensee errichtet, am Toplitzsee unternahm das Deutsche Reich Versuche mit Wasserbomben. Angriffe der amerikanischen Luftwaffe zerstörten Anfang 1945 Teile der Salzburger Altstadt. Gegen Kriegsende war das Salzkammergut ein Rückzugsgebiet für NS-Parteigrößen. Propagandaminister Joseph Goebbels brachte seine Familie eine Zeit lang am Grundlsee unter, Ernst Kaltenbrunner, Heydrich-Nachfolger und Leiter des Reichsicherheitshauptamts, versteckte sich in einer Almhütte im Toten Gebirge. Während das Ischler Salzbergwerk im Krieg die Sammlungen des Wiener Naturhistorischen Museums aufnahm, versteckten die Nazis Beutekunst in den Salzstollen von Altaussee. Nach der Kapitulation Deutschlands Anfang Mai 1945 eroberten amerikanische Truppen Salzburg und das Salzkammergut. Die Republik Österreich wurde wieder errichtet und das ganze Land kam für 10 Jahre unter Besatzung durch die Siegermächte. Salzburg, Oberösterreich südlich der Donau und das Ausseerland gehörten dabei zur amerikanischen Zone.

Staatsvertrag, Ende des Salzmonopols, Welterbe

1955 wurde mit der Unterzeichnung des **Staatsvertrages** die volle Souveränität Österreichs wieder hergestellt und die Besatzungstruppen verließen das Land. Salzburg und das Salzkammergut erlebten bald einen wirtschaftlichen Aufschwung, den die Festspiele und der Fremdenverkehr ankurbelten. In den 1960er Jahren kam es zum massiven Ausbau von Straßen, die Gebirgswelt wurde endgültig erschlossen: 1952–54 entstanden die Seilbahnen auf den Dachstein, 1961 die Alpenstraße auf die Tauplitz, 1975 jene auf den Loser. Von 1955 bis 1959 errichtete man Gondelbahnen auf den Hallstätter Salzberg, den Gmundner Grünberg und auf die Katrin in Bad Ischl. Kurorte im Salzkammergut erhielten Badeanstalten, Kongresshäuser, Hotel- und Apartmentanlagen, die dem Landschaftsbild nicht immer zuträglich waren. 1962 nahm die Universität Salzburg wieder ihren Betrieb auf. Rationalisierungsmaßnahmen führten zur Stilllegung der Salinen in Bad Ischl (1965), Hallstatt (1965) und Bad Aussee (1983) sowie des gesamten Salzbergbaus in Hallein (1989). 1995 trat Österreich der **Europäischen Union** bei. Damit verfiel auch das Salzmonopol der Österreichischen Salinen. Anfang 1997 fanden sowohl die Salzburger Altstadt als auch die Region Hallstatt-Dachstein-Salzkammergut Aufnahme in das **Welterbe** der UNESCO. Die 1997 privatisierten und von einem Konsortium unter dem früheren Finanzminister Hannes Androsch erworbenen *Salinen Austria* gewinnen heute nach wie vor Salz und Sole in Hallstatt und Altaussee und verarbeiten es in der Großsaline in Ebensee. Die 2008 an 14 Orten des Salzkammerguts ausgetragene Landesausstellung brachte eine Erneuerung und Modernisierung wichtiger touristischer Einrichtungen in der Region mit sich (Dachstein-Seilbahn in Obertraun, Trinkhalle und Thermalbad in Bad Ischl, Schloss Neuwildenstein in Bad Goisern, Kammerhof in Gmunden, Rudolfsturm in Hallstatt etc.).

Schmuckstück aus der Romanik: die Kirche von Pürgg

Kunstgeschichte

Ur- und Frühgeschichte

Stein-, Bronze- und Eisenzeit: Die ältesten kulturellen Zeugnisse der Region stammen aus der Salzofenhöhle und sind im Kammerhofmuseum in *Bad Aussee* zu sehen. Das *Museum Hallstatt* und die *Kammerhofmuseen Gmunden* zeigen jungsteinzeitliche Werkzeuge sowie Keramik und Schmuck aus der Bronzezeit. Das Pfahlbaumuseum in *Mondsee* widmet sich der jungsteinzeitlichen Mondseekultur mit ihrer typischen Töpferware. Die kostbarsten Exponate der Hallstattkultur vom Hallstätter Salzberg sind heute Highlights der Prähistorischen Abteilung im Naturhistorischen Museum in Wien. Das Museum Hallstatt verfügt dennoch über eine respektable Sammlung an Fundstücken. Im großartigen Keltenmuseum in *Hallein* wird die keltische Kultur der jüngeren Eisenzeit umfassend präsentiert. Dort ist auch eine Kopie der berühmten Schnabelkanne zu sehen, das Original ist in der Schatzkammer des Salzburg Museums in *Salzburg* ausgestellt.

Römerzeit: Relikte dieser Epoche gibt es in der Region nur wenige. Über einzelne Fundstücke verfügen die oben genannten Museen in Hallstatt und Gmunden. In der Schatzkammer des Salzburg Museums sieht man ein schönes Mosaik und den Torso einer Amor-Statue.

Romanik

Architektur: Die hochromanische Domkirche der Stadt *Salzburg*, die im 12. Jh. zu den größten ihrer Zeit gehörte, ging durch den barocken Neubau bis auf wenige Mauerreste (zu sehen im Domgrabungsmuseum) verloren. Erhalten hat sich dagegen in Salzburg trotz Umbauten das wuchtige romanische Langhaus der Franziskanerkirche (13. Jh.). Juwele der Romanik sind die beiden Kirchen von *Pürgg* am Rande des Ausseerlands. Romanische Bauteile sind außerdem noch an den Türmen der Pfarrkirchen von *St. Wolfgang, Hallstatt, Bad Aussee* und *Altmünster* sichtbar.

Malerei/Plastik: Bedeutende Fresken aus der Zeit um 1150 finden sich in der Stiftskirche Nonnberg in *Salzburg*, in der Georgskirche und der Johanneskapelle in *Pürgg*. Die Schreibstuben der Salzburger Klöster brachten vom 9. bis ins 12. Jh. herausragende Buchmalerei hervor. Diese Handschriften sind heute in aller Welt verstreut: Das Cutbercht- (um 780) und das Liuthold-Evangeliar (um 1150) und das Antiphonar von St. Peter (1160) liegen in der Wiener Nationalbibliothek, Perikopenbücher (1050, 1150) sind in der Pierpont Morgan Library in New York und in der Staatsbibliothek in München. Das Rupertuskreuz (8. Jh.) im Dommuseum und die Bronzelöwen (12. Jh.) des Taufbeckens im Salzburger Dom sind bedeutende Werke romanischer Plastik, das Taufbecken selbst (1321) ist dem romanisch-gotischen Übergangsstil zuzurechnen.

Gotik

Architektur: Der neue Baustil hielt im 13. Jh. in der Mitte Europas Einzug. Die meisten gotischen Sakralbauten der Region sind erst im 14./15. Jh. entstanden und dem späten dekorativen Stil zuzurechnen. Schöne Beispiele in der Stadt *Salzburg* sind der Chor der Franziskanerkirche, die Krypta der Stiftskirche Nonnberg und der Saal der Bürgerspitalskirche, die Stiftskirche von *Mondsee* und die Pfarrkirchen von *St. Wolfgang, Gampern, Steinbach, Hallstatt, Bad Aussee* und *Altmünster*. Im Kern gotische Profanbauten sind die Kammerhöfe in *Gmunden* und *Bad Aussee*. Eine Kostbarkeit sind die holzvertäfelten spätgotischen Fürstenzimmer in der Festung *Hohensalzburg*.

Malerei: Gotische Tafelmalerei sieht man in der Spitalskirche in *Bad Aussee*, an den Rückseiten und Seitenflügeln der unter „Plastik" genannten Flügelaltäre und im *Salzburg Museum* (u. a. von Rueland Frueauf d. Ä.).

Plastik: Um 1400 wurde Salzburg bekannt für seine „Schönen Madonnen", stehende, anmutige Figuren der Muttergottes mit Kind in geschwungener Körperhaltung, meist aus Steinguss oder Holz. Beispiele sind in der Franziskanerkirche in *Salzburg*, in der Pfarrkirche in *Bad Aussee* und in der Kirche in *Lauffen* zu sehen. Die bekannte „Hallstätter Madonna" wurde um 1920 an die Prager Nationalgalerie verkauft. Zu den größten Leistungen der Gotik gehören die großen holzgeschnitzten *Flügelaltäre*, von denen das Salzkammergut zwei Meisterwerke besitzt: der Altar in *St. Wolfgang* von Michael Pacher sowie der Marienaltar von Leonhard Astl in der Pfarrkirche von *Hallstatt*. Das Stift Nonnberg in *Salzburg* und die Kirche in *Gampern* besitzen ebenfalls sehenswerte Flügelaltäre.

Renaissance und Manierismus

Die im europäischen Vergleich lang anhaltende Gotik am Habsburgerhof sowie in den österreichischen Ländern und der in Salzburg recht zeitige Einzug des Frühbarock ließen nur wenig Renaissancekunst entstehen. Zu den vereinzelten Beispielen gehören das Wolf-Dietrich-Mausoleum im Sebastiansfriedhof und die Prunksäle der Neuen Residenz in *Salzburg* sowie Schloss Weyer in *Gmunden*. Am Übergang zum Barock steht der Manierismus, für den das 1619 fertiggestellte Salzburger Schloss *Hellbrunn* mit seinen grotesken Wasserspielen ganz typisch ist.

Barock

Architektur: Der Neubau des *Salzburger* Doms von Santino Solari 1628 war der erste Barockbau nördlich der Alpen. Zu ihm gesellten sich bis ins 18. Jh. über ein Dutzend weiterer Bauwerke, die Salzburg heute als einzigartiges barockes Gesamtkunstwerk erscheinen lassen. Die mit je einer Kuppel versehene Erhard- und Kajetanerkirche wurden 1680–90 vom Italiener Giovanni Gaspare Zuccalli errichtet. Als Hofbaumeister folgte ihm der großartige Johann Bernhard Fischer von Erlach (1656–1723), der 1694–1717 die Dreifaltigkeits-, die Johannesspital-, die Markus- und die Kollegienkirche erbaute. Letztere zählt zu den Hauptwerken des europäischen Hochbarock. Fischer von Erlach schuf auch den Hochaltar der Franziskanerkirche, die Hofstallungen, die Pferdeschwemme und Schloss Kleßheim. Sein größter Rivale und Nachfolger Johann Lukas von Hildebrandt (1668–1745) nahm spätbarocke Umbauten an der Residenz und an Schloss Mirabell vor. Weitere schöne Barockbauten sind die Wallfahrtskirchen in *Maria Plain* und *Attersee* und die frühere Klosterkirche in *Traunkirchen*. Typisch für die von der Gegenreformation geprägte Barockzeit sind auch die zahlreichen Kalvarienberganlagen (Kapuzinerberg in *Salzburg, Maria Plain, St. Wolfgang, Bad Ischl, Hallstatt, St. Agatha, Gosau, Traunkirchen, Ebensee*).

Oberwanger Barockaltar von Meinrad Guggenbichler

Malerei: Der erste einheimische Hauptmeister, Johann Michael Rottmayr (1654–1730), war seit 1689 Hofmaler in *Salzburg*. Von ihm stammen Deckenfresken in der Dreifaltigkeitskirche, der Residenz und den Hofstallungen sowie Altarbilder in der Erhard-, Kajetaner- und Müllner Kirche. Paul Troger (1698–1762) malte die Kuppel der Kajetanerkirche 1726 spätbarock aus, Martin Johann Schmidt (1718–1801), genannt der Kremser Schmidt, hinterließ zahlreiche Altarblätter in der Stiftskirche St. Peter. Gemälde und Skizzen besitzen auch die Residenzgalerie und das Barockmuseum in *Salzburg*.

Plastik: Um 1660 entstand mit dem Residenzbrunnen in *Salzburg* der größte Barockbrunnen nördlich der Alpen. 70 Jahre später meißelte Georg Raphael Donner (1693–1741) seine Engel für die Marmorstiege von Schloss Mirabell. Der in der alpenländischen Schnitztradition stehende Thomas Schwanthaler (1634–1707) ist im Salzkammergut mit zwei Hauptwerken vertreten, dem Dreikönigsaltar in *Gmunden* und dem Doppelaltar von *St. Wolfgang*. Sein stilistischer Nachfolger Meinrad Guggenbichler (1649–1723), der ab 1679 in Diensten des Klosters Mondsee stand, schuf für die dortige Stiftskirche und die Kirchen von *St. Wolfgang, Oberwang, St. Lorenz, Oberhofen* und *Abtsdorf* zahlreiche Altäre, Skulpturen und Kanzeln. Originell ist die von 1753 stammende Kanzel in Form eines Fischerboots in *Traunkirchen*.

Klassizismus, Historismus und Romantik

Architektur: Auf den barocken Überschwang folgte kunsthistorisch eine Rückbesinnung auf Vergangenes: Der an der Antike orientierte Klassizismus (Ende 18. Jh.) ist in der Region durch den Weißen Saal der *Salzburger* Residenz und die Pfarrkirche sowie die Trinkhalle in *Bad Ischl* vertreten. Häufiger finden sich Werke des Historismus (19. Jh.), der zunächst auf das Mittelalter und später auf alle klassisch gewordenen Baustile zurückgriff. Beispiele sind das neugotische Schloss Cumberland in *Gmunden*, die neoklassizistische Kaiservilla und das Marmorschlössl in *Bad Ischl*. Neorenaissance sieht man an der Villa Toscana in *Gmunden* und beim nahen Schloss *Traunsee*. Die evangelischen Kirchen von *Bad Goisern, Hallstatt, Gosau, Attersee* und *Gmunden* sind ebenfalls neugotisch.

Malerei: Ein Vertreter der klassizistischen Malweise war Leopold Kupelwieser (1796–1862), der für die Kirchen von *Bad Ischl* und *Altaussee* Altarbilder gestaltete. Eine Abkehr von religiösen Motiven und komponierten Atelierlandschaften vollzog sich in der Romantik. Jetzt gingen freie Künstler ans Werk: Karl Friedrich Schinkel (1781–1841), Ludwig Richter (1803–84) und Julius Schnorr von Carolsfeld (1794–1872) kamen aus Berlin, Dresden und München ins Salzkammergut, wo sie in der Seen- und Gebirgswelt ihre bevorzugten Motive fanden. Jakob Gauermann (1773–1843), Matthäus Loder (1781–1828) und Thomas Ender (1793–1875) begleiteten als Kammermaler Erzherzog Johann auf seinen Wanderungen. Mit Pinsel und Staffelei durch das Salzkammergut zogen auch die erfolgreichsten österreichischen Landschaftsmaler des späten 19. Jh., Friedrich Gauermann (1807–62) und Rudolf von Alt (1812–1905). Ferdinand Georg Waldmüller (1793–1865), heute einer der bekanntesten Vertreter dieser Zeit, war mit seinen wirklichkeitsgetreuen Gemälden von Bad Ischl, dem Gosau-, Hallstätter- und Wolfgangsee bereits Vorläufer des Realismus. Hans Makart (1840–84), der einflussreichste Künstler des österreichischen Historismus, war gebürtiger Salzburger. Die Residenzgalerie und das *Salzburg* Museum in seiner Heimatstadt besitzen eine repräsentative Makart-Sammlung. Auch alle übrigen genannten Künstler sind hier mit ihren Arbeiten vertreten.

Vor den Dom gerollt: Balkenhol

Die Moderne und Gegenwartskunst

Architektur: Als Gegenbewegung zum Historismus entwickelte sich die moderne Baukunst, die funktionale Gebäude aus Beton, Glas und Stahl errichtete. Beispiele sind das Collegium Benedictinum des deutschen Architekten Peter Behrens (1926) in Salzburg und die (mittlerweile stark veränderten) Werke des Tirolers Clemens Holzmeister (1886–1983): das Kurhaus in *Bad Ischl* (1932) und das Kleine Festspielhaus in *Salzburg* (1926, 1937). Nach dem Zweiten Weltkrieg baute Holzmeister 1956–60 auch das Große Festspielhaus. Holzmeisters Schüler Friedrich Kurrent, Johannes Spalt, Otto Leitner und Wilhelm Holzbauer gründeten 1950 die Arbeitsgruppe 4, deren Bauten wegweisend für die Nachkriegszeit waren. Einer davon ist die Pfarrkirche im Salzburger Stadtteil Parsch von 1956. Von Wilhelm Holzbauer (geb. 1930), mittlerweile Stararchitekt, stammt auch die Naturwissenschaftliche Fakultät der Universität Salzburg in Nonntal (1978–86). 1997–2005 errichtete der römische Architekt Massimiliano Fuksas das schicke Einkaufszentrum Europapark in *Salzburg*, 2003 baute Volkmar Burgstaller die interessante Stahl-Glas-Konstruktion des Hangars 7 am Salzburger Flughafen, und 2004 stellten die Münchener Architekten Friedrich-Hoff-Zwink das Museum der Moderne auf den Salzburger Mönchsberg.

Klimtbüste in Unterach am Attersee

Malerei/Plastik: Gustav Klimt (1862–1918), führender Vertreter der Wiener Secession (Jugendstil), fand viele seiner Motive am Attersee (→ Kasten S. 169). Farbkräftige Ansichten vom Traunsee hinterließ der österreichische Expressionist Richard Gerstl (1883–1908); sie sind im Wiener Leopoldmuseum zu sehen. Salzburgs führender Maler zu Beginn des 20. Jh. war Anton Faistauer (1887–1930), der 1926 mit Fresken für das Foyer des Kleinen Salzburger Festspielhaus bekannt wurde. Einer der meistbeachteten zeitgenössischen Künstler Österreichs, Christian Ludwig Attersee (geb. 1940), hat sein liebstes Segelrevier, den Attersee, als Pseudonym seinem Namen zugefügt. Beachtenswerte Skulpturen renommierter zeitgenössischer internationaler Künstler (Anselm Kiefer, James Turrell, Anthony Cragg ...) gibt es seit 2002 an prominenten Plätzen in *Salzburg* zu sehen. Gestiftet werden sie von der privaten Salzburg Foundation (www.salzburgfoundation.at) – bis 2012 soll jährlich ein neues Werk hinzukommen, das jeweils von den Künstlern eigens für die Stadt geschaffen wird.

Gablonzer Hütte: ein Reiseziel am Ende des Gosautals

Anreise

Die Stadt Salzburg und das Salzkammergut sind von Deutschland und der Schweiz durchgängig auf Autobahnen zu erreichen. Auch die Bahnverbindungen sind gut ausgebaut. Mit dem Salzburger Airport W. A. Mozart verfügt die Region auch über einen internationalen Flughafen.

Zwar nicht in der Stadt Salzburg, dafür aber in den Seitentälern des Salzkammerguts kann ein eigenes Fahrzeug vor Ort von großem Vorteil sein. Dennoch ist die Anreise per Bahn oder Flugzeug in Kombination mit einem Mietwagen oder der Autoreisezug eine überlegenswerte Alternative.

Mit eigenem Fahrzeug

Wer aus **Deutschland** kommt, fährt über München und die A 8 (E 52) bis zum Knoten Salzburg und dann auf der Westautobahn A 1 (E 60) weiter bis zur Ausfahrt Salzburg Mitte. Reisende ins Salzkammergut können durch das Salzburger Stadtgebiet zur B 158 (Wolfgangseestraße) gelangen. Wer den Stadtverkehr meiden will, fährt auf der A 1 weiter Richtung Wien und verlässt die Autobahn je nach Reiseziel an einer der folgenden Ausfahrten: Thalgau (Exit 274) bringt zum Fuschlsee, Mondsee (265) und Oberwang (251) an den Mond- und Wolfgangsee, nach Bad Ischl, ins Innere Salzkammergut und ins Ausseerland. Die Ausfahrten St. Georgen (243), Seewalchen (234) und Schörfling (233) liegen nah am Attersee. Regau (224) ist für den Traunsee ideal.

Wer **vignettenfrei** anreisen möchte, verlässt die A 8 aus München kommend schon bei Ausfahrt 115 (Bad Reichenhall) und erreicht über die B 21, den Grenzübergang „Kleiner Walserberg" und die B 1 das Salzburger Stadtgebiet und die B 158.

Die Anreiserouten aus der **Schweiz** und aus **Westösterreich** führen über München (s. o.) oder über Innsbruck und die Inntalautobahn A 12 (E 60). An der Strecke via Innsbruck geht es durch den 14 km langen, gebührenpflichtigen Arlberg-Straßentunnel (8,50 €) – oder gebührenfrei über den Arlberg-Pass (1793 m, im Winter manchmal gesperrt!). Für die Weiterfahrt ins Salzkammergut ab Salzburg s. o.

Reisende aus **Ostösterreich** gelangen auf der Westautobahn A 1 (E 60) nach Salzburg. Die beste Ausfahrt ins Salzkammergut ist Regau (224), es sei denn man ist zum Atter- und Mondsee (s. o.) unterwegs. Aus dem **Südosten Österreichs** fährt man auf der Pyhrnautobahn A 9 (E 57) bis Ausfahrt 69 (Selzthal) und weiter auf der Ennstalstraße B 320 bis Trautenfels (Tunnelmaut A 9: 7,50 €). Von dort geht es auf der B 145 ins Salzkammergut. Diese trifft in Bad Ischl auf die Wolfgangseestraße B 158, die einen bis in die Stadt Salzburg bringt. **Österreichs Süden** verbindet die Tauernautobahn A 10 (E 55) mit dem Knoten Salzburg (Tunnelmaut A 10: 9,50 €), für Ziele im Salzkammergut verlässt man diese schon in Eben im Pongau (Exit 60) und erreicht über die Pass-Gschütt-Straße B 166 die B 145 (s. o.).

Autofahren in Österreich

Autobahngebühren: Vignettenpflicht auf Autobahnen und Schnellstraßen: Für Pkw/Wohnmobile gibt es Vignetten für 10 Tage (7,70 €), für 2 Monate (22,20 €) oder für ein Jahr (73,80 €). Motorradfahrer zahlen für die 10-Tages-Vignette 4,40 €, für die 2-Monats-Vignette 11,10 € und für die Jahresvignette 29,50 €. Jahresvignetten sind vom 1. 12. bis zum 31. 1. des übernächsten Jahres gültig. und bei grenznahen Tankstellen, Postämtern, Tabaktrafiken und den Automobilclubs erhältlich. Wohnmobile über 3,5 t zahlen eine kilometerabhängige Maut. Dafür benötigen sie eine GO-Box, die an Autobahntankstellen erhältlich ist (Infos unter ✆ 0800-40011400, www.go-maut.at).

Notruf: ✆ 133 Polizei, ✆ 144 Rettung/Krankenwagen, ✆ 122 Feuerwehr, ✆ 120 oder ✆ 123 Pannenhilfe.

Höchstgeschwindigkeit: Autobahn 130 km/h (100 km/h mit Wohnwagen), Autostraße, Schnellstraße, Landstraße 100 km/h, Ortsgebiet 50 km/h. Zahlreiche Tempobeschränkungen auf Autobahnen aus Lärm- und Umweltschutzgründen – Viele Radarkontrollen!

Promillegrenze: 0,5 Promille

Winterausrüstungspflicht: Von 1. Nov. bis 15. April darf bei winterlichen Verhältnissen nur mit Winterreifen gefahren werden. **Kindersitze**: Kinder unter 14 Jahren bzw. unter 1,50 m müssen in einem Kindersitz befördert werden oder speziell adaptierte Gurte verwenden. **Telefonieren** ist während der Fahrt nur mit Freisprecheinrichtung erlaubt. Eine **Warnweste** ist mitzuführen und im Fall einer Panne, sobald man das Fahrzeug verlässt, anzulegen.

Mit der Bahn

Die Stadt Salzburg ist ein Bahnknotenpunkt. Hier kreuzen die internationalen Nord-Süd-Verbindungen von Deutschland bis Griechenland, die West-Ost-Linien von Frankreich nach Ungarn, die innerösterreichische Westbahn von Wien nach Vorarlberg, und die Tauernbahn fährt von Salzburg nach Kärnten. Für die Weiterfahrt ins Salzkammergut muss in der Stadt Salzburg auf Busse oder in Regionalzüge (→ „Unterwegs") umgestiegen werden.

Direktverbindungen nach Salzburg Hbf. gibt es **tagsüber** 1- bis 2-mal stündlich von München (EC/IC/Railjet- und Regionalzüge; Fahrzeit 1½ bis 2 Std.) und Wien (2 Std. 40 Min. bis 3 Std. 10 Min.), 1-mal stündlich von Innsbruck (2 Std.), alle zwei Stunden von Klagenfurt (3 Std.) und Stuttgart (4 Std.) sowie 3- bis 4-mal täglich von Graz (4 Std.), Frankfurt/M. und Zürich (je 5 Std. 45 Min.). 1-mal tägl. verkehren

Direktzüge tagsüber von Basel (7 Std. 15 Min.) und von Münster via Köln und Mainz nach Salzburg (10/8/6 Std.), mehrmals wöchentlich von Karlsruhe (4 Std.). Die einzigen direkt verkehrenden **Nachtreisezüge** nach Salzburg sind der *EN 409* von Frankfurt/M. und der *EuroNight 467 Wiener Walzer* von Zürich. Ankunft in Salzburg ist allerdings frühmorgens, um 3.13 bzw. 4.24 Uhr.

Preise/Sondertarife: Inhaber einer BahnCard der DB mit Railplus und Besitzer eines Schweizer Halbtax-Abos oder GAs erhalten für den österreichischen Teil der Hin- bzw. Rückfahrt 25 % Ermäßigung auf den Normalpreis. Kontingentierte Sondertarife der DB, wie **Sparpreis 25** und **50** oder **Europa Spezial Österreich** reduzieren den Normalpreis um 25–50 % – bei Kauf bis spätestens 3 Tage vor Reiseantritt, begrenzter Zugwahl, Wochenendbindung und keinerlei bzw. eingeschränkter Umtauschmöglichkeit. Echte Schnäppchen wird aber nur erwischen, wer etwa drei Monate im Voraus bucht. **SparNight**: Besonders günstiges, kontingentiertes Angebot für bestimmte Nachtzüge (CityNightLine, EuroNight). Wer rechtzeitig bucht, zahlt für den Sitzplatz nur 29 €, im Liegewagen 49 € und im Schlafwagen 69 € pro Fahrt.

Bayern-Ticket: Wer von Bayern nach Salzburg Hbf. anreist und keinen ICE, EC oder IC benutzt, kann das günstige Länder-Ticket der DB verwenden. Sa/So darf man ab 0 Uhr, sonst ab 9 Uhr damit unterwegs sein. Das Bayern-Ticket kostet am Automaten/im Internet 27 € und ist für bis zu 5 Personen bzw. für ein (Groß-)Elternpaar mit beliebig vielen eigenen (Enkel-)Kindern einen Tag lang gültig. Die Single-Variante gibt es für 19 €. Beide Tickets kosten am Schalter jeweils 2 € mehr.

VorteilsCard: Die österreichische Variante zur BahnCard der DB und zum Halbtax-Abo der SBB berechtigt zu einer bis zu 50%igen Fahrpreisermäßigung auf allen Strecken der ÖBB, ist ein Jahr gültig und kostet 99,90 €. Besonders günstig sind die VorteilsCards für Senioren (26,90 €, für Damen ab 60 und Herren ab 65, auch für Busse gültig) und für alle unter 26 (19,90 €). Die VorteilsCard erhält man an jedem österreichischen Bahnhof mit Ticketschalter und in Reisebüros.

Autoreisezüge: DB-Autozüge verbinden von März bis Ende Okt. 1-mal pro Woche Düsseldorf mit Salzburg Hbf. Für Schnellbucher gibt es die Fahrt hin/zurück für Pkw und 2 Personen um die 380 €, ansonsten muss man mit rund 490 € rechnen. Infos unter www.dbautozug.de.

Mit Bahn und Fahrrad: In ausgewählten internationalen Zügen kann ein Fahrrad im Gepäckwagen mitgenommen werden. Erforderlich sind eine internationale Fahrradkarte (in Deutschland 10 €, in Österreich 12 €, in der Schweiz 25 CHF) sowie eine Reservierung.

Information: www.bahn.de, www.oebb.at, www.sbb.ch.

Mit dem Flugzeug

Der Flughafen **Salzburg Airport W. A. Mozart** (Code SZG), in punkto Passagierzahlen der zweitgrößte in Österreich, liegt 3,5 km südwestlich der Salzburger Altstadt (Bus- und Taxitransfer → S. 65).

Austrian (www.aua.com), *Swiss* (www.swiss.com) und *Lufthansa* (www.lufthansa.com) bieten täglich direkte Linienflüge ab Frankfurt, Zürich und Wien nach und von Salzburg an. *TUIfly* (www.tuifly.com) fliegt mehrmals wöchentlich von Berlin-Tegel, Köln/Bonn und Hamburg nonstop nach Salzburg und zurück, *Air-Berlin & Niki* (www.airberlin.com) startet von Nürnberg aus Richtung Salzburg. Die günstigsten Tarife (Frühbucherbonus) liegen bei 25–70 € pro Flug (einfach), ansonsten muss man mit bis zu 500 € rechnen. Kostenlose Preisvergleiche bieten die Flugsuchmaschinen www.traveljungle.de, www.checkfelix.com, www.idealo.de und www.billig-flieger-vergleich.de.

Flugauskunft Flughafen Salzburg, ✆ +43 (0)662-85800, www.salzburg-airport.com.

Mit dem Linienschiff über den Wolfgangsee

Unterwegs

In der Stadt Salzburg kommt man am besten mit dem öffentlichen Bus und zu Fuß voran oder wie die Einheimischen mit dem Fahrrad. Die Hauptorte des Salzkammerguts sind gut mit Bahn und Bus erschlossen. Viele Naturschönheiten dieser Gebirgs- und Seenregion sind jedoch – und so soll es auch sein – nur zu Fuß erreichbar. Die Ausgangspunkte der Spazier- und Wanderwege werden häufig von öffentlichen Verkehrsmitteln angefahren, deren Fahrplandichte allerdings gering und deren Betrieb oft saisonal beschränkt ist. Ein eigenes Fahrzeug ist dann von Vorteil.

Mit eigenem Fahrzeug

Ein gut ausgebautes Straßennetz von Autobahnen (→ „Anreise") bis zu Panoramastraßen erschließt die Region. In der Stadt Salzburg muss man mit den üblichen Problemen des Stadtverkehrs rechnen, wie Staus zur Rushhour und lange Parkplatzsuche. Die Salzburger Altstadt ist Fußgängerzone, die Ortskerne von St. Wolfgang, Hallstatt und Bad Ischl sind tagsüber für den Verkehr gesperrt, manche Städte haben saisonale Fußgängerzonen (z. B. Mondsee, Gmunden). Beim **Parken** muss man Acht geben: Einmal reicht eine Parkscheibe für 30, dann für 90 Minuten, oft muss ein Parkschein gelöst werden, der Automat gibt aber so gut wie nie Geld zurück. Die Parkgebühren außerhalb der Stadt Salzburg betragen meist 3–6 € pro Tag.

Die aussichtsreichen **Bergstraßen** der Region sind meist ganzjährig befahrbar und mautpflichtig. Dazu zählen die Panoramastraßen auf Loser und Tauplitzalm, die Postalmstraße und die Straße zur Niedergadenalm am Wolfgangsee. Gratis ist die Gaisbergstraße am Salzburger Stadtrand.

Von den **Passstraßen** des Salzkammerguts ist die Koppenstraße (23 %) zwischen Obertraun und Bad Aussee oft wegen Lawinengefahr gesperrt. Sie kann auch für Wohnanhänger nicht empfohlen werden, ebenso wenig die Alternativroute über die Pötschenhöhe (B 145).

Wer in Österreich einen **Mietwagen** leihen möchte, muss seit mindestens einem Jahr einen Führerschein besitzen und über eine Kreditkarte verfügen. Für manche Fahrzeuggruppen ist ein Mindestalter von 21 bzw. 25 Jahren vorgesehen. Die bekannten Autoverleiher haben Büros in der Stadt und am Flughafen Salzburg. Ein Kleinwagen kostet ab 250 € pro Woche. Die Suchmaschinen www.autovermietung.de, www.traveljungle.de und www.checkfelix.com bieten einen kostenlosen Preisvergleich.

Information und Buchung www.europcar.co.at, www.avis.at, www.hertz.at, www.e-sixt.at, www.budget.at, www.holidayautos.at, www.denzeldrive.at.

Mit der Bahn

Die **Salzkammergutbahn** ist die wichtigste Strecke für das Salzkammergut. Sie führt von Attnang-Puchheim an der Westbahn südwärts über Gmunden, Bad Ischl und Bad Aussee bis Stainach-Irdning im Ennstal, wo Bahnanschluss in Richtung Graz besteht. Züge verkehren alle 1 bis 2 Std. zwischen 6 und 20/21 Uhr. Die legendäre **Salzkammergut-Lokalbahn** von Salzburg nach Bad Ischl existiert seit 1957 nicht mehr (→ S. 109), sie wurde durch Busse ersetzt. Schließlich gibt es noch die **Almtalbahn**, die in Wels von der Westbahn abbiegt und etwa 7- bis 10x tägl. nach Grünau ins Almtal fährt. Ebenfalls an der Westbahn, in Vöcklamarkt, hat die schmalspurige **Attergaubahn** ihren Ausgang, die bis ans Atterseeufer bringt.

Bahnfahren in Österreich

Zugarten: Am schnellsten reist man mit *InterCity (IC)*, *EuroCity (EC)* und *Railjet (RJ)*. *Regionalzüge (R)* halten an allen Stationen, *RegionalExpress-Züge (REX)* nur in größeren Orten. Alle Züge in Österreich sind zuschlagsfrei.

Fahrkarten: Fahrkarten bis 100 km gelten 1 Tag, ab 101 km 6 Tage, bei Hin- und Rückfahrt 1 Monat. Nur bei Karten über 101 km kann die Fahrt unterbrochen werden. Mit einem Erwachsenen dürfen bis zu zwei Kinder unter 6 Jahren gratis mitfahren, für jedes weitere Kind muss eine Halbpreiskarte gelöst werden. 6- bis 14-Jährige fahren zum halben Preis.

Freizeittickets: Mit dem *Einfach-Raus-Ticket* können 2–5 Personen für 28 € (Stand: 2009) einen Tag lang (Mo–Fr 9–3 Uhr, Sa/So 0–3 Uhr) mit allen Regionalverkehrszügen der ÖBB fahren. Das *1-Plus-Freizeitticket* ist für Gruppen von 1–5 Personen erhältlich, gewährt ab der 2. Person Rabatt und ermöglicht eine kostenlose Fahrradmitnahme.

Fahrkartenkauf: Fahrkarten und Freizeittickets erhält man am Fahrkartenschalter am Bahnhof, als Online-Ticket im Internet und an Fahrkartenautomaten an Bahnhöfen, Haltestellen und in ausgewählten Zügen. Automaten akzeptieren Bargeld, Kredit- oder EC-Maestrokarten. Wer auf so genannten Selbstbedienungsstrecken (im Fahrplan gekennzeichnet) ohne Fahrschein angetroffen wird, muss eine Zusatzgebühr von 60 € zahlen!

Fahrpläne: An großen Bahnhöfen erhält man regionale Fahrpläne (2,50 €) oder das ÖBB-Kursbuch Österreich (8 €).

Bahnauskunft: ✆ 051717 (österreichweit zum Ortstarif), www.oebb.at.

Mit dem Bus

Abgesehen von der Salzkammergutbahn sind die sandfarbenen ÖBB-Postbusse das wichtigste Verkehrsmittel im Salzkammergut. An Wochenenden und schulfreien Zeiten kann der Fahrplan allerdings recht ausgedünnt sein. Typische Touristenziele

Die Schafbergbahn

werden wiederum nur in der Hochsaison angesteuert (z. B. Postalm, Loser). Manche Gemeinden setzen saisonale, fahrplanmäßig verkehrende Wander- bzw. Skibusse ein. **Fahrpläne** sollten an jeder Bushaltestelle hängen, **Fahrscheine** erhält man beim Fahrer. Alles Wissenswerte zu den Bussen im Salzburger Stadtverkehr findet man auf S. 65.

Fahrpläne www.postbus.at.

Mit der Bergbahn

Fremdenverkehrsregionen in den Bergen verfügen traditionellerweise über Zahnrad-, Gondel-, Standseil- oder Sesselbahnen, die den Aufstieg auf aussichtsreiche Gipfel und Höhen erleichtern. Details dazu gibt es im Reiseteil. Besonders empfehlenswert sind die Fahrten mit der Zahnradbahn auf den Schafberg und mit den Seilbahnen auf den Krippenstein, den Zwölferkogel und die Katrin.

Mit dem Schiff

Wer zählt, kommt im Salzkammergut auf fast 80 Seen. Auf neun davon werden meist von Mai bis Mitte Oktober Überfuhren, Seerundfahrten und Linienverkehr angeboten, wobei von der Holzzille über die Motorplätte (→ „Salzkammergutschiffe") bis zum historischen Raddampfer allerlei Wasserfahrzeuge zum Einsatz kommen.

Fahrpläne: Angaben zu Betriebszeiten der Linienschiffe finden sich im Reiseteil zu Beginn der einzelnen Kapitel (im Kasten) und bei den Ortsbeschreibungen unter „Verbindungen", Abfahrtszeiten von reinen Seerundfahrten ohne Zwischenstopp unter „Freizeit".

Bootsverleih: In jedem größeren Seeort können in der Sommersaison auch Boote geliehen werden. Tret- und Ruderboote kosten 5–6/7–8 €, Elektroboote 7–9/11–13 € für 30/60 Min.

Salzkammergutschiffe: *Plätte* bzw. *Fuhre* und *Zille* sind hölzerne Transport- und Fischerboote mit flachem (= plattem) Boden und hochgezogenem Bug und Heck. Für die Plätte ist der spitz zulaufende Bug typisch – sie wird wie eine venezianische Gondel im Stehen mit einem Einzelruder bewegt. Viele sind heute mit Elektromotor unterwegs.

Mit dem Fahrrad

Salzburg ist Österreichs führende Radstadt, der Drahtesel ist aus dem Stadtbild nicht wegzudenken. Die längste Radroute durch das Salzkammergut ist der **Salzkammergut-Radweg** (R 2), der von Salzburg aus eine kleeblattförmige Runde durch die Region zieht. Starten kann man an jedem Ort an der Strecke, gefahren wird meist auf Radwegen oder Nebenstraßen. Wegen der zahlreichen Steigungen ist ein Trekking- oder Tourenrad zu empfehlen, manche Bergstrecken können per Schiff oder Bahn umfahren werden. Die Basisroute ist 345 km lang, mit beschilderten Varianten und Extratouren wird sie auf über 600 km verlängert. Die Markierung ist leider uneinheitlich, eine Radkarte daher unbedingt nötig (s. u.). Für **Mountainbiker** bietet die Bergwelt des Salzkammerguts ein ideales Terrain. Mit der entsprechenden Infrastruktur – markierte Touren von leicht bis gnadenlos, Unterkünfte, Servicestellen und Bike-Events – wurde die Region zum Moutainbiker-Paradies. Bekannteste Tour ist die 188 km lange **Dachstein-Runde** um das gleichnamige Gebirge, bei der 4600 Höhenmeter zu überwinden sind. Eine Herausforderung ist die 2008 eröffnete **Feuerkogel Downhillstrecke** in Ebensee, eine der technisch schwierigsten Österreichs.

Radtourenbücher: *Esterbauer*, Radatlas Salzkammergut (2007), 1:75.000; *Schubert & Franzke*, Salzkammergut-Radweg (2004), 1:50.000; *Freytag & Berndt*, RK 4 Salzkammergut Radweg (2007), 1:125.000. Preise: 7–12 €.

Mountainbikeführer: *Schubert & Franzke*, Salzkammergut Mountainbiking inkl. Dachsteinrunde (2007), 1:50.000. Erhältlich im Buchhandel und in Touristenbüros vor Ort.

Fahrradverleih: In Sportgeschäften, seltener in Touristenbüros, können normale Räder für 8–14 € und Mountainbikes für 14–20 € tageweise gemietet werden.

Fahrradmitnahme im Zug: In Regionalverkehrszügen kann das Rad in gekennzeichneten Zugbereichen mitgenommen werden. Die Fahrrad-Tageskarte kostet 2,90 €, die Wochenkarte 7,50 €.

Fahrradmitnahme im Bus: Nur im Bundesland Salzburg können in Postbussen im Kofferraum Räder mitgenommen werden – jeweils zwei Räder pro Bus.

Fahrradmitnahme auf dem Schiff: grundsätzlich möglich für rund 2 € pro Fahrt.

Informationen für Mountainbiker und kostenlose Downloads von GPS-Touren unter www.biken.at.

Wandern

Die Landschaft des Salzkammerguts ist für Wanderer und Bergsteiger ideal. Das Angebot reicht von gemütlichen Uferpromenaden bis zu anspruchsvollen Klettersteigen. Seit 2004 werden nach und nach alle Wanderwege einheitlich nach dem international anerkannten Schweizer System beschildert, d. h. gelbe Aluminiumwegweiser mit Angaben zu Wanderziel und Gehzeit sowie farbigen Punkten für den jeweiligen Schwierigkeitsgrad (blau für leicht, rot für mittel, schwarz für schwer).

Die Region durchquert auch ein Teilstück des europäischen *Fernwanderwegs E 4*. Seine Hauptroute deckt sich mit dem österreichischen Voralpenweg 04, die alpine Variante (E 4 alpin) mit dem Nordalpenweg 01. Der *Arnoweg*, ein Rundwanderweg durch das Land Salzburg, streift das Salzkammergut am westlichen Rand.

Karten: Zur Region gibt es von *Kompass* folgende Karten: WK 017 Salzburg und Umgebung, WK 020 Inneres Salzkammergut - Ausseerland, WK 018 Wolfgangsee, alle drei im Maßstab 1:25.000; WK 18 Nördl. Salzkammergut, WK 19 Almtal - Totes Gebirge, WK 20 Dachstein - Südl. Salzkammergut, WK Ausseerland, jeweils 1:50.000. *Freytag & Berndt* bietet an im Maßstab 1:50.000: WK 082 Bad Aussee - Totes Gebirge, WK 281 Dachstein - Ausseerland, WK 282 Attersee – Traunsee - Höllengebirge - Mondsee - Wolfgangsee, WK 391 Mattsee -Wallersee – Irrsee – Fuschlsee - Mondsee. Detaillierter sind WK 283 Attersee (1:30.000) sowie WK 5281 Bad Ischl - Bad Goisern – Bad Aussee - Hallstätter See und WK 5281 Attersee - Mondsee - Wolfgangsee (1:35.000). Preis pro Karte 7–8 €.

Berühmt: das Weiße Rößl in St. Wolfgang

Übernachten

Die Stadt Salzburg und das Salzkammergut haben vom Campingplatz bis zum Luxushotel ein breites Angebot an Übernachtungsmöglichkeiten, darunter zahlreiche Privatquartiere und Ferienwohnungen.

Trotz dieser großen Auswahl kann es schwierig sein, in der Hauptsaison ohne Vorbuchung etwas in mittlerer Preislage zu finden. Das gilt insbesondere für die Stadt Salzburg, die alljährlich im August vom Festspielfieber befallen und im Advent und zu Weihnachten von halb Italien heimgesucht wird. Das Ausseer Narzissenfest, Sommerfestivals oder ideales Wanderwetter füllen auch die besten Quartiere im Salzkammergut rasch. In typischen Sommergebieten (z. B. Attersee) sind viele Betriebe von Oktober bis Mai geschlossen.

Die im Reiseteil genannten Zimmerpreise gelten stets für 2 Personen und beinhalten auch **Frühstück** und Ortstaxe. Sie beziehen sich auf Hoch- und Nebensaison. Bei einem Aufenthalt unter 3 Tagen wird üblicherweise ein Zuschlag von 10–20 % berechnet. **Komfortzimmer** ist eine Unterkunft mit eigenem Bad/WC oder Dusche/WC und TV im Zimmer.

Unterkunftsverzeichnisse: Die Stadt Salzburg und die 10 Tourismusregionen des Salzkammerguts haben jeweils eigene, kostenlose Gastgeberverzeichnisse, die alle Betriebe von Hotels, Privatzimmern, Ferienwohnungen bis zu Campingplätzen detailliert auflisten. Sie sind bei den örtlichen Touristbüros und regionalen Informationsstellen (→ S. 51, „Information“) bzw. in den jeweiligen Orten erhältlich bzw. auf ihren Homepages veröffentlicht.

Reservierung: Auskunft über freie Zimmer erhält man in den Touristbüros, an interaktiven Informationstafeln und Zimmer-frei-

Fähnchen vor Ort oder über die Internetadressen der Tourismusregionen und einzelner Betriebe. Reserviert wird üblicherweise telefonisch direkt beim Vermieter. Online-Buchungen sind über die genannten Websites möglich.

Hotels, Gasthöfe und Pensionen

Österreichische Beherbergungsbetriebe sind nach einem Fünf-Sterne-System klassifiziert, in der Vier-Sterne-Kategorie gibt es zusätzlich das Qualitätslabel „Superior" (S), eine Art Zwischenstufe auf dem Weg zur höchsten Klasse. Die Verteilung der Sterne richtet sich primär nach Ausstattungs- und Servicedetails wie TV im Zimmer oder Häufigkeit des Bettwäschewechsels und sagt wenig über das Aussehen und das Alter der Möblierung aus. In der Stadt Salzburg gibt es sechs Luxushotels mit der höchsten Sterneanzahl, im Salzkammergut zwei, das Schloss Fuschl und der Seehof am Mondsee. Ansonsten überwiegen (noch) die Drei-Sterne-Betriebe. Der Trend geht in Richtung höhere Kategorien. Dafür wird kräftig investiert, denn bei einem vierten Stern müssen auch Wellness-Einrichtungen (Dampfbad, Solarium) oder Seminarräume angeboten werden. In Hotels und Gasthäusern werden Zimmer mit Frühstück oder Halbpension angeboten, bei Pensionen ist Halbpension unüblich. Betriebe ab drei Sternen sollten ein Frühstücksbuffet servieren. Ein Doppelzimmer kostet im Durchschnitt in einem Drei-Sterne-Hotel 100 €, in einem Vier-Sterne-Hotel 160 € pro Nacht.

Privatzimmer

Eine preiswerte Alternative sind Privatquartiere, meist Einfamilienhäuser, in denen rund 4 bis 10 Betten in Einzel-, Doppel- oder Mehrbettzimmern vermietet werden. Eine Übernachtung beinhaltet immer ein Frühstück, das je nach Engagement des Quartiergebers von einfach (Kaffee/Tee, Marmelade, Brot/Brötchen) bis zum Buffet reichen kann. Unterkünfte, die sich einer freiwilligen Kategorisierung unterziehen, werden mit zwei (zweckmäßig) bis vier Edelweiß (sehr komfortabel) bewertet, wobei die Gastfreundlichkeit, Behaglichkeit und angebotene Extras (Leihräder, Sport- und Fitnessmöglichkeiten, Spielplatz) mitberücksichtigt werden. Der Preis für ein Doppelzimmer mit Dusche, WC und TV beträgt in der Hauptsaison je nach Lage 50–70 € pro Tag. Wer wenig Wert auf Komfort legt, kann auch Doppelzimmer (mit Etagendusche, in dezentraler Lage) um die 35 € finden.

Ferienwohnungen

Im Salzkammergut ist die Auswahl an Ferienwohnungen groß. Sie werden in Hotels, Pensionen, Privathäusern und auf Bauernhöfen angeboten und sind oft auch tageweise buchbar. Pro Betrieb stehen meist ein bis drei Wohnungen zur Verfügung, die 2–6 Personen Platz bieten. Es gibt keinen Service, man versorgt sich selbst und räumt selbst auf. Manchmal wird gegen Aufpreis Frühstück angeboten.

Für die Endreinigung muss oft extra bezahlt werden (bis 40 €). Der Preis einer Ferienwohnung für 4 Personen liegt zwischen 60 und 100 € pro Tag.

Urlaub auf dem Bauernhof

Fast 500 Bauernhöfe im Salzkammergut bieten Unterkünfte an. Abgesehen vom landwirtschaftlichen Betrieb, der besonders auf Kinder eine große Faszination ausübt, ist der Unterschied zu Privatquartieren gering. Qualitätsgeprüfte Höfe werden mit zwei (eher rustikal) bis vier (sehr komfortabel) Margariten ausgezeichnet. Die Preise sind wie bei Privatzimmern.

Jugendherbergen

Die österreichischen Jugendherbergen bemühen sich seit geraumer Zeit um einen Imagewandel. Sie bieten modernisierte Zimmer an, einige treten unter dem Namen „Junge Hotels" auf, andere wollen vermehrt Familien als Gäste gewinnen (www.jungehotels.at, www.jfgh.at). In der Stadt Salzburg gibt es fünf offizielle Jugendherbergen, im Salzkammergut zehn (St. Gilgen, Mondsee, Bad Ischl, Obertraun, Gosau, Bad Aussee, Grundlsee, Ebensee und Weyregg und Weißenbach am Attersee). Die Nacht inkl. Frühstück und Bettwäsche kostet pro Person 18–25 € je nach Anzahl der Betten im Zimmer. Einen Zuschlag von 3 € bezahlt, wer keinen Jugendherbergsausweis für das laufende Jahr besitzt. Diesen erhält man in der Herberge vor Ort oder beim nationalen Jugendherbergsverband (auch online) für 12,50–21 € je nach Alter.

• *Information* **Österreichischer Jugendherbergsverband**, Gonzagagasse 22, 1010 Wien, ✆ +43 (0)1-5335353, www.oejhv.or.at.
DJH Hauptverband, Bismarckstr. 8, 32754 Detmold, ✆ +49 (0)5231-74010, www.jugendherberge.de.
Schweizer Jugendherbergen, Schaffhauser Str. 14, Postfach 161, 8042 Zürich, ✆ +41 (0)44-3601414, www.youthhostel.ch.

Camping

In der Region gibt es rund 50 Campingplätze mit 30 bis 140 Stellflächen. Vier davon liegen am Rand der Stadt Salzburg. Die Plätze im Salzkammergut sind vorwiegend an den Seen zu finden, wobei der Wolfgangsee und der Attersee mit je ein Dutzend Plätzen wahre Camperparadiese sind. Die meisten Plätze sind von April/Mai bis Anfang/Ende Oktober geöffnet. Für 2 Personen mit Zelt und Auto bzw. Wohnmobil zahlt man 25–30 € pro Tag. In der Hochsaison ist eine Reservierung ratsam. Wildes Campen ist verboten. Gratis-Wohnmobilstellplätze mit Entsorgungsanlagen gibt es in der Stadt Salzburg bzw. rund um die Salzkammergutseen keine.

Informationen www.campingfuehrer.at, www.campingwelt.com.

Berg- und Almhütten

In erster Linie für Bergsteiger und Wanderer gedacht sind die Übernachtungsmöglichkeiten in den Berg- und Almhütten der Region, die vom Matratzenlager (Hüttenschlafsack ist Pflicht) bis zu Mehrbettzimmern reichen. Die meisten Hütten sind von Mai/Juni bis Anfang/Ende Okt. geöffnet.

Daneben gibt es auch rustikale Almhütten für Selbstversorger, etwa im Gosautal, auf dem Feuerkogel und der Tauplitzalm. Im Trend liegen auch neu gebaute **Almhüttendörfer**, die sogar, z. B. in der Hagan-Lodge am Fuß des Losers, mit Vier-Sterne-Komfort angeboten werden (www.hagan-lodge.at).

Information Alpenverein ÖAV (www.oeav.at); Naturfreunde Österreich (www.nfhouse.org).

Gebraten oder pochiert: im Salzkammergut kommt oft Fisch auf den Tisch

Essen und Trinken

Kaiserschmarrn und ein Glas Milch in der Almhütte, ein gebratener Saibling im Fischrestaurant am Seeufer, ein Bauernbratl im Dorfwirtshaus, Törtchen und Mokka in der feinen Konditorei, eine frisch gezapfte Halbe im Biergarten oder hoch gelobte Gourmetküche in Villen und Bürgerhäusern – die kulinarische Vielfalt ist groß.

Die regionale Küche entwickelte sich aus den üppigen Gerichten, wie sie am Salzburger Hof und in den adeligen und großbürgerlichen Salzkammergutvillen aufgetischt wurden, und der Arme-Leute-Kost der Bauern, Holzknechte und Salinenarbeiter, die auf Milch und Getreide basierte und deftig sein musste, um die Esser bei Kräften zu halten. Fleisch kam bei der einfachen Bevölkerung nur äußerst selten auf den Tisch, denn Jagd- und Fischereirechte gehörten allein dem Erzbischof und dem Kaiser.

Regionale Speisekarte

Ein mehrgängiges Essen beginnt mit einer Suppe, seltener mit einer Vorspeise. Dann folgt ein knuspriges Bratl (Schweinebraten), ein Klassiker der österreichischen Fleischküche, ein Salzkammergutfisch oder Fleischloses wie Knödel oder Nudeln. Als Hauptgang kann man auch eine warme Mehlspeise wählen. Den Magen schließt nicht Käse, sondern ein Dessert, zur finalen Abrundung empfiehlt sich ein Schnapserl.

Suppen und Vorspeisen

Als Einlage in klare Suppen dienen *Frittaten* (Pfannkuchenstreifen), *Knödel*, *Strudel* (Fleischstrudel) und *Nocken* wie *Leberspätzle* oder *Grießnockerl*. Die *Brennsuppe* (von Einbrenn/Mehlschwitze), *Brot-* oder (saure) *Millisuppe* der einfachen Leute wird heute in verfeinerter Version serviert. Daneben gibt es *Knoblauch-* und *Schwammerl-(Pilz-)suppe* und oder eine dicke *Gerstlsuppe* aus Getreide, Gemüse und Erdäpfeln (Kartoffeln). Typisch sind auch *Bier-* und *Brezensuppe*. Für die Vorspeise greift man zu geräuchertem Fisch oder zu Frischkäse aus der Region.

Knödel

Schon seit Jahrtausenden bereitet man in der Region Knödel zu, was Teigreste in den jungsteinzeitlichen Pfahlbauten am Mondsee bezeugen. Heute gelten Knödel aus Semmeln oder Erdäpfeln (Kartoffeln) gewissermaßen als Basisknödel. Man isst sie als Beilage zum Braten, mit Ei geröstet ergeben sie ein bodenständiges Hauptgericht. Je nach den Zutaten, die man den Semmelknödeln beimengt, entstehen *Spinatknödel, Leberknödel, Kaspressknödel* (Bergkäse), *Fleischknödel* (Hackfleisch) und *Tiroler Knödel* (Speck, Selchfleisch), die als Einlage in der Suppe schwimmen oder eine herzhafte Hauptspeise ergeben, zu der meist Sauerkraut gereicht wird. *Erdäpfelknödel* können mit gehacktem Selchfleisch, würfelig geschnittener Dauerwurst oder Grammeln (ausgebratene Speckwürfel) gefüllt und als Hauptgericht mit Kraut und Salat serviert werden. Umhüllt man Zwetschken, Dörrobst oder Marillen (Aprikosen) mit Erdäpfelteig und wälzt sie in süßen Butterbröseln, hat man herrliche, warme *Mehlspeisknödel*. Statt Kartoffelteig wird auch Brandteig oder Topfenteig (mit Quark) verwendet. Ohne Fülle kommen warme *Topfenknödel* aus. Dafür garniert man sie mit Zwetschkenröster oder Hollerkoch (Zwetschgenkompott bzw. Holundermus). Dreifach einsetzbar sind *Grießknödel*, sie gibt es als Süßspeise, Suppeneinlage oder Bratenbeilage.

Nocken, Schmarren und Nudeln

Von der kräftigenden Küche der Sennen und Holzknechte leiten sich die *Nock(e)n-* und *Schmarr(e)ngerichte* ab, die wie Knödel pikant und süß sein können und authentisch im Pfandl, einer schmiedeeisernen Pfanne, serviert werden sollten.

Im Salzwasser gekochte streifenförmige Nocken (der Teig entspricht einem Spätzleteig) werden anschließend in Butter und Schmalz goldbraun gebacken. Fügt man Bergkäse (und Zwiebel) dazu, erhält man *Kasnockn*, mit Rühreiern bereitet man *Eiernockerln*, mit zerriebenem Topfen (Quark) und Zwiebeln *Schottnocken*. Mit gehacktem Schinken oder Speckkraut verfeinert man sie zu *Schinkennockerl* oder *Krautspatzen*. Manchmal werden sie als *Holzknechtnocken* angeboten und sind dann mit Sauerkraut, gedünsteten Apfelscheiben, Apfelmus oder Zwetschkenröster erhältlich. Typisch für die Region sind süße *Schwarzbeernocken*, deren Name alles irreführend ist. Statt Nockerlteig wird hier ein Omelettenteig angerührt, mit Heidelbeeren vermengt und portionsweise gebacken. Dieser Eierkuchenteig ist auch die Basis aller süßen Schmarrengerichte, von denen der *Kaiserschmarr(e)n* das berühmteste ist.

Was Nudeln heißt, muss noch lange nichts mit der aus dem Süden vertrauten Pasta zu tun haben. Es können längliche Erdäpfelteiggebilde sein, die gebacken oder gekocht mit Sauerkraut oder als Süßspeise (Kletzennudeln, Mohnnudeln) serviert werden. *Raunudeln* sind eine krapfenähnliche, mit Marmelade bzw. Powidl (Zwetschgenmus) gefüllte Mehlspeise aus Germ- alias Hefeteig, die im Osten Österreichs genauso wie in Bayern *Buchteln* genannt wird. Was im Entferntesten aussieht wie Ravioli, also mit Selchfleisch gefüllte, allerdings gebackene Teigtaschen sind *Fleischkrapfen*, die mit Sauerkraut gegessen werden. Sie tauchen auch als

Taschenknödel oder *Zusammengelegte Knödel* auf, womit sich der Kreis zum Knödel wieder schließt.

Salzburger Nockerl – ein Hauch von Dessert

Ein Klassiker der Salzburger Mehlspeisküche ist dieses im Rohr gebackene Soufflé aus Ei, Mehl, Milch, Butter und Zucker, Zucker, Zucker und nochmals Zucker. Goldbraun, schwabbelig, oft groß wie ein Fußball und im Idealzustand an ein Gebirge nach dem ersten Schneefall erinnernd, reicht ein Portion meist für drei Personen. Nach dem Servieren fällt es schnell in sich zusammen und manch erwartungsvoller Erstverkoster war schon enttäuscht: „Nur süße Luft."

Fleisch- und Fischgerichte

Beliebt ist der ofenfrische *Schweinsbraten*, auch *Bauernbratl*, *Ofenbratl* oder einfach *Bratl* genannt. Dazu reicht man als regionale Beilage Stöcklkraut, das im Ganzen gekocht und dann in Teile geschnitten wird. Unter *Krenfleisch* oder *Steirischem Wurzelfleisch* versteht man gekochtes Schweinefleisch mit Wurzelgemüse und Kren (Meerrettich). Deftig ist der *Bauernschmaus*, eine Schlachtplatte aus Schweinsbraten, Geselchtem, Würstel, Knödel und Sauerkraut. Die *Altwiener Fleischküche* ist in den regionalen Speisekarten vertreten mit Wiener Schnitzel, das aus paniertem Kalb- und nicht aus Schweinefleisch bestehen sollte, und mit dem *Tafelspitz*, gekochtes Rindfleisch, das mit gerösteten Erdäpfeln, Apfelkren und Gemüse (in der Suppe) serviert wird. *Zwiebel-* und *Vanillerostbraten*, letzterer mit viel Knoblauch, der „Vanille des kleinen Mannes", werden aus einem Rückenstück des Rindes zubereitet. Das *Salzburger Bierfleisch* entspricht einem Ragout, bei dem die Rindfleischwürfel mit dunklem Bier abgelöscht wurden. Unter *Bauernschöpsernem*

Zu Festtagen herrscht Hochbetrieb: Holzknechtküche in Bad Goisern

muss man sich einen Eintopf aus Lammfleisch, Fisolen (grüne Bohnen) und Erdäpfel vorstellen, der mit Rahmradi (Rettichsoße) angerichtet wird. Typische Geflügel- und Wildgerichte sind *Backhendl*, *gebratene Gans* oder *Ente*, *Reh-* oder *Hirschragout* und *Gamsbraten*. Noch exquisiter war natürlich die Auswahl am Hof der Salzburger Fürsterzbischöfe, wo man sich im 18. Jh. am „Steinadler in Ribiselsauce" delektierte.

Die tiefen Seen und glasklaren Flüsse des Salzkammerguts lassen schmackhafte **Fische** heranwachsen, deren Fleisch aufgrund der niedrigen Wassertemperaturen und des dadurch verlangsamten Wachstums besonders fest und kernig ist. *Bach-* und *Seeforelle*, *Saibling* und *Reinanke* (Renke) sind die Salzkammergut-Fische schlechthin, dazu kommen *Zander*, *Hecht* und *Karpfen*. Sie werden gekocht, pochiert (unter dem Siedepunkt „gekocht"), gebraten oder in einem Teigmantel gebacken. An einigen Seen (z. B. Traunsee) sind auch *Stangl-* oder *Steckerlfische* erhältlich. Das sind kleine, gesalzene und auf Holzstöckchen gespießte Fische, die über Holzkohlenglut gebraten und geräuchert wurden.

Salzkammergut-Fischrestaurants

Mindestens drei Fischspezialitäten aus lokalen Gewässern darf man sich bei diesen, an einem runden Hausschild mit Fisch-Logo erkennbaren Restaurants erwarten, die darüber hinaus weitere geprüfte Qualitäts- und Ausstattungsmerkmale (z. B. Dekoration im Lokal) zu erfüllen haben. Im Reiseteil werden sie als Fischrestaurant bezeichnet. Mehr Informationen findet man unter www.fischrestaurants.at.

Kalte Jause

Zur Brotzeit gibt es kalte Fleisch- und Wurstwaren wie Geselchtes, Kümmel- und Schweinsbraten, Hirsch-, Gams-, Leber- und Blutwurst. Dazu kommen Streich- und Frischkäse wie der bekannte Aberseer Schafkäse. Weitere Käsespezialitäten sind der Mondseer (→ Kasten S. 154) und Erdäpfelkas, ein Brotaufstrich aus gekochten Kartoffeln. Ebenfalls auf das Brot geschmiert werden Schmalz, Grammeln (Speckwürfel) oder Verhackerts, ein schmalzähnlicher Aufstrich mit Speckwürfeln. Ein Potpourri aus allen Speisen erhält, wer eine Brettljause bestellt. Kalte Knödel vom Vortag, in Scheiben geschnitten und mit Essig, Öl und Zwiebel mariniert, gelangen als Essigknödel zur Brotzeit.

Süßspeisen und Desserts

Als Mehlspeise sind neben Knödeln, Nocken, Schmarren und Nudeln (s. o.) *Strudel* weit verbreitet. Sie werden mit Apfel, Topfen, Nuss oder Mohn gefüllt, kalt oder warm, mit oder ohne Vanillesoße genossen. Bei *Powidltascherl* versteckt sich Pflaumenmus in einer Erdäpfelteigtasche. *Mohr im Hemd* ist ein in der Form gebackener und dann gestürzter Schokoladenauflauf, der mit Schokosoße auf den Teller kommt. Ein *Besoffener Kapuziner* ist ein gebackener Nuss-Schokolade-Auflauf, der mit Gewürzwein getränkt wird. Durch Backteig gezogen und in heißem Fett gebacken werden *Pofesen* (mit Powidl gefüllte Weißbrotscheiben; anderenorts würde man *Arme Ritter* dazu sagen) und Holunderblüten, die dann *Hollerstrauben* heißen. *Almraung(g)erl* ist ausgestochener und in Schmalz gebackener Mürbteig. Vergleichbar im Geschmack sind *Hasenöhrln*, die länglicher, eben in Form von Meister

Lampes Löffeln hergestellt werden. *Kletzenbrot*, das Früchtebrot mit Dörrpflaumen, wird zur Weihnachtszeit zubereitet.

Die berühmte *Wiener Sachertorte*, eine mit Marillenmarmelade gefüllte Schokoladetorte, kann auch im Salzburger Hotel Sacher nach Originalrezept probiert werden. Weltruf erreicht hat auch der *Zaunerstollen* aus der gleichnamigen Konditorei Zauner in Bad Ischl. Nach der Kurstadt benannt sind die *Ischler Törtchen* oder *Krapferln*, runde Mürbteigplätzchen, mit Buttercreme gefüllt und mit Schokolade überzogen und schließlich mit einer Mandel dekoriert. Und was wäre die Region überhaupt ohne die *Mozartkugel*, die in den Konditoreien in verschiedenen Varianten angeboten wird (→ Kasten S. 77).

• *Wörterbuch* **Backhendl**: paniertes, gebackenes Huhn, **Beusche(r)l**: Ragout aus Kalbslunge und -herz, **Blunz(e)n**: Blutwurst, **Eierschwammerl**: Pfifferlinge, **Erdapfel**: Kartoffel, **Faschiertes**: Hackfleisch, **Fisolen**: grüne Bohnen, **Fleckerl**: kleine, quadratische Nudeln, **Frankfurter**: Wiener Würstchen, **Frittaten**: Pfannkuchenstreifen als Suppeneinlage, **Geselchtes**: Rauchfleisch, **Germ**: Hefe, **Golatsche**: süßes Plundergebäck, **Grammeln**: ausgebratene Speckwürfel, **Guglhupf**: Napfkuchen, **Karfiol**: Blumenkohl, **Kernöl**: Öl aus gerösteten Kürbiskernen, **Kipferl**: Hörnchen, **Kitz**: junge Ziege, **Kletzen**: Dörrbirne, **Knödel**: Kloß bzw. Klöße, **Koch**: Brei, **Kohlsprossen**: Rosenkohl, **Kraut**: Weißkohl, **Kren**: Meerrettich, **Kukuruz**: Mais, **Marille**: Aprikose, **Palatschinke**: dünner Pfannkuchen, **Paradeiser**: Tomate, **Powidl**: Pflaumenmus, **Rahm**: saure Sahne, **Ribisel**: Johannisbeere, **Röster**: gedünstetes Obst, **Schlagobers**: Schlagsahne, **Stelze**: Eisbein, **Topfen**: Quark, **Vogerlsalat**: Feldsalat.

Kaffee, Bier und Schnaps

Bekanntermaßen bestellt man in Österreich nicht einfach „Kaffee" (betont wird hierzulande auf dem E), sondern differenzierter. Beispielsweise den *Kleinen* bzw. *Großen Schwarzen* oder *Braunen* (Schwarzer mit Kaffeeobers), *Verlängerten* (Schwarzer mit Wasser) oder *Melange* (Verlängerter mit warmer Milch), wie die gängigsten

Am Marktplatz in Mondsee gibt's alles: Café, Konditorei, Gaststätte, Hotel

Varianten heißen. Daneben gibt es noch eine Vielzahl an Kaffeespezialitäten, deren Zubereitung meist in der Karte nachzulesen ist.

Salzburg ist eine Bierstadt. Das quellreine Wasser von den umliegenden Bergen und Hopfen aus Bayern und Oberösterreich sorgen seit Jahrhunderten für köstliches Bier. Das bekannteste ist das seit 1492 gebraute *Stiegl* (→ Brauwelt S. 104). Seit 1475 gibt es das Hofbräu Kaltenhausen am Fuß des Untersberg, wo heute u. a. das beliebte *Edelweiss-Weißbier* hergestellt wird. Seit 1621 besteht das *Augustinerbräu* Kloster Mülln, dessen handwerklich gebrautes Bier im Müllner Bräustübl besonders mundet. Mit „Das Bier zum Salzkammergut" bewirbt die Brauerei *Schloss Eggenberg* ihre Produkte, u. a. starke Bockbiere, die sie seit 1681 in Vorchdorf nördlich von Gmunden braut.

Traditionsreich seit 1492: Stiegl-Bier

Hochprozentige Spezialitäten der Region sind der himbeersaftrote *Zirbenschnaps*, für den die Zapfen der Zirbelkiefer in Alkohol eingelegt werden, sowie der *Vogelbeerschnaps*, der aus den dunkelroten Beeren der Eberesche und der *Hollerschnaps*, der aus reifen Holunderbeeren gebrannt wird. Auch Marillen (Aprikosen), Zwetschken, Birnen und Himbeeren werden häufig in Hochgeistiges verwandelt. Zusammen gebrannte Äpfel und Birnen ergeben einen klassischen Obstler.

Glasgrößen Eine Halbe sind 0,5 l, ein Seid(e)l 0,3 l, ein Pfiff 0,2 l Bier. Ein Stamperl ist ein kleines Schnapsglas.

Die Lokale

Die Stadt Salzburg und das Salzkammergut besitzen eine Reihe von prämierten **Gourmetrestaurants**, in denen zumeist regionale Küche – kreativ verfeinert, mediterran oder asiatisch inspiriert – geboten wird. Kulinarischen Genuss darf man sich auch von den übrigen **Restaurants**, **Gasthöfen** und **Wirtshäusern** erwarten, in denen üblicherweise bodenständig und österreichisch gekocht wird. Mitunter finden sich auch Pizza und Pasta auf der Speisekarte. Warme Gerichte werden generell mittags (11.30–14 Uhr) und abends (18–21/22 Uhr) angeboten. Hat ein Lokal durchgehend warme Küche, ist das im Reiseteil extra vermerkt. Fast jeder größere Ort hat eine eigene **Café-Konditorei**, die meist täglich von 8 bis 19/20 Uhr geöffnet hat. In der Stadt Salzburg, in Bad Ischl, Bad Aussee und Gmunden trifft man auch auf **altösterreichische Kaffeehäuser**, wo man sich bei Kaffee und Kuchen mit Freunden und Geschäftspartner trifft oder allein in die Zeitung oder ein Buch vertieft.

Die im Reiseteil angegebenen **Ruhetage** der Restaurants gelten meist nicht für Juli und August.

Reisepraktisches von A bis Z

Ärztliche Versorgung

Die *Europäische Krankenversicherungskarte* (European Health Insurance Card), die sich auf der Rückseite nationaler Versicherungs- oder Gesundheitskarten befindet (soweit bereits eingeführt, sonst erhält man eine „provisorische Ersatzbescheinigung"), setzt dem lästigen Besorgen und Umtauschen eines Urlaubskrankenscheins ein Ende. Mit der neuen Karte können Arzt oder Krankenhaus am Urlaubsort direkt aufgesucht werden. Der Abschluss einer kurzfristigen privaten *Reisekrankenversicherung* ist weiterhin ratsam, denn sie deckt im Notfall auch einen Heimtransport ab. Für das Reisegebiet zu empfehlen ist eine *Zeckenschutzimpfung.*

Apotheken gibt es nur in Städten und größeren Orten. Sie sind üblicherweise Montag bis Freitag 8–12 und 14–18 Uhr sowie am Samstag 8–12 Uhr geöffnet. Ein Aushang informiert über Notdienste.

Krankenhäuser gibt es in Salzburg, Gmunden, Bad Ischl und Bad Aussee.

Diplomatische Vertretungen

Deutsches Honorarkonsulat, Aribonenstr. 27, 5020 Salzburg, ✆ +43 (0)662-432366-300, 📠 -302.

Schweizerisches Konsulat, Alpenstr. 85, 5020 Salzburg, ✆ +43 (0)662-622530, 📠 +43 (0)662-62358130.

Dokumente

Auch innerhalb der EU müssen Personaldokumente ins Reisegepäck. Man benötigt für die Einreise nach Österreich einen gültigen Personalausweis bzw. eine Identitätskarte oder einen Reisepass (bis zu 5 Jahre nach Ablauf). Kinder unter 16 Jahre benötigen einen eigenen Reisepass, wenn sie nicht in den ihrer Eltern eingetragen sind.

Einkaufen

Den Einkauf von Lebensmitteln und Gütern des täglichen Bedarfs erledigt man am günstigsten in Supermärkten: *Billa, Penny, Plus* und die Diskonter *Hofer* und *Lidl* sind eher an Umfahrungsstraßen angesiedelt, in den Ortszentren findet man *Spar, Adeg* und *Salzkammergut-Konsum.* Letzterer ist mit seinen 16 Filialen eine der noch wenigen echten Genossenschaften und einer der größeren Arbeitgeber im Salzkammergut.

Feiertage

Geschäfte und Banken haben an folgenden Feiertagen geschlossen: 1. Januar (Neujahr), 6. Januar (Hl. Drei Könige), Ostermontag, 1. Mai (Tag der Arbeit), Christi Himmelfahrt, Pfingstmontag, Fronleichnam, 15. August (Mariä Himmelfahrt), 26. Oktober (Nationalfeiertag), 1. November (Allerheiligen), 8. Dezember (Mariä Empfängnis), 25./26. Dezember (Weihnachten). An Landesfeiertagen bleiben die Geschäfte meist offen. Es sind dies der 19. März *(Josefitag)* in der Steiermark, der 4. Mai *(Florianitag)* in Oberösterreich und der 24. September *(Rupertitag)* in Salzburg.

Geld

Die Österreicher haben für die Rückseite ihrer Euro- und Cent-Münzen nationale Motive gewählt: Die 2-Euro-Münze ziert die Friedensnobelpreisträgerin *Bertha von Suttner*, die 1-Euro-Münze ist *Mozart* gewidmet. Das Wiener *Secessionsgebäude* ist auf dem 50-Cent-, das Wiener Schloss *Belvedere* auf dem 20-Cent-Stück abgebildet. Das 10-Cent-Stück zeigt den Turm des Wiener *Stephansdoms.* Die Münzen zu 5, 2 und 1 Cent schmücken Alpenprimel, Edelweiß und Enzian. 2005 wurde anlässlich der 50-Jahr-Feier des Staatsvertrags eine 2-Euro-Sondermünze ausgegeben mit den Unterschriften und Siegel der vier Unterzeichnerstaaten.

An *Geldautomaten* (Kennzeichen: blaugrünes „B") kann mit einer bankomatfähigen Karte (ec-Karte, Maestro) oder Kreditkarte und jeweiliger Geheimnummer Bargeld abgehoben werden. Der tägliche Höchstbetrag entspricht dem persönlichen Kartenlimit, üblicherweise 400 €. Die Bargeldabhebung mit ausländischer Bankomatkarte oder mit Kreditkarte kostet 2–4 % des Betrages, mindestens aber 5 € (für in Deutschland ausgegebene Karten) bzw. 2,50 € (bei österreichischen Kreditkarten) pro Transaktion. Fast in jedem Ort ist ein Geldautomat vorhanden, am besten sieht man sich dafür am Hauptplatz um.

Die gängigen *Kreditkarten* (Visa, Mastercard) werden in größeren Geschäften, in Restaurants, Hotels und Tankstellen sowie an Fahrscheinautomaten der Bahn akzeptiert. In ländlichen Regionen hingegen ist das Bezahlen mit Kreditkarte weniger verbreitet.

• *Sperrnummern* Sie variieren je nach Ausstellungsland und Karte: Bei **Verlust der Maestro-Karte**: ✆ 0049-116116 (D), ✆ 0800-2048800 (A), ✆ 0041-848888601 (CH, UBS-Karten), ✆ 0041-800800488 (CH, Credit Suisse). Bei **Verlust der Kreditkarte**: ✆ 0049-116116 (D, alle Karten), ✆ +43 (0)1-71111-770 (A, VISA), ✆ +43 (0)1-717014500 (A, MasterCard), ✆ +43 (0)1-501350 (A, Diners Club), ✆ +41-442008383 (CH, VISA, MasterCard), ✆ +41-448354545 (CH, Diners Club).

Haustiere

Hunde und Katzen benötigen für Reisen innerhalb der EU den *EU-Heimtierausweis*. Dieser wird bei Vorliegen einer eindeutigen Kennzeichnung des Tieres (Tätowierung, Mikrochip) ausgestellt und muss einen Nachweis über eine gültige Tollwutimpfung (mindestens 30 Tage, maximal 12 Monate vor Grenzübertritt) enthalten. Bitte beachten: In Österreich besteht im Ortsgebiet und in öffentlichen Verkehrsmitteln *Maulkorb- und Leinenpflicht.*

Information

Vor Reiseantritt kann Prospektmaterial telefonisch und via Internetformular bei den unten genannten Adressen angefordert werden. Auskünfte vor Ort erhält man in den Touristbüros, deren Adressen im Reiseteil unter der Rubrik „Information" zu finden sind. Sie halten auch Unterkunftsverzeichnisse und kostenlose Stadtpläne bereit.

• *Deutschland* **Urlaubsinformation Österreich**, Servicenummer zum Ortstarif (Mo–Fr

Moderne für den Gast: Information in Gmunden

9–17.30 Uhr) ✆ 01802101818, www.austria.info.
• *Schweiz* **Urlaubsinformation Österreich**, Servicenummer ✆ 0842-101818, www.austria.info.
• *Österreich* **Tourismus Stadt Salzburg**, Auerspergstr. 6, A 5020 Salzburg, ✆ +43 (0)662-88987-0. Die vorbildliche Homepage **www.salzburg.info** bietet ausführliche und aktuelle Infos.

Salzkammergut Tourismus, Salinenplatz 1, A 4820 Bad Ischl, ✆ +43 (0)6132-26909-0. Die Homepage **www.salzkammergut.at** hat die Links zu allen einzelnen Regionen.

Kinder

Eine Riesenhetz für Kinder ist, als Bergknappe verkleidet die Holzrutschen in den Salzwelten Hallein, Hallstatt oder Altaussee hinunterzusausen. Länger rutscht man nur noch auf den Sommerrodelbahnen in Fuschl und am Wolfgangsee. Aufregend sind der unterirdische Gletscher in der Dachstein-Eishöhle und die rauschenden Wassermassen in der Koppenbrüllerhöhle in Obertraun. Das Durchschlüpfen durch die Steinklüfte in St. Gilgen ist immer ein Hit. Spannend kann auch die Fahrt mit der schnaufenden Schafbergbahn oder mit den Raddampfern am Traunsee und am Wolfgangsee sein. Badespaß mit großen Rutschen gibt es am Mondsee, am Attersee und in den Freibädern von Bad Ischl und Bad Goisern. Tiere bieten der Hellbrunner Zoo in Salzburg und die Wildparks im Almtal, bei Altmünster und bei Strobl am Wolfgangsee, einen Märchenwald findet man im Kinderland Schindlbach in der Grünau. Lehr- und umfangreich ist das Haus der Natur in Salzburg. Diebischen Spaß machen auch die Wasserspiele von Hellbrunn, besonders wenn es die Mama oder den Papa erwischt!

Kleidung

Ein Sommerurlaub in der Region ist nicht unbedingt ein reiner Badeurlaub (→ Klima S. 17). In Punkto Urlaubsgarderobe sollte man sich auf alles einstellen: Baden, Wandern, Radfahren, Sightseeing, Einkaufen, Lesen, Laufen, auf Hitze und Kälteeinbrüche. Neben Badesachen sind jedenfalls feste, wasserdichte Schuhe, warme Hose und Pullover, Regenjacke (eventuell gefüttert), Kopfbedeckung und ein robuster Regenschirm ein Muss, um für jedes Wetter und den Salzburger Schnürlregen gerüstet zu sein. Nicht anders machen es die Einheimischen, die das ganze Jahr über ihren Wetterfleck (Pelerine) aus Loden oder eine dicke Walkjacke griffbereit halten. Wer leicht friert, sollte auch im Sommer für den Besuch von Bergwerken und Höhlen ein Paar Handschuhe dabeihaben.

Landkarten und Stadtpläne

Für die **Stadt Salzburg** gibt es den handlichen Touristen- und Innenstadtplan (2007) von *Freytag & Berndt*, 1:15.000, einen *ADAC* TouristPlan Salzburg (2006), 1:15.000, einen *Kompass* Touristenplan (2007), 1:10.000 und einen *Falk* Cityplan Extra (2007), 1:10.000.

Als Straßenkarten für das **Salzkammergut** eignen sich die *Freytag & Berndt* Auto- und Freizeitkarte Blatt 6 „Land Salzburg – Salzkammergut“ (2007; inkl. kleiner Stadtplan Salzburg), 1:200.000, und die *Falk* Bundesländerkarte 2 „Oberösterreich“ (2008), 1:150.000. Preis pro Karte um die 7 €.

Literatur

Hier eine Auswahl an Reiseliteratur und Belletristik zur Region:

Alfred Komarek, *Ausseerland: die Bühne hinter den Kulissen* (2002) und *Salzkammergut: Reise durch ein unbekanntes Land* (1994), beide Kremayr & Scheriau. Der feinsinnige Salzkammergütler erzählt von Land und Leuten und berichtet Anekdoten und historische Begebenheiten.

Ebenfalls von Alfred Komarek: *Die Villen der Frau Hürsch* (2005) und *Die Schattenuhr* (2007), Diogenes Taschenbuch, sowie *Narrenwinter* (2006) und *Doppelblick* (2008), beide Haymon. Die vierteilige Spurensuche der Romanfigur Daniel Käfer spielt im Ausseerland, in Hallstatt und Bad Ischl.

Dietmar Grieser, *Nachsommertraum im Salzkammergut*, Insel Taschenbuch (2007). 15 amüsante Essays über die Sommerfrischler Mahler, Klimt, Stifter ... und ihre Beziehung zum Salzkammergut.

Peter Handke, *Der Chinese des Schmerzes*, Suhrkamp (1986). Am Mönchsberg, also vor Handkes damaliger Haustür, spürt Andreas Loser Hakenkreuzschmierereien nach. Eine mörderische Erzählung.

Wolf Haas, *Silentium*, Rowohlt Taschenbuch (2004). In seinem zweiten Kriminalfall (auch als Hörbuch und DVD) deckt Privatdetektiv Brenner Grauslichkeiten in Salzburgs Festspielszene auf. Witzig, makaber und zutiefst österreichisch geschrieben.

Herbert Rosendorfer, *Salzburg für Anfänger*, dtv (2005). Ein kenntnisreicher und humorvoller Streifzug durch die Mozart- und Festspielstadt.

Thomas Bernard, *Die Ursache: Eine Andeutung"*, dtv (1977). Die Autobiografie erzählt von Bernhards unglücklicher Internatszeit im von Bomben bedrohten Salzburg der letzten Kriegsjahre.

Adalbert Stifter, *Der Bergkristall*, u. a. bei Diogenes (2005). Die Inspiration zur berühmten Weihnachtsgeschichte fand der Meistererzähler Mitte des 19. Jh. im Hallstätter Echerntal und den damals neu entdeckten Dachsteinhöhlen.

Notruf

Österreichweit gelten folgende Notrufnummern: ✆ 133 für die *Polizei*, ✆ 122 für die *Feuerwehr*, ✆ 144 für die *Rettung* (Krankenwagen) und ✆ 141 für den Ärzte-Notdienst. Im Fall einer Autopanne ist der *ÖAMTC* unter ✆ 120 (Stützpunkte in Salzburg, Bad Aussee, Bad Ischl, Gmunden und Mondsee) bzw. der *ARBÖ* unter ✆ 123 (Stützpunkte in Salzburg, Bad Ischl, Gmunden, Mondsee) zuständig.

Öffnungszeiten

Banken: Geldgeschäfte kann man Mo–Fr 8–12 und 13.30/14–16 Uhr erledigen. Filialen in kleinen Orten sind nachmittags häufig geschlossen.

Geschäfte: Große Lebensmittelketten haben Mo–Do 8–19/19.30 Uhr, Fr 8–19.30/20 Uhr sowie Sa 8–18 Uhr geöffnet. Kleinere Geschäfte halten von 12 bis 15 Uhr Mittagspause und sind am Mittwoch- und Samstagnachmittag geschlossen. An touristischen Tummelplätzen gibt es in der Hochsaison zumindest einen Lebensmittelmarkt, der täglich offen hat.

Post und Postpartner: Postämter, die leider nur noch in größeren Orten zu finden sind, haben üblicherweise Mo–Fr 8–12 und 14–17 Uhr geöffnet. In kleineren Orten übernehmen vermehrt Lebensmittelgeschäfte, Apotheken oder ähnliche Dienstleistungsbetriebe als „Postpartner" die Aufgaben der Post.

Sehenswürdigkeiten: Die wichtigsten Museen der Stadt Salzburg sind außer zur Festspielzeit *montags geschlossen* und sonst von 9/10 bis 17/18 Uhr geöffnet. Schloss Hellbrunn hat von November bis März Winterpause.

Salzkammergut Erlebnis-Card und Winter-Card (S-Card)

Die Karten zu je 4,90 € bieten Salzkammergut-Gästen bei den wichtigsten Attraktionen, wie Museen, Bergbahnen, Schifffahrtslinien, Salzbergwerken, Freibädern (im Reiseteil mit S-Card markiert) bis zu 25 % Ermäßigung auf den Eintrittspreis. Sie sind in Touristbüros und Hotels erhältlich, für die Dauer des Urlaubsaufenthalts gültig und rentieren sich bei mehreren Besuchen. Die Erlebnis-Card ist von 1. Mai bis 31. Oktober gültig, die Winter-Card von 1. November bis 15. April.

Von den **Museen** im Salzkammergut sind das Stadtmuseum Bad Ischl, das Museum Hallstatt, die Kammerhofmuseen Gmunden und das Zeitgeschichtemuseum in Ebensee nahezu ganzjährig geöffnet. Alle übrigen Museen sowie Höhlen und Schaubergwerke sind im

Winterhalbjahr von Okt./Nov. bis April/Mai geschlossen. Nur der Cumberland-Wildpark im Almtal ist ganzjährig offen.

Porto

Briefe und Postkarten aus Österreich in ein europäisches Land kosten 0,65 €. Marken erhält man in Postämtern und Tabaktrafiken, die gelben Briefkästen werden Mo–Fr einmal täglich geleert. Richtig adressiert ist eine Sendung, wenn vor der Postleitzahl kein Länderkürzel (D/CH) steht, sondern das Empfängerland in Großbuchstaben in der untersten Zeile angeführt ist.

Radio

Die wichtigsten Radiosender des öffentlich-rechtlichen Rundfunks *ORF* sind *Ö1* (Journale zu Kultur, Politik, Wissenschaft; klassische Musik, Jazz), *Radio Salzburg, Radio Oberösterreich und Radio Steiermark* (Regionalprogramme mit Volksmusik, Oldies, Schlagern) und *Hitradio Ö3* (stündliche Nachrichten, halbstündliche Verkehrsnachrichten, Hitparadenmusik).

Schlechtwettertipps

Klassisches Regenprogramm ist der Besuch eines Museums. Die Stadt Salzburg, die auch vom Salzkammergut leicht erreichbar ist, hat zwei Dutzend Ausstellungen zu bieten, Bad Ischl, St. Gilgen, Mondsee, Bad Aussee, Gmunden und Ebensee haben die größten Museen im Salzkammergut. Kinos gibt es in Salzburg, Bad Ischl, Gmunden und Ebensee. Genussvoll kann man sich die Zeit in einem Kaffeehaus vertreiben. Die Salzwelten in Hallein, Hallstatt und Altaussee und die Dachsteinhöhlen in Obertraun sehen bei jedem Wetter gleich spektakulär aus. Wer vorausschauend gepackt hat (→ „Kleidung"), ist auch für Regenwanderungen gerüstet, die, wenn die Tropfen herunterprasseln und Nebelschwaden vorbeiziehen, sehr eindrucksvoll sein können. Idealerweise wählt man Wege im Wald, bei denen es nicht auf die Aussicht ankommt (z. B. Koppentalweg, Schwarzensee, Steinklüfte) oder zu Wasserfällen, die erst bei Dauerregen ihre ganze Pracht entfalten (z. B. Waldbachstrub, Zimitzfall, Nixenfall).

Souvenirs

Mitbringsel aus der Region sind Kulinarisches, Kunsthandwerk und Trachtenkleidung. Die Palette reicht von handgemachten Mozartkugeln über den Zaunerstollen aus Bad Ischl zum St. Wolfganger und Bad Ausseer Lebkuchen, von den Natursalzprodukten der Salzbergwerke bis zum exklusiven Edelbrand. An den Salzburger Markständen gibt es Gewürzsträußchen, in Gmunden, Hallstatt und Seewalchen fertigt man bunte Keramik, in St. Wolfgang gibt es eine Seifenmanufaktur. Riesig ist die Auswahl an Trachtenmode, vom feschen Lodenhut über Dirndl und Lederhose bis zum Haferlschuh ist alles erhältlich. Bekannte Erzeuger wie *Lodenfrey Austria, Gössl* und *Tostmann* haben ihre Stammgeschäfte in der Region. Wer auf Handarbeit Wert legt, sollte auf das Siegel **Meisterstraße** achten. Nur die besten Handwerksbetriebe einer Region werden unter dieser von der EU geförderten Marke zusammengefasst und garantieren hochwertige Rohstoffe und regionstypische Produkte. Zur *Meisterstraße Salzkammergut* zählen u. a. Trachtenschneider, Hutmacher, Lebzelter und Lederhosenmacher (mehr unter www.meisterstrasse.eu).

Sport

Sportfreunden bietet die Region ganzjährig ein großes Angebot. Einen umfassenden Überblick bietet www.salzkammergut.at.

Angeln: Fuschlsee, Wolfgangsee, Irrsee, Attersee, Hallstätter See, Langbathsee, Offensee, Ödensee und die Ausseer Seen sind beliebte Reviere. Fliegenfischer schätzen die Flüsse Alm und Traun. Fischen ist erlaubt mit Fischer(gast)karte (ab 15 €/Tag) und der Lizenz für das jeweilige Revier. Beides erhält man z. B. in Tourismusbüros, Sportgeschäften oder in Gaststätten an Seeufern. Empfehlenswert und gut organisiert ist das Fischen im Ausseerland (Infos unter www.fischen.at).

Baden: Die erfrischenden Salzkammergutseen haben Trinkwasserqualität. Strand- und Seebäder und/oder kostenlose Badeplätze findet man an den großen Seen. Die seenlosen Orte Bad Ischl, Bad Goisern und Bad Mitterndorf verfügen über moderne Freibäder. Thermalbäder gibt es in Bad Ischl, Bad Aussee und Bad Mitterndorf. Tageskarten für Strand- und Freibäder kosten 4–8 €.

Flugsport: Beliebte Startplätze (ganzjährig) für *Paragleiter* und *Drachenflieger* sind Gaisberg, Untersberg, Schafberg, Zwölferhorn, Loser, Katrin, Krippenstein, Feuerkogel, Grünberg und Kasberg. In der ganzen Region operiert die Flugschule Salzkammergut (✆ 07612-73033, www.paragleiten.net). *Ballonfahrten* werden in St. Wolfgang angeboten (www.freiheit.at).

Golf: 18-Loch-Anlagen gibt es in Bad Ischl, bei Gmunden, 9-Loch-Courses im Mondseeland, in der Stadt Salzburg, in Bad Aussee, neben Schloss Fuschl und in Weyregg. Nähere Infos im Reiseteil.

Laufen/Joggen/Nordic Walking: Im Salzkammergut wurden mehr als 300 km Lauf- und Nordic-Walking-Strecken beschildert. Besonders groß ist das Angebot rund um den Wolfgangsee (17 Routen), wo auch internationale Laufevents abgehalten werden (www.wolfgangsee.at). Schöne Strecken gibt es ebenso um den Irrsee, den Altausseer See, bei St. Lorenz und im Umkreis von Bad Ischl.

Radfahren und Mountainbike → S. 40, „Unterwegs"

Reiten: Beschilderte Wanderreitwege und die entsprechende Infrastruktur gibt es am Traunsee (www.reiten-traunsee.at), im Ausseerland (www.pferdenarren.at) und am Mondsee (ww.mondsee.at).

Segeln und Surfen: Die besten Segel- und Surfreviere sind Attersee, Traunsee, Wolfgangsee, Mondsee und Grundlsee – in dieser Reihenfolge. An ihren Ufern gibt es Segel- und Surfschulen und Bootsverleihe.

Souvenirs von süß bis salzig

Tauchen: Unter Tauchern gilt das Salzkammergut als Paradies, wenn auch jedes Jahr nicht wenige tödliche Tauchunfälle passieren. Tauchen ist überall erlaubt, wo es nicht ausdrücklich verboten ist, Schutzzonen (Pfahlbauten, Laichgebiete) sind zu beachten. Für manche Seen ist eine Dive-Card erforderlich. Die besten Tauchzonen gibt es an Attersee (www.atterseediving.com), Traunsee und Grundlsee (www.ts-grundlsee.at). Einen Überblick findet man unter www.salzkammergut.at.

Wandern → S. 40, „Unterwegs"

Wintersport: Größtes *Ski- & Snowboardgebiet* ist Dachstein-West im Gosautal (140 km Pisten), gefolgt von Tauplitzalm (40 km), Grünau-Kasberg (40 km), Loser-Sandling (30 km) und Krippenstein (1 km), eines der besten Tiefschneeareale in Europa. Für Kinder und Anfänger sind Postalm (12 km), Feuerkogel (12 km), Zwölferhorn (5 km) und

Katrin (3 km) geeignet. Tageskarten kosten 25–35 €. Dachstein-West, Katrin, Krippenstein, Feuerkogel und Postalm bilden einen Skikartenverbund – Skipässe ab 1½ Tagen gelten in allen Gebieten.

Mit 230 km Loipen ist das Ausseerland ein Eldorado für *Langläufer*. 20- bis 55-km-Loipen gibt es im Gosautal, im Almtal, um Bad Goisern, auf der Postalm und in Faistenau.

Zu einer *Rodelpartie* laden an die 20 Naturrodelbahnen, z. B. auch eine neben der WM-Bahn von 1992 in Bad Goisern. Die Einheimischen lieben auch das traditionelle *Eisstockschießen*. Zugefroren geben Almsee, Offensee, Langbathsee, Toplitzsee, Grundlsee (oft mit glasklarem Spiegeleis) und in Salzburg der Leopoldskroner Weiher wunderschöne Natureisflächen für *Schlittschuhläufer* ab.

Telekommunikation

Öffentliche Telefonzellen gibt es in jedem Ort, meist in der Nähe von Postämtern, Bahnhöfen und Hauptplätzen. Die Mehrzahl funktioniert mit Telefonwertkarten, die man in Trafiken und Postämtern erhält. In größeren Städten gibt es MultiMediaStationen, an denen Telefonieren, Internetsurfen (0,10 €/Min.) und die Versendung von E-Mails (0,10 €) möglich ist. Telefonieren ist Mo–Fr 18–8 Uhr und Sa/So ganztägig am günstigsten. Bei Gesprächen aus Hotels und Pensionen ist wie überall mit Zuschlägen zu rechnen.

Internationale Vorwahl von Österreich: ✆ 0043, die 0 der jeweiligen Ortskennzahl entfällt. Bei **Ortsgesprächen** wird die Ortskennzahl weggelassen!

Vorwahlen aus Österreich **nach Deutschland** ✆ 0049, **in die Schweiz** ✆ 0041, die 0 der jeweiligen Ortskennzahl entfällt.

Veranstaltungen und Feste

Der Veranstaltungskalender in der Stadt **Salzburg** ist von der Mozartwoche im Januar bis zum Adventsingen im Dezember von Musik und Theater geprägt. Für einen genauen Überblick → S. 73.

Im **Salzkammergut** stehen Volksfeste wie das Kaiserfest in Bad Ischl, die Gamsjagatage in Bad Goisern und der Altausseer Kirtag sowie Sommerfestivals mit klassischer Musik auf dem Programm. Zu Letzteren zählen das *Lehár-Festival* in Bad Ischl, der *Kultursommer* im Attergau, die *Salzkammergut Festwochen* in Gmunden und die *Musiktage* in Mondsee. Vielerorts füllen Brauchtumsveranstaltungen den Festkalender auf (→ S. 18).

Zeitungen und Zeitschriften

Zu den österreichischen Tageszeitungen *Kronen Zeitung*, *Kurier*, *Die Presse* (eher konservativ), *Der Standard* (eher liberal) und *Salzburger Nachrichten* kommen in der Region die *Oberösterreichischen Nachrichten* und die steirische *Kleine Zeitung*. Wer für Lokalpossen eine Schwäche hat, greift zum Gratis-Kleinformat *Salzkammergut Rundschau*, zur *Ischler Woche* oder zur legendären Ausseer *Alpenpost*, die alle 1 bis 2 Wochen erscheinen.

Zoll

Innerhalb der EU dürfen Waren ohne Mengenbeschränkung aus- und eingeführt werden, wenn sie dem privaten Gebrauch dienen. Als Richtmenge pro Person gelten: 800 Zigaretten, 400 Zigarillos, 200 Zigarren, 1 kg Tabak, 10 l Spirituosen über 22 % Alkoholgehalt, 20 l unter 22 % Alkoholgehalt, 90 l Wein und 110 l Bier.

Für Reisende aus Nicht-EU-Ländern, etwa aus der Schweiz, gelten folgende Obergrenzen: 2 l Wein (bis 15 % Vol.), 1 l Spirituosen (über 15 % Vol.), 200 Zigaretten, 50 Zigarren, 250 g Tabak und Waren bis zu einem Gesamtwert von 175 €.

Felssturz bei der Hütteneckalm (Wanderung 9)

Salzburg & das Salzkammergut

Reiseziele

Über den Dächern der Stadt

Salzburg

150.300 Einwohner, 424 m

Altstadtgässchen, prächtige Barockbauten, Festspiel- und Kaffeehäuser, Bauernmärkte und schicke Geschäfte, malerisch umgeben von aussichtsreichen Stadthügeln samt riesiger Burgfestung – das ist Salzburg, die legendäre Mozartstadt, Zeugin des Salzreichtums einstiger Kirchenregenten und Weltkulturerbe.

Salzburg ist die viertgrößte Stadt Österreichs, Hauptstadt des gleichnamigen Bundeslandes, Sitz eines Erzbischofs, Universitätsstadt, Ort wichtiger Kongresse und Messen und als Kulturstadt weltberühmt. Ihre denkmalgeschützte Altstadt liegt eingezwängt zwischen dem Fluss Salzach und den Steilwänden von Mönchsberg und Kapuzinerberg, die grüne Oasen und stille Rückzugsgebiete inmitten der Stadt sind. Um sich einen Eindruck von der Stadtanlage zu verschaffen, lohnt es sich, die Aussichtsplätze dieser beiden Stadtberge zu erklimmen: Über dicht gedrängte Häuserwürfel ragen die Türme und Kuppeln der Gotteshäuser auf, mitten drin der gewaltige Salzburger Dom, der seit 1920 alljährlich dem „Jedermann" Kulisse ist, dem bekanntesten Theaterstück der Salzburger Festspiele. Auf dem Festungsberg thront die imposante Festung Hohensalzburg, Wahrzeichen der Stadt und eine der größten Burganlagen Mitteleuropas. Zwischen den Häuserschluchten am linken Salzachufer verläuft die berühmteste Straße der Stadt, die geschäftige Getreidegasse, wo auch das Geburtshaus von Mozart steht. Um das besondere Flair der Stadt aufzusaugen, eignet sich der vormittägliche Grünmarkt am Universitätsplatz, der Barockgarten von Schloss Mirabell, das altösterreichische Kaffeehaus Tomaselli, der „Fürst", wo sich der Tresen vor Originalen Mozartkugeln biegt oder das riesige Augustiner Bräustübl am nördlichen Fuß des Mönchsbergs. Auch das Rauschen des

Almkanals, das Vorbeibrausen der Radfahrer an den Salzachufern, das Schnauben der Fiakerpferde am Residenzplatz und der mittägliche Klang der Kirchenglocken gehören zum Salzburger Stadterlebnis.

Wer sich von der idealen Landschaft, in die Salzburg eingebettet ist, dem breiten Talboden der Salzach inmitten der Ausläufer der Nordalpen ein Bild machen möchte, fährt auf den 1287 m hohen Gaisberg im Osten der Stadt: „Das mittlere Europa hat keinen schöneren Raum", stellte der Dichter Hugo von Hofmannsthal treffend fest, und der weit gereiste Alexander von Humboldt reihte die Gegend von Salzburg gar unter die drei schönsten der Erde.

Salzburg von oben – die besten Aussichtspunkte: Hettwerbastei am Kapuzinerberg (→ S. 101), Terrassen am Mönchsberg (→ S. 97), Reckturm der Festung (→ S. 93) und Gaisberg (→ S. 106).

Geschichte

Während die Salzburger Stadtberge (Mönchs-, Kapuziner-, Rain- und Hellbrunner Berg) schon in der Jungsteinzeit (5000 v. Chr.) Siedlungsplätze waren, ließen sich erst die Römer direkt am Ufer der Salzach nieder. Sie nannten ihre Ansiedlung *Iuvavum*. Wegen einer Furt in der Salzach führte direkt hier die Reichsstraße von Augusta Vindelicum (Augsburg) nach Aquileia vorbei, und 45 n. Chr. wurde Iuvavum von Kaiser Claudius zur Stadt erhoben. Die ersten Christen dürften ab dem 3. Jh. in den Mönchsbergkatakomben (→ S. 83) Messen zelebriert haben. Nach dem Abzug der Römer 488 verödete die Stadt, bis im 6. Jh. im Zuge der Völkerwanderung Bajuwaren hierher kamen und die eigentliche Stadtgeschichte begann. 696 übergab der bairische Agilofinger-Herzog *Theodo* dem Wormser Bischof *Rupert*, der ihn zum Christentum bekehrt hatte, die Reste von Iuvavum. Rupert errichtete am Fuß des Mönchsbergs die Stiftskirche St. Peter und das Frauenkloster Nonnberg und machte den Ort zum Bischofssitz. Dessen wirtschaftliches Fundament waren die vom Herzog gewährten Anteile an der florierenden Saline von Reichenhall, weshalb Rupert häufig mit einem Salzfass dargestellt wird. Der Salzhandel schlug sich auch im neuen Namen „Salzburg" nieder, der 755 erstmals offiziell erwähnt wurde. 770 entstand unter dem iroschottischen Bischof *Virgil* (745–84) ein erster Dom. 798 wurde Salzburg auf Initiative von Karl dem Großen zum Erzbistum erhoben. 996 erhielt die Stadt das Markt- und Münzrecht. Der rege Fernhandel hatte sein Zentrum im Bereich der heutigen Juden- und Getreidegasse.

Erzbischof *Gebhard* begann 1077 mit dem Bau der Festung Hohensalzburg. Er hatte im Investiturstreit den Papst unterstützt und musste sich vor der kaiserlichen Armee schützen. Vergebens, 1167 ging die Stadt Salzburg auf Befehl *Friedrich Barbarossa*s in Flammen auf. Bereits 1181 war der Dom größer und schöner wieder aufgebaut. 1190 nahm das Erzbistum den seit der Römerzeit eingestellten Salzabbau am Halleiner Dürrnberg wieder auf. Mit Hilfe des kostengünstigen und effizienten neuen Soleverfahrens (→ Kasten S. 15, oben) boomte die Wirtschaft des Erzbistums, das sich 1350 aus dem ohnehin neu aufgeteilten Herzogtum Baiern lösen konnte und ein unabhängiges geistliches Fürstentum wurde. Das Bürgertum erkämpfte sich im 14./15. Jh. zahlreiche Handelsprivilegien und das Recht zur Wahl einer Stadtregierung, doch Erzbischof *Leonhard von Keutschach* setzte diesem

Freiheitsdrang 1511 ein Ende: Er nahm den Stadtrat gefangen und zwang die Bürger, auf ihre Rechte zu verzichten. Als Symbol der wiederhergestellten Ordnung kann der folgende Ausbau der Festung Hohensalzburg betrachtet werden. An diesem Bollwerk scheiterte schließlich auch der Bauernaufstand von 1525 (→ Kasten S. 94). Eine neue Epoche für Salzburg brach 1587 mit Erzbischof *Wolf Dietrich von Raitenau* an.

Fürsterzbischof Wolf Dietrich von Raitenau (1559–1617)

1587 wurde der vom Bodensee stammende *Wolf Dietrich von Raitenau* mit 28 Jahren Erzbischof von Salzburg. Förderlich für diese Karriere war sicherlich, dass seine Mutter eine Nichte des seit 1565 regierenden Papstes Pius IV war. Ganz in der Manier eines großen Renaissancefürsten und mit dem wirtschaftlichen Rückhalt des Salzes vom Halleiner Dürrnberg waltete er seines Amtes. Raitenau reformierte Verwaltung und Schulwesen, ließ neue Steuern erheben und berief den Kapuziner- und Augustinerorden nach Salzburg. Seine größte Bekanntheit erlangte er als Bauherr. Beeindruckt von den Renaissancebauten in Rom, wo er seine Studienjahre verbracht hatte, leitete er die Umgestaltung von Salzburg in eine barocke Fürstenstadt ein. Anstelle von Bürgerhäusern entstanden große Plätze und Straßenzüge, 1595 begann er mit dem Bau einer fürsterzbischöflichen Residenz. „Brennet es, so lasset es brennen", soll er gemeint haben, als 1598 im alten romanischen Dom ein Feuer ausgebrochen war. Nun konnte er einen neuen Dom in Auftrag geben. Legendär ist sein Verhältnis zur schönen Bürgerstochter *Salome Alt*, die später von *Kaiser Rudolf II.* zur Salome von Altenau geadelt wurde. 22 Jahre lang war sie seine Geliebte (oder geheime Ehefrau, wie man gemunkelte). 15 oder 16 Kinder entsprangen der Beziehung. Als standesgemäße Unterkunft ließ er für sie Schloss Altenau, das heutige Schloss Mirabell erbauen. Sein prächtiges Mausoleum befindet sich unweit davon im Sebastiansfriedhof. Wolf Dietrichs Leben endete allerdings unrühmlich: 1611 unterlag er Bayern in einem Krieg um Salzhandelsrechte, worauf ihn das Domkapitel stürzte und er 1612 abdanken musste. Sein Nachfolger und Neffe *Markus Sittikus* von Hohenems hielt ihn fünf Jahre bis zu seinem Tod in der Festung Hohensalzburg gefangen, Salome wurde vertrieben.

Tipp: Einen amüsanten Einblick in das Leben des Erzbischofs bieten die Salzwelten Salzburg in Hallein (→ S. 106).

Wolf Dietrichs Bauvorhaben vollendete Erzbischof *Markus Sittikus von Hohenems* (1612–19). Nach ihm kam *Paris Lodron* (1619–53), der 1622 die Salzburger Universität gründete, die bis heute seinen Namen trägt. Der unter ihm erfolgte Ausbau der Stadtbefestigungen und die bereits seit Wolf Dietrich praktizierte Neutralitätspolitik hielten den Dreißigjährigen Krieg von Salzburg fern. Eine erneute Bauoffensive unter den Erzbischöfen *Johann Ernst Graf Thun-Hohenstein* (1687–1709) und *Franz Anton Graf Harrach* (1709–17) verlieh der Stadt ihr hochbarockes Gepräge. Erzbischof *Sigismund Graf Schrattenbach* (1753–71) ließ Salzburg 1764 mit Hilfe eines Tunnels durch den Mönchsberg nach Westen erweitern. Letzter souveräner Fürsterzbischof war *Hieronymus Graf Colloredo* (1772–1803), ein Vertreter der Aufklärung, reformfreudig wie sein Vorbild Joseph II., aber ebenso sparsam und unbeliebt beim Volk. Berühmt wurde er ob der Querelen mit seinem Konzertmeister

Ließ der Erzbischof einst für seine Geliebte bauen: Schloss Mirabell

Salzburg
Karten S. 68/69 und Umschlag hinten

Wolfgang Amadeus Mozart (→ Kasten S. 76), der 1756 in Salzburg zur Welt gekommen war. 1801 musste Colloredo fliehen, als die Truppen *Napoleon*s die Stadt besetzten. 1803 wurde Salzburg säkularisiert, d. h. als geistliches Fürstentum aufgelöst, und als weltliches Kurfürstentum dem Habsburger *Ferdinand III.* als Entschädigung für die an Frankreich gefallene Toskana zugeschlagen. Ein neuerlicher Einmarsch der Franzosen 1805 zwang Ferdinand zur Flucht. Mit ihm verließ auch der einstige Silberschatz der Erzbischöfe die Stadt. Er kann heute im Palazzo Pitti in Florenz bewundert werden, wohin ihn Ferdinand nach der Wiedererlangung der Toskana im Zuge des Wiener Kongresses 1815 gebracht hatte. Salzburg selbst fiel nach dem Kongress endgültig an das Habsburgerreich. Die einstige Residenzstadt zählte damals nur mehr 12.000 Einwohner, war politisch unbedeutend und wirtschaftlich schwach. Die Bautätigkeit kam zum Erliegen (was viele mittelalterliche Bürgerhäuser vom Abriss bewahrte).

1834 gründeten adlige und bürgerliche Lokalpatrioten das Salzburger Landesmuseum. 1841 folgte mit Hilfe von Mozarts Witwe die Gründung eines Mozarteums zur Förderung des Musiklebens. Ab 1860 kam mit der Erhebung Salzburgs zur Landeshauptstadt und dem Anschluss an die Westbahn auch der wirtschaftliche Aufschwung. Neue Hotels entstanden, und die Regulierung der Salzach begradigte die Uferstreifen.

1920 fanden die ersten Salzburger Festspiele statt, 1926 wurde der Flughafen eröffnet. Nach dem Anschluss an Hitler-Deutschland 1938 wurde Salzburg zur NS-Musterstadt, in der ein Festspielhaus, eine Gauhalle und ein Stadion am Kapuzinerberg entstehen sollten. Die Schlösser Leopoldskron und Kleßheim wurden als NS-Gästehäuser verwendet. Von November 1944 bis Mai 1945 bombardierte die amerikanische Luftwaffe in 15 Angriffen die Stadt, die sich schließlich kampflos ergab. Fast die Hälfte der Stadt (u. a. das Bahnhofsviertel, Mozarts Wohnhaus und

Teile des Doms) waren zerstört. Trotzdem fanden im August 1945 bereits wieder Festspiele statt. 1947 wurde Schloss Mirabell zum Amtssitz des Bürgermeisters, 1959 wurde der restaurierte Dom neu eingeweiht, und 1962 nahm die seit 1809 geschlossene Universität wieder den Lehrbetrieb auf. In den folgenden Jahrzehnten erlebte die Stadt ein Bevölkerungswachstum und einen Bauboom, der die erhaltene historische Bausubstanz in der Altstadt gefährdete. Die seit 1970 im Gemeinderat vertretene Bürgerliste und ein von ihr 1978 erzwungenes strenges Altstadterhaltungsgesetz wachen seither über neue Bauvorhaben. Belohnt wurde diese Initiative durch die Aufnahme der Stadt in die Liste des UNESCO-Weltkulturerbes 1997.

Praktische Informationen

• *Information* In den Informationsbüros liegen Prospekte der Museen, Theater und Konzertveranstalter, Veranstaltungskalender und Hotelbroschüren aus. Verkauf der Salzburg Card. Zimmervermittlung. Auf Verlangen erhält man ein DIN-A3-Blatt mit praktischem Innenstadtplan (gratis).

Information Mozartplatz, tägl. 9–18 Uhr, Mitte Okt. bis April So geschlossen. ✆ 0662-88987330, www.salzburg.info.

Information Hauptbahnhof, Kiosk auf Bahnsteig 2a, Mai bis Sept. tägl. 8.30–21 Uhr, sonst tägl. 9–18 Uhr, ✆ 0662-88987340.

Information Salzburg-Süd, Park & Ride-Parkplatz an der Alpenstraße nahe Hellbrunn, geöffnet Ostern, Mai/Juni Do–Sa, Juli/Aug. tägl., Sept. Mo–Sa sowie Sa/So im Advent, an Weihnachten und Silvester, jeweils 9–18 Uhr.

Salzburg Card: Chipkarte mit freiem Eintritt in alle Sehenswürdigkeiten und freier Fahrt in öffentlichen Verkehrsmitteln (inkl. Festungsbahn, Salzach-Schiff und Mönchsbergaufzug) sowie Ermäßigungen bei Veranstaltungen. 24 €/Person (24 Std.), 32 € (48 Std.), 37 € (72 Std.), Kinder 6–15 J. die Hälfte. Von Nov. bis Ende April ist die Card 3 € billiger. Erhältlich an Hotelrezeptionen und in den Infobüros.

• *Audio-visuelle Stadtführung* Einen **iGuide** für die individuelle Erkundung der Stadt (akustisch begleitet von „Mozart" und „Wolf Dietrich") bekommt man in der Information Mozartplatz. Dauer 90 Min., Verleih ab 7,50 €.

• *Stadtrundfahrten* **Fiaker-Rundfahrten**: mit der Pferdekutsche durch die Altstadt, Abfahrt am Residenzplatz. Pro Gespann (max. 4 Pers.) 36 €/25 Min. **Salzburg Sightseeing Tours** (www.salzburg-sightseeing-tours.at) und **Panorama Tours** (www.panoramatours.com), Busrundfahrten (1 Std.) ab Mirabellplatz, tägl. nahezu stündl. 9.30–17 Uhr; ab 18 €/Person.

• *Internet* **Cybar Internetcafé**, Mozartplatz 5, tägl. 9–24 Uhr, Okt. bis Mai nur bis 23 Uhr. **WLAN-Hotspot**, Max-Reinhardt-Platz im Festspielbezirk. **Free-WLAN-Lokale**: M 32, Wein & Co Bar, Rebublic Café.

• *Radverleih* **Top Bike**, Juni bis Sept. an der Ecke Staatsbrücke/Franz-Josef-Kai bzw. April bis Okt. an der Südseite des Hauptbahnhofs (beim Café Intertreff), beide tägl. 10–17 Uhr, Juli/Aug. tägl. 9–19 Uhr. 6 €/2 Std., 15 €/Tag. ✆ 0676-4767259, www.topbike.at. **a'velo**, Residenzplatz, Ostern bis Okt. tägl. 9–18 Uhr, Juli/Aug. bis 20 Uhr. ✆ 0676-4355950.

Radstadt Salzburg: 170 km misst das Radwegenetz, sogar große Teile der Altstadt dürfen durchradelt werden (www.radinfo.at). Als Rundtour zu empfehlen ist die Fahrt entlang dem Salzachufer nach Hellbrunn und über die Hellbrunner Allee retour (ca. 10 km).

• *Öffentliche Toiletten* In der Altstadt: Domplatz, Wiener-Philharmoniker-Gasse, Hanuschplatz, Festungsbahn, Staatsbrücke, jeweils 7–20 Uhr, im Winter 7–19 Uhr, gratis.

• *Apotheken* **Alte Hofapotheke**, Alter Markt 6, **Zum Goldenen Biber**, Getreidegasse 4, jeweils Mo–Fr 8–18, Sa 8–12 Uhr.

• *Post* Filiale 5010, Residenzplatz 9, Mo–Fr 7–18.30, Sa 8–10 Uhr. Filiale 5020, Hauptbahnhof, Engelbert-Weiß-Weg 12a, Mo–Fr 7–20.30, Sa 8–14, So 13–18 Uhr.

• *Pannendienst* **ARBÖ**, Münchner Bundesstr. 9, ✆ 0662-433601. **ÖAMTC**, Alpenstr. 102–104, ✆ 0662-639990.

Verbindungen/Stadtverkehr

• *Flug* **Salzburg Airport W. A. Mozart**, → „Anreise" S. 36; zum/vom Hauptbahnhof bzw. Mirabellplatz mit Obus 2 (5.30–23 Uhr, 2 €). Die Taxifahrt kostet ca. 14 €.

• *Bahn* **Salzburg Hauptbahnhof**, 20 Gehminuten nördlich der Altstadt. Internationale Verbindungen → „Anreise". 2009–14 wird der Bahnhof zeitgemäß umgebaut, zurzeit gibt es nur ein paar Läden und wenige, verstreute Schließfächer. Schalteröffnung tägl. 5.30–21.45, So erst ab 6.30 Uhr. Mit Obus 1, 3, 5 oder 6 geht es vom Bahnhofsvorplatz in die Altstadt.

• *Bus* Busse in/aus Salzburgs Umgebung inkl. Salzkammergut verkehren ab dem **Busbahnhof** (Busleiste 5) am Südtirolerplatz vor dem Hauptbahnhof. Sie halten meist auch am Mirabellplatz.

• *Stadtverkehr* **Stadtbus**: dichtes Netz mit 9 Oberleitungs- (Obus-) und 13 Autobuslinien. Betriebszeiten 5.30–24, Fr/Sa/So oft bis 1 Uhr. Intervalle beim Obus 10 Min., beim Autobus 10, 20 oder 30 Min. Die wichtigsten Umsteigestellen sind Hauptbahnhof, Mirabell- und Hanuschplatz. Fahrkarten erhält man beim Fahrer oder beim Automaten an der Haltestelle (falls vorhanden). Einzelfahrt 1,80 € (beim Fahrer 2 €), 24-Std.-Karte 4,20 € (beim Fahrer 5 €), Kinder bis 6 J. gratis, dann 50 %. Tickets sind im Vorverkauf in Trafiken billiger, zudem erhält man dort auch Wochenkarten für 12,40 € und ein Wochenendticket für 19 € (Sa/So für Gruppen bis 5 Pers.). www.stadtbus.at.

Mönchsbergaufzug → S. 90

Festungsbahn → S. 92

BusTaxi: Befährt von 23.30–1.30 Uhr (Fr–So bis 3 Uhr) alle 30 Min. zwölf fixe Routen ab Hanuschplatz bzw. Theatergasse. Ticket 3,50 €.

Taxi: ✆ 8111 oder 2220

Parken: Kurzparkzone in der Innenstadt (max. 3 Std.): Mo–Fr 9–19 Uhr (1,10 €/60 Min., Parkscheinautomat). Sa 9–16 Uhr gebührenfrei mit Parkscheibe. Rund 25 Parkgaragen und -plätze (bis zu 14 €/Tag). Die meisten Stellplätze haben die *Altstadtgaragen* im Mönchsberg (24 Std. offen).

Warten auf Fahrgäste – Fiaker am Domplatz

• *Schiffsrundfahrten* **Panorama-Schiff Amadeus Salzburg**, auf der Salzach vom Makart- zum Überfuhrsteg und retour (40 Min.), April bis Okt. 7-10x tägl., Ticket: 13 €, Kinder 4–15 J. 7 €. 1-2x tägl. bis Schloss Hellbrunn 16 €, Kinder 10 €. ✆ 0662-82576912, www.salzburgschifffahrt.at.

Einkaufen/Märkte

• *Altstadt* Über 400 Geschäfte mit hochwertigem Angebot (guter Überblick unter www.salzburg-altstadt.at), als regensichere Passagen dienen die sog. Durchhäuser der Getreidegasse:

Trachtenmode: Beurle, Griesgasse 25. Lanz Kinder, Kranzlmarkt 1. Wenger, Getreidegasse 29.

Mozartkugeln → Kasten S. 77. Fürst, Brodgasse 13, Ritzerbogen, Getreidegasse 47, Mirabellplatz 5. Holzermayr bzw. Reber, Alter Markt 7 bzw. 5. Schatz, Getreidegasse 3 – Durchhaus. Habakuk, Linzergasse 26.

Schuhe: Denkstein, Salzburgs Traditionshändler, Getreidegasse 3, 25, 46.

Schirme/Regenbekleidung: Kolb an der Staatsbrücke, Griesgasse 3. Kirchtag, handgefertigte Stockschirme, Getreidegasse 22.

Lederwaren/Taschen: Schliesselberger, Lederergasse 5. Stranner, Judengasse 17.

Designermode: Donum by Erika Swarowski, Sigmund-Haffner-Gasse 9, Penny Lane, Trendladen, Münzgasse 2.

Bücher: Höllrigl, älteste Buchhandlung Österreichs, Sigmund-Haffner-Gasse 10. Rupertus, Dreifaltigkeitsgasse 12.

Kunsthandwerk/Blumen: Salzburger Heimatwerk, Residenzplatz 9. Salzburger Zinnstube, Goldgasse 8. Blumenschlössl Florea, Getreidegasse 25. Kunstgärtnerei Doll, Hagenauerplatz 2.

Feinkost: Reichl, Wiener-Philharmonikergasse 3. Sporer, Spirituosenhändler, Getreidegasse 39. Scio's Specereyen, Sigmund-Haffner-Gasse 16. Treml Gourmet Shop, Likör, Punsch, Waagplatz 5 und Getreidegasse 48. Kaslöchl, Käse seit 1892, Hagenauerplatz 2.

Klassische Musik (CDs, Noten): Mayrische Musikalienhandlung, seit 1592, Theatergasse. Katholnigg, seit 1847, Sigmund-Haffner-Gasse 16.

Galerien: entlang der Sigmund-Haffner-Gasse.

Supermarkt: Billa, Griesgasse 19–21, Mo–Fr 7.30–19.30, Sa 7.30–18 Uhr.

• *Märkte* **Grünmarkt**, Fleisch, Gemüse, Blumen, Kunsthandwerk, Mo–Fr 7–19, Sa 7–15 Uhr, am Universitätsplatz. **Schrannenmarkt**, Fleisch, Wurst, Mehlspeisen, Do 5–13 Uhr bzw. Mi, wenn Do Feiertag, vor der Andräkirche. **Bauernmarkt**, Do 8–12.30 Uhr, am Mirabellplatz, Fr 8–13 Uhr am Papagenoplatz.

Flohmärkte haben keine Tradition.

• *Einkaufszentren* **Europark**, beliebtester und wegen seiner Architektur schönster Einkaufstempel der Stadt, 130 Shops, Konzertbühne. Mo–Do 9–19.30, Fr 9–21, Sa 9–18 Uhr. Nahe der Autobahnausfahrt A 1 Salzburg-Kleßheim, Obus 1 ab Zentrum.

Übernachten *(→ Karten Umschlag hinten und S. 68/69)*

Salzburg ist kein billiges Pflaster. Die Hauptsaisonzeiten mit 50–100 % höheren Zimmerpreisen sind Anfang Januar, Ostern, Pfingsten, August und Dezember, allerdings können die Termine je nach Hotel variieren. Wer mit dem eigenen Fahrzeug anreist, muss für die Hotelgarage zusätzlich 14–30 € pro Tag berappen.

• *Hotels & Pensionen* ***** **Goldener Hirsch (48)**, Traditionshotel in der Getreidegasse, Treffpunkt von Adel und Festspielprominenz, romantisch verwinkelt, gediegen-rustikaler Charme, Antiquitäten und Jagdtrophäen. 65 Komfortzimmer und 4 Suiten. DZ ohne Frühstück 180–450 €. Getreidegasse 37, ✆ 0662-80840, ✆ 0662-843349, www.goldenerhirsch.com.

***** **Hotel Sacher Salzburg (32)**, klassisches Grandhotel von 1866 an der Salzach, seit 1988 zum bekannten Wiener Hotel Sacher gehörig. 112 Zimmer mit höchstem Komfort, Sauna, Solarium, Gourmetrestaurant. DZ 180–795 €. Schwarzstr. 5–7, ✆ 0662-889770, ✆ 0662-88977551, www.sacher.com.

***** **Altstadt Radisson SAS (50)**, jahrhundertealter, romantisch verschachtelter Bau mit Holz- und Stuckdecken und Innenhof mitten in der Altstadt. 49 luxuröse Komfortzimmer und 13 Suiten. DZ ohne Frühstück 160–640 €. Rudolfskai 28, ✆ 0662-848571, ✆ 0662-8485716, www.austria-trend.at.

**** **Arthotel Blaue Gans (49)**, das älteste Wirtshaus der Stadt erhielt ein künstlerisch inspiriertes modernes Innenleben. 40 puristisch gestylte Komfortzimmer, darunter drei Suiten. DZ 125–320 €. Getreidegasse 41-43, ✆ 0662-84249150, ✆ 0662-8424919, www.blauegans.at.

Online-Buchung:

Hotelzimmer zu sehr günstigen Preisen bucht man mit Kreditkarte unter www.salzburg.info.

**** **Wolf Dietrich (22)**, exklusive Hotel-Residenz in der rechten Altstadt mit familiärer Atmosphäre. Hallenbad, Sauna, Dampfbad. 40 geschmackvoll dekorierte Komfortzimmer und Romantiksuiten. DZ 100–180 €, Suiten bis 230 €. Wolf-Dietrich-Str. 7, ✆ 0662-871275, ✆ 0662-8712759, www.salzburg-hotel.at.

**** **Stein (37)**, zentral an der Salzach gelegener Panoramahotelkasten, 2004 etwas kühl neu designt. 55 knapp bemessene Komfortzimmer, teils mit Traumblick auf die Stadt. DZ 170–300 €, günstige Internet-Raten. Giselakai 3–5, ✆ 0662-874346, ✆ 0662-8743469, www.hotelstein.at.

Salzburg
Karten S. 68/69 und Umschlag hinten

Shoppingmeile Getreidegasse

**** **Kasererbräu (62)**, traditioneller Familienbetrieb im denkmalgeschützten Bürgerhaus von 1342 im Kaiviertel. 45 eher rustikale Komfortzimmer mit Bauernmöbeln oder Antiquitäten. Sauna, Dampfgrotte. DZ 110–230 €. Kaigasse 33, ✆ 0662-8424450, ℻ 0662-84244551, www.kasererbraeu.at.

**** **Auersperg (18)**, gediegenes, freundliches Boutiquehotel etwas außerhalb der rechten Altstadt mit 52 individuell ausgestatteten Komfortzimmern, 19 davon in einer Villa (ohne Lift) nebenan. Netter Garten, Dachterrassensauna, Dampfbad. DZ (Hotel) 140–190 €, DZ (Villa) 125–170 €. Auerspergstr. 61, ✆ 0662-889440, ℻ 0662-8894455, www.auersperg.at.

*** **Zur Goldenen Ente (53)**, kleines charmantes Hotel in einem alten, verwinkelten Haus (14. Jh.) im Herzen der Altstadt, unweit vom Dom. 17 individuell eingerichtete Komfortzimmer im Landhausstil. Freundlicher Service. DZ 88–160 €. Goldgasse 10, ✆ 0662-845622, ℻ 0662-8456229, www.ente.at.

*** **Gablerbräu (31)**, freundlicher Traditionsbetrieb in einem alten Bürgerhaus (15. Jh.) zentral in der rechten Altstadt. 51 geräumige, modern möblierte Komfortzimmer. DZ 100–160 €. Linzer Gasse 9, ✆ 0662-88965, ℻ 0662-8896555, www.gablerbrau.com.

*** **Amadeus (25)**, Minotel in der rechten Altstadt neben der Sebastianskirche, alter Bau mit viel Charme und 26 individuell und gemütlich eingerichteten Komfortzimmern. DZ 90–150 €. Linzer Gasse 43–45, ✆ 0662-871401, ℻ 0662-8714017, www.hotelamadeus.at.

*** **Jedermann (15)**, 2006 neu renoviertes Designhotel für Nichtraucher mit 30 modern-eleganten Komfortzimmern und Appartements, 800 m außerhalb der rechten Altstadt (Bus 2). DZ 90–160 €. Rupertgasse 25, ✆ 0662-873241, ℻ 0662-8732419, www.hotel-jedermann.com.

*** **AllYouNeed Hotel (24)**, das moderne Studentenheim am Rand der rechten Altstadt wird von 1. Juli bis 30. Sept. ein Hotel mit 69 schlichten Komfortzimmern; Frühstückssaal im Dachgeschoss mit toller Aussicht. DZ 88–140 €. Glockengasse 4b, ✆ 0662-875159, ℻ 0662-875159404, www.allyouneedhotels.at.

*** **Josefa (8)**, Hotel-Pension in ruhiger Lage 1,5 km außerhalb der Altstadt (Bus 21) mit 14 geräumigen, modernen Komfortzimmern. DZ 85–125 €. Nußdorferstr. 5, ✆ 0662-825586, ℻ 0662-8255864, www.hotel-josefa.at.

*** **Katrin (9)**, familiäre Pension 1,5 km südlich der Altstadt (Bus 5) mit 12 gemütlich-modernen Komfortzimmern, Frühstück im Wintergarten. DZ 76–105 €. Nonntaler Hauptstr. 49 b, ✆ 0662-830860, ℻ 0662-8308606, www.pensionkatrin.at.

*** **Goldene Krone (27)**, freundliches kleines Hotel in einem alten Bürgerhaus direkt am Kapuzinerbergfelsen in der Fußgängerzone der rechten Altstadt. 26 saubere Komfortzimmer hinter dicken Mauern. DZ 70–120 €. Linzer Gasse 48, ✆ 0662-872300, 📠 0662-87230066, www.hotel-goldenekrone.com.

*** **Chiemsee (60)**, 2007 renoviertes, kleines romantisches Hotel mit 8 Komfortzimmern in einem 1100 errichteten Bürgerhaus mitten in der Altstadt. DZ 88–128 €. Chiemseegasse 5, ✆ 0662-844208, 📠 0662-84420870, www.sbg.at/hotel-chiemsee.

* **Schwarzes Rössl (29)**, Studentenheim mitten in der rechten Altstadt, das seine 50 rustikalen Zimmer von 1. Juli bis 30 Sept. an Touristen vermietet. Büffetfrühstück. DZ mit Fließwasser 68 €, mit Bad/WC 84 €. Priesterhausgasse 6, ✆ 0662-874426, 📠 0662-8744267, www.academia-hotels.co.at.

• *Jugendherbergen* Insgesamt 6 Herbergen, die folgenden führen in Sachen Ausstattung, Lage und Öffnungszeiten.

*** **Jugend- und Familiengästehaus Salzburg (6)**, moderner 410-Betten-Kasten östlich der Altstadt, ganzjährig rund um die Uhr geöffnet. Es gibt 2- bis 6-Bettzimmer im Gästehaus und 2- bis 3-Bettzimmer mit Du/WC im Jugendhotel. DZ mit Frühstücksbuffet 65–110 €, 19–21 €/P. im Mehrbettzimmer. 1,50 € Zuschlag für Nichtmitglieder. Josef-Preis-Allee 18, ✆ 0662-842670, 📠 0662-841101, www.jfgh.at.

Junges Hotel Aigen (5), freundliche, komfortable Herberge mit 1 Ein-, 7 Zwei-, 3 Vier- und 3 Sechs-Bett-Zimmern mit Du/WC im Grünen 2 km südöstlich der Altstadt (Bus 7), ganzjährig geöffnet. Rezeption 7–10, 14–23 Uhr. 17–36 €/P., 3 € Zuschlag für Nichtmitglieder. Aignerstr. 34, ✆ 0662-623248, 📠 0662-6232484, www.jungehotels.at/aigen.

• *Privatzimmer* Empfehlenswert sind jene an der schnurgeraden Moosstraße stadtauswärts in Richtung Süden, Bus 21 bringt von hier in 15–20 Min. ins Zentrum.

Gästehaus Steinerhof (12), Bilderbuchhof südlich der Stadt (Bus 21 bis Hochleitner), rustikal mit Bauernmöbel ausgestattet. Frühstücksbuffet. DZ 60–70 €. Moosstr. 138, ✆/📠 0662-826280, www.gaestehaus-steinerhof.at.

Haus Steiner (13), 4 Komfortzimmer südlich außerhalb (Bus 21 bis Hammerauer Str.), teils mit Kühlschrank und Balkon. DZ 52 €. Moosstr. 156 c, ✆/📠 0662-830031, www.haussteiner.com.

Essen & Trinken

16 Die Weiße
19 Krimpelstätter
20 Bärenwirt
21 Augustiner Müllner Bräustübl
23 Alter Fuchs
28 Zum Fidelen Affen
30 Frauenberger's
38 M 32
42 Nagano
44 Carpe Diem Finest Fingerfood
49 Blaue Gans
52 Alt Salzburg
55 K+K am Waagplatz
57 Triangel
58 Zwettler's Stiftskeller
59 Zirkelwirt
61 Trattoria Domani
63 Stieglkeller
64 Purzelbaum

Übernachten

15 Jedermann
18 Auersperg
22 Wolf Dietrich
24 AllYouNeed Hotel
25 Amadeus
27 Goldene Krone
29 Schwarzes Rössl
31 Gablerbräu
32 Sacher Salzburg
37 Stein
48 Goldener Hirsch
49 Arthotel Blaue Gans
50 Altstadt Radisson SAS
53 Zur Goldenen Ente
60 Chiemsee
62 Kasererbräu

Cafés

17 Fingerlos
32 Café Sacher
35 Café Bazar
47 Ratzka
51 Schatz
54 Tomaselli
56 Demel Salzburg

Nachtleben

26 Havana
33 Wein & Co Bar
34 Pepe
36 Fridrich
37 Steinterrasse
39 Zweistein
40 Republic Café
41 Half Moon
43 Club Take Five
45 Afro Café
46 Shamrock Irish Pub

Haus Gassner-Pirnus (14), familiäres Nichtraucherhaus (Bus 21 bis Sendlweg), gemütliche Komfortzimmer, teils mit Balkon. Frühstücksbuffet. DZ 54–60 €. Moosstr. 126 b, ✆ 0662-824990, 📠 0662-822075, www.pension-mariagassner.at.

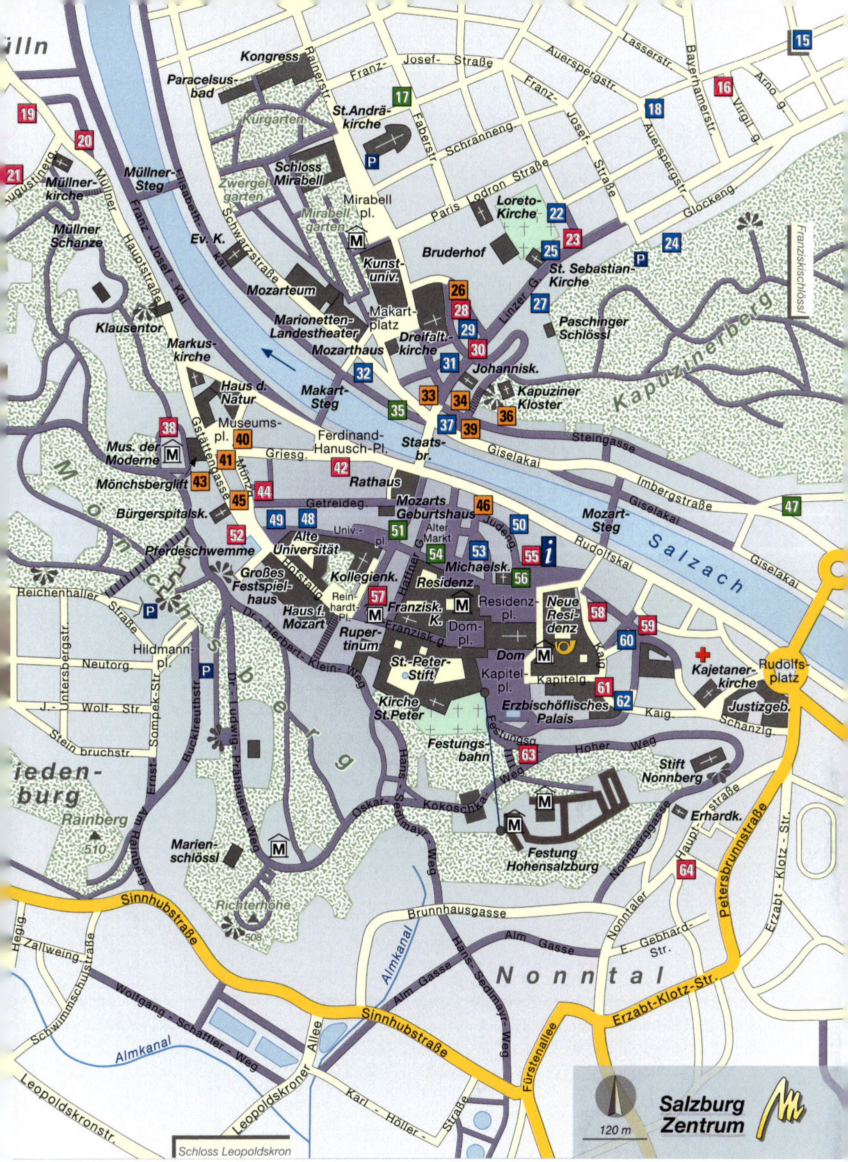

- *Camping* **Camping Nord-Sam (2)**, 1,3 ha großer, baumbestandener Platz 3 km nördlich der Stadt (Bus 23), beheiztes Schwimmbad, gut ausgestattet. Ostern bis Mitte Okt. und an Weihnachten geöffnet. 28 € für 2 Pers., Auto und Zelt. Samstr. 22 a, ✆/℻ 0662-660494, www.camping-nord-sam.com.

Camping Panorama Stadtblick (1), 0,8 ha großes Terrassengelände nahe der Autobahn A mit Blick auf die Festung (Bus 3), gut ausgestattet, Restaurant. Mitte März bis Anfang Nov. geöffnet. 22 € für 2 Pers., Auto und Zelt. Rauchenbichlerstr. 21, ✆ 0662-450652, ℻ 0662-458018, www.panorama-camping.at.

Essen & Trinken/Nachtleben (→ Karte Umschlag hinten und S. 68/69)

• *Restaurants/Wirtshäuser* **Ikarus (7)**, exklusiver, hoch dekorierter Gourmettempel im Hangar 7 (→ S. 105), jeden Monat steht ein anderer internationaler Spitzenkoch am Herd. Tägl. 12–14/18.30–22 Uhr. Wilhelm-Spazier-Str. 7a, ✆ 0662-2197 (reservieren!).

Riedenburg (4), erstklassige Küche in einem eleganten, holzgetäfelten Stadtrestaurant mit Garten, Top-Weine. Hauptgerichte 25–40 €, 3-Gänge-Menü mittags (Di–Fr) 18 €, abends 38 €. Di–Sa 12–4, 18–24 Uhr. Neutorstr. 31, ✆ 0662-830815, www.riedenburg.at.

Brandstätter (3), historischer Gasthof nahe der Autobahnabfahrt Salzburg Mitte; ausgezeichnete, kreativ verfeinerte österreichische Küche, à la carte bis 30 €. Tägl. (außer So) 7–24 Uhr. Münchner Bundesstr. 69, ✆ 0662-434535, www.hotel-brandstaetter.com.

Gasthaus zu Schloss Hellbrunn (11), elegant und gediegen ausgestattetes Restaurant im Schlosshof mit regionaler und internationaler Gourmetküche, gute Weine, gehobene Preise. Juli/Aug. tägl. 9.30–22, Mai bis Okt. tägl. 10–16.30 Uhr, sonst nur Mi–So. Fürstenweg 37, ✆ 0662-825608, www.taste-gassner.com.

M 32 (38), Designrestaurant im Mönchsberg-Museum mit der schönsten Aussichtsterrasse der Stadt, sehr gute regionale und mediterrane Küche, nur das Personal wirkt häufig überfordert. Warme Küche mittags (Businesslunch 14 €) und abends (à la carte 10–25 €), jederzeit Illy-Kaffee, Kuchen und Torten. Tägl. (außer Mo) 10–22, So nur bis 18 Uhr. Mönchsberg 32, ✆ 0662-841000, www.m32.at.

Carpe Diem Finest Fingerfood (44), schickes In-Lokal von Red-Bull-Boss Mateschitz; in der Café-Bar im Erdgeschoss wird Fingerfood in pikanten oder süßen Waffeltüten (Cones) zu 5–13 €/Stück serviert, im Restaurant (So Ruhetag) im 1. Stock Gourmet-Menüs (30–80 €) auf Tellern. Tägl. 8.30–24 Uhr. Getreidegasse 50, ✆ 0662-848800, www.finestfingerfood.com.

Stieglkeller (63), Biergarten der bekannten Brauerei direkt unter der Festung, prachtvolle Aussicht, große Säle, gutbürgerliche Küche (à la carte 9–18 €). Mai bis Sept. tägl., Okt./Dez. Fr–So 11–24 Uhr. Festungsgasse 10, ✆ 0662-842681.

Alt Salzburg (52), traditionsreiches, rustikal-elegantes Restaurant neben der Pferdeschwemme, viel gelobte klassisch-österreichische Küche. Hauptspeisen 13–25 €. Tägl. (außer So) 11.30–14/18–24 Uhr, Mo nur abends. Bürgerspitalgasse 2, ✆ 0662-841476, www.altsalzburg.at.

Purzelbaum (64), versteckt im Nonntal gelegenes freundliches Bürgerhaus mit Bistro-Ambiente und sehr guter internationaler Küche. 4-Gänge Menü 40–50 €. Tägl. 18–23, Di–Sa auch 12–14 Uhr. Zugallistr. 7, ✆ 0662-848843, www.purzelbaum.at.

Restaurant im Gwandhaus (10), edel-puristisch gestyltes Lokal im Gwandhaus (→ S. 102) mit traumhafter Sonnenterrasse und ausgezeichneter moderner alpenländischer Küche, Spezialität ist heimischer Fisch. Frühstück bis 11 Uhr (7–15 €), 3-Gänge-Mittagsmenü 14 €, à la carte 10–30 €. Tägl. 9–22.30 Uhr. Morzger Str. 31, ✆ 0662-46966610, www.gwandhaus.com.

K+K am Waagplatz (55), Altstadtrestaurant auf vier Etagen in acht gemütlich rustikalen Stuben; österreichische Küche, gute Weine, ebenerdig (Gastgarten) ist es am günstigsten (à la carte 10–17 €), in den oberen Stockwerken ist die Küche kreativer (bis 25 €). Tägl. 11.30–22.30 Uhr. Im Freysauffkeller findet das Schmaustheater, eine Art Ritteressen, statt. Waagplatz 2, ✆ 0662-842156, www.kkhotels.com.

Triangel (57), gemütlich-rustikales Bistro-Wirtshaus mit deftiger, qualitätvoller Küche, freundlicher Service, beliebter Gastgarten. Mittags dient es als günstige Edelmensa für die Studenten nebenan, abends ist es ein Szenelokal und im Sommer Treff der Festspielkünstler, wie die Fotos an den Wänden zeigen. Mo–Sa 11–24 Uhr. Wiener-Philharmoniker-Gasse 7, ✆ 0662-842229, www.triangel-salzburg.at.

Die Weiße (16), eine Schallmooser Weißbierbrauerei setzt in ihrem Braugasthof von 1901 auf Erlebnisgastronomie und bodenständige Küche von Bratl bis Weißwurst (à la carte 10–16 €), großer Biergarten. Mo–Sa 10.30–24 Uhr. Rupertgasse 10, ✆ 0662-872246, www.dieweisse.at.

Zum Fidelen Affen (28), beliebtes, holzgetäfeltes, unkompliziertes Wirtshaus, in dem man sich die Tische teilt; verfeinerte regionale Küche, Trumer Bier. Hauptgerichte 8–16 €. Tägl. (außer So) 17–24 Uhr. Priesterhausgasse 8, ✆ 0662-877361.

Augustiner (Müllner) Bräustübl (21), Österreichs größte Biergaststätte, 4 Säle und 3 Stüberl, kastanienbestandener Biergarten. Selbstbedienung: Zuerst wird gezahlt, dann nimmt man einen Krug (0,5 oder 1 l) aus dem Regal, spült ihn am Brunnen und lässt ihn füllen. Das Essen (Grillhendl, Radi, Brettljause, Würste) holt man an 9 Ständen im „Schmankerlgang" wie in einer alten Markthalle. Tägl. 15–23, Sa/So ab 14.30 Uhr. Augustinergasse 4, ✆ 0662-431246, www.augustinerbier.at.

Krimpelstätter (19), geschmackvoll modernisierter, alter Braugasthof in Mülln, preiswerte Salzburger Hausmannskost, Augustinerbier. Mittagsmenüs 9,90 €. Großer Kastaniengarten. Tägl. (außer So) 11–24 Uhr. Müllner Hauptstr. 31, ✆ 0662-4322740, www.krimpelstaetter.at.

Bärenwirt (20), romantisches altes Wirtshaus mit gemütlicher Stube in Mülln, preiswerte österreichische Küche. Augustinerbier. Tägl. 11–14.30/17.30–23 Uhr. Müllner Hauptstr. 8, ✆ 0662-422404.

Zwettler's Stiftskeller (58), gemütliches, rustikales Wirtshaus in einem Kellergewölbe im Kaiviertel. Günstige Preise, Hausmannskost, regionale und österreichische Küche. Kleiner Gastgarten. Tägl. 11.30–1 Uhr. Kaigasse 3, ✆ 0662-8400440.

Alter Fuchs (23), uriges, rustikales Stadtwirtshaus auf Kellerebene in der rechten Altstadt, preiswerte Küche, Hausmannskost. Mo–Sa 12–22 Uhr. Linzer Gasse 47, ✆ 0662-882022.

Frauenbergers (30), Café-Restaurant und Bar mit preiswerter Küche, Studententreff. Pasta, Ofenkartoffeln, Suppen, Steaks (Hauptgerichte 8–14 €), Frühstück bis 18 Uhr, Cocktails, Eis, sonnige Terrasse. Tägl. 9–2 Uhr, Küche durchgehend. Linzer Gasse 11, ✆ 0650-8850003.

Zirkelwirt (59), gemütliches Studentengasthaus im Kaiviertel, österreichische und mediterrane Küche, Ofenkartoffelgerichte. Gastgarten. Mittagmenüs 7 €. Mo–Fr 11–1, Sa/So 17–1 Uhr. Pfeifergasse 14, ✆ 0662-843472.

Nagano (42), japanisches Restaurant in einem Innenhof; hervorragende Sushi, Sashimi und Yakitori zu gehobenen Preisen. Tägl. 11–23 Uhr. Griesgasse 19a, ✆ 0662-849488.

Trattoria Domani (61), schlichte, rustikale Pizzeria in einem alten Gewölbe im Kaiviertel, Pizza 7–10 €, Pasta ca. 10 €. Tägl. (außer So) 11.30–14/17.30–22 Uhr, Kaigasse 33, ✆ 0662-842743.

Müllner Bräustübl – Österreichs größter Biergasthof

• *Kaffeehäuser* **Tomaselli (54)**, Tradition seit 1705, elegantes altösterreichisches Kaffeehaus auf 2 Etagen, gediegene Atmosphäre, knarrende Parkettböden, die Plätze auf dem Balkon sind heiß begehrt. Die köstlichen Torten und Kuchen werden auf dem Tablett von Tisch zu Tisch angeboten. Tägl. 7–21 Uhr. Alter Markt 9; Sommerkiosk mit Garten schräg gegenüber. www.tomaselli.at.

Café Bazar (35), traditionsreiches Jugendstil-Kaffeehaus am rechten Salzachufer mit toller Aussichtsterrasse. Frühstück, auch warme Speisen und Mittagsteller. Tägl. (außer So) 7.30–23 Uhr, im Juli/Aug. auch So offen. Schwarzstr. 3, www.cafe-bazar.at.

Fingerlos (17), großes, modern gestyltes Café eines Konditorweltmeisters mit hervorragenden süßen Kreationen. In Mirabellplatznähe. Tägl. (außer Mo) 7.30–19.30 Uhr. Franz-Josef-Str. 9.

Demel Salzburg (56), das einstige Café Glockenspiel ist heute eine modern gestylte

Caféhaus-Bar mit Pink- und White-Room. Serviert werden Patisserie, Eis und Kuchen der gleichnamigen Wiener Hofzuckerbäckerei. Große Frühstückskarte (7–16 €), Paninis, kleine warme Gerichte. Tägl. 9–19 Uhr, Mozartplatz 2. www.demel.at.

Schatz (51), winzig-putziges Konditorei-Café in Weiß und Altrosa mit 7 Marmortischchen; exquisite Torten, Baisers und handgefertigte Mozartkugeln. Mo–Fr 8.30–18.30, Sa 8–17 Uhr. Getreidegasse 3 (Durchhaus).

Ratzka (47), kleine Konditorei am Fuß des Kapuzinerbergs, für viele die beste Österreichs. Kuchen- und Tortenangebot wechselt nach Saison, die berühmte Rudolfstorte gibt es nur Sa punkt 11 Uhr. Di–Sa 8–12.30, 13.30-17/18 Uhr. Imbergstr. 45.

Café Sacher (32), nicht in Wien und doch im Sacher Kaffeehaus, wo es die Originale Sachertorte gibt. Salzachterrasse. Tägl. 7.30–24 Uhr. Schwarzstr. 5–7. www.sacher.com.

• *Bars/Nachtleben* **Steinterrasse (37)**, Café-Bar-Lounge im 7. Stock des Hotels Stein (→ „Übernachten"), Traumblick auf die Altstadt, der für den Service entschädigt. Sandwiches, Pizza, Cocktails. Tägl. 9–24 Uhr. www.hotelstein.at.

Afro-Café (45), schrill-bunte Restaurant-Bar (gehört zu Red Bull) im Schatten des Gstättentors mit kulinarischen Spezialitäten (unter 12 €), Kaffee und Tee aus Afrika. Hippes Ambiente. Mo–Sa 9–24 Uhr. Bürgerspitalplatz 5, www.afrocoffee.com.

Wein & Co Bar (33), das in Wien erprobte Konzept funktioniert auch hier: Es gibt 2000 Flaschenweine aus dem Shop nebenan zum Ladenpreis plus Aufschlag von 4,90 € (inkl. einer 0,75 l-Flasche Mineral). Dazu Tapas, Antipasti, Pasta. Tägl. 10–24 Uhr. Platzl 2, www.weinco.at.

Republic Café (40), urbaner, lässiger Café-Bar-Szeneclub, preiswerte Küche (mediterran, regional, asiatisch) bis 23 Uhr, abends Barbetrieb, Clubbing. So–Do 8–1, Fr/Sa bis 4 Uhr. Anton-Neumayr-Platz 2. www.republic-cafe.at.

Pepe (34), beliebte Cocktail- und Tapas-Bar mit Latino-Musik. Tägl. 19–3 Uhr. Steingasse 3.

Shamrock Irish Pub (46), Bier, Whisky, Pizza, Hamburger und Baguette. Billard, Sportübertragungen und nahezu täglich Livemusik (ab 21 Uhr). Tägl. 12–3, Do–Sa bis 4 Uhr. Rudolfskai 12/Judengasse 1.

Havana (26), feine, gemütliche Cocktailbar mit DJ-Nights. Tägl. 18–3 Uhr (Happy Hour 18–20 Uhr). Priesterhausgasse 14, www.havana.at.

Fridrich (36), gemütliche Weinbar, kleine Happen, tägl. 18–1 Uhr. Steingasse 15.

Half Moon (41), 2007 wiederbelebter Traditionsclub in alten Gewölben. Do ist Chillen angesagt, Fr Discomusik und Sa Houseclubbing. Jeweils 22–5 Uhr. Zutritt vom Anton-Neumayr-Platz 5, www.halfmoon.at.

Club Take Five (43), Salzburger Ableger des legendären Kitzbühler „Highclass"-Clubs. Do–Sa 23–5 Uhr. Gstättengasse 7. www.club-takefive.com.

Zweistein (39), die zweigeschossige Bar ist Salzburgs bekanntestes Gay-Lokal. Tägl. 18–4 Uhr. Giselakai 9, www.zweistein.at.

Qual der Wahl im Café Fingerlos

Theater/Konzerte/Kinos/Veranstaltungen

• *Theater* **Salzburger Landestheater**, Makartplatz, Oper, Operette, Schauspiel, Musik, Tanz, Spielstätte der Festspiele. Tickets 10–50 €. Schwarzstr. 22, ✆ 0662-871512222, www.salzburger-landestheater.at.

Marionettentheater, Salzburger Besonderheit, abends werden ganze Opern oder „The Sound of Music" aufgeführt, nachmittags Opernkurzfassungen. Eher für Erwachsene als für Kinder. Tickets 14–35 €. Schwarzstr. 24, ✆ 0662-872406, www.marionetten.at.

Schauspielhaus Salzburg, Klassiker, Uraufführungen, Kinderstücke im Petersbrunnhof im Nonntal. Tickets 22 €. Erzabt-Klotz-Str. 22, ✆ 0662-808585, www.schauspielhaus-salzburg.at.

• *Konzerte* **Konzerte im Mozarteum**, Ende Sept. bis Juni, junge Künstler bzw. Kammermusik. Tickets ca. 18 €. Theatergasse 2, ✆ 0662-873154, www.mozarteum.at.

Schlosskonzerte, hochkarätige Kammermusik im Marmorsaal von Schloss Mirabell, nahezu täglich. Tickets 29–35 €. ✆ 0662-848586, www.salzburger-schlosskonzerte.at.

• *Touristische Konzerte* **Fünf-Uhr-Konzerte**, Kammermusik im Michael-Haydn-Museum (→ S. 84). Ticket 15 €. Juli bis Sept. tägl. (außer Mi) 17 Uhr. ✆ 0662-84457619, www.5-uhr-konzerte.com.

Mozart Dinner Concerts, Konzert mit Sängern in Mozartkostümen bei Kerzenlicht und 3-Gänge-Menü im Barocksaal des Stiftskellers St. Peter, tägl. 20 Uhr. Preis 45 €. Mittagsversion **Mozart Lunch Concerts** mit 2-Gang-Menü im Haydnsaal, April bis Okt. Fr–So 13 Uhr. ✆ 0662-828695-0, www.salzburg-concerts.com.

Salzburger Lunch-Concerts, im Romanischen Saal von St. Peter, Werke von Mozart und Haydn (50 Min.), dann Lunch-Menü (kostet extra). Mai bis Sept. Fr 11.30 Uhr. Preis 18 €. ✆ 0662-436870, www.lunchconcerts.at.

Festungskonzerte, Kammermusik oder Adventskonzerte in den Räumen der Festung, Tickets 31–38 €. April bis Okt. tägl., sonst Do–Sa, auf Wunsch mit Dinner. ✆ 0662-825858, www.mozartfestival.at.

• *Kirchenmusik* Chor und Orchester umrahmen die Sonn- und Feiertagsgottesdienste im **Dom** (10 Uhr) und in der **Franziskanerkirche** (9 Uhr).

• *Jazz- und Musikclubs* **Jazzclub Life**, legendärer Club (seit 1981) im Urbankeller, einem alten Gewölbe. Live-Acts alle 3 Wochen. Schallmooser Hauptstr. 50, www.jazzclub-life.at.

JazzIT, Jam-Sessions, Konzerte, mehrmals pro Woche. Elisabethstr. 11, www.jazzit.at.

Rockhouse Salzburg, 200 Events jährlich, Jazz, Rock, Pop, Folk, Blues, Metal, Punk, Crossover, Schallmooser Hauptstr. 46, www.rockhouse.at.

Gusswerk, am nördlichen Stadtrand (Kasern), schwer angesagte ehemalige Glockengießerei mit mehreren Eventhallen. Parties, Konzerte mehrmals pro Woche. Söllheimerstr. 16, www.gusswerk.net.

• *Kinos* **Mozartkino**, Traditionskino (seit 1904) in der Altstadt (mit römischen Mauerresten). 2008 komplett renoviert. Spielt aktuelle Filmhits. Kaigasse 33, ✆ 0662-842222, www.mozartkino.at.

Das Kino, Filmkulturzentrum, Programmkino, Bergfilmfestival, Originalversionen. Giselakai 11, ✆ 0662-873100, www.daskino.at.

Cineplexx City, moderner Kinopalast beim Hauptbahnhof, 8 Säle, Fanny-von-Lehnert-Str. 4, ✆ 0662-460101, www.cineplexx.at.

• *Casino* → Schloss Kleßheim S. 105

• *Veranstaltungen* **Mozartwoche**, das Klassik-Highlight im Winter, hochkarätige Opern und Konzerte rund um Mozarts Geburtstag (27. 1.). ✆ 0662-8894036, www.mozarteum.at.

Aspekte Festival, 7-tägiges internationales Festival zeitgenössischer Musik, Anfang März. ✆ 0662-881547, www.aspekte-salzburg.at.

> **Salzburger Festspiele**
> Das Hochkultur-Ereignis in der letzten Juliwoche bis Ende August (→ Kasten S. 88). Kartenbestellungen sind bis Anfang Januar an das Kartenbüro zu richten (✆ 0662-8045500, www.salzburgfestival.at). Direktverkauf ab April an der Tageskassa, Restkontingente in privaten Kartenbüros (ca. 20 % Aufschlag). Preisbeispiele: „Jedermann" 25–150 €, Oper im Festspielhaus 22–360 €.

Osterfestspiele, 3-wöchige Festspiele mit den Berliner Philharmonikern, 1967 von Herbert von Karajan gegründet, Oper und Konzerte. ✆ 0662-8045361, www.osterfestspiele-salzburg.at.

Georgi-Kirchweihfest (um den 23. 4.) mit Standlmarkt und Pferdesegnung.

Salzburger Festspiele Pfingsten, das Programm widmet sich der Musik aus der Zeit vor Mozart mit immer wieder interessanten Neuentdeckungen. ✆ 0662-8045500, www.salzburgfestival.at.

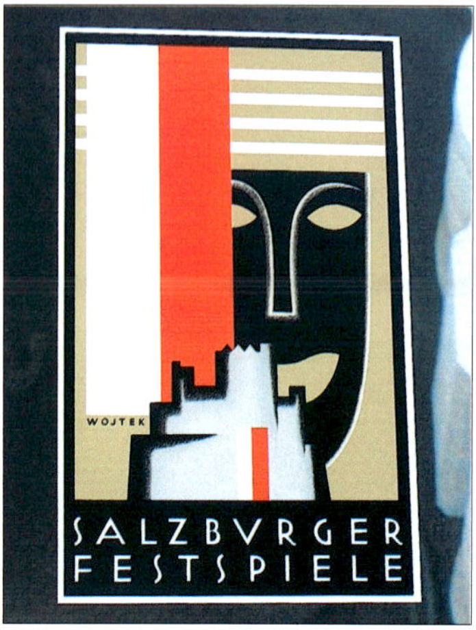

Weltberühmte Salzburger Festspiele

Sommerszene, internationales Avantgarde-festival für Tanz, Theater und Musik. Anfang bis Mitte Juli. ✆ 0662-843448, www.sommerszene.net.

Rupertikirtag, Kirchweih um den 24. 9., Bauernmarkt, Vergnügungspark rund um den Dom.

Kulturtage, 2-wöchiges Festival klassischer Musik, Mitte Oktober, ✆ 0662-845346, www.salzburg.com/kulturvereinigung.

Jazz Herbst, elegantes Jazzfestival mit Weltstars (seit 1996), Ende Okt./Anf. Nov., ✆ 01-5048500, www.jazz4you.at.

Advent- und Christkindlmärkte, Mitte Nov. bis 24. 12.: am Dom- und Residenzplatz (tägl.), am Mirabellplatz (tägl.), im Hof der Festung (Sa/So) und im Hof von Schloss Hellbrunn (Mi–So).

Krampus- und Perchtenläufe, um den 5. Dezember.

Winterfest im Volksgarten, Dezember, Varieté- und Zirkusfestival, ✆ 0662-887580, www.winterfest.at.

Salzburger Adventsingen, das szenische Oratorium im Großen Festspielhaus, gegründet 1946, war Vorbild für viele Adventsingen. Tickets 10–52 €. Mitte Nov. bis Mitte Dez., ✆ 0662-843182, www.salzburgeradventsingen.at.

Sport und Freizeit

• *Baden* **Paracelsus Bad**, einziges öffentliches Hallenbad der Stadt, Sport- (28°C) und Kinderbecken. Tägl. 10–19/20 Uhr. Eintritt 4 €, Kinder ab 3 J. 2 €. Beim Mirabellgarten, Auerspergstr. 2 a, ✆ 0662-883544, www.paracelsusbad.at.

Freibad Leopoldskron, das „Lepi" von 1964 wurde jüngst saniert. 5 Becken, Sprungturm, Rutschen. Mai bis Mitte Sept. tägl. 9–19 Uhr. Eintritt 3,60 €, Kinder 3–15 J. 1,90 €. Leopoldskronerstr. 50, ✆ 0662-829265.

Freibad Volksgarten, ältestes Freibad der Stadt von 1892, 4 Becken. Mai bis Mitte Sept. tägl. 9–19, Juni bis Aug. bis 22 Uhr. Eintritt s. o. Hermann-Bahr-Prom. 2, ✆ 0662-623411.

• *Eishockey* **EC Red Bull Salzburg**, der Eishockeyclub gehört seit 2000 zu Red Bull (→ „Fußball"), spielt seit 2004/05 in der ersten österreichischen Liga und war 2007 und 2008 Meister. Spiele in der Eisarena, Tickets unter www.redbulls.com.

• *Eislaufen* **Mozarteis**, Eisfläche am Mozartplatz, Mitte Nov. bis Jan. tägl. 12.30–21.30 Uhr, 6,50 € für 2 Std., Schlittschuhverleih 6,90 €. www.mozarteis.at.

Leopoldskroner Weiher, traumhafter Natureislaufplatz, auf Freigabe achten (✆ 0662-80724901).

• *Wintersport* **Snow Shuttle**, Postbus, der von Mitte Dez. bis Mitte März um 8.30 Uhr vom Mirabellplatz aus täglich in ein anderes Skigebiet (z. B. Obertauern, Kitzbühel, Gastein) fährt. Busticket 13 €. Reservierung bis 18 Uhr am Vorabend unter ✆ 0662-871712.

• *Fußball* **FC Red Bull Salzburg**, 2005 wurde Abstiegskandidat SV Salzburg von Red Bull gekauft, mit neuen Spielern ausgestattet und 2007 österreichischer Meister. Spiele in der Red Bull Arena Wals-Siezenheim, Ticketverkauf in der Arena Mo–Fr 9–18, Sa 9–14 Uhr und unter www.redbulls.com.

• *Radfahren* → Adressen/Radverleih

Sehenswertes

Vier Brücken verbinden die durch die Salzach getrennten Altstadtteile: Die verkehrsreiche **Staatsbrücke** zwischen Rathausbogen am linken und Platzl am rechten Ufer und drei Fußgängerstege: Der **Mozartsteg** ist eine historische Eisenkonstruktion von 1903. Modern geschwungen ist der **Makartsteg**, den täglich 20.000 Personen nutzen. Der nördlichere **Müllner Steg** bietet vor allem abends und nachts einen Postkartenblick auf Salzburg.

Ausgangspunkt der Besichtigung ist die Staatsbrücke über die Salzach. Am **linken** Ufer liegen Getreidegasse, Dom- und Festspielbezirk, überragt von Festung und Mönchsberg, am **rechten** Ufer (ab S. 97) sind Schloss Mirabell und der Kapuzinerberg zu finden. Alles lässt sich problemlos zu Fuß erkunden. Das nur sommers geöffnete Schloss Hellbrunn liegt etwas außerhalb.

Bürgerstadt

Getreidegasse: Die etwa 350 m lange berühmteste Straße Salzburgs wird von hohen, schmalen, jahrhundertealten Bürgerhäusern flankiert, in denen sich heute Restaurants, Boutiquen, Filialen großer Ketten und Souvenirhändler breitgemacht haben. Der simpel klingende Name hat eine komplizierte Geschichte: Ursprünglich hieß sie Trabe-, Trab- oder Travgasse, was von „traben", also laufen, abstammte, aber auch das Traben der Pferde bezeichnete. Später wurde daraus Tragasse, Traidgasse und über Getreidgasse schließlich Getreidegasse. Heute traben hier Tausende Touristen, sodass in der Hochsaison oft kein Vorankommen ist. Bemerkenswert sind die zum Teil aus dem 16. bis 19. Jh. stammenden schmiedeisernen Geschäftsschilder und die verzierten Hohlkehlen am oberen Ende der Fassaden. Rund zehn sog. **Durchhäuser** (Hausdurchgänge) führen von der Getreidegasse meist durch arkadengeschmückte Innenhöfe hinüber zum Universitätsplatz. Sie werden als regensichere Geschäftspassagen genutzt. Das schönste und berühmteste ist das *Schatzdurchhaus* (Getreidegasse 3), benannt nach der gleichnamigen Konditorei (→ „Essen & Trinken").

Mozarts Geburtshaus: Das fünfgeschossige, nach einem Genusswarenhändler benannte *Hagenauerhaus* in der Getreidegasse 9, ist touristischer Hauptanziehungspunkt der Stadt, denn hier kam 1756 *Wolfgang Amadeus Mozart* zur Welt (→ Kasten S. 76). 1880 richtete die Stiftung Mozarteum in der einstigen 5-Zimmer-Wohnung im 3. Stock ein Museum ein. Nach dessen spektakulärer Umgestaltung anlässlich des Mozartjahres 2006 ist seit 2009 wieder eine ruhigere, klassische Schau zu sehen. Unter dem Titel „Eine Familie stellt sich vor" richtete der Salzburger Architekt und Karikaturist *Thomas Wizany* die mit Stuckdecken und Eichenböden ausgestatteten Zimmer der Familie Mozart neu ein: Zu sehen gibt es goldgerahmte Porträts von Familienmitgliedern und Vitrinen voller Briefe und Dokumente. Im Geburtszimmer markiert Mozarts Kindergeige die Stelle der einstigen Wiege, in beleuchteten Säulen sind Mozarts Brieftasche, vier seiner Haarlocken und Perlmuttknöpfe von seinem Galarock ausgestellt. In der ebenfalls von Wizany 2007 gestalteten Ausstellung „Mozart auf dem Theater" (in dem verwinkelten Haus eine Etage tiefer) zieht sich eine Art bordeauxrote Welle durch drei Räume und zeigt in ihren Nischen historische Bühnenbildmodelle, Requisiten und Kostüme. In drei Festspielvideos sieht man ihre Realisierung auf der Bühne. Im 1. Stock kann man in vier Räumen den „Alltag eines Wunderkindes" daheim in Salzburg und auf Reisen nacherleben.

Tägl. 9–17.30 Uhr, im Juli/Aug. bis 20 Uhr. Eintritt 6,50 €, Kinder 6–14 J. 1,50 €. Kombikarte mit Mozarts Wohnhaus 10 bzw. 2,50 €.

Wolfgang Amadeus Mozart (1756–1791)

Es ist der Abend des 27. Januar 1756. Um 20 Uhr erblickt Joannes Chrisostomos Wolfgang Theophilus im 3. Stock der Getreidegasse 9 das Licht der Welt. Sein Vater ist der Hofmusiker und Musiklehrer *Leopold Mozart* (1719–87), seine Mutter ist *Anna Maria Mozart* (1720–78), geb. Pertl, Tochter des Richters aus St. Gilgen (→ S. 115). Man ruft den Buben zu deutsch Gottlieb, er nennt sich später französisch Amadé. Die lateinische Variante ist nicht nur Titel des preisgekrönten Kinofilms von 1984, sie geht in die Geschichte ein: *Wolfgang „Amadeus" Mozart*, Wunderkind, Klaviervirtuose und Kompositionsgenie.

Zurück in Mozarts Kindheit: Vater Leopold will für seine beiden Sprösslinge Wolferl und Maria Anna (Nannerl) nur das Beste und unterweist sie ehrgeizig in Musik. Der aufgeweckte Knabe ist ungewöhnlich begabt und komponiert bereits mit vier Jahren. Zum Geburtstag des Fürsterzbischofs *von Schrattenbach* tritt er 1763 erstmals als Musiker auf. Als „Wunderkind" konzertiert er bis 1765 in München, Wien, Paris und London. 1767 komponiert er ein Oratorium für den Fürsterzbischof (KV 35), seine erste Oper „Apollo und Hyacinthus" (KV 38) für die Salzburger Universität und 1769 die Dominicus-Messe (KV 66) für den Abt von St. Peter. 1769 wird er 13-jährig zum Konzertmeister der Salzburger Hofmusikkapelle bestellt. Von 1769 bis 1771 verbringen die Mozarts nur vier Monate in Salzburg. Die übrige Zeit sind sie in Italien auf Konzertreise, eine mühsame Angelegenheit mit Kutsche, Kofferkiste und Reisewörterbuch, doch vom Fürsterzbischof großzügig unterstützt. Insgesamt wird Mozart fast 10 Jahre seines kurzen Lebens reisend unterwegs sein. 1773 übersiedelt die Familie in das repräsentative Tanzmeisterhaus am heutigen Makartplatz (→ S. 99). Doch die fürstliche Gunst geht allmählich verloren: Seit 1772 regiert Erzbischof *Graf Colloredo*, ein moderner Aufklärer, der für das aufmüpfige Künstlerdasein und die ausgedehnten Reisen seines Konzertmeisters wenig Verständnis hat. 1777 bittet Mozart um Entlassung, um sein „Glück weiter zu suchen". Er findet keine Anstellung und tritt 1779 nochmals in den Dienst des Fürsterzbischofs ein, von dem er im Juni 1781 endgültig mit einem „Tritt im Arsch" entlassen wird. Daraufhin lässt sich Mozart in Wien nieder, arbeitet als Opernkomponist, Klavierspieler und Lehrer. 1782 heiratet er gegen den Willen seines Vaters die Sopranistin *Constanze Weber* (1762–1842). Salzburg besucht er 1783 ein letztes Mal. Die 10 Wiener Jahre bis zum frühen Tod am 5. Dezember 1791 werden zu den produktivsten seines Lebens. Mozarts Gesamtwerk umfasst 22 Opern, 60 Symphonien, 25 Klavier- und 6 Violinkonzerte, 16 Messen, 23 Streichquartette, zahlreiche Sonaten, Kammermusik, Lieder, Motetten und ein unvollendetes Requiem.

Altes Rathaus: Bescheiden ist das frühere Rathaus von 1410 mit dem zierlichen Glockenturm am Ostende der Getreidegasse. Selbst die Barockfassade von 1772 ändert daran nichts: Prunk war in Salzburg den Erzbischöfen vorbehalten. Die Figur über dem Marmorportal ist übrigens eine Justitia von 1618.

Alter Markt: Der wohl gemütlichste Platz Salzburgs schließt südöstlich an die Getreidegasse an. Auf drei Seiten ist er von pastellfarbenen Bürgerhäusern umstanden, deren Stuckfassaden auf Geheiß der Erzbischöfe nicht zu üppig ausfallen durften. In der Mitte versammeln sich Andenkenstände um den schönen achtseitigen und mit einem Renaissancegitter versehenen **Florianibrunnen** (17./18. Jh.). Einen Blick wert sind die fürsterzbischöfliche **Hofapotheke** (Nr. 6) mit ihrer Rokokoausstattung von 1760 und das nur ein Fenster breite Haus Nr. 10 a. Die Confiserien Reber (Nr. 5) und Holzermayr (Nr. 7) bieten Mozartkugeln an, und das Café Tomaselli (Nr. 9) serviert schon seit 1705 Erfrischungen (→ „Essen & Trinken").

Juden-, Brod- und Goldgasse: Mittelalterlich muten die drei Gassen östlich des Alten Markts an. In der Judengasse siedelte einst die jüdische Gemeinde, bis sie 1498 der Stadt verwiesen wurde. In der gewundenen Goldgasse sind heute Antiquitätenhändler zu Hause. Und in der Konditorei Fürst in der Brodgasse 13 wurde die Mozartkugel erfunden (→ Kasten).

Waagplatz: Der unregelmäßige Platz zwischen Judengasse und Mozartplatz war im Mittelalter der wichtigste Marktplatz der Stadt, standen hier doch der Getreidespeicher und die Stadtwaage (Haus Nr. 3). Literaturfreunde wird das *Schafferhaus* (Nr. 1 a) interessieren, in dem am 3. Februar 1887 der österreichische Lyriker *Georg Trakl* geboren wurde. Der gelernte Apotheker ist bekannt für seine expressionistischen Gedichte, einige davon sind auf Marmortafeln in der Stadt verteilt zu lesen. Die **Trakl-Gedenkstätte** (Zugang vom Arkadenhof) erinnert mit Handschriften und persönlichen Dingen an den Dichter, der sich mit 27 Jahren das Leben nahm.

Mo–Fr 11 und 14 Uhr. Eintritt 3 €. Nur mit Führung.

Die originale Mozartkugel

1890 rollte der Salzburger Konditormeister *Paul Fürst*, vorausblickend auf die Feiern zu Mozarts 100. Geburtstag, erstmals das runde „Mozartbonbon", später nur noch „Mozartkugel" genannt – ein Pistazien-Marzipan-Kern, umhüllt von Haselnussnougat-Creme und feinster Kuvertüre. Noch heute hält sich Urenkel Norbert Fürst an das Originalrezept. Verpackt in Silberstanniol mit blauem Aufdruck, verkauft er die vorzügliche „Original Salzburger Mozartkugel" exklusiv in seinen vier Salzburger Konditoreien (www.original-mozartkugel.com). Weil der Name „Mozartkugel" patentrechtlich nicht geschützt ist, bieten viele Salzburger Konditoreien gelungene Nachahmungen an, darunter die „Echte" der Confiserie Schatz, die „Echte Salzburger" von Josef Holzermayr oder die „Salzburger" aus dem Café Habakuk (→ „Einkaufen"). Industriell nach dem Originalrezept gefertigt und unumstrittener Marktführer ist die kugelrunde „Echte Salzburger" von Mirabell. Außerhalb Salzburgs produzieren u. a. die Wiener Firmen Hofbauer und Manner-Victor Schmidt Kugeln vom Fließband, aber auch das Unternehmen Paul Reber aus Bad Reichenhall, der Erfinder der „Echten Reber". Alles klar?

Hier gibt es die Original Salzburger Mozartkugel

Mozartplatz: Die östliche Fortsetzung des Waagplatzes schmückt *Ludwig Schwanthaler*s Mozartdenkmal, das 1842 im Beisein der Söhne Mozarts enthüllt wurde. Es zeigt den Komponisten überlebensgroß mit strengem Blick. Am Mozartplatz befindet sich die zentrale Touristinformation und gegenüber der Zugang zum Salzburg Museum (s. u.).

Kaiviertel: Von der Südostecke des Mozartplatzes führen Kai- und Pfeifergasse in ein früher vorwiegend von kleinen Angestellten und Gewerbetreibenden bewohntes Viertel, das sich bis zur Kajetanerkirche (→ S. 96) erstreckt. Hier ist es ruhiger als rund um die Getreidegasse. Die Fassaden sind bescheidener und die Gaststätten bodenständiger. Es gibt viele Ämter und Behörden. So residiert seit 1861 in den Gemächern des **Chiemseehofs** (17. Jh.), einem einstigen Sitz der Bischöfe von Chiemsee, der Salzburger Landtag und die Landesregierung, an deren Spitze seit 2004 die Sozialdemokratin *Gabi Burgstaller* steht. Der nahe **Papagenoplatz**, dessen zierliche bronzene Brunnenfigur (1960) den Vogelmensch aus Mozarts „Zauberflöte" darstellt, verwandelt sich freitagvormittags in einen Bauernmarkt. Tafeln an den Häusern Kaigasse 8 und Pfeifergasse 11 erinnern an den Naturforscher *Paracelsus*.

Residenzbezirk

Residenzplatz: 60 Bürgerhäuser und der alte Domfriedhof mussten auf Befehl von Fürsterzbischof *Wolf Dietrich* dem weiten Platz weichen, dessen Mitte der 15 m hohe **Residenzbrunnen** (17. Jh.) ziert, vermutlich ein Werk des Italieners Tommaso di Garona. Mit seinen marmornen Rossen, Atlanten und Delfinen ist er der größte und schönste Barockbrunnen nördlich der Alpen. Umrahmt wird der Platz von der dunklen, aus Mönchsbergkonglomerat bestehenden Längsseite des Doms, von Residenz (s. u.) und Neuer Residenz (s. u.). An der Nordseite steht die altrosa getünchte, spätbarocke **Michaelskirche**, die einst Stadtpfarrkirche war. Auf dem Residenzplatz sind heute die Standplätze der Fiaker. In der Adventzeit wird er vom Christkindlmarkt belebt, und zur Festspieleröffnung findet hier ein Fackeltanz statt.

Residenz: Man betritt den von außen schlichten, ehemaligen Palast der Fürsterzbischöfe durch ein prächtig barockes Marmorportal von 1710, das in den Ehrenhof führt. An seinem hinteren Ende steigt links vom Herkulesbrunnen eine breite Treppe zu den Prunkräumen in den 2. Stock. Der Bau der weitläufigen Anlage mit 180 Räumen und 3 Innenhöfen, der die mittelalterliche Bischofsburg ersetzte, begann im 16. Jh. ebenfalls unter *Wolf Dietrich von Raitenau*. Die im 17. und 18. Jh. kostbar ausgestatteten Repräsentationsräume und Privatgemächer, die noch heute für Veranstaltungen genutzt werden, können mit Audioguide besichtigt werden: Erster Prunkraum ist der riesige Carabinierisaal (17. Jh.), in dem die Leibgarde untergebracht war. Das übrige gute Dutzend Säle wurde vom Barockbaumeister *Johann Lukas von Hildebrandt* im frühen 18. Jh. angelegt, die Gemälde schufen *Johann Michael Rottmayr* und *Martino Altomonte*. Höhepunkte sind der reich stuckierte Rittersaal, in dem schon Mozart aufspielte, der mit Gobelins ausgestattete Audienzsaal, der Kaisersaal mit Habsburgerporträts und der Thronsaal.

Im 3. Stock zeigt die **Residenzgalerie** in 15 barocken Sälen europäische Malerei vom 16.–19. Jh., v. a. Werke der Flamen und Niederländer wie *Rembrandt* (u. a. „Betende alte Frau" von 1630), *Rubens* und *Brueghel* sowie österreichische Meisterwerke des 19. Jh. von *Makart*, *Waldmüller* und *Amerling*. Die Galerie, ein Teil der Salzburger Landesbestände, wurde 1923 als Ersatz für die erzbischöfliche Kunstsammlung eingerichtet, die 1803 nach Auflösung des Fürstentums verloren ging (→ Geschichte). Von der Residenzgalerie aus gelangt man auf die 2007 eröffnete Aussichtsterrasse auf den nördlichen Dombögen. In ferner Zukunft soll von der Terrasse ein Rundgang weiter durch den Dom und die Räume der Erzabtei St. Peter – sozusagen rund um den Domplatz – führen.

Tägl. (außer Mo) 10–17 Uhr. Eintritt (Prunkräume und Galerie) 8,20 €, Kinder 6–16 J. 2,60 €. Die Galerie ist im Feb. und Nov. geschlossen.

Neue Residenz: Den mit einem Glockenspielturm versehenen weißen Palast am Residenzplatz ließ Fürsterzbischof *Wolf Dietrich von Raitenau* ab 1588 vermutlich als Gästehaus errichten. Nach 1803 zogen Behörden, 1920 die Landesregierung und 2007, nach einem großzügigen Umbau, das Salzburg Museum (s. u.) ein. Das *Glockenspiel* im Turm erwarb Erzbischof *Graf Thun* 1695 in Antwerpen. 35 Glocken spielen täglich um 7, 11 und 18 Uhr (Restaurierung bis 2010). Als Antwort sollte von Mai bis Oktober der „Salzburger Stier", ein Hornwerk auf der Festung ertönen (→ S. 93) – wenn er nicht gerade streikt. Die jeweiligen Melodien stehen an einer Tafel am Residenzgebäude gegenüber.

Salzburg Museum: Das seit 2007 in der Neuen Residenz beheimatete Stadt- und Landesmuseum (gegründet 1834) ist eines der größten Regionalmuseen Europas. Es gewährt einen spannend gestalteten Einblick in die Salzburger Geschichte, Kunst und Kultur: „Salzburg persönlich" im **1. Obergeschoss** widmet sich dem Leben und Wirken interessanter Salzburger Frauen und Männer (z. B. Paracelsus, Familie Spängler ...), die Höhepunkte folgen im **2. Obergeschoss**: Die Ausstellung „Der Mythos Salzburg" befasst sich mit den Malern der Romantik (samt *Carl Spitzwegs* berühmtem „Sonntagsspaziergang"), dem Tourismus, den Fürsterzbischöfen, dem Entstehen der Barockstadt und führt dabei auch durch die **Prunkräume**: mit farbenprächtigen Stuck- und Kassettendecken aus dem frühen 16. Jh. ausgestattete Gemächer, darunter der Ständesaal, das Feldherrenzimmer mit den Büsten großer

Kirtagsrummel auf dem Residenzplatz

Heerführer und der mit einem Deckenmosaik verzierte Baderaum. In ihrer Farbenpracht erinnern sie an das Innere des Wolf-Dietrich-Mausoleums im Sebastiansfriedhof (→ S. 101) – dort wie hier war *Elia Castello* als Architekt am Werk.

In der „Schatzkammer" im 2. Obergeschoss sind die kostbarsten Objekte aus der Sammlung Archäologie und Mittelalter zu sehen, darunter die keltische Schnabelkanne vom Halleiner Dürrnberg (5. Jh.), der bronzezeitliche Kammhelm vom Pass Lueg (13. Jh.), der Vorbild für das Logo der französischen „Gauloises"-Zigaretten war, das römische Acheloosmosaik (3. Jh.), das Tafelbild „Ährenkleidmadonna" (1495) von *Rueland Frueauf d. Ä.* sowie eine Kreuzigungsgruppe (1490) von *Veit Stoß*. Die Säulenhalle im Erdgeschoss und die Kunsthalle im Untergeschoss unter dem Innenhof werden für Sonderausstellungen genutzt. In der gratis zugänglichen Panorama-Passage, ein unterirdischer Zugang zum Panoramamuseum (s. u.), sind römische Mauerreste und vier Stadtmodelle von der Römerzeit bis in 19. Jh. zu sehen.
Tägl. (außer Mo) 9–17, Do 9–20 Uhr. Juli/Aug./Dez. auch Mo 9–17 Uhr. Eintritt Mo–Sa 7 €, Kinder 6–15 J. 3 €, So 5,50 bzw. 1 €. www.salzburgmuseum.at.

Panorama Museum: Vom Residenzplatz neben dem Postamt (oder vom Salzburg Museum aus) betritt man das in einem Nebentrakt der Neuen Residenz gelegene Museum, in dessen Zentrum das *Sattler-Panorama* von 1829 steht. Dieses 26 Meter lange und 5 Meter hohe Rundgemälde zeigt den damaligen Blick von der Hohensalzburg auf die Stadt. Fünf Jahre malte *Johann Michael Sattler* an dem detailgetreuen Werk, anschließend ging er damit 10 Jahre lang auf Europa-Tournee – als Massenmedium waren diese Panoramen am ehesten mit den heutigen IMAX-Kinos zu vergleichen. Mit interaktiven Bildschirmen können Ausschnitte des Panoramas aktuellen Ansichten gegenüber gestellt werden. Ebenfalls zu sehen sind rund 20 Kosmoramen – Stadtansichten aus aller Welt, die von Sattlers Sohn Hubert Mitte des 19. Jh. gemalt wurden.
Tägl. 9–16.30, Do 9–19.30 Uhr. Eintritt 2 €, Kinder 6–15 J. 1 €. www.salzburgmuseum.at.

Dombezirk

Domplatz: Kolonnaden führen auf den nahezu quadratischen Platz, der wegen seiner Geschlossenheit und den umstehenden, einheitlichen Fassaden von Residenz und Stift St. Peter besonders eindrucksvoll wirkt. In der Mitte erhebt sich eine von den Brüdern Hagenauer um 1770 geschaffene **Mariensäule**. An ihrem Sockel sitzen Engel, Teufel und Allegorien von Kirche und Weisheit, an der Spitze steht die Marienfigur. Betrachtet man sie im richtigen Abstand von vorne, erkennt man, dass zwei Engel an der Domfassade die goldene Krone direkt über ihr Haupt halten. Die einmalige Atmosphäre des Platzes inspirierte *Max Reinhardt* 1920, hier den „Jedermann" aufzuführen. Seither ist dieses Freilichttheater (bei Schlechtwetter im Großen Festspielhaus) einer der Höhepunkte der Salzburger Festspiele.

Salzburger Dom: Die bedeutendste Kirche Salzburgs und heute älteste Bischofskirche Österreichs wurde 1614–28 im frühbarocken Stil erbaut. Zuvor standen an dieser Stelle ein 774 unter Bischof Virgil geweihter Dom und seit Ende des 12. Jh. eine riesige, fünfschiffige romanische Kirche, damals die größte nördlich der Alpen. 1598 fiel sie einem Feuer zum Opfer und Erzbischof *Wolf Dietrich von Raitenau* ließ *Vincenzo Scamozzi*, einen Schüler Palladios, einen kolossalen Neubau planen. Ausgeführt wurden allerdings die bescheideneren Entwürfe von *Santino Solari*, den Wolf Dietrichs Nachfolger *Markus Sittikus* beauftragt hatte.

Die monumentale, aus Untersberger Marmor gefertigte **Westfassade** wird von zwei 79 m hohen Türmen überragt. Am Giebel steht Christus Salvator, darunter prangen die Wappen der Erzbischöfe Markus Sittikus und Paris Lodron. Auf der Balustrade im 2. Geschoss sieht man die vier Evangelisten. Die überlebensgroßen Statuen neben den drei Eingangsarkaden zeigen außen die Gründer des Erzbistums Rupert (mit Salzfass) und Virgil (mit Kirchenmodell) und innen die Kirchenpatrone Petrus (mit Schlüssel) und Paulus (mit Schwert). Die goldenen Jahreszahlen an den Torgittern erinnern an die Domweihejahre 774, 1628 und 1959 (Restaurierung nach dem Krieg). Drei mächtige moderne Bronzetore (1958) führen nebeneinander ins Innere. Sie symbolisieren (von links) die göttlichen Tugenden Glaube, Liebe, Hoffnung und stammen von *Toni Schneider-Manzell*, *Giacomo Manzù* und *Ewald Mataré*. Das **Innere** des 99 m langen Doms, in dem rund 10.000 Menschen Platz finden, überrascht durch seine Helligkeit und beeindruckt mit der barocken, wenn auch etwas kühlen Pracht. Üppiger weißer Stuck von *Giuseppe Bassarino* schmückt Wände und Decken. Das Langhaus mit Tonnengewölbe wird von je vier Seitenkapellen gesäumt. Die erste links ist die Taufkapelle mit dem noch aus dem alten Dom stammenden bronzenen Taufbecken (1321) auf vier noch älteren Löwen aus dem 12. Jh., über dem auch Mozart getauft wurde. Den Deckel ergänzte *Toni Schneider-Manzell* 1959, von ihm stammt auch die Bronzekanzel im Hauptschiff. Lichtdurchflutet ist vor allem der Bereich der Vierung, über der sich die achteckige, mit Stuck und Fresken verzierte Kuppel erhebt. Dem unauffälligen Hochaltar wurde 2005 ein neuer Volksaltar aus einem Marmorblock vorangestellt, der unter seiner Platte den 1628 gefertigten Schrein der Heiligen Rupert und Virgil enthält. An den Wänden des Altarraumes befinden sich Grabmale der *Fürsterzbischöfe Markus Sittikus* und *Paris Lodron*. Auch in den Querarmen sind Marmorepitaphe mit medaillonförmigen Porträts von Erzbischöfen zu sehen. Als neue Grablege entstand 1957–59 eine mehrräumige Krypta (Zugang im linken Querschiff), in die Mauerreste der Vorgängerkirchen integriert wurden.

Besichtigung Tägl. 8–18, So ab 13 Uhr (vorher Messen). Eintritt frei.

Salzburg Karten S. 68/69 und Umschlag hinten

Dommuseum: Das in den Emporenräumen des Domes (mit Blick ins Kircheninnere) eingerichtete Museum erreicht man von der Domvorhalle aus. Es zeigt sakrale Kunst aus dem Domschatz, wie eine mittelalterliche Madonna von *Michael Pacher*, gotische Tafelbilder, Barockgemälde und Goldschmiedekunst. Besonders kostbar sind das karolingische Rupertuskreuz (8. Jh.) und eine Hostientaube aus Limoges (1200). Kurios ist die barocke Kunst- und Wunderkammer: Die Schränke voller Fossilien, ausgestopfter Tiere, Edelsteine und wissenschaftlicher Geräte stellten für barocke Sammler kein Sammelsurium, sondern einen Querschnitt der göttlichen Schöpfung dar.

Mitte Mai bis 26. Okt. und 1. Advent bis 6. Jan. Mo–Sa 10–17, So 11–18 Uhr. Eintritt (inkl. Audioguide) 5 €, Kinder 6–18 J. 1,50 €.

Domgrabungsmuseum: Archäologiefreaks können im Sommer einen Blick unter den Dom werfen, wo Reste einer römischen Villa und die Fundamente des romanischen Doms ausgegraben wurden. Eingang bei der bronzenen Bischofsstatue von *Giacomo Manzù* unter den Dombögen.

Nur im Juli/Aug. tägl. 9–17 Uhr. Eintritt 2,50 €. Kinder 6–15 J. 1 €. www.salzburgmuseum.at.

Kapitelplatz: Ein weiterer großer, von *Wolf Dietrich von Raitenau* geplanter Platz schließt südlich an den Dom an. Sein Name leitet sich vom Domkapitel ab, jenen Herren, die seit dem 12. Jh. das Recht haben, den Erzbischof zu wählen – der Vatikan darf erst seit 1933 drei Kandidaten vorschlagen. Seit 2002 ist der Steirer *Alois Kothgasser* (geb. 1937), ein Salesianer Don Boscos, der 78. Salzburger Erzbischof. Das Erzbischöfliche Palais steht an der Ostseite des Platzes (Nr. 2). Von dort führt die Kapitelgasse ins Kaiviertel (→ S. 78). Sie wird gesäumt von den früheren Residenzen der Domherren, dem Kapitelhaus (Nr. 4) und der Domdechantei (Nr. 6), in deren Hof 2 sich ein Traklbrunnen von *Toni Schneider-Manzell* (1957) und in Hof 3 eine kleine Muschelgrotte von 1615 im Stil von Schloss Hellbrunn befinden. Beide Gebäude beherbergen die Universitätsverwaltung und sind am Wochenende geschlossen. Ein beliebtes Fotomotiv am Kapitelplatz sind die Festung hoch oben mit der von Weiden gesäumten **Kapitelschwemme** darunter. Erzbischof *Leopold Firmian* gab sie 1732 in Auftrag. In ihrem Zentrum balanciert ein muskulöser Neptun mit Dreizack auf einem wasserspeienden Ross. In dem Bassin davor wurden einst die Pferde gewaschen, bevor man sie in den Hofstallungen einstellte. *Stephan Bal-*

Herz der Altstadt: der Salzburger Dom

kenhol schuf mit seiner fast fünf Meter großen, von einem Mann aus Bronze gekrönten vergoldeten Kugel („Sphaera", 2007) einen neuen attraktiven Blickfang auf dem altehrwürdigen Platz (Foto S. 32).

Erzabtei St. Peter: Das weitläufige Benediktinerkloster, das 696 vom Hl. Rupert gegründet oder wiederbelebt wurde (es existieren noch Kirchenmauerreste aus dem 5. Jh.), erstreckt sich im Westen des Kapitelplatzes. Es ist das älteste noch bestehende Männerkloster im deutschen Sprachraum und die Keimzelle Salzburgs. Vom Kapitelplatz aus gelangt man zunächst – vorbei an der Alten Stiftsmühle am Almkanal (→ Kasten S. 87) mit der historischen Stiftsbäckerei St. Peter (s. u.) – in den stimmungsvollen **Petersfriedhof** direkt unterhalb der steilen Mönchsbergwand. Er ist von Gruftarkaden aus dem 17. Jh. (u. a. für die Baumeister *Santino Solari* und *Clemens Holzmeister*) gesäumt. Jene sieben schmiedeeisernen Kreuze, die am Rand des Hauptwegs dicht beieinander stehen, erinnern an die Familie des Steinmetzen Sebastian Stumpfegger, der jede seiner fünf Ehefrauen in Decken geschnürt zu Tode gekitzelt haben soll. Die frei stehende, mit Grabplatten verzierte Margarethenkapelle ist ein Werk der Spätgotik von 1485.

Petersfriedhof und Katakomben in der Mönchsbergwand

Einzigartig sind die in den Felsen des Mönchsbergs gehauenen **Katakomben** und Kapellen, die vermutlich seit dem 3. Jh. als frühchristliche Gebetsstätten gedient haben. Der Eingang befindet sich bei der Kommunegruft, in der *Michael Haydn* (1737–1806), Hoforganist und Bruder Joseph Haydns, sowie Mozarts Schwester *Nannerl* (1751–1829), verheiratete Marianne von Berchthold zu Sonnenburg bestattet sind (Grabtafeln am Boden). Von hier steigt man 48 steile Stufen durch die Felsen hinauf in die Getraudenkapelle von 1178. Ein paar Stufen weiter ist eine kleine Aussichtsplattform, und nach weiteren 36 Felsstufen steht man in der Maximuskapelle, deren vermeintliches Märtyrergrab Einsiedlern als steinerne Bettstatt diente.

Stiftsbäckerei, Salzburgs älteste Bäckerei ist bekannt für ihr schwarzes Holzofenbrot aus Natursauerteig. Tägl. (außer Mi und So) 7–17.30, Sa 7–13 Uhr, www.stiftsbaeckerei.at.

Petersfriedhof: schließt bei Dämmerung. **Katakomben**: Tägl. (außer Mo und kirchliche Feiertage) 10.30–16 Uhr. Eintritt 1 €.

Stiftskirche St. Peter: Der hochromanische Bau von 1147 wurde im Lauf der Zeit mehrfach umgestaltet. Prägend war die Barockisierung 1760–82 unter Abt *Beda Seeauer*. Damals erhielt der Turm seinen markanten, spätbarocken Helm. In das romanische Hauptportal aus rotem und weißen Marmor (1240) in der Vorhalle der Kirche wurde 1768 eine geschnitzte Rokokotür eingesetzt. Der lang gestreckte Innenraum lässt die dreischiffige, romanische Bauform erkennen, seine Ausstattung hingegen ist rein barock: weiß, gold und zartgrün mit farbenfrohen Deckenfresken und großformatige Gemälden zum Leben Jesu von *Kaspar Memberger* an den Wänden des Hauptschiffes. Die Tafeln der 16 Marmoraltäre und des Hochaltars malte *Martin Johann Schmidt* (der Kremser Schmidt). In den Seitenschiffen finden sich Reste romanischer Fresken. Unter den Grabmonumenten im rechten Seitenschiff sind das Marmorprunkgrab von Oberst *Hans Werner von Raitenau*, das sein Sohn Fürsterzbischof *Wolf Dietrich* errichten ließ, das Grabdenkmal für *Michael Haydn* und das unterhalb eines Barockaltars gelegene Felsengrab des *Hl. Ruperts*, das seit der Überführung der Reliquien in den Dom leer ist, zu erwähnen.

Links vom Kircheneingang schließt die Klausur mit Kreuzgang, Kapitelsaal, Schatzkammer und ältester Bibliothek Österreichs an, die nicht öffentlich zugänglich sind. Rechts vom Kircheneingang ist der **Stiftskeller St. Peter**. Diese Gaststätte wurde bereits 803 anlässlich eines Besuchs Karls des Großen erwähnt. Seine festlichen Barocksäle werden für Konzerte (→ „Konzerte“) genutzt. Über den Stiftshof mit dem vom Almkanal (→ Kasten S. 87) gespeisten Petersbrunnen, einem früheren Fischbehälter von 1673, gelangt man in den **Kolleghof** mit dem Rupertibrunnen, den das von *Peter Behrens* 1925/26 erbaute Benediktinerkolleg umschließt. Die Fassadenfresken schuf *Anton Faistauer*.

Michael-Haydn-Museum: Der „Salzburger Haydn“, Joseph Haydns jüngerer Bruder Michael (1737–1806), war ab 1763 Leopold Mozarts Nachfolger als fürsterzbischöflicher Konzertmeister und später Organist im Stift St. Peter. Er komponierte Kirchenmusik (37 Messen) und großartige Instrumentalwerke (43 Symphonien, 19 Opern und Oratorien sowie virtuose Trompetenkonzerte). Das kleine Museum im Durchgang vom Stifts- zum Kolleghof von St. Peter vermittelt mit rund 160 originalen Objekten einen Einblick in das Leben und Werk des lebenslustigen Künstlers. Eine Hörstation mit einer Auswahl seiner Kompositionen und eine Tonbildschau (20 Min.) geben einen Eindruck von Haydns Musik. Von Juli bis Sept. finden hier die „5-Uhr-Konzerte“ statt (→ „Konzerte“).

1. 5. bis 30. 6. und 25. 9. bis 26. 10. tägl. (außer Mi) 14–17 Uhr, 1. 7. bis 24. 9. tägl. (außer Mi) 12.30–17 Uhr. Eintritt 2 €. www.michaelhaydn.com.

Franziskanerkirche: Mit ihrem steilen Pultdach und dem hohen spitzen Turm sticht sie im sonst von runden Barockformen dominierten Stadtbild hervor – die Kirche nördlich des Stifts St. Peter ist aber keinesfalls rein gotisch, wie ihr äußerer Eindruck vermuten lässt. Betritt man sie von der Sigmund-Haffner-Gasse durch das Westportal (rechts unten eine Schwurhand als Symbol für Kirchenasyl), so strebt man durch das dunkle romanische, auf wuchtigen Säulen ruhende Langhaus (13. Jh.) auf den lichterfüllten, spätgotischen Chor zu, dessen Sternrippengewölbe von fünf 30 m hohen, schlanken Säulen getragen wird. Sein Schöpfer war der Meister *Hans von Burghausen*, der zusammen mit seinem Gesellen auf dem Fresko auf der ersten Säule rechts verewigt ist. Auftraggeber im frühen 15. Jh. war die aufstrebende Bürgerschaft der Stadt. Für den Hochaltar engagierte man gar *Michael Pacher*. Allerdings überstand nur die anmutige Madonna seines gotischen Flügelaltars die Barockisierung im 17. Jh., sie wurde zum Mittelpunkt des von *Johann Bernhard Fischer von Erlach* 1709 entworfenen Barockhochaltars. Die neun Barockkapellen im unteren Teil des Chorumgangs sind üppig mit Stuck verziert, die Fenster darüber wurden teilweise zugemauert, als man Trakte der Residenz anbaute. Die seltsame Hausfassade mit Fenstern links ließ Wolf Dietrich von Raitenau errichten, um Salome Alt und den gemeinsamen Kindern (→ Kasten S. 62) einen Zugang zu den Gottesdiensten zu ermöglichen.

Sigmund-Haffner-Gasse: Benannt ist sie nach einem Salzburger Bürgermeister des 18. Jh., dessen Familie Mozart eine bekannte Symphonie (KV 385) widmete. Rechter Hand wird sie gesäumt vom **Toskanatrakt** der Residenz (16.–18. Jh.). Namengeber war der aus seinem Großherzogtum geflohene Habsburger *Ferdinand IV.* von Toskana, der von 1867 bis zu seinem Tod 1908 hier wohnte. 1992 zogen Teile der Universität ein. Im Zuge der Umbauten wurden die Sala terrena renoviert und Reste einer Landkartengalerie des 17. Jh. entdeckt, wie sie sonst nur im Vatikan zu finden ist (heute Lesesaal). In der Mitte der Sigmund-Haffner-Gasse führt der Ritzerbogen zum Universitätsplatz.

Salzburger Skyline: vorne die Franziskanerkirche, hinten der Dom

Universitätsviertel

Universitätsplatz: Der auf zwei Seiten von Bürgerhäusern umstandene und von der Kollegienkirche beherrschte Platz ist täglich (außer Sonntag) von buntem Markttreiben erfüllt. Seit Mitte des 19. Jh. werden hier am **Grünmarkt** Obst, Gemüse, Fleisch, Wurst, Brezel und Blumen feilgeboten. Blickfang unter den Häusern ist jenes mit den dottergelben Rokokoverzierungen – es ist die Rückseite von Mozarts Geburtshaus (→ S. 75). Wo sich der Platz gegen Westen verengt, wurde in einem modernen, von Architekt *Boris Podrecca* gestalteten Schaubrunnen der Almkanal frei gelegt.

Kollegien- oder Universitätskirche: Das monumentale Gotteshaus am Universitätsplatz prägt mit seiner Kuppel die Silhouette Salzburgs wesentlich mit. 1696 beauftragte Fürsterzbischof *Johann Ernst von Thun* diesen zweitgrößten Kirchenbau der Stadt und Hofbaumeister *Johann Bernhard Fischer von Erlach* gelang eines seiner Hauptwerke. Die elegant vorspringende Fassade und die beiden abgesetzten Türme wurden stilprägend für den spätbarocken Kirchenbau im süddeutschen

Raum. Drei Arkaden führen durch eine ovale Vorhalle ins Innere, dessen großzügige Raumwirkung beeindruckt. Wer sich farbenfrohe Barockpracht erwartet, wird enttäuscht: Nur die Seitenaltäre setzen einen Farbtupfer. Wände und Decken sind freskenlos, außerdem grau und verschmutzt, denn die Kirche harrt seit 50 Jahren einer Innenrenovierung. Nur die Kapelle rechts vorne wurde jüngst saniert und mit Informationstafeln zur Restaurierung versehen.

Museum der Moderne Rupertinum: Am Ende der Wiener-Philharmoniker-Gasse, links an der Kollegienkirche vorbei, trifft man auf einen schmalen frühbarocken Bau, der jahrhundertelang als Priesterseminar namens „Collegium Rupertinum" diente und 1983 das Salzburger Museum moderner Kunst aufnahm. Es entstand aus der Sammlung des Galeristen *Friedrich Welz*, der ein enger Freund Oskar Kokoschkas war. Dazu kamen Ankäufe und Dauerleihgaben sowie eine Sammlung von über 15.000 Werken heimischer Fotokünstler. Zu sehen sind die Exponate in thematischen Wechselausstellungen, die hier oder im Ausstellungshaus am Mönchsberg (→ dort) stattfinden.

Tägl. (außer Mo) 10–18, Mi bis 21 Uhr. Eintritt 6 €, Kinder 6–15 J. 4 €. Kombikarte mit Museum Mönchsberg 12 bzw. 8 €. www.museumdermoderne.at.

Grünmarkt am Universitätsplatz

Alte Universität und Furtwänglergarten: Schlichte Fassaden zeichnen den frühbarocken Gebäudekomplex aus, der sich westlich von der Kollegienkirche erstreckt. Die Universität wurde 1623 von Erzbischof Paris Lodron gegründet, der Bau bis 1652 nach Plänen von Dombaumeister *Santino Solari* errichtet. Er beherbergt heute die Theologische Fakultät, die Universitätsbibliothek und die **Große Universitätsaula** (1631), die jüngst einen gläsernen Zugang vom Furtwänglergarten aus erhielt. Sie dient der Universität als Festsaal und den Festspielen als Veranstaltungsort. 1767 wurde hier Mozarts erste Oper „Apollo und Hyacinthus" uraufgeführt, die er mit 11 Jahren komponiert hatte. Im 2008 neu gestalteten **Furtwänglergarten**, dem einstigen botanischen Garten der Universität, stehen der Wilde-Mann-Brunnen (1620), ein Schillerdenkmal (1867) und die begehbare, hausgroße Installation „A.E.I.O.U." von *Anselm Kiefer* (2002). Unter einer Glasplatte wurde der Almkanal (→ Kasten rechte Seite) sichtbar gemacht.

Der Almkanal – jahrhundertealte Wasserbaukunst

An wenigen Punkten der Altstadt ist er sichtbar: am Residenzbrunnen, beim Brunnen am Universitätsplatz, an der Stiftsmühle St. Peter, unter Glas im Furtwänglergarten, unter Gittern am Anton Neumayr-Platz und bei der Almpassage in der Talstation der Festungsbahn. Der Almkanal ist ein weit verzweigtes, denkmalgeschütztes Bewässerungssystem unter der Altstadt – und das älteste seiner Art in Mitteleuropa. Herzstück ist der 370 m lange, 1 m breite und bis zu 2,20 m hohe Stiftsarmstollen durch den Festungs- und Mönchsberg, der schon 1143 (!) von der Abtei St. Peter und dem Domkapitel angelegt wurde. Schon immer verfügte die Stadt über wenig Quellen, ein Stadtbrand 1127 führte dies schmerzhaft vor Augen und ließ den ehrgeizigen Plan zum Stollenbau entstehen.

Das durch Kanäle und Stollen in die Altstadt geleitete Almwasser kommt übrigens nicht von einer Alm, sondern wird am Fuße des Untersbergs von der Königsseeache abgezweigt, die aus dem Königssee abfließt und früher Alm genannt wurde. Über 700 Jahre war der Almkanal mit seinen Stichkanälen das Rückgrat für die Wasser- und Energieversorgung für Menschen und Betriebe der Stadt. Und nicht nur das! Bis 1862 wurden einmal wöchentlich die Schleusen geöffnet, und ein Wasserschwall spülte Unrat und Fäkalien aus den Altstadtgassen in die Salzach. Mit Almwasser wurde bis 1960 auch die Festungsbahn als Wasserballastbahn betrieben. Heute nutzen 15 Salzburger Kraftwerke, die Klima- und Kühlanlagen im Festspielhaus, in der Mönchsberggarage, im Salzburg Museum, im Haus der Natur und im Augustiner Bräustübl den Almkanal. Interessierte finden unter www.almkanal.at weitere technische Details.

Salzburg
Karten S. 68/69 und Umschlag hinten

Festspielbezirk

Zwischen Mönchsberg und Hofstallgasse eingezwängt sind die Festspielhäuser, ein 225 m langer, verschachtelter Komplex mit dem Haus für Mozart, der Felsenreitschule und dem Großen Festspielhaus. Sie entstanden ab 1925 durch Umbau der desolaten, 1606 unter Wolf Dietrich für 130 Pferde erbauten Hofstallungen und der benachbarten, von *J. B. Fischer v. Erlach* geplanten barocken Winter- und Sommerreitschule. Maßgeblicher Architekt war der Tiroler *Clemens Holzmeister*.

Führungen durch die Festspielhäuser Juli/Aug. tägl. 9.30, 14 und 15.30 Uhr. Juni/Sept. tägl. 14 und 15.30 Uhr. Jan. bis Mai und Okt. bis 20. Dez. tägl. 14 Uhr. Eintritt 5 €, Kinder 6–12 J. 2,90 €.

Haus für Mozart: 1925 wurde die einstige Winterreitschule zu einem Festspielhaus aus- und später mehrfach umgebaut. Markant ist das Bühnenhaus, das Clemens Holzmeister 1937 im Monumentalstil der Zwischenkriegszeit schuf, und das in seiner Fassade die Konglomeratfelsen des Mönchsbergs zitiert. Der große Kupferlöwe an der Brüstung hält das Landeswappen in seinen Tatzen, die Orgel an der Fassade zum Toscaninihof ist nur Attrappe. Links davon führt die Holzmeisterstiege auf den Mönchsberg. Zuschauerraum (1495 Sitzplätze) und Teile der Foyers wurden 2006 durch einen vom Holzmeister-Schüler *Wilhelm Holzbauer* geplanten Neubau ersetzt. Nicht vom Umbau betroffen waren das Faistauerfoyer mit den berühmten, rotbraun dominierten Fresken (1926) von *Anton Faistauer*, die 1939 als „entartete Kunst“ abgenommen wurden und erst 1956 wieder ihren Platz erhielten, und der als

Pausensaal genutzte Karl-Böhm-Saal sowie die nur wenig veränderte Winterreithalle von 1662 mit einem riesigen barocken Deckenfresko von *Johann Michael Rottmayr*.

Die Geschichte der Salzburger Festspiele

„Jedermann", das seit dem späten Mittelalter verbreitete allegorische Spiel vom Sterben des reichen Mannes und der Vergänglichkeit irdischer Schätze, war Vorlage für *Hugo von Hofmannsthal*s 1911 verfasstes Drama. Bis heute ist es Hauptanziehungspunkt und Eröffnungsstück der Salzburger Festspiele: starbesetzt, wortgewaltig, ein barockes Bühnenfest voll männlicher Prasserei, erotischer Weiblichkeit und tiefsinniger Moral, aufgeführt unter freiem Himmel als Gesamtkunstwerk zwischen der 2540 Zuschauer fassenden Tribüne und der Prachtkulisse des Salzburger Doms. Und der Titel hallt noch lange im Gedächtnis nach – wegen der „Jedermann"-Rufer vom nahen Mönchsberg.

Die Jedermann-Aufführung am 22. August 1920 war die Geburtsstunde der Salzburger Festspiele. Regie führte der legendäre *Max Reinhardt*, der gemeinsam mit Hofmannsthal und *Richard Strauss* bereits einige Jahre an der Verwirklichung jährlicher Festspiele in der Mozartstadt gearbeitet hatte. Neben das Schauspiel traten im Folgejahr Konzerte mit Werken der Wiener Klassik und 1922 italienische Opern. Seitdem sind die Wiener Philharmoniker das Orchester der Festspiele. Die Nutzung der Felsenreitschule als Spielstätte und der Bau eines ersten Festspielhauses 1925 ermöglichten eine Ausweitung des Programms auf Opern von Strauss und Wagner. 1934–37 prägte der italienische Dirigent *Arturo Toscanini* die Aufführungen. Die folgenden Jahre bis 1944 bedeuteten für viele Künstler das Exil, die Festspiele waren Bestandteil der nationalsozialistischen Kulturpropaganda. Von 1956 an stand für über 30 Jahre ein Name für die Festspiele: *Herbert von Karajan*. Der Salzburger Dirigent bestimmte als künstlerischer Leiter und Direktoriumsmitglied wie kein anderer ihre Entwicklung. Er ließ ein neues Festspielhaus mit riesiger Bühne bauen, um dort nicht mehr Mozart, sondern die beliebtesten Opern der Musikwelt aufzuführen. Er verpflichtete Weltstars als Sänger und holte damit den internationalen Jet-Set an die Salzach. Es gab Uraufführungen von österreichischen Schriftstellern wie Thomas Bernhard und Peter Handke. In der Ära Karajan wurden die Festspiele zu einem Ereignis von Weltruf. Sein Nachfolger, der belgische Kulturmanager *Gérard Mortier* (1990–2001), bekämpfte Privilegien und Stargetue, provozierte und rüstete zugleich das Festival mit einem modernisierten Programm für das 21. Jahrhundert. Das Schauspiel wurde aufgewertet, Regisseure, wie *Hans Neuenfels, Luc Bondy, Christoph Marthaler* und *Peter Sellars* sorgten für spannende Abende. Höhepunkte der erfolgreichen Intendanz des deutschen Komponisten und Managers *Peter Ruzicka* (2002–06) waren Maßstäbe setzende Neuproduktionen und die Gesamtaufführung aller 22 Mozart-Opern an einem einzigen Ort. Seit 2007 agiert *Jürgen Flimm*, Regisseur und langjähriger Leiter des Hamburger Thalia-Theaters, als Festspielintendant.

Die Salzburger Festspiele finden jährlich ab der letzten Juli-Woche bis Ende August statt und bieten an 19 Spielorten in und um Salzburg 200 Schauspiel-, Opern- und Konzeraufführungen. Details unter ✆ 0662-8045500, www.salzburgfestival.at.

Felsenreitschule: Die Sommerreitschule von 1693 mit ihren in die senkrechte Felswand des Mönchsbergs geschlagenen, dreigeschossigen früheren Zuschauerarkaden wurde 1926 erstmals als Kulisse für die Festspiele verwendet. 1969 erhielt sie ein ausfahrbares Kunststoffsegel als Dach. Sie befindet sich an der Rückseite des Hauses für Mozart und ist von außen nicht erkennbar.

Großes Festspielhaus: Der an das Haus für Mozart rechts angrenzende Bau entstand 1956–60 abermals nach Plänen von *Clemens Holzmeister.* Fassade und Portale des Hofmarstalls, die *Fischer von Erlach* zugeschrieben werden, blieben weitgehend erhalten. Um Platz für das gewaltige Bühnenhaus zu schaffen, wurden von der rückwärtigen Mönchsbergwand etwa 55.000 m^3 Gestein abgetragen. Seine riesige Ausmaße (100 x 40 m) erkennt man am besten von den Stadtbergen aus. Man betritt das Haus durch fünf Bronzetore. Böden und Wände der Foyers und Pausensäle sind großteils mit dunkelrotem Marmor und Mönchsbergkonglomerat verkleidet, dazu gibt es Gemälde, Gobelins und Skulpturen von Künstlern des 20. Jh. (*Oskar Kokoschka, Wander Bertoni, Kurt Fischer*). Der Zuschauerraum hat 2100 Sitzplätze und ist für seine gute Akustik bekannt.

Pferdeschwemme: Die imposante Brunnenanlage am verkehrsreichen Herbert-von-Karajanplatz entwarf *Johann Bernhard Fischer von Erlach* 1695 als Teil des Hofmarstalls, zu dessen Portal der marmorne Rossbändiger einst auch blickte. 1732 drehte man die Figur um 90 Grad und umgab sie mit einer Schaufassade mit Pferdebildern.

Verbindungen Hier halten die wichtigsten Stadtbusse.

Siegmunds- oder Neutor: So nennt sich der 135 m lange Mönchsbergstraßentunnel links von der Pferdeschwemme. Fürsterzbischof *Sigismundus Christoph von Schrattenbach*, dessen Porträt das Tunnelportal ziert, ließ ihn 1766 anlegen. 200 Jahre zuvor wollte man den Berg hier an seiner Schmalstelle noch komplett durchbrechen, die damaligen Schleif- und Steinbruchspuren erkennt man noch heute.

Am Fuß des Mönchbergs

Bürgerspital und Spielzeugmuseum: Das Bürgerspital rechts von der Pferdeschwemme war bis 1898 eine Wohlfahrtseinrichtung für Arme und Kranke, die bereits 1327 von den Erzbischöfen gestiftet worden war, und zwar mit Absicht außerhalb des Domviertels. In der Renaissance (1570) erhielt es seinen sehenswerten dreistöckigen Arkadenhof. Heute ist in den oberen Stockwerken Österreichs größtes **Spielzeugmuseum** untergebracht, in dem es viel zu bestaunen gibt (Blech- und optische Spielzeuge, Holzspielsachen aus dem Erzgebirge, entzückende Puppenstuben, Steiff-Tiere, Modelleisenbahnen und Zinnfiguren), bis auf Brettspiele jedoch wenig zum Ausprobieren. Im 2. Stock ist eine originale Schlafzelle des früheren Bürgerspitals erhalten. Für richtigen Spaß sorgt das Kasperltheater im Erdgeschoss (Di/Mi 15 Uhr). Die Sammlung historischer Musikinstrumente im Untergeschoss zeigt in fünf Räumen barocke Saiten- und Blasinstrumente. Highlights sind die Viola d'amore, ein Hammerklavier von Mozart, eine einsaitige Nonnengeige und Stockflöten. Hörbeispiele demonstrieren den Klang einiger Instrumente.

Tägl. (außer Mo) 9–17 Uhr. Juli/Aug. und Dez. auch Mo 9–17 Uhr. Eintritt 3 €, Kinder 6–15 J. 1 €. ✆ 0662-620808300, www.salzburgmuseum.at.

Bürgerspitalskirche St. Blasius: Die schlichte gotische Hallenkirche von 1330 schließt nördlich an das Spital an. Im Inneren ist die weit ins Langhaus reichende

Pferdeschwemme, einst die „Badewanne" der erzbischöflichen Rösser

Empore bemerkenswert, auf der die Kranken an der Messe teilnehmen konnten. Eine Kostbarkeit ist der Sakramentsschrein von 1480 links vom klassizistischen Hochaltar mit marmorner Kreuzigungsgruppe. Der Gotische Saal, ein früherer Gemeinschaftsraum im Obergeschoss wird für Konzerte genutzt.

Gstättentor: In der mittelalterlichen Gstättengasse mit ihren an den Mönchsbergfelsen gelehnten Bürgerhäusern hat sich das mächtige Gstättentor (13./17. Jh.) der Stadtmauer erhalten.

Mönchsbergaufzug: 30 Sekunden dauert die Liftfahrt im Berginneren von der Gstättengasse nach oben auf den Mönchsberg. Schon 1890 gab es einen Aufzug außen an der Felswand, der bei einem Aussichtscafé endete, 1947 wurde er in den Berg verlegt.

Betriebszeiten Okt. bis April tägl. 8.30–19, Mi bis 22 Uhr. Mai bis Sept. bereits ab 8 Uhr. Berg- und Talfahrt 2,90 €, einfach 1,80 €, Kinder 6–15 J. 1,40 € bzw. 0,90 €. Es gibt auch Kombikarten mit dem Museum der Moderne (→ S. 97).

Museum der Moderne Mönchsberg → S. 97

Haus der Natur: Das 1924 gegründete und seit 1956 am Museumsplatz untergebrachte naturkundliche Museum ist mit 270.000 Besuchern jährlich eine der beliebtesten Attraktionen der Stadt. Nach der zeitgemäßen Adaptierung des Museums und der räumlichen Erweiterung in das Nachbargebäude (früheres Salzburg Museum) bietet es seit 2009 auch ein „Science Center" mit großer Experimentierlandschaft. Höhepunkte (zumindest bisher) sind die lebenden Exponate: die Fische in den über 40 Aquarien (Haifischfütterung Mo/Do 10.30 Uhr) sowie die Alligatoren, Giftschlangen, Vogelspinnen und Schrecken im Reptilienzoo. In der Saurierhalle lässt man Jurassic Park aufleben, die Geologieschau präsentiert Salzburgs Mineralien und 600 kg schwere Bergkristalle, in der Weltraumhalle findet man sich bei der ersten Mondlandung wieder. Interaktive Experimente erläutern modern und anschaulich den Dopplereffekt, den der Salzburger Physiker *Christian Doppler*

1842 in der Theorie formulierte. Zahllose ausgestopfte Tiere aller Kontinente sind zu sehen, selbst Einhörner, Lindwürmer und der Yeti fehlen nicht. Im obersten Stockwerk wird, wer noch nicht erschöpft ist, mit Hilfe moderner Museumstechnik zu interaktiven Reisen in den menschlichen Körper eingeladen.

Tägl. 9–17 Uhr. Eintritt 5 €, Kinder 4–14 J. 3 €. ✆ 0662-8426530, www.hausdernatur.at.

Markuskirche (ehem. Ursulinenkirche): Für die Kirche an der Rückseite des Hauses der Natur, deren Vorgängerin durch einen Bergsturz zerstört wurde (→ Kasten), hatte Barockbaumeister *Johann Bernhard Fischer von Erlach* 1699 nur einen keilförmigen Bauplatz zur Verfügung, weshalb er die Türme seitlich hinter der Fassade platzierte. In dem mit barockem Stuck und Fresken versehenen Innenraum sind, weil die Kirche von der ukrainisch-griechisch-katholischen Gemeinde genutzt wird, auch Ikonen zu sehen. Für den Ursulinenplatz vor der Kirche hat *Markus Lüpertz* 2005 die drei Meter hohe Bronzefigur „Hommage an Mozart“ geschaffen.

Bergsturz und Bergputz

Als sich in der Nacht des 16. Juli 1669 riesige Felsmassen vom Mönchsberg lösten und auf die Gstättengasse stürzten, hatte das verheerende Folgen: Eine Kirche und 13 Häuser wurden zerstört, 220 Menschen von den Trümmern erschlagen. Nach dieser Katastrophe wurde die Tätigkeit der Bergputzer intensiviert und 1778 als eigener Beruf anerkannt. Noch heute hängen sie mehrmals jährlich an über 140 m langen Seilen in den Felswänden des Mönchsbergs, des Festungs- und Kapuzinerbergs, kontrollieren das lockere Gestein und schneiden den Bewuchs zurück.

Klausentor: Der mächtige Bau gegenüber der Markuskirche ist neben dem Gstättentor das einzige erhaltene Stadttor. Seit dem 13. Jh. verschloss es die Engstelle zwischen Mönchsberg und Salzach, die damals noch bis hierher reichte. Heute rollt der Verkehr aus Mülln durch das Tor, vor allem für die Busfahrer Zentimeterarbeit.

Stadtteil Mülln: Ein gutes Stück nordwärts, jedoch entlang der Promenade am Salzachufer angenehm zu erreichen, liegt Mülln. Die 1450 erbaute **Müllner Pfarrkirche** thront mit ihrem hohen Turm markant am Abhang des Mönchsbergs. Ihr Innenraum wurde Mitte des 18. Jh. spätbarock ausgestattet. Für viele interessanter ist das 1614 nebenan gegründete Augustinerkloster, das zwar 1835 aufgelöst wurde, dessen Brauerei aber bis heute – nunmehr in Diensten des Benediktinerstifts Michaelbeuern – besteht. Das im einstigen Kloster untergebrachte Augustiner oder **Müllner Bräustübl** ist der größte Bräugasthof Österreichs und eine Salzburger Institution (→ „Essen & Trinken“).

In Mülln befindet sich auch das 1695 von Fürsterzbischof *Johann Ernst von Thun* gegründete erste städtische Krankenhaus, für dessen **Johannesspitalkirche** Johann Bernhard Fischer von Erlach verantwortlich zeichnet.

Festung Hohensalzburg

Das am Festungsberg 120 m über der Altstadt thronende Wahrzeichen Salzburgs ist die größte vollständig erhaltene Burg Mitteleuropas. Sie umfasst 33.000 m² und etwa 50 Gebäude. Mit dem Bau einer Wehranlage begann bereits Erzbischof *Gebhard* 1077 während des Investiturstreits. Amtsinhaber *Leonhard von Keutschach*,

Salzburg
Karten S. 68/69 und Umschlag hinten

Blick auf ...

dessen Wappen mit Rübe 53-mal auf der Burg zu sehen ist, ließ sie um 1500 repräsentativ ausstatten und mit mächtigen Basteien schützen. Nie konnte sie erobert werden, nur ein einziges Mal, 1525 während der Bauernkriege, wurde sie belagert (→ Kasten S. 94). Ihre letzten Wehrbauten erhielt sie im Dreißigjährigen Krieg unter *Paris Lodron*. Von 1861 bis 1938 als Kaserne und Gefängnis verwendet, ist sie seit Mitte des 20. Jh. öffentlich zugänglich. Im ursprünglichen Weiß erstrahlt die Festung übrigens erst wieder seit den 1990ern.

• *Wege zur Festung* Am schnellsten (1 Min.) ist die **Festungsbahn** vom Kapitelplatz. Der steile **Aufstieg zu Fuß** dauert rund 20 Min., entweder über die Festungsgasse, vorbei am bekannten Stiegl-Keller (→ „Essen & Trinken") oder über die Treppen, die links neben der Talstation beginnen. Am Oskar-Kokoschka-Weg, der vom Mönchsberg herführt, münden beide Fußwege ineinander. Eine Kehre weiter oben steht man beim Keutschachbogen vor der Kassa, hinter der es entlang hoher Basteimauern und durch drei Sperrbögen weiter bergauf in den Burghof geht.

• *Tickets, Öffnungszeiten* Das gesamte Festungsareal ist nur mit Ticket zugänglich. Es ist tägl. ab 9 Uhr geöffnet, Mai bis Sept., Ostern und Advent bis 19 Uhr, Okt. bis April bis 17 Uhr. Die Betriebszeiten der Festungsbahn sind auf diese Zeiten sowie auf Konzert- oder Adventveranstaltungen abgestimmt. Die Festungscard gilt für das gesamte Areal, alle Innenräume, Museen und die Audio-Guide-Führung. Erw. 7,40 €, Kinder 6–14 J. 4,20 €, inkl. Festungsbahn 10,50 € bzw. 6 €. ✆ 0662-84243011, www.salzburg-burgen.at.

Festungsbahn: Als die Standseilbahn 1892 als erste Österreichs in Betrieb ging, funktionierte sie als sog. Wasserballastbahn, was ihr den Namen „Tröpferlbahn" eintrug: Der Tank des talwärts fahrenden Wagens wurde mit so viel Wasser befüllt, dass sein Gewicht den anderen Wagen bergauf ziehen konnte. In der Talstation wurde er in den Almkanal entleert. 1960 wurde die Bahn elektrifiziert und 1992 zum 100. Geburtstag modernisiert. Nur wer mit ihr ins Tal fährt, passiert beim Ausgang die **Almpassage**, die den Almkanal in einer kleinen, modernen Schau thematisiert (→ Kasten S. 87).

Großer Burghof: Im malerischen, von Linden bestandenen Hof stößt man auf die spätgotische *Georgskirche* mit dem prächtigen roten Marmorrelief von Meister *Hans Valkenauer* (1515) an der Fassade, das überlebensgroß Fürstbischof *Leonhard von Keutschach* zeigt. Im Inneren gibt es noch 13 Marmorreliefs, Christus und die 12 Apostel darstellend. Die Mitte des Hofs schmückt eine Zisterne von 1539 mit schönem Rautengitter. Unweit endet der Reißzug, eine 1504 errichtete Materialseilbahn, die quer durch die Nonnbergbasteien auf die Festung führt. Links davon tritt man auf die Kuenburgbastei hinaus, die eine prächtige Stadtaussicht bietet.

Innenräume und Aussichtsturm: Pfeil 1 (rot) weist zum Rundgang mit Audio-Guide (in Gruppen, Dauer 30 Min., auch mit Kindertext). Er beginnt im früheren Salzmagazin, wo anhand von 7 Burgmodellen und 17 Porträts von Erzbischöfen die Geschichte der Festung und ihre Bauherren vorgestellt werden. Dann erklimmt man den Reckturm von 1500, der im Inneren ein Gefängnis mit Foltergeräten birgt und von seiner Plattform ein traumhaftes 360-Grad-Panorama gewährt. Entlang eines langen, gedeckten Wehrgangs erreicht man den Krautturm, in dem sich der Salzburger Stier, eine Freiorgel aus dem 16. Jh. befindet (→ Kasten S. 94).

Burgmuseen und Fürstenzimmer: Der Hohe Stock (Pfeil 2, blau) ist innerster und ältester Burgteil und wiederum von Türmen und Basteien bewehrt. In spätgotischen Räumen im 2. Stock ist das ansprechende **Festungsmuseum** untergebracht, das Burgmodelle, Möbel und Kunsthandwerk aus dem 16. Jh., Waffen- und Rüstungsteile, Militärmusikinstrumente, Folterwerkzeuge, eine alte Burgküche und Grabungsfunde präsentiert. Die drei spätgotischen Fürstenzimmer im 3. Stock mit blau und rot bemalten und vergoldeten Wandvertäfelungen sind die berühmtesten Säle der Festung: Der festliche Goldene Saal mit vier roten Marmorsäulen wird für Konzerte genutzt, die Goldene Stube ist wegen ihres 1501 aus emaillierten Ziegeln geschaffenen Kachelofens bekannt. Kunstvoll ist auch das Schlafzimmer nebenan.

... und von der Festung Hohensalzburg

In den übrigen Räumen des 3. Stocks erinnert das **Rainermuseum** mit Fotos, Plänen, Waffen und Uniformen an das 1871–1928 auf der Festung kasernierte Salzburger Hausregiment „Erzherzog Rainer“. In drei Kellerräumen des Hohen Stocks zeigt das **Marionettenmuseum** historische Puppen aus der Sammlung des Salzburger Marionettentheaters und aus anderen Ländern. Für Angsthasen gibt es hier eine Monsterecke und ein Skelett im Verlies. Man kann sich auch am Marionettenspiel versuchen – meist mit bescheidenem Erfolg.

Salzburger Stiere und Stierwascher

„Salzburger Stier“ heißt das 1504 in der Festung aufgestellte spätgotische Hornwerk mit 135 Zinnpfeifen. Erzbischof *Leonhard von Keutschach* weckte mit dieser Freiorgel seine Bürger morgens um 4 Uhr und rief sie abends um 19 Uhr zu Bette. Der dabei hörbare Akkord erinnerte an den brüllenden Schrei eines Stiers, was dem Instrument seinen Namen gab. 1640 wurde zum Abspielen von Melodien eine zusätzliche Walzenorgel eingebaut. In den 1990ern mit Hilfe zahlreicher Sponsoren generalüberholt, erklingt der Stier von Mai bis Ende Sept. täglich um 7, 11 und 18 Uhr als Antwort auf das Glockenspiel der Neuen Residenz. Nach der brüllenden Orgel benannt ist auch der renommierteste Kleinkunstpreis im deutschsprachigen Raum. Seit 1982 wird der „Salzburger Stier“ an je einen Kabarettisten aus Österreich, Deutschland und der Schweiz vergeben, der von den großen Rundfunkanstalten dieser Länder gewählt wird. Preisträger waren u. a. *Emil Steinberger*, *Josef Hader* und *Harald Schmidt*.

Wie die Salzburger zu ihrem Spitznamen „Stierwascher“ kamen, erzählt die Legende: 1525 belagerten aufständische Bauern zwei Monate lang die von Mauern umgürtete Stadt. Als die Vorräte ausgingen und nur mehr ein einziger Stier übrig war, griffen die Salzburger zu einer List. Man strich das Tier jeden Tag in einer anderen Farbe, mal braun, mal schwarz und trieb es über die Festungsmauer. Die Aufständischen sollten glauben, man hätte noch eine ganze Herde. Tatsächlich ließen sie sich täuschen und zogen ab – die Salzburger, die ihren Stier ein letztes Mal säuberten, waren „Stierwascher“ geworden.

Nonnberg und Mönchsberg

Stift Nonnberg: Das vom Hl. Rupert 713 auf einer Terrasse am Osthang des Festungsberges gegründete Benediktinerinnenkloster Nonnberg ist das Gegenstück zum Männerkloster St. Peter beim Mönchsberg und ältestes bestehendes Frauenstift im deutschen Sprachraum (die Namen Nonn- und Mönchsberg kommen also nicht von ungefähr). Besichtigt werden kann nur die Kirche, doch ist der idyllische Klosterbezirk schon allein wegen seiner Lage einen Besuch wert. Die schönste Annäherung bietet der *Hohe Weg*, der, von der Festungsgasse ausgehend, unterhalb der Festung quert. An seiner Brüstung sitzt der *Nonnberger Hund*, ein kaum mehr erkennbarer Steinlöwe, der einst den Klosterbereich markierte. Schreitet man durch einen Bogen in den Klosterhof, öffnet sich plötzlich der Blick gegen Süden und zu den Felsmassiven von Untersberg, Hohem Göll und Tennengebirge.

Vom kleinen Friedhof aus betritt man die **Klosterkirche**, ein geräumiger, hochgotischer Bau von 1464. Von der romanischen Vorgängerkirche sind lediglich Türsturz und Tympanon des Portals sowie die kostbaren Fresken von 1150 unter dem rückwärtigen Nonnenchor erhalten (50-Cent-Einwurf für Beleuchtung). Im Chor gegenüber sind der spätgotische Flügelaltar von 1515 und ein originales Glasfenster von 1480 erwähnenswert. Die schöne, gotische Krypta unterhalb ruht auf 18 Säulen und birgt das Grab der ersten Äbtissin *Erentrudis*, einer Nichte Ruperts. An der Klosterpforte erhält man den Schlüssel zur Johanneskapelle mit dem Flügelalter eines Schülers von Veit Stoß (1498). Bekannt ist Nonnberg auch für seine ehemalige Noviziatsanwärterin Maria von Kutschera, die spätere Baronin Trapp (→ Kasten).

Salzburg
Karten S. 68/69 und Umschlag hinten

The Sound of Music – die singenden Trapps eroberten die Welt

Zunächst die wahre Geschichte: Der Marineoffizier *Georg Baron von Trapp*, der seine Frau bei der Geburt des 7. Kindes verliert, übersiedelt nach Salzburg, verliebt sich und heiratet *Maria von Kutschera*, die Erzieherin seiner Kinder. Während der 1930er-Jahre verarmt, hält sich die Familie singend über Wasser, übersiedelt während des Hitler-Regimes aus freien Stücken in die USA und macht dort als Trapp Family Singers Karriere. Die Verfilmung dieses Stoffs für das deutsche Kino in den 1950ern war ein Flop. Doch das Broadway-Musical „The Sound of Music" setzte 1959 in New York zum Höhenflug an, freilich großzügig und kitschig aufgepeppt als eine Geschichte über Familiensinn, Patriotismus und Sehnsucht nach heiler Welt, in der die Trapps vor den Nazis in die USA fliehen müssen. Das Musical war 1500-mal ausverkauft, bekam sechs Tony Awards, und seine Lieder wurden zu beliebten Schlagern. 1965 folgte der vorprogrammierte Kinohit – Robert Wise produzierte und führte Regie, Hauptdarstellerin war Julie Andrews. Der Film mit der vor Salzburgs Kulisse Heimatlieder trällernden Großfamilie wurde einer der meistgesehenen aller Zeiten und mit fünf Oscars ausgezeichnet, der Song „Edelweiß" zu einer der meistverkauften Singles der Musikgeschichte und die 2005 erschienene DVD zum Bestseller. Und bei uns? Die deutsche Filmfassung „Meine Lieder, meine Träume" war ein Reinfall und ist bis heute kaum bekannt. Dem Publikum missfielen von Anfang an die künstlichen „Heimatlieder", die süßlich-sentimentale Rührseligkeit und die geographischen und historischen Regiefehler. Dennoch: Für die Stadt Salzburg ist der Film ein kaum zu unterschätzender Wirtschaftsfaktor. Pro Jahr kommen geschätzte 300.000 Besucher aus Amerika, England, Australien und Asien wegen „Sound of Music" nach Salzburg, wollen hier die angeblich authentischen *Schnitzels with noodles* essen, „Edelweiß", die vermeintliche Nationalhymne Österreichs hören und die Originalschauplätze besuchen: u. a. das Kloster Nonnberg, die Schlösser Mirabell und Leopoldskron (im Film die Trapp-Villa) und den Petersfriedhof, wo die dramatische Flucht gefilmt wurde. Drehorte waren auch die Stiftskirche Mondsee und der Wolfgangsee. Entsprechende Sound-Of-Music-Touren starten vom Salzburger Mirabellplatz, und in Salzburg denkt man laut über ein Sound-of-Music-Informationszentrum im Mirabellgarten nach.

Erhardkirche: Eine hohe Kuppel ist das Kennzeichen der 1685 erbauten Barockkirche südlich unterhalb von Nonnberg. Baumeister war der Italiener *Giovanni Gaspare Zuccalli* (eingedeutscht: Johann Caspar Zugalli). Eine Säulenvorhalle führt in das Innere des Zentralbaus, dessen Kuppel mit Stuck in Weiß und Terrakotta verziert ist. Das Hochaltarbild, auf dem der Hl. Erhard einen Blinden heilt, malte *Johann Michael Rottmayr*. Die Kirche ist geistiges Zentrum des Stadtteils Nonntal, in dem sich schöne alte Bürgerhäuser erhalten haben. Man erreicht sie über das steile Erhardgässchen, das von der Nonnberggasse links abbiegt.

Kajetanerkirche: Nördlich unterhalb von Nonnberg (erreichbar über die Nonnbergstiege) steht ebenfalls eine frühbarocke Kuppelkirche von 1700, die auch Zucalli als Baumeister hatte. Weil sie turmlos und von zwei Flügelbauten des früheren Klosters flankiert ist, könnte man sie für ein Palais halten. 1727 gestaltete *Paul Troger* mehrere Altarblätter und das gewaltige Kuppelfresko. *Johann Michel Rottmayr* steuerte das Bild am linken Seitenaltar bei. Beachtenswert ist die in die Chorbrüstung integrierte Egedacher-Orgel (1696). Das ehemalige Kajetaner- oder Theatinerkloster ist heute ein Krankenhaus der Barmherzigen Brüder.

Justizgebäude: Heftig kritisiert wurde der 1906 am Kajetanerplatz errichtete Gebäudekomplex im Stil der Wiener Ringstraße, der architektonisch nicht ins Salzburger Stadtbild passt. Eine Justitia am Dach verrät seine Funktion als Landes- und Bezirksgericht. In den letzten Jahren war er als Schauplatz des Prozesses um die Seilbahnkatastrophe von Kaprun häufig in den Medien zu sehen.

Blick über die Erhardkirche

Mönchsberg: Mit Steilabbrüchen schließt der 2 km lange, bis zu 540 m hohe Felsrücken die Salzburger Altstadt gegen Westen ab. Direkt an der Klippe steht das Museum der Moderne (s. u.). Das von Straßen und breiten Wegen durchzogene Plateau dahinter, auf dem sich in ländlicher Idylle Wald- und Wiesenflächen abwechseln, bietet an seinen Rändern atemberaubende Ausblicke auf Salzburg und das Umland. Unterwegs trifft man auf einstige Klostergebäude, schlossartige Villen sowie auf Reste mittelalterlicher Befestigungsmauern: *Schloss Mönchstein* (heute Luxushotel) und das *Johannesschlössl* waren Residenzen von Äbten und Erzbischöfen. Die *Bürgerwehr*, eine mehrtürmige, von den Bürgern 1488 finanzierte zinnenbewehrte Mauer, riegelt den ganzen Berg an seiner schmalsten Stelle ab. Die imposanteste Wehranlage ist die *Müllner Schanze*, eine stufenartige Bastei mit der Augustiner- und der Monikapforte oberhalb von Mülln, die Erzbischof Paris Lodron 1621 errichten ließ. Auf der *Richterhöhe* an der Südspitze haben sich zwei Pulvertürme von 1367 erhalten. Das *Marienschlössl*

(Nr. 17) nebenan bewohnte 1979–88 Schriftsteller *Peter Handke*. Wenige Meter entfernt gewährt in einem stillgelegten Speicher ein kleines Wassermuseum Einblick in die Trinkwasserversorgung der Stadt (1. Sa im Monat 12–16 Uhr, Eintritt frei). Die *Edmundsburg* (Nr. 2) oberhalb der Felsenreitschule, 1695 als Sommersitz der Äbte von St. Peter errichtet, beherbergt seit Ende 2008 das *Stefan Zweig Centre* mit einer Ausstellung über den österreichischen Schriftsteller Stefan Zweig (1881-1942), der von 1919 bis zu seiner Emigration 1934 gegenüber am Kapuzinerberg (→ dort) lebte (Mo, Mi, Do, Fr 14–16 Uhr, Eintritt frei).

• *Aufstiege* Von der Altstadt aus geht es über den Mönchsbergaufzug oder über die Holzmeisterstiege vom Toscaninihof (links vom Haus für Mozart) nach oben. Vom Festungsberg führt der Oskar-Kokoschka-Weg hierher. Eine Straße bringt von Mülln auf den Berg, eine steile Treppe vom südlichen Stadtteil Riedenburg (Obus 4) und der Hans-Sedlmayr-Weg vom südöstlichen Nonntal.

• *Spazierwege* → Altstadtplan S. 68/69

• *Aussichtspunkte* Beste Altstadtblicke von der Terrasse des Museums der Moderne und der Humboldtterrasse (einige Treppen bergab auf halbem Weg zwischen Museum und Mülln). Panoramablick in den Süden und zur Festung von der Richterhöhe.

Salzburg
Karten S. 68/69 und Umschlag hinten

Museum der Moderne Mönchsberg: Das 2004 eröffnete Kunstmuseum ist ein puristischer, mit weißem Untersberger Marmor verkleideter Block des Münchner Architektenteams *Friedrich-Hoff-Zwink*, der den unattraktiven 1970er-Jahre-Bau des Café Winkler ersetzte. Als Erweiterung zum Rupertinum (→ S. 86) bietet es auf vier Ebenen viel Raum für Wechselausstellungen zeitgenössischer Kunst und für die Präsentation von Werken der eigenen Sammlung (klassische Moderne, Kunst nach 1945, Zeitgenössisches und Fotokunst). Eine Skulpturenterrasse unterhalb des neugotischen Wasserturms ist mit Werken von *Henry Moore* und *Fritz Wotruba* bestückt. Die Terrassen auf der Vorderseite des Museums bieten eine atemberaubende Aussicht. Dort sollte man auch einen Blick in das Restaurant M 32 (→ „Essen & Trinken“) werfen, dessen Deckenlichtinstallation „Lusterweibchen“ von *Matteo Thun* aus 500 Geweihabwurfstangen gestaltet wurde. Südlich des Museums ragt ein steinerner, oben offener Zylinder auf, ein Kunstwerk („Sky Space“) von *James Turrell* (2006).

Tägl. (außer Mo) 10–18 Uhr, Mi bis 21 Uhr. Eintritt 8 €, Kinder 6–19 J. 6 €, inkl. Lift 9,10 € bzw. 6,50 €. ✆ 0662-842220102, www.museumdermoderne.at.

Am rechten Salzachufer

Elisabethkai: Nach „Spirit of Mozart“, einem aus 9 Stühlen bestehenden Stahlobjekt von *Marina Abramovic* (2004) am Staatsbrückenkopf folgen auf der baumbestandenen Uferpromenade ein orientalisch anmutender, rosaroter Kuppelbau, in dem seit 1909 das Café Bazar untergebracht ist (→ „Essen & Trinken“), sowie die Nobelherberge *Hotel Sacher Salzburg*, der frühere Österreichische Hof aus dem 19. Jh. (→ „Übernachten“). Die Stadtvilla links davon war Geburts- und Elternhaus von *Herbert von Karajan* (1908–89). Die überlebensgroße Statue im Garten erinnert an den Dirigenten.

Landestheater: Der 1892 von den bekannten Wiener Theaterarchitekten Fellner und Helmer entworfene und später umgestaltete Bau ersetzte das von Erzbischof Colloredo 1775 begründete Hoftheater. Sein Zuschauersaal ist üppig neobarock, geboten werden Schauspiel und Musiktheater (→ „Theater“). Im Seitenflügel zur Schwarzstraße ist das 1913 gegründete **Marionettentheater** zu Hause, das als eines der letzten weltweit noch professionell betrieben wird. Aufgeführt werden ganze

Rechte Altstadt zu Füßen des Kapuzinerbergs

Opern oder Ausschnitte – grundsätzlich täglich, außer die Puppenspieler sind gerade auf einer ihrer Welttourneen.

Mozarteum: Den Jugendstilbau links neben dem Marionettentheater (Schwarzstr. 26) schuf der Münchner Architekt *Richard Berndl* 1910–14 für die Internationale Stiftung Mozarteum, deren Aufgabe die Mozartforschung und Pflege seiner Tonkunst ist. In dem Gebäude befinden sich Verwaltungsräume, zwei prächtige Konzertsäle und eine Bibliothek mit originalen Notenblättern und Briefen des Komponisten. Die Stiftung verwahrt auch den Schädel Mozarts, der aber gemäß DNA-Analyse nicht zu den Haaren passt, die in seinem Geburtshaus gezeigt werden. Im nur bei Sommerkonzerten zugänglichen Garten des Mozarteums befindet sich das **Zauberflötenhäuschen**. In dieser simplen Holzhütte soll Mozart Teile seiner „Zauberflöte" komponiert haben. Damals stand sie allerdings in einem Garten in Wien, erst 1873 gelangte sie nach Salzburg, zunächst auf den Kapuzinerberg (→ dort) und 1950 hierher.

Evangelische Christuskirche: Einige Schritte weiter in der Schwarzstraße trifft man auf die größte protestantische Kirche der Stadt. Es ist ein historistischer Backsteinbau von 1867 direkt am Salzachufer.

Um den Makartplatz

Zurück beim Landestheater, wendet man sich links zum **Makartplatz**, der früher Hannibalplatz hieß und heute nach dem Salzburger Maler Hans Makart benannt ist. Seit 2008 ziert eine große, kraterförmige Bronzeskulptur („Caldera") von *Anthony Cragg* seine grüne Mitte. Im Haus Nr. 1 wurde der Physiker *Christian Doppler* (1803–53) geboren. Nach ihm ist der Dopplereffekt benannt, dessen geläufigste Erscheinung die Tonhöhenänderung eines Folgetonhorns beim Vorbeifahren ist.

Verbindungen Am Makartplatz halten alle wichtigen Obusse.

Dreifaltigkeitskirche: Der von einer Kuppel bekrönte wichtigste Kirchenbau der rechten Altstadt erhebt sich am oberen Ende des Makartplatzes. Er war 1702 das erste Werk *Johann Bernhard Fischers von Erlach* in Salzburg. An die konkav geschwungene Kirchenfassade schließen links und rechts frühere Klosterbauten an. Seit einer 1818 vorgenommenen Erhöhung der beiden Türme ist die Wirkung der Kuppel beeinträchtigt. Prachtvoll ist ihr Inneres, das *Johann Michael Rottmayr* 1700 mit dem Fresko „Krönung Mariens" schmückte.

Mozart-Wohnhaus: Das Haus Makartplatz Nr. 8 hat eine bewegte Geschichte. Im 17. Jh. erbaut, bezog die Familie *Mozart* (Wolferl war gerade 17) ab 1713 eine 8-Zimmer-Wohnung im 1. Stock des damals Tanzmeisterhaus genannten Gebäudes. 1944 fiel es einem Bombenangriff zum Opfer, zwei Drittel des Hauses wurden durch einen gesichtlosen Nachkriegsbau ersetzt, den man erst 1989 wieder entfernte. Bis 1996 wurde dann Mozarts Wohnhaus mit Hilfe japanischer Sponsoren originalgetreu rekonstruiert. Das Museum in der ehemaligen Wohnung und im noch original erhaltenen, großzügigen Tanzmeistersaal dokumentiert die Historie des Hauses, die Reisen der Mozarts und das Leben hier im Tanzmeisterhaus, inklusive Hausmusik und vergnüglichem Luftgewehrschießen im Garten. Bis zu seinem Auszug 1780 schuf Wolfgang Amadé hier zahlreiche Symphonien, Konzerte, Serenaden und Teile der Oper „Idomeneo". Zu sehen gibt es auch das bekannte Familienporträt, Briefe, Noten, ein Hammerklavier und eine Multivisionsshow „Mozart und Salzburg". Die im Haus untergebrachte Ton- und Filmsammlung besitzt Aufzeichnungen von Mozart-Werken zurück bis 1889.

Tägl. 9–17, Juli/Aug. bis 19.30 Uhr. Eintritt 6,50 €, Kinder 6–14 J. 1,50 €. Kombikarte mit Geburtshaus 10 €, Kinder 2,50 €. ✆ 0662-844313.

Schloss Mirabell

Mirabellgarten: Schönster Teil dieses berühmten Barockensembles, dessen Schöpfer *Johann Bernhard Fischer von Erlach* (1690) und *Franz Anton Danreiter* (1730) waren, ist der Garten. Vom Haupteingang am Makartplatz schreitet man durch eine Statuenreihe römischer Gottheiten zum zentralen Springbrunnen, der von geometrischen Blumenbeeten und vier allegorischen Figurengruppen (Feuer, Erde, Wasser, Luft) umgeben ist. Rechts begrenzen der kühl-moderne Bau der Kunstuniversität Mozarteum (2006), die Galerie Ropac und das Barockmuseum (s. u.) den Garten. Linker Hand versteckt sich zwischen Bäumen ein Heckentheater, eine Freilichtbühne von 1704 mit Orchestergraben und Hecken als Kulissen, die im Sommer noch genutzt wird. Direkt vor dem Schloss grenzt eine mit großen Vasen bestandene Balustrade den reizvollen Rosengarten ab. Die Mitte des Wasserbeckens auf der anderen Schloss-Seite schmückt ein kupferner Pegasus von 1661. Von hier bringt ein Abstecher (im Winter gesperrt) links zum einzigartigen, auf einer Bastei gelegenen **Zwergelgarten**. Dort stehen 15 rund 1,30 m große Marmorzwerge, teils groteske, buckelige Typen mit Hut und Arbeitsgeräten – offenbar eine Frühform heutiger Gartenzwerge. 28 Figuren waren es noch 1715. 1812 galten sie als unmodern, wurden versteigert und 100 Jahre später wieder zurückgekauft. (Manche blieben allerdings verschollen oder waren unverkäuflich.) Zurück beim Pegasus führt eine von Einhörnern bewachte Freitreppe auf den **Rosenhügel**, einem Rest der Basteimauern und bestückt mit der anmutigen „Tänzerin" von *Giacomo Manzù*. Von hier hat man eines der Postkartenmotive Salzburgs vor Augen. Das Vogelhaus mit Gitterkuppel (um 1700) neben der Treppe ist auch einen Blick wert. In die

Salzburg
Karten S. 68/69 und Umschlag hinten

andere Richtung erstreckt sich der Kurgarten bis zu den modernen Bauten von Paracelsus Bad (→ „Sport und Freizeit") und Kongresshaus.

Barockmuseum: In der früheren Orangerie des Mirabellgartens werden barocke Entwürfe gezeigt, also Skizzen, Modelle und Ölgemälde, die späteren Fresken, großformatigen Tafelbildern, Skulpturen oder Plastiken zu Grunde liegen. Vertreten sind alle namhaften Meister des 17./18. Jh. von *Peter Paul Rubens* über *Paul Troger* bis *Franz Anton Maulbertsch*.

Mi–So 10–17 Uhr, Ostern, Weihnachten, Juli/Aug. auch Di geöffnet. Eintritt 4,50 €, Kinder 6–14 J. frei. ✆ 0662-877432, www.barockmuseum.at.

Schoss Mirabell: 1606 ließ Erzbischof *Wolf Dietrich* in der damaligen Vorstadt für seine Geliebte *Salome Alt* und die gemeinsamen Kinder (→ Kasten S. 62) das Schlösschen Altenau errichten. Nach Wolf Dietrichs Sturz wurde es in Mirabell umbenannt und von seinen Nachfolgern als Sommerresidenz genutzt. 1721–27 erweiterte es *Johann Lukas von Hildebrandt* zu einem vierflügeligen Barockschloss mit Turm (Modell im Vorraum zur Marmorstiege), das 1818 bei einem Stadtbrand schwer beschädigt und von Architekt *Peter Nobile* bescheiden klassizistisch und turmlos wieder aufgebaut wurde. Seit 1947 ist es Amtssitz des Bürgermeisters und der Stadtverwaltung. Frei zugänglich (tägl. 8–18 Uhr) ist die berühmte **Marmorstiege** von Lukas von Hildebrandt im gartenseitigen Trakt. Geschickt nutzte der Baumeister den für eine Prunktreppe engen Raum mit Nischen, Pfeilern und verschlungenen Balustraden, auf die *Georg Raphael Donner* 1720 entzückende Engelsfiguren platzierte. Die Treppe führt in den ersten Stock zum prachtvollen Marmorsaal, der heute Konzert- und vor allem ein begehrter Trauungssaal ist (Mo, Mi, Do 8–16 Uhr, Di/Fr 13–16 Uhr).

Garten von Schloss Mirabell

Mirabellplatz: Der weite, nüchterne Platz ist Haltestelle der meisten Stadtbusse und der Busse Richtung Salzkammergut. Er wird von der nach dem 2. Weltkrieg 1948–52 in vereinfachten Formen wiederaufgebauten Andräkirche dominiert. Donnerstags ist hier Markttag.

Um den Kapuzinerberg

Linzer Gasse: Schon zur Römerzeit rollten hier die Wagen durch – die vom Platzl an der Staatsbrücke ausgehende Fußgängerzone ist eine der ältesten Straßen der Stadt. Eine Gedenktafel erinnert an den 1540/41 hier wohnhaften Arzt und Naturforscher *Paracelsus* (Platzl 3). Viele der imposanten Bürgerhäuser, die denen der

Getreidegasse Konkurrenz machen, reichen bis ins 14./15. Jh. zurück. Jene an der Südseite schließen meist direkt an den Fels des Kapuzinerbergs an.

Sebastianskirche: Während die um 1750 erneuerte und mit schönem Zwiebelhelm geschmückte Barockkirche in der Linzergasse 41 eine unter vielen ist, darf man den dahinter gelegenen **Sebastiansfriedhof** nicht versäumen: Erzbischof *Wolf Dietrich* ließ ihn um 1600 anlegen im Stile eines Campo Santo, von Arkaden gesäumt, wie man es sonst nur aus Italien kennt. Bestattet sind hier u.a. der 1541 in Salzburg verstorbenen Arzt Paracelsus (obeliskartiges Grabmal beim Aufgang zur Kirche), so wie Mitglieder der Familie Mozarts: Großmutter Rosina Pertl, Vater Leopold, Mozarts Witwe Constanze, wiederverheiratete Nissen, und deren Tante Genoveva Weber, die Mutter des Komponisten Carl Maria von Webers. Mozarts Schwester Nannerl ruht am Petersfriedhof, W. A. Mozart selbst in einem anonymen Grab in Wien. Die rundtempelartige Gabrielskapelle im Zentrum des Friedhofs ist das **Wolf-Dietrich-Mausoleum**, das sich der Erzbischof 1597 von *Elia Castello* im Stil der Spätrenaissance erbauen und innen mit farbenfrohen Mosaikfliesen auskleiden ließ.
April bis Okt. tägl. 9–18.30, Nov. bis März 9–16 Uhr. Eintritt frei.

Loretokirche: Links von der Sebastianskirche kann man durch den mit einigen Lokalen nett revitalisierten Bruderhof einen Abstecher zu der 1633–48 erbauten Wallfahrtskirche machen, in der das Salzburger Loretokindl, ein knapp 11 cm großes, in Prunkkleidchen gewandetes Jesuskind aus Elfenbein verehrt wird.

Kapuzinerberg: Vom Franziskustor in der Linzergasse 14 führt der Stefan-Zweig-Weg auf den Kapuzinerberg. Nach 250 m steilem Anstieg, durch die Felixpforte (1632) und vorbei an sechs Kreuzwegkapellen und einer Kreuzigungsgruppe (18. Jh.), erreicht man das **Kapuzinerkloster** am westlichen Abhang des Berges. Seine Mönche haben einen der besten Ausblicke auf Salzburg, unsereins muss sich dafür auf die **Hettwer-Bastei** unterhalb des Klosters (100 m rechts herum) begeben. Der schlichte Klosterbau ersetzte um 1600 eine zinnenbewehrte Festung, seine Kirche (mit den alten geschnitzten Domtürflügeln von 1470) ist gemäß den Ordensregeln einfach ausgestattet, eine nachgebildete Lourdesgrotte (1880) links zieht zahlreiche Pilger an. Vor der Klostermauer erinnert eine Stefan-Zweig-Büste an den Schriftsteller, der von 1919–34 das nahe, gelb-weiße **Paschinger Schlössl** bewohnte. Bergwärts weiter trifft man nach einem Holztor am ehemaligen Standort des Zauberflötenhäuschens (→ „Mozarteum") auf eine Mozartbüste. Von hier führen mehrere breite Wege durch den Wald in 30–45 Min. bergauf zum **Franziskischlössl** am höchsten Punkt des Kapuzinerberges (636 m). Auch der steile, mit 500 Stufen versehene aussichtsreiche Basteiweg ab der Hettwer-Bastei ist mit gutem Schuhwerk wieder begehbar. Mit Glück sieht man unterwegs Gämsen oder Rehe, die die unberührte Natur schätzen. Das Schlössl ist ein von *Santino Solari* 1629 geplanter Wehrbau (heute Restaurant) und zugleich Endpunkt der 1,6 km langen Befestigungsmauern, die von der Linzergasse aus die Süd- und Ostseite des Kapuzinerbergs umspannen. Von hier oben hat man einen Ausblick Richtung Norden, aber keine Stadtaussicht.

Imbergstiege: Diese steile Verbindungstreppe vom Kapuzinerkloster hinab zur Steingasse passiert enge Häuserschluchten und auf halbem Weg das reizende Kirchlein **St. Johann am Imberg**, das 1681 erbaut und im 18. Jh. ausgestattet wurde. Imberg war übrigens der frühere Name des Kapuzinerbergs.

Steingasse: Durch die stimmungsvolle, mittelalterlich gewundene Gasse am Fuß des Kapuzinerbergs verlief einst der Verkehr entlang der Salzach. Da der Fluss vor

Salzburg
Karten S. 68/69 und Umschlag hinten

der Regulierung 1862 bis an die Rückseite der Häuser reichte, siedelten hier Handwerker mit großem Wasserbedarf, also Färber, Hafner und Gerber. Heute gibt es hier viele Abendlokale. In der Steingasse 9, neben der Imbergstiege, wurde 1792 *Joseph Mohr* geboren, der Textdichter des Weihnachtsliedes „Stille Nacht, heilige Nacht". Ein Stück weiter östlich passiert man das mächtige Innere Steintor, gleich dahinter hat man einen schönen Blick auf die Festung. Am Ende der Gasse kann man über die Imbergstraße an den von Villen gesäumten Giselakai, eine Promenade am Salzachufer, wechseln.

Außerhalb der Altstadt

Schloss Leopoldskron: Das 1736-41 unter Erzbischof *Leopold A. Firmian* erbaute Rokokoschloss liegt rund 1,5 km südlich der Altstadt am Ufer des vom Almkanal (→ Kasten S. 87) gespeisten idyllischen Leopoldskroner Weihers, auf dem sich im Winter die Eisläufer tummeln (Foto S. 58/59). 1918 bis zur Enteignung 1938 war das Schloss im Besitz von *Max Reinhardt* und gesellschaftlicher Mittelpunkt der Salzburger Festspiele. In der Nazi-Zeit diente es als Gästehaus. Nach der Rückgabe an die einstigen Eigentümer verkauften es Reinhardts Erben 1956 an eine US-Bildungsinstitution, die es für Events und als exklusive Privatpension mit 11 Suiten nutzt (www.schloss-leopoldskron.com). Schöne Fotomotive verspricht ein Spaziergang entlang des Teichufers.

Verbindung/Wanderweg Bus Nr. 22 hält in 500 m Entfernung (Wartbergweg). Schöner Fußweg (20 Min.) ab Nonntal (Rückseite des Mönchbergs).

Hellbrunner Allee: Spaziergänger, Radfahrer und Reiter schätzen die 2 km lange, schnurgerade, von 700 hohen, alten Bäumen gesäumte und für den Autoverkehr gesperrte Allee von Nonntal südwärts bis Schloss Hellbrunn. An ihrem Beginn steht inmitten eines Weihers das villenartige **Schloss Freisaal**, das im 14. Jh. als erzbischöfliches Lustschloss erbaut und später umgestaltet wurde (Privatbesitz). Etwas abseits befindet sich die **Universität Freisaal**, ein 1986 von *Wilhelm Holzbauer* für die Naturwissenschaftliche Fakultät entworfener Bau, der als Meisterwerk zeitgenössischer österreichischer Architektur gilt. Zurück in der Hellbrunner Allee, führt bald rechts ein kurzer Abstecher zum **Gwandhaus**. Dieses barocke, einstige Schloss Rupertihof (17. Jh.) ist seit 2005 Sitz der traditionellen Salzburger Trachtenfirma Gössl, die hier Kultur (Trachtenmuseum, Café-Restaurant, Greißlerei) und Trachtengwandverkauf (tägl. 10–20 Uhr) vereint. Links folgt das reizvolle **Schloss Frohnburg**, 1660 für Erzbischof *Max Gandolf* als Sommersitz erbaut und seit 1957 von der Kunstuniversität Mozarteum als Konzertsaal und Studentenheim genutzt. Rund 500 m weiter residiert rechts in dem frühbarocken Schlösschen **Emsburg** ein Frauenorden. Der **Kreuzhof** gegenüber ist ein schöner Landsitz aus dem 17. Jh. Das Barockschlösschen **Emslieb** (17. Jh.) links kurz vor dem Ende der Allee gehört dem Salzburger Topgaleristen *Thaddäus Ropac*, der hier zu exklusiven Empfängen lädt.

Verbindung In der Morzger Straße (verläuft parallel zur Allee) verkehrt Bus 25.

Schloss Hellbrunn

Das Lustschloss mit Park und Wasserspielen am Ende der Hellbrunner Allee ließ Erzbischof Markus Sittikus 1613–15 von *Santino Solari* am Fuß des wasserreichen Hellbrunner Berges errichten. Vorbild waren die römischen Landsitze Tivoli und

Frascati. Grotten und Wasserautomaten entsprachen ganz dem Stil des Manierismus, der das Absonderliche und Irreale betonte. Hellbrunn diente nie Wohnzwecken, sondern war stets ein Ort für Feste und Belustigungen. Seit 1922 ist es im Besitz der Stadt.

Das **Schloss** ist ein bescheidener, dottergelber, zweigeschossiger Bau. Man betritt es vom stimmungsvollen Ehrenhof aus über eine zweiarmige Treppe, unter der eine erste Brunnengrotte zu sehen ist. Ein Audioguide geleitet durch die Innenräume, deren einstige Pracht sich im Festsaal und im Musikzimmer noch erahnen lässt. Dort sind die Wände mit illusionistischen Fresken von *Arsenio Mascagni* versehen, zeigen eine offene Säulenhalle mit Blick auf Venedig und Florenz bzw. eine Hofgesellschaft mit Markus Sittikus und seiner Vertrauten. In den Carabinieri-Saal sind 2007 drei Wandfriese aus dem 16. Jh. mit mythischen Kampfszenen, die seit den 1950ern als vermisst galten, zurückgekehrt.

Die berühmten **Wasserspiele** mit ihren Grotten und Brunnen liegen uneinsehbar im Garten hinter bzw. unter dem Schloss und sind nur mit Führung (40 Min.) zu erleben. So wie einst *Markus Sittikus* damit seine Gäste unterhielt und mit Fontänen überraschte, so tun es heute die Führer. Immer wieder spritzt plötzlich aus dem Boden oder etwa einem Hirschgeweih ein Wasserstrahl hervor. Am bekanntesten sind das Römische Theater mit marmornem Fürstentisch und wasserspeienden Stühlen, harmloser die mit Mosaiken reich verzierte Neptungrotte, die zwitschernde Vogelsanggrotte, die Spiegelgrotte mit optischen Effekten und die Mydasgrotte mit der schwebenden Krone. Puppenstubengroße Wasserautomaten zeigen fleißige Handwerker und kämpfende Götter. Komplizierte Wassertechnik steckt in dem mechanischen Theater von 1750 mit Orgelwerk und über 200 teils beweglichen Figuren, die das Leben in einer barocken Kleinstadt demonstrieren.

Karten S. 68/69 und Umschlag hinten

Schloss Hellbrunn

Der rund 60 ha große, von einer Mauer umfriedete **Schlosspark** ist ganzjährig frei zugänglich. In Schlossnähe ein streng symmetrischer Barockgarten mit Wasserparterre, Obelisken, Statuen und Buchsbaumornamenten, ist er weiter südlich ein naturbelassener englischer Park. Er erstreckt sich bis auf den bewaldeten Rücken des Hellbrunner Bergs (515 m), an dessen ostseitigen Abhang das **Monatsschlössl**, ein früheres Jagdschlösschen (17. Jh.) thront. Sein Name leitet sich angeblich von der nur ein Monat dauernden Bauzeit ab. Seit 1924 beherbergt es das **Salzburger Volkskundemuseum**, das neben reich bemalten Bauernmöbeln und regionalen Trachten auch bekannte Brauchtumsfiguren, wie Perchten und Glöckler, präsentiert. Einige Meter oberhalb befindet sich die **Stadtaussicht**, deren schöner Ausblick auf Schloss und Festung für den steilen Anstieg entschädigt. Am hinteren Abhang des Hellbrunner Berges trifft man auf das **Steintheater**, einen alten Steinbruch, den *Markus Sittikus* zu einer Freilichtbühne erweitern ließ, auf der 1616 erste Opernaufführungen stattfanden.

Das noch auf Parkplänen eingezeichnete Kaiserin-Elisabeth-Denkmal (1901) steht seit 2002 wieder an seinem ursprünglichen Standort unweit des Salzburger Hauptbahnhofs.

• *Öffnungszeiten* **Schloss/Wasserspiele**: April bis Ende Okt. tägl. 9–16.30, Mai bis Sept. tägl. 9–17.30 Uhr. **Volkskundemuseum**: April bis Ende Okt. tägl. 10–17.30 Uhr. Eintritt (Schloss, Wasserspiele, Museum) 8,50 €, Kinder 4–18 J. 3,80 €, nur Museum 2,50 €, Kinder 6–15 J. 1 €. **Abendführung Wasserspiele**: Juli/Aug. 18–22 Uhr, Eintritt 8 €, Kinder 4–18 J. 3,80 €. **Park**: April bis Sept. 6–21 Uhr, sonst 6.30–17/18 Uhr. Frei zugänglich. www.hellbrunn.at.

• *Verbindung* Bus 25 ab Hbf. Richtung Grödig – Untersbergbahn bis Fürstenweg/Schloss Hellbrunn.

Zoo Salzburg (Tiergarten Hellbrunn): Der Salzburger Zoo, der sich an die schroffe Westseite des Hellbrunner Bergs schmiegt, entwickelte sich aus dem bereits unter *Markus Sittikus* als Teil des Lustschlosses angelegten Tiergarten. Er kann direkt vom Schlosspark aus betreten werden, sein Haupteingang ist in der Hellbrunner Straße. In naturnahen Gehegen und nach geographischen Zonen getrennt, gibt es über 500 Tiere zu beobachten, darunter Breitmaulnashörner, Antilopen, Löwen, Geparden, Affen, Nasenbären, Jaguare sowie Schneeleoparden, Braunbären und Wölfe.

Tägl. ab 9 Uhr. Nachtzoo: im Aug. Fr/Sa Einlass bis 21.30 Uhr. Eintritt 9 €, Kinder 4–14 J. 4 €, Kombiticket mit Schloss/Wasserspiele Hellbrunn 16 €, Kinder 7,20 €. ✆ 0662-8201760, www.salzburg-zoo.at. Anfahrt mit Bus 25.

Parscher Pfarrkirche: Dieser moderne, richtungsweisende Sakralbau Österreichs (1956) liegt im Stadtteil Parsch. Die Architekten *Wilhelm Holzbauer, Friedrich* Kurrent und *Johannes Spalt* adaptierten dafür einen früheren Stall, Teile der Innenausstattung lieferten *Fritz Wotruba, Josef Mikl* und *Oskar Kokoschka.*

Verbindung Obus 6 Richtung Parsch bis Fadinger Straße.

Stiegl-Brauwelt: Salzburgs bekannteste Brauerei geht zurück auf eine 1492 in der Gstättengasse gegründete Gasthausbrauerei, die zunächst „Haus bey der Stiegen", später „Braustatt am Stiegl" hieß – die Stiege jedenfalls ist als Logo erhalten. Seit 1863 braut Stiegl im Stadtteil Maxglan und ist heute Österreichs größte Privatbrauerei.

Die riesige, 3500 m² große Biererlebniswelt in der ehemaligen Mälzerei führt in der „Erlebnisbrauerei" den Brauvorgang und die dafür benötigten Rohstoffe vor, präsentiert in der „Welt des Biers" Interessantes und Kurioses zum Gerstensaft, gewährt im „Stiegl-Museum“ Einblick in die 500-jährige Firmengeschichte und bietet zum krönenden Abschluss im neuen Gasthaus „Brauschalander“ mehrere Kostproben an.

Tägl. 10–17, Juli/Aug. tägl. 10–19 Uhr, letzter Einlass 1 Std. vorher. Eintritt (inkl. Kostproben und Geschenk) 9 €, Kinder 6–16 J. 4 €. Obus 1 Richtung Europark bis Bräuhausstraße, diese dann 5 Min. zu Fuß entlang. ✆ 0662-83871492, www.brauwelt.at.

Hangar 7: Der architektonisch eindrucksvolle Stahl-Glas-Bau von *Volkmar Burgstaller* wurde 2003 am Salzburger Flughafen eröffnet. Er dient dem Energy-Drink-Konzern *Red Bull* als Heimstätte seiner Sammlung von 20 historischen Flugzeugen („Flying Bulls“), allesamt Raritäten, die bei Air-Shows eingesetzt werden. Daneben finden publikumswirksame Wechselausstellungen und Events statt. Es gibt ein Gourmetrestaurant (→ „Essen & Trinken“), ein Café (9–19 Uhr) und zwei Bars (ab 17.30 Uhr).

Tägl. 9–22 Uhr, Eintritt frei. Bus 2 Richtung Walserfeld bis Karolingerstraße. www.hangar-7.com.

„Flying Bull“ im Hangar 7

Schloss Kleßheim: Das Barockschloss am nordwestlichen Stadtrand wurde 1700–09 von *Johann Bernhard Fischer von Erlach* für Erzbischof *Graf Thun* als Sommersitz entworfen. Im 19. Jh. nutzten es die Habsburger, zu ihrer Zeit stellte Heinrich Ferstel 1880 das gründerzeitliche Kavalierhaus in den Schlosspark. *Adolf Hitler* nutzte das Areal für seine Gäste. 1945 hatten die amerikanischen Besatzungstruppen hier ihr Headquarter, und 1993 ist in die prächtigen Räume ein *Spielcasino* eingezogen (tägl. ab 12 Uhr).

Verbindung Gratis-Casino-Shuttle ab Mirabellplatz (stündl. ab 11.40 Uhr).

Wallfahrtskirche Maria Plain: Weithin sichtbar ist die doppeltürmige, barocke Kirche auf dem Plainberg (530 m) am nördlichen Stadtrand. Erzbischof *Max Gandolf von Khuenburg* ließ sie 1671–74 von *Giovanni Antonio Dario* bauen und ihr Inneres prächtig, u. a. mit Altären von *Thomas Schwanthaler* ausstatten. Das von einem Strahlenkranz umsäumte Gnadenbild von 1633 stammt aus dem nahen Niederbayern, wo es den Dreißigjährigen Krieg unversehrt überstanden und danach zahlreiche Wunder bewirkt hatte. 1751 wurde es gekrönt. Zur Erinnerung daran soll *W. A. Mozart* 1779 seine „Krönungsmesse“ (KV 317) geschrieben haben, historisch bewiesen ist das aber nicht. Jedenfalls ist Mozarts berühmteste Kirchenmusik jährlich am 15. August hier zu hören. Den Südhang unterhalb der Kirche schlängelt sich eine schön renovierte, malerische *Kalvarienberganlage* (um 1690) hinauf mit vier Kapellen, einer Kreuzigungsgruppe und einer Nachbildung des Heiligen Grabes.

Verbindung Obus 6 Richtung Itzling bis Haltestelle Plainbrücke, nach der Brücke rechts, dann noch 25 Min. zu Fuß bergauf.

Gaisberg (1288 m): Der am hohen Sendemast leicht erkennbare Salzburger Hausberg bietet von seinem Gipfelplateau eine phantastische Rundsicht. Von 1887 bis 1928 brachte eine Zahnradbahn von Parsch aus die ersten Touristen auf den Berg, 1929 wurde die 9 km lange Bergstraße angelegt. Heute ist der Gaisberg ein beliebtes Familienausflugs- und Mountainbikeziel und als Startplatz ideal für Paragleiter, im Winter werden bis zu 20 km Loipen gespurt. Bei Gewitter ist es am Gipfel etwas ungemütlich: Etwa 50-mal pro Jahr schlagen Blitze in den 100 m hohen Sendemast ein. Die EU errichtete daher 1998 hier Europas einzige Blitzmessstation.

Verbindung Bus 2 bis Obergnigl, ab dort „Gaisbergbus" 151, tägl. 4- bis 6-mal. www.svv-info.at.

Ein Abstecher in Richtung Hallein – der Besuch in den „Salzwelten Salzburg"

Es war das Salz des Dürrnbergs bei Hallein, 15 km südlich von Salzburg, das der Stadt Salzburg ihren Namen gab. Schon zur Stein- und Eisenzeit wurde das weiße Gold hier abgebaut. Wohlstand brachte es in der jüngeren Eisenzeit den hier beheimateten Kelten, wie deren ausgegrabene Siedlungsreste bezeugen. Richtig reich durch das Salz wurden aber erst die Salzburger Erzbischöfe. 1989 wurde das Bergwerk mit fast 3000-jähriger Tradition still gelegt und zu der unterhaltsamen, wenn auch nicht ganz billigen Touristenattraktion namens **„Salzwelten"** umgestaltet (für Kinder erst ab 4 Jahren zugänglich). Der Besuch beginnt mit dem Anlegen einer weißen Bergmannstracht, dann geht es mit dem Grubenhunt in das Berginnere, wo Erzbischof *Wolf Dietrich von Raitenau* persönlich und sein tollpatschiger Diener multimedial und amüsant durch die Stollen führen. Sie erklären, wie das Salz die Prunkbauten der Stadt finanzierte und verraten manch pikantes Detail. Höhepunkte sind die beiden glatt polierten Bergmannsrutschen und die von Lichtspielen begleitete Floßfahrt über den unterirdischen Salzsee.

Mit dem Salzwelten-Ticket kann auch das rekonstruierte **Keltendorf** am Dürrnberg und das **Keltenmuseum** im 2 km entfernten Zentrum der schönen Stadt Hallein besucht werden. Wer Zeit hat, sollte sich vor allem Letzteres nicht entgehen lassen, handelt es sich doch um eine der bedeutendsten Sammlungen Europas, die noch dazu in einem sehenswerten früheren Verwaltungsbau der Saline von 1654 untergebracht ist. Die Exponate stammen von den Ausgrabungen am Dürrnberg, bei denen sogar Fürstengräber frei gelegt wurden. Das berühmteste Fundstück, die 50 cm hohe bronzene Schnabelkanne aus dem 4. Jh., ist allerdings nur in Kopie zu sehen (Original im Salzburg Museum). Das Keltenmuseum beleuchtet auch das Salzwesen zur Zeit der Fürsterzbischöfe.

• *Öffnungszeiten* **Salzwelten**: Palmsonntag bis 1. Nov. tägl. 9–17 Uhr, 2. Nov. bis 6. Jan./März tägl. 10–15 Uhr. Führungen mind. stündlich. Erw. 17 €, Kinder 4–6 J. 8 €, Kinder 7–15 J. 10 €. Fam. (2 Erw., 1 Kind) 35 €. ✆ 06245-8528511, www.salzwelten.at. **Keltenmuseum**: tägl. 9–17 Uhr. ✆ 06245-80783, www.keltenmuseum.at.

• *Verbindung* Mit der Bahn ab Hbf. Salzburg bis Hallein (24 Min.), dort mit dem Bus 12 Min. weiter (günstiges Salz-Erlebnis-Ticket der ÖBB). Salzburg Sightseeingstours bietet organisierte Touren (ca. 45 €).

Festung Hohensalzburg, im Hintergrund der Gaisberg

Postkartenmotiv am Wolfgangsee – auf dem Weg zur Niedergadenalm

Von Salzburg nach Bad Ischl

Berühmte Stationen säumen den Weg von der Stadt Salzburg in die alte Kaiserstadt Bad Ischl im Herzen des Salzkammerguts: der smaragdgrüne Fuschlsee, das Mozartdorf St. Gilgen, der türkisblaue Wolfgangsee mit dem „Weißen Rößl“ und der Rundblick vom Schafberg.

Den Weg gibt die breit ausgebaute Wolfgangseestraße B 158 vor. Ihr folgt auch der Postbus, der nahezu im Stundentakt verkehrt. „Von Salzburg nach Bad Ischl“ fuhr bis 1957 auch die Salzkammergutlokalbahn, und so hieß auch ein ihr gewidmeter Schlager (→ Kasten S. 109).

Unterwegs auf der B 158 passiert man knapp nach der Salzburger Stadtgrenze die Abzweigung zur Straße auf den **Gaisberg** (→ S. 106) und 8 km weiter **Hof bei Salzburg**, das sich zu Recht „Tor des Salzkammerguts“ nennt. Nur kurz dahinter tut sich erstmals jenes Landschaftsbild auf, für das die gesamte Region so berühmt ist: Ein türkisblauer See, umrahmt von dunkelgrünen Wäldern und überragt von markanten Berggipfeln. In diesem Fall sind es der Fuschlsee, der Schober und der kantige Schafberg. Nur 12 km weiter hinter dem nächsten Sattel hat man wieder so ein Panorama vor sich (inklusive Parkplatz an der B 158): Reizvoll eingebettet liegt einem hier der Wolfgangsee zu Füßen. Links ragt der Schafberg in die Höhe, rechts das Zwölferhorn, geradeaus Sparber und Rettenkogel und im Vordergrund der Kirchturm von **St. Gilgen**. Beim folgenden Kreisverkehr zweigt die B 154 Richtung Mondsee ab (→ S. 153), die B 158 folgt dem Südufer des Wolfgangsees. In **Abersee**, in der Mitte des Ufers, hat man einen schönen Blick auf die Kulisse von **St. Wolfgang** am Ufer gegenüber. Man erreicht es am Landweg über Strobl am Ostende des Sees. Von Strobl gelangt man auch in die Wanderregion **Postalm** und in knapp 12 km nach **Bad Ischl**.

Verblichene Eisenbahnromantik

Seit 1893 verband die einspurige Salzkammergut Lokalbahn, kurz *SKGLB* oder *Ischlerbahn*, auf landschaftlich reizvoller Strecke die Stadt Salzburg mit Mondsee und Wolfgangsee und erreichte nach 63 km Bad Ischl, wo Anschluss an die Salzkammergutbahn bestand. Die schwierige Trassierung verlangte Schmalspur, 30 km/h Höchstgeschwindigkeit, kurze Lokomotiven und kleinräumige Waggons mit schmalen Türen (eine Ausnahme galt freilich für den Kaiser, der im standesgemäßen Salonwagen fuhr). Gemeinsam mit der Wolfgangseeschifffahrt und der Zahnradbahn auf den Schafberg kurbelte die Ischler Bahn den Tourismus kräftig an: 1914 zählte man 400.000 Fahrgäste! Nach 1945 begann ihr Niedergang, die Bahn war unmodern, unbequem und im Vergleich zum Autobus unrentabel geworden. 1957 wurde der Betrieb trotz heftiger Proteste der Fremdenverkehrsorte eingestellt. Was neben Resten der Bahnhofsgebäude blieb, ist ein Heizhaus in Mondsee, das als Museum eingerichtet ist (→ S. 159). Auf Teilstrecken der alten Trasse verlaufen heute Radwege, wie etwa der am Südufer des Wolfgangsees. Seit einigen Jahren strebt ein Konsortium die Wiedererrichtung der Bahn als modernes Nahverkehrsmittel an (www.skglb.org).

Am Fuschlsee

Der schmale, lang gestreckte See 20 km östlich von Salzburg ist einer der saubersten des Salzkammerguts und von einer parkähnlichen, lieblichen Landschaft umgeben. An seinem westlichen Ende liegt das turmartige Luxushotel **Schloss Fuschl**, an seinem östlichen der kleine Touristenort **Fuschl am See**, der sich als Stützpunkt eines Urlaubs im westlichen Salzkammergut aufgrund der Salzburgnähe (Schlechtwetterprogramm!) gut eignet. Bei Schönwetter sind Baden, Wassersport oder Wandern angesagt.

Fuschlsee: 669 m Seehöhe. 4,1 km lang, bis zu 0,9 km breit. Max. Tiefe 67,3 m. Max. Temperatur 24 °C. Zillenschifffahrt von Mai bis Okt.

Praktische Informationen

• *Information* **Touristinformation Fuschlsee**, modernes Büro mitten in Fuschl. Mai bis Mitte Okt. Mo–Fr 8–12/14–18, Sa 9–12 (Juli/Aug. bis 18 Uhr), sonst nur Mo–Fr 9–12/14–17 Uhr. Dorfplatz 1, ✆ 06226-8250, www.fuschlseeregion.com.

• *Verbindungen* **Bus**: nach Salzburg bzw. Bad Ischl stündl., So nur alle 2 Std. Haltestellen u. a. direkt in Fuschl und beim Jagdhof. **Zillenschifffahrt „Fuschlerin"**, von Mai bis Ende Okt. bei trockenem Wetter 2x tägl. von Fuschl bis zum Schloss Fuschl (45 Min.) und retour. So/Feiertage und Juli/Aug. 3x tägl. hin/zurück 7,50 €, Kinder 6–14 J. 4,80 €. S-Card.

Übernachten/Essen

• *Übernachten/Camping* ***** **Schloss Fuschl**, berühmtes, umfassend renoviertes Luxushotel mit 59 eleganten Komfort- und 6 Landhauszimmern, 39 Suiten im Schloss bzw. Jägerhaus und 6 exklusiven Holzvillen am Seeufer. Großzügiger, exklu-

Schloss Fuschl am gleichnamigen See

siver Wellness-Bereich. Zur Festspielzeit steigt hier die Prominenz ab. Top-Gourmetrestaurant „Imperial". DZ ab 330 €, Suiten 1000–2500 €. Schlossstr. 19, Hof bei Salzburg, ✆ 06229-2253, 📠 06229-25531531, www.schlossfuschl.at.

**** **Ebner's Waldhof am See**, beliebtes Wellness- , Sport- und Golfhotel in sonniger Uferlage in Fuschl am See, bestehend aus mehreren Gebäuden. 91 Komfortzimmer und 37 Suiten im Landhausstil, mehrere Restaurants, riesige Bade-Saunalandschaft. DZ mit Halbpension 220–260 €, Suiten bis 400 €. Seestr. 30, ✆ 06226-8264, 📠 06226-8644, www.ebners-waldhof.at.

**** **Hotel Schützenhof**, Landhotel mit familiärer Atmosphäre in Fuschl am See direkt am Seeufer. 44 Komfortzimmer mit Fichtenholzmöbel (2008 renoviert), Sauna, Solarium, Leihfahrräder, Badeplatz. DZ 100–176 €. Dorfstr. 14, ✆ 06226-8208, 📠 06226-856444, www.schuetzenhof.com.

**** **Seerose**, 2006 eröffnetes Hotel direkt am Seeufer in Fuschl. 31 modern-rustikale Komfortzimmer mit Balkon. Sauna-Wellnessbereich, Panoramahallenbad mit Seezugang, eigener Badestrand. DZ 102–170 €. Dorfstr. 20, ✆ 06226-8216, 📠 06226-821644, www.hotel-seerose.at.

*** **Pension Huber**, in der Ortsmitte von Fuschl, 14 schöne Komfortzimmer im Landhausstil mit Balkon. Frühstücksbuffet, Sauna, eigener Badestrand. DZ 54–60 €. Dorfstr. 9, ✆ 06226-8217, 📠 06226-82172, www.pension-huber.at.

** **Haus Brigitte**, nettes Landhaus inmitten eines Blumengartens im Ortszentrum von Fuschl am See, 5 Komfortzimmer mit Balkon. DZ 50–60 €. Weberleitenweg 1, ✆/📠 06226-8224, www.hausbrigitte.co.at.

Camping Seeholz, 90 Stellplätze in schöner, baumbestandener Lage direkt am Seeufer in Fuschl am See. Gut ausgestattet, Badestrand, Wirtshaus. 1. 5. bis 31. 10. geöffnet. 2 Pers. mit Auto und Zelt ca. 20 €. Dorfstr. 36, ✆/📠 06226-8310, campingseeholz@fuschl.tv.

• *Essen & Trinken* **Brunnwirt**, Bilderbuchgaststätte für Gourmets an der B 158 in Fuschl. Gemütliche Stuben, Gastgarten mit Seeblick, kreativ verfeinerte Regionalküche, tolle Weine. À la carte 15–25 €. Di–Sa ab 18 Uhr, zur Festspielzeit auch mittags offen. Nur mit Reservierung! Wolfgangseestr. 11, ✆ 0664-2807192, www.brunnwirt.at.

Mohrenwirt, gutbürgerliches Traditionswirtshaus (seit 1846) mitten in Fuschl. Behagliche Stuben, Gastgarten. Vegetarisches (rund 10 €), Fische aus dem See, österreichische Fleischklassiker (11–19 €). Mi Ruhetag. Dorfplatz 3, ✆ 06226-8228, www.mohrenwirt.at.

Bio-Restaurant Café Rizzoll, in Fuschl bei der Kirche, freundliches Lokal und Dinkel-Konditorei mit Terrasse, regionale Küche aus Bio-Produkten, tolle Mehlspeisen, Bio-Eis. Hauptgerichte 8–11 €. Im Sommer Mi Ruhetag, im Winter Fr–Mo 11–19 Uhr geöffnet, Nov. geschl. Kirchenstr. 9, ✆ 06226-8287.

Café-Restaurant Flora, mitten in Fuschl, mit großer überdachter Terrasse; Eis- und Joghurtbecher, Kaffee, Torten, Hausmannskost, Salate. Ganztägig Küche. In der Nebensaison Di Ruhetag. Oberdorfstr. 2, ✆ 06226-8588.

Edenbergers Café am See, Restaurant-Pizzeria direkt am Seeufer in Fuschl – in herrlicher Lage (Sonnenuntergang!). Pizza, Pasta und regionale Küche. Di–Sa ab 18 Uhr, Sa/So ab 12 Uhr. Seestr. 15. ✆ 06226-822011, www.edenberger.at.

D'Waldhofalm, in Traumlage bei der Golfschule, 15 Gehmin. oberhalb von Fuschl. Kleine, gemütliche Stube mit offenem Feuer, aussichtsreiche Terrasse, Almschmankerl (8–12 €), Milch und Weißbier. Mai bis Okt. Do–Mo 11.30–20 Uhr, Dez. bis März Do–Mo 11.30–17 Uhr. Schoberstr. 16, ✆ 06226-826434.

• *Nachtleben* **Fuschler Heuboden**, rustikale, jüngst aufgemotzte Lounge-Disco-Bar in Fuschl. Juli bis Sept. Mo/Mi–Sa 22–4, sonst Di/Do ab 19, Fr/Sa ab 21 Uhr. Dorfstr. 18.

Sport & Freizeit

• *Baden/Wassersport* **Fuschlseebad**, das frühere Strandbad an der sonnigen Südbucht ist seit 2008 eine moderne Freizeitanlage mit beheiztem Freibad und verglaster, wettersicherer Liegehalle (April bis Okt.), mit 250 m Kies-Strand am See; Riesenrutsche, Liegewiese, Surfbrettverleih und ganzjährig geöffneter Sauna- und Fitnessbereich samt SB-Restaurant. Tageskarte Seebad 6,60 €, Kinder 3,30 €, ab 14 Uhr billiger. S-Card. ✆ 06226-8288. www.fuschlseebad.at.

Badeplätze mit sonniger Liegewiese (Eintritt ca. 3 €) sind **Stöllinger**, in der Mitte des Südufers (von der B 158 abzweigen), Kiosk. Parkplatz weit oberhalb. Eintritt 3 €. Fischerweg 1, ✆ 0664-2010178, sowie

Wesenauer, am Südufer, 10 Gehmin. von Fuschl, ideal für Kinder. Beach-Volleyball, Ruderboote, Tischtennis, Jausenlokal. Eintritt 3 €. Au-Str. 21, ✆ 0664-5429058.

Hofer Naturbadestrand, baumbestandene Liegewiese und flacher Feinkiesstrand in idyllischer Bucht am Westufer, Wegweiser an der B 158; vom Parkplatz (3 €/Tag) noch 15 Min. zu Fuß.

• *Bootsverleih* An der Seepromenade in Fuschl, Mai bis Okt., Ruder-, Tret- und Elektroboote (8–14 €/Std.).

• *Radverleih* im Fuschlseebad

• *Fischen* Fischerkarten (16 €/Tag) erhältlich u. a. im Tourismusbüro und in der Schlossfischerei Fuschl (→ Schloss Fuschl).

• *Golf* **Golfschule Fuschlsee**, Einzelstunden, Schnupper- und Platzreifekurse. Mai bis Okt. Infos bei Hotel Ebner's Waldhof (→ „Übernachten").

• *Wintersport* 50 km **Langlaufloipen** auf einem sonnigen Hochplateau in Faistenau, 9 km südwestlich von Fuschl (Tageskarte 3 €). Frei zugänglicher, bis 22 Uhr beleuchteter **Natureislaufplatz** beim Fuschlseebad.

• *Freizeit* 600 m lange **Sommerrodelbahn** in Fuschl am See. Mai bis Okt. tägl. 10–17 Uhr. Einzelfahrt 4,30 €, Kinder 3,80 €, S-Card. ✆ 06226-8452.

Sehenswertes/Ausflüge

Schloss Fuschl: Das auf einer Landzunge am Südwestufer des Sees gelegene Markenzeichen der Region ist am besten vom Fuschlsee-Rundweg aus (s. u.) zu betrachten. 1461 wurde der spätgotische Bau als Jagdschloss für die Salzburger Erzbischöfe errichtet, die sich das Wild bis an den See treiben ließen, wo es leicht zu erlegen war. Nach Ende des Fürsterzbistums wechselten die Besitzer oft, jener Schlossherr, der es 1929 erwarb, wurde 1939 enteignet. NS-Reichsaußenminister *Joachim von Ribbentrop* nutzte fortan das repräsentative Anwesen und empfing hier im August 1939 Mussolinis Außenminister, um ihn über den bevorstehenden Angriff auf Polen zu unterrichten. Nach Kriegsende wurde das Schloss restituiert. In den 1950ern diente es als Kulisse für die Sissi-Filme mit Romy Schneider und erlebte in den folgenden 20 Jahren eine Blütezeit als Luxushotel. Unter den Gästen waren Nikita Chruschtschow, Richard Nixon und Anwar El Sadat. 2004–06 wurde das Hotel generalsaniert und mit einer hochkarätigen Sammlung Alter Meister des 17.–19. Jh. ausgestattet. Heute zählt es zu „The Leading Hotels of the World", auf Kaffee und Kuchen oder im Sissi-Museum im Jägerhaus (tägl. 10–18 Uhr) kann aber jedermann vorbeischauen.

Einkaufen **Schlossfischerei**, Fischverkauf und Imbissbude mit Räucherfisch, netter Garten am Seeufer. Mo–Fr 8–11.30/12–16.30, Sa 8–11 Uhr. Mai bis Sept. auch So/Feiertage geöffnet. ✆ 06229-22531533. Anfahrt auch mit der Zille (s. o.).

Fuschl am See: Der reizvoll am Ostende des Sees gelegene 1370-Einwohner-Ort besteht aus drei Straßen und einer kurzen Seepromenade, die von Hotels, Pensionen und Lokalen gesäumt sind. In der Ortsmitte erhebt sich die neobarocke Erasmuskirche (19. Jh.). Am Südende lockt das neue Fuschlseebad. Der künstliche Teich mit den zwei Kegelhäusern an der Ortsumfahrung ist der Firmensitz des Getränkeherstellers Red Bull. Architekt war der Salzburger *Volkmar Burgstaller*, der für Red Bull auch den Hangar 7 in Salzburg (→ S. 105) entwarf.

Fuschlseerundweg: Die Runde um den See gehört zu den reizvollsten Wanderungen im Salzkammergut. Für die 12 km lange, promenadenähnliche und großteils ufernah verlaufende Strecke (Weg Nr. 4/30) benötigt man etwa 3 Std. Als Ausgangspunkt eignet sich die Seepromenade in Fuschl, ob man im oder gegen den Uhrzeigersinn um den See läuft, ist Geschmackssache. An heißen Sommertagen sollte man eine Badehose dabeihaben, denn auf halbem Weg lädt der Naturbadestrand von Hof zu einer kostenlosen Erfrischung. Unweit davon in einem Naturschutzgebiet mit Feuchtwiesen und Schilfmoor fließt die Fuschler Ache aus dem See ab. Für den Prospektblick auf Schloss Fuschl nimmt man am Waldweg (Richtung Jagdhof) oberhalb des Schlosses den Abstecher zur Aussichtskanzel.

Ruine Wartenfels

Essen & Trinken **Jausenstation Berger**, gemütliche, abgelegene Einkehr in Hundsmarkt am Fuschlseerundweg. Hausmannskost. Gastgarten. Tägl. 11–23 Uhr, Do Ruhetag. Seestr. 59, ✆ 06235-7495.

Ruine Wartenfels (1020 m): In dem an Burgen armen Salzkammergut ist die Ruine Wartenfels oberhalb von Fuschl eine Besonderheit und daher beliebtes Ausflugsziel. Der Bauplatz für die im 13. Jh. errichtete Burg war kühn gewählt: ein schmaler, bewaldeter Felskamm zwischen Fuschl- und Mondsee, der gegen Norden senkrecht abfällt und im Osten vom 300 m höheren Schober überragt wird. Bis 1564 diente die Burg den Salzburger Erzbischöfen und schützte die Grenze zum Mondseeland. Ihr anschließender langer Verfall wurde erst in den 1980ern gestoppt. 20 Min. dauert der Aufstieg vom Parkplatz bis zum Burgtor, hinter dem man durch den früheren Palas zum obersten Punkt der Ruine hinaufsteigt. Die eindrucksvolle Rundsicht von dort umfasst Fuschlsee, Gaisberg, Irrsee, Mondsee und in der Ferne die Hohen Tauern.

• *Anfahrt* Von Fuschl am See Richtung Thalgau, in Egg (Wegweiser) rechts abzweigen, insgesamt 5 km bergauf.

• *Essen* **Forsthaus Wartenfels**, am Waldrand unterhalb der Ruine, urig-romantisches Ambiente samt Kachelofen. Altösterreichische Küche (Kaiserschmarrn, Kasnockn ...). Di–So 11–23 Uhr. Vordereggstr. 32, ✆ 06235-636455, www.wartenfels.at.

• *Wanderung* Lohnenswert ist der Aufstieg zur Ruine Wartenfels ab dem Fuschlseebad (Übersichtstafel; Dauer 1½ Std.).

Wanderung 1: Schober (1328 m) und Frauenkopf (1305 m)

Felsengipfel mit Seerundblick. Gesamtgehzeit 2½ Std., mittelschwer.

Ausgangspunkt ist der **Parkplatz** unter der Ruine Wartenfels (**1**, s. o.). Man folgt dem Weg Nr. 10 auf den Schobergipfel, er ist gut markiert und wird viel begangen. Auf dem steilen Serpentinensteig durch den bewaldeten Kamm gewinnt man schnell an Höhe. Das letzte Stück führt über eine gefährlich abschüssige, drahtseilgesicherte Felsflanke (Trittsicherheit!) zum Gipfelkreuz des **Schobers** (**2**; 1¼ Std.). Toller Rundblick! Auf Trittklammern geht es nun bergab, vorbei an einer Unterstandshütte mit Rastbänken und durch den Hochwald bis nach einem kurzen Gegenanstieg der **Frauenkopf** erreicht ist (**3**; 20 Min.). Blick nach Fuschl! In engen Kehren steigt man von hier über den felsigen, bewaldeten Südgrat hinab, zuletzt quert man durch den Waldhang wieder nach Norden und erreicht den Ausgangspunkt.

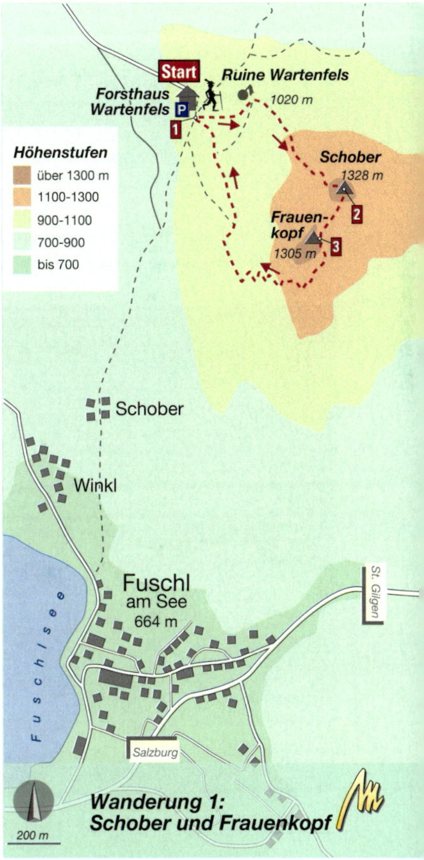

Ruming-Mühle, Hundsmarktmühle, Rauchhaus Mühlgrub: Diese alten, liebevoll restaurierten Gebäude öffnen im Sommer ihre Pforten: Die Ruming-Mühle von 1872 in Steinbach, 1 km südlich von Fuschl am See, bittet von Juni bis Sept. dienstags (ab 13 Uhr) zu frisch gebackenem Brot und freitags zum Jausentag (ab 14 Uhr). Die Hundsmarktmühle im Weiler Hundsmarkt (am Fuschlseerundweg) nordwestlich des

Sees besteht seit dem 16. Jh. und hat von Juli bis Okt. mittwochs und samstags 14–17 Uhr geöffnet (Eintritt 2,30 €, S-Card). Der 500 Jahre alte, von der Sonne geschwärzte Bauernhof Mühlgrub auf dem Höhenrücken zwischen Thalgau und Hof ist ein für die Region typisches „Rauchhaus", in dem der Rauch vom offenen Herd ohne Kamin abzieht (Führungen Juli bis Okt. Fr 15 Uhr nach Voranmeldung, ✆ 06229-2249, Eintritt 1,50 €).

Im Ellmautal/Mozartblick: Einen hinreißenden Blick auf den Wolfgangsee genießt, wer von Fuschl am See (Abzweigung von der B 158) bis zum Parkplatz am oberen Ende des reizvollen Ellmautals fährt (4,5 km) und dann noch 10 Min. zu Fuß geht. Wer will, kann auch den ganzen Weg zu Fuß zurücklegen (ca. 2 Std., Weg Nr. 20/27).

Essen & Trinken *** **Landgasthaus Hochlackenhof**, idyllische Lage am Ende des Ellmautals, gemütliche Kachelofenstube, schöne Terrasse, bekannt für gute Hausmannskost. April bis Okt. tägl. (außer Di). ✆ 06226-8330. www.hochlackenhof.at.

Am Wolfgangsee

Der türkisblaue See auf halber Strecke zwischen Salzburg und Bad Ischl ist der bekannteste im Salzkammergut. Schon im Mittelalter, als das Gewässer noch Abersee hieß, strömten Wallfahrer an seine Ufer, im 20. Jh. bescherte ihm das Lustspiel „Weißes Rößl" große Bekanntheit. Und auch heute hat die Region viel zu bieten – Altbewährtes, wie die Zahnradbahn und die Wolfgangseeschiffe, die schon seit über 100 Jahren auf den Schafberg bzw. über den See dampfen, und neue Attraktionen: Spektakuläres Klippenspringen von der hohen Falkensteinwand, die das Nordwestufer des Sees unzugänglich macht, die „Wolfgangsee Challenge", die Triathleten durch oder um das Gewässer jagt, Laufevents und Moutainbike-Rennen auf die Berge reihum. Mittendrin die drei Anlaufpunkte: am Westufer das

„Kaiser Franz Josef I." – das Schaufelradschiff am Wolfgangsee

reizvolle **St. Gilgen** am Fuß des **Zwölferhorns**, **Strobl** am Südende mit seinen schönen flachen Badestränden und das berühmte **St. Wolfgang** in der Mitte des Nordufers, überragt vom mächtigen **Schafberg**.

Wolfgangsee: 538 m Seehöhe. 10 km lang, bis zu 1,9 km breit. Max. Tiefe 114 m. Max. Temperatur 24 °C. Linienschifffahrt Jan. bis April Do und So, Mai bis Ende Okt. täglich sowie von Gründonnerstag bis Ostermontag und Do–So im Advent. Tageskarte 17 €. Attraktion ist das Schaufelradschiff „Kaiser Franz Josef I." von 1873. ✆ 06138-2232, www.wolfgangseeschifffahrt.at.

St. Gilgen

3730 Einwohner, 542 m

„Mozartdorf" nennt sich der Sommerferienort am Westende des Wolfgangsees. Das Salzburger Wunderkind war zwar nie hier, aber Mutter und Schwester hinterließen ihre Spuren – wie auch die Sommergäste des späten 19. Jahrhunderts, deren Villen sich zahlreich finden.

St. Gilgen ist, nach Fuschl und Strobl, der Hauptort des salzburgischen Teils des Salzkammerguts. Es gehörte lange den Salzburger Erzbischöfen und gelangte erst 1816 ans habsburgische Österreich. Manche meinen, man könne die lange Zugehörigkeit zum lebenslustig-prunkverliebten Fürsterzbistum noch spüren.

Anziehungspunkte im Ort sind die kurze *Seepromenade* mit Schiffsstation und *Seepark*, wo zwischen Blumenbeeten die treuesten Sommergäste mit Denkmälern beehrt wurden, so der berühmte Chirurg *Theodor Billroth* und der frühere deutsche Bundeskanzler *Helmut Kohl* (an die 30 Aufenthalte). Unweit des Seeufers befindet sich das *Mozarthaus*, 300 m landeinwärts die beiden Dorfplätze: der von der schmucken *Pfarrkirche* beherrschte Kirchenplatz und knapp oberhalb der *Mozartplatz*, das berühmteste Motiv von St. Gilgen. Noch weiter oberhalb, an der Ortsumfahrung B 158, liegt die Talstation der *Zwölferhornbahn*. Den Spaziergang in die *Fürbergbucht*, wo das bekannte Ochsenkreuz aus dem See ragt sollte man nicht versäumen.

• *Information* **Tourismusverband St. Gilgen**, moderner Bau an der Ortsumfahrung beim Kreisverkehr. Juli/Aug. Mo–Fr 9–20, Sa 9–18, So 10–17 Uhr; Mai/Juni/Sept. Mo–Fr 9–12/14–18, Sa 9–12 Uhr. Okt. bis April Mo–Fr 9–12/13–17 Uhr. Mondsee-Bundesstr. 1a, ✆ 06227-2348, www.wolfgangsee.at, www.tiscover.at/stgilgen.

• *Verbindungen* **Bus** nach Salzburg bzw. Bad Ischl stündl., So nur alle 2 Std.

Schiff: Mai bis Ende Okt. 9–17 Uhr stündl. via St. Wolfgang nach Strobl, Jan. bis April Do/So 4x tägl. mit St. Wolfgang. Ticket: St. Gilgen–St. Wolfgang 6,30 €, Kinder 6–14 J./Rad 50 %.

• *Parken* In der Nähe der Zwölferhorn-Seilbahn bzw. im Bereich der Seepromenade. Überall Gebührenpflicht.

• *Internet* In Dallmann's Eissalon (s. u.).

• *Übernachten* **** **Hotel Hollweger**, gediegenes familiäres Haus am oberen Ortsrand mit Blick über den See. 21 gemütliche Komfortzimmer und 19 Suiten, tolles Panoramahallenbad mit Holzdach, Sauna, Dampfbad, Leihräder. DZ 146–176 €, mit Seeblick und Balkon 20 € teurer. Mondsee-Bundesstr. 2, ✆ 06227-2226, 📠 06227-795652, www.hollweger.at.

*** **Schernthaner**, freundlich-familiäres Hotel-Garni im Ortszentrum. 17 nette Komfortzimmer, Leihräder, Sauna im Rustikalstil. DZ 80–90 €. Schwarzenbrunnerstr. 4, ✆ 06227-2402, 📠 06227-24022, www.hotel-schernthaner.at.

*** **Pension Ferstl**, 13 liebevoll dekorierte Komfortzimmer mitten im Ort. Kein Lift. Ruhiger Garten, Liegewiese beim See. Ostern bis Ende Okt., Advent und Weihnachten geöffnet. Café im Haus. DZ 90–100 €. Ischlerstr. 1, 5340 St. Gilgen, ✆ 06227-2216, 📠 06227-221622, www.ferstl.at.

*** **Pension Seeblick**, 1 km außerhalb in sonniger Hanglage, 14 nette Komfortzimmer, teils mit Balkon und Seeblick. DZ 54–

Blick von St. Gilgen zum Zwölferhorn

60 €. Pöllach 29, ✆/📠 06227-2682, www.pensionseeblick.at.

Jugendgästehaus Schafbergblick, nettes Haus in zentraler Lage unweit des Sees. 12 Doppel- und 26 Vierbettzimmer. Sauna. DZ mit Du/WC und Frühstück 50 €. Mondseestr. 7, ✆ 06227-2365, 📠 06227-236575, www.jugendherbergsverband.at.

• *Essen & Trinken* **Timbale**, führendes Gourmetlokal des Orts, familiär-intime Atmosphäre, puristische Küche auf hohem Niveau. Nur mit Reservierung! 5-Gänge-Menü 55 €, à la carte 18–26 €. Do Ruhetag. Salzburger Str. 2, ✆ 06227-7587.

Tiroler Stub'n, 200 m südlich vom Kirchenplatz, rustikal-gepflegtes Restaurant mit sehr guter österreichischer Küche. Menüs 11–40 €, à la carte 11–25 €. Ruhetage: Mo (HS), Mo/Di (NS). Aberseestr. 9, ✆ 06227-2317, www.haustirol.com.

Enoteca Barbarossa 1788, geschmackvoll ausgestattete, anheimelnde Restaurant-Bar im Zentrum. Keine Speisekarte – am besten, man lässt sich beraten: hervorragende Antipasti, beste mediterrane Küche (Pasta 10–18 €, Fleisch ab 16 €), einige regionale Klassiker, dazu gute Weine. Di–Sa 18–23 Uhr. Mozartplatz 5, ✆ 06227-2245.

Wirt am Gries, freundliches Traditionswirtshaus (seit 1644) 150 m nördlich des Mozartplatzes, deftig-bodenständige Küche, Spezialitäten vom Bio-Rind. Hauptspeisen 10–20 €, Salate ca. 9 €. Großer Kastaniengarten. Di Ruhetag. Steinklüftstr. 6, ✆ 06227-2386.

Seegasthof Fischer Wirt, an der Seepromenade, nettes Fischrestaurant der Familie Fischer (!), mehrere Stuben, Seeterrasse. Wolfgangseefische, österreichische Fleischgerichte, Pasta, Salate und Vegetarisches. Durchgehend Küche. Mo Ruhetag. Ischler Str. 21, ✆ 06227-2304, www.fischer-wirt.at.

Haus am Hang, außen einfaches, innen edel-modern aufgefrischtes Gasthaus in Panoramalage mit hervorragender österreichisch-mediterraner Küche zu gehobenen Preisen (à la carte 15–40 €). Toller Seeblick. Di–So 11–23 Uhr. Mondsee-Bundesstr. 10, ✆ 06227-8208.

Zur Post, denkmalgeschützter Gasthof mit Bilderbuchstube in der Ortsmitte, traditionelle österreichische Küche und Hausmannskost auf hohem Niveau. Einheimische und Touristen fühlen sich hier wohl. Di/Mi Ruhetag (NS). Mozartplatz 8, ✆ 06227-2157, www.gasthofzurpost.at.

Pizzeria San Giorgio, unweit der Seepromenade, günstige Pizza (auch zum Mitnehmen), junges Publikum. Tägl. 11–24 Uhr. Ischler Str. 18, ✆ 06227-20350.

• *Kaffeehäuser/Nachtleben* **Café-Konditorei-Eissalon Dallmann**, weithin bekannt für leckere Torten und Eiskreationen. Touristen lieben Mozarts Reisetorte (6 Wochen lagerfähig!) und das Mozartkugelseminar, wo man lernt, die berühmte Praline selbst herzustellen (28 €/Pers.). Tägl. 9–19 Uhr. Mozartplatz 2 a, ✆ 06227-2208, www.dallmann.at.

Café Nannerl, Mischung aus Kaffeehaus (gute Blechkuchen!) im 1. Stock und Bar-Bistro-Beisl im Biedermeierstil im Erdgeschoss, hier auch kleine Speisen (Toast, Gulaschsuppe). Gastgarten. Juni bis Sept. tägl. 11–23 Uhr. Kirchenplatz 2, ✆ 06227-2368, www.cafenannerl.at.

Le Boeuf d'Or, trendige Weinbar im Hotel Kendler, ab 19.30 Uhr. Kirchenplatz 3.

12er Alm-Bar, Disco im Untergeschoss der Pizzeria San Giorgio, tägl. ab 21 Uhr.

• Radverleih **Leitgeb**, Touren- und Kinderräder, MTBs. Tägl. ab 9 Uhr. Mondseer Str. 3, ✆ 06227-2604.

• Baden/Wassersport **Strandbad**, an der Uferpromenade im Ort, winzige Liegewiese, Riesenrutschbahn, schöne Aussicht. Juni bis Sept. tägl. 9–19 Uhr. Eintritt 3,90 €, Kinder 2,10 €. S-Card. Hallenbad nebenan. Mondseestr. 12, ✆ 06227-7147.

Badeplatz in der Fürbergbucht (s. u.)

Wassersport Engel, Segeln, Wasserski, Banane, Verleih (Elektro- und Segelboote, Surfbretter). Seepromenade, ✆ 0664-5850891, www.wassersport-engel.at.

• Bootsverleih → Wassersport

• Mountainbike Beliebte Strecken sind die Forststraßen auf das Zwölferhorn.

• Veranstaltungen **Carl Drewo Jazztage**, 2. Juliwochenende, www.jazztage.at. **Nannerlfest**, Ende Juli, heitere Klassikabende. **Wolfgangseer Advent**, Do–So im Advent, barocke Marktstände.

Sehenswertes/Ausflüge

Mozarthaus Sankt Gilgen: In dem hübschen, einstöckigen Haus unweit des Seeufers (Ischlerstraße 15) kam 1720 *Anna Maria Pertl* zur Welt. Das Gebäude diente als Pfleggericht des Fürsterzbistums Salzburg, und ihr Vater Wolfgang Nikolaus Pertl war hier Richter. Als er 1724 starb, zog die Familie nach Salzburg, wo Anna Maria 1747 *Leopold Mozart* heiratete und acht Jahre später einen Wunderknaben zur Welt brachte. Dessen schon fünf Jahre zuvor geborene Schwester Maria Anna, genannt *Nannerl*, vermählte sich auf Wunsch ihres Vaters 1784 mit dem biederen Richter Johann Baptist Berchtold zu Sonnenburg und zog ins St. Gilgener Geburtshaus ihrer Mutter. 1801 zur Witwe geworden, kehrte sie wieder nach Salzburg zurück. Seit 1906, als diese Zusammenhänge aufgedeckt wurden, ziert ein Doppelrelief von Mutter und Tochter die Fassade des Hauses. 2008 wurde darin eine modern aufbereitete Ausstellung über Nannerl Mozart eröffnet. Mit Briefen, persönlichen Gegenständen und Filmen gewährt sie einen guten Einblick in das Leben der ebenfalls hochbegabten Musikerin im Schatten ihres Bruders und in der wenig glücklichen Rolle als treu sorgende Ehefrau. Der Marmorbrunnen gegenüber dem Museum wurde 1991 enthüllt. Die Bronzefigur von *Toni Schneider-Manzell* soll Mozarts Mutter als spielendes Kind darstellen.

Juni bis Sept. tägl. (außer Mo) 10–12/15–18 Uhr. Eintritt 4 €, Kinder 2,50 €, S-Card. ✆ 0676-5241945, www.mozartdorf.at.

Kirche St. Aegydius: Die von einem Friedhof umgebene ursprünglich spätgotische Pfarrkirche (14. Jh.) wurde im 18. Jh. zu einer barocken Saalkirche umgestaltet. Das Deckengemälde im rosa-heiteren Innenraum malte *Josef Beer*, die Altarbilder *Paul Troger*. Eine Gedenktafel in der Vorhalle zeigt die Mozartverbundenheit der Kirche: Immerhin wurden hier Wolferls Mutter getauft, seine Großeltern und die Schwester Nannerl getraut und sein Großvater und der Schwager begraben.

Mozartplatz: Der stimmungsvolle, von alten Bürgerhäusern umsäumte Platz hat viel Mozart zu bieten. Als unscheinbarer, geigenspielender Knabe ziert er seit 1927 den Mozartbrunnen vor dem hübschen Rathaus. Handgemachte Mozartkugeln gibt es in der Konditorei gegenüber, und das Hochzeitsfest von Mozarts Schwester Nannerl fand 1784 im Hotel zur Post statt, das die Nordwestseite des Platzes beherrscht. Seine Fassade ziert ein Fresko von 1618 mit Jagdszenen, das Haus reicht aber bis ins 14. Jh. zurück und war lange Jahre Poststation (→ „Essen & Trinken").

Mozartbrunnen vor dem St. Gilgener Rathaus

Heimatkundliches Museum: Das im sog. Wetzlhäusl von 1655 (Pichlerplatz 6) eingerichtete Museum zeigt in 11 Räumen ein buntes Allerlei aus der Ortsgeschichte: Thematisiert werden die hier im 17. Jh. als Hausindustrie betriebene Spitzenklöpplerei, die ehemalige St. Gilgener Glashütte und die Ischlerbahn. Dazu kommt ein Jagdzimmer mit einer kaiserlichen Sitzgarnitur, sakrale Kunstgegenstände und die Tiersammlung des österreichischen Zoologen *Karl von Frisch* (1886–1982), der im nahen Brunnwinkl (→ unten) die Schwänzeltänze der Bienen erforschte und dafür den Nobelpreis erhielt.

Juni bis Sept. tägl. (außer Mo) 10–12/15–18 Uhr. Eintritt 3,50 €, Kinder 2 €, S-Card. ✆ 06227-2642.

Musikinstrumenten-Museum der Völker (MIM): Komplizierter Name für eine in drei Räumen der früheren Volksschule (Aberseestraße 11) präsentierte Privatsammlung von 1800 Musikinstrumenten aus aller Welt, darunter afrikanische Trommeln und Daumenklaviere, Kuhglocken aus den Alpen, Panflöten und Balaleikas aus Südosteuropa, Bambusflöten aus Asien, Trommeln der Amazonas-Indianer und ein australisches Digeridoo. Bei Führungen werden die Instrumente auch angespielt.

Juni bis Mitte Okt. tägl. (außer Mo) 9–11/15–19 Uhr, Mitte Okt. bis 6. 1. Mo–Fr 9–11/14–17 Uhr, 7. 1. bis 31. 5. Mo–Do 9–11/15–18, Fr 9–11, So 15–18 Uhr. Eintritt 4 €, Kinder 2,50 €, S-Card. ✆ 06227-8235.

Museum Zinkenbacher Malerkolonie: Das 2001 ebenfalls in der alten Schule (→ MIM) eröffnete Museum erinnert in jährlichen Sommerausstellungen an die 20 Wiener Künstler, die von 1927–38 jeden Sommer in Zinkenbach am Südufer des Wolfgangsees zusammentrafen.

Juli bis Ende Sept. tägl. (außer Mo) 15–19 Uhr. Eintritt 4 €, Kinder bis 14 J. frei. ✆ 0676-7430916, www.malerkolonie.at.

Spazierweg über Brunnwinkl in die Fürbergbucht: Stets wechselnde Seeansichten verspricht dieser Gilgener Spazierwegklassiker: Vom Kirchenplatz geht man bis zur alten Mondseestraße, folgt dieser und passiert bald schöne Sommerfrischevillen. Das Hotel Billroth links oberhalb (Schautafel) erinnert an den Chirurgen, Musiker und Brahms-Freund *Theodor Billroth* (1829–94), der sich hier ab 1884 ein repräsentatives Anwesen bauen ließ. Die Ischlerbahn hatte bergseitig sogar eine nach ihm benannte Haltestelle. Dann erreicht man (Weg Nr. 28) die romantische Brunnwinkl-Bucht mit einer Handvoll malerischer Bauernhäuser und Blumengärten. Das war einst die Sommerfrische einer Wiener Arztfamilie, deren Sohn *Karl Frisch* (1886–1982) früh Interesse an der lokalen Tierwelt zeigte und als Entschlüssler der Bienensprache in die Geschichte einging (Gedenkstein, Schautafel). Zwischen steiler Felswand (Steinschlaggefahr, daher öfter gesperrt) und Seeufer geht es nun auf der 1,2 km langen, schönen Promenade bis zum Gasthof Fürberg (Gehzeit 1 Std.), von wo man mit dem Schiff nach St. Gilgen zurückfahren kann. Folgt man dem Ufer weiter, kommt man in 5 Min. zur Einmündung der Zufahrtsstraße von der B 154, und zum Waldbad in der Fürbergbucht. Unweit biegt links der Wallfahrerweg nach St. Wolfgang ab (→ S. 137), die Schotterstraße geradeaus, von der man zum Ochsen- und Hochzeitskreuz (s. u.) abzweigt, endet nach 1 km.

Baden **Waldbad Fürberg**, einfacher Badeplatz, sonnige Liegewiese, Kiesstrand mit Felsblöcken, Buffet. Eintritt 1,90 €. Mit dem Auto gelangt man von der B 154 in Winkl auf einer steilen Straße hierher. Parkgebühr 3 €.

Ochsen- und Hochzeitskreuz: Der weiße Bildstock auf einem Felsen im karibisch blauen Wolfgangsee ist auf vielen Prospekten zu sehen. Ein Metzger soll ihn errichtet haben, nachdem ihm ein Ochse in den See entwischt war und ihn, der das Tier nicht losgelassen hatte, schwimmend über den See zog. Nicht ganz so malerisch ist das nahe Hochzeitskreuz. Es erinnert an eine übermütige Gesellschaft, die auf dem zugefrorenen See tanzen wollte und dabei – mit Ausnahme des Brautpaares – ertrunken war. Vom Waldbad Fürberg (s. o.) folgt man der Schotterstraße, bis rechts der beschilderte Weg Nr. 19 zu den Kreuzen abzweigt. Er verläuft knapp am Ufer und ist stellenweise schmal, verwachsen und abschüssig (feste Schuhe!). Am Ende mündet er wieder in die Forststraße, auf der man zum Badeplatz zurückkehrt. Gesamtgehzeit 45 Min.

Das Ochsenkreuz in der Fürbergbucht

Steinklüfte und Plombergstein (830 m): Ein spannendes Naturerlebnis, an dem Kinder und Erwachsene ihre Freude haben, bietet die Felsenstadt oberhalb von St. Gilgen. Haushohe Brocken stürzten hier vor rund 10.000 Jahren vom Plombergstein in die Tiefe und wurden von Bäumen und Moos überwuchert. Markierte Felsgänge und Spalten (Teufelsschlucht, Kalte Kuchl) laden zum Durchschlüpfen und Verstecken. Die Steinklüfte erreicht man vom Mozartplatz aus über die Steinklüftstraße, an deren Ende die B 154 überquert wird. Zunächst auf einem Güterweg, dann links in den Wald und auf einem Pfad (Weg Nr. 17) bergauf. Nach 30 Min. ist man beim gigantischen Steinhaufen angelangt. Es lohnt sich auch, von hier in 45 Min. (Wegweiser) den aussichtsreichen **Plombergstein** zu erklimmen: Am Fuß seiner senkrechten Felswand und sogar unter einer Felsplatte hindurch steigt man in einer langen Kehre bis zu einem

Panoramaweg am Zwölferhorn

Sattel mit einer Wegteilung hoch, von dem es nur mehr ein kurzes Stück bergauf zum flachen Felsgipfel des Plombergsteins ist (830 m, Wolfgangseeblick!). Wieder zurück am Sattel, kann man nun links über einen steilen Steig mit Holztreppen (Vorsicht bei Nässe!) in den Staffelgraben absteigen und trifft unterhalb der Steinklüfte wieder auf den Aufstiegsweg. (Gesamtgehzeit 2¼ Std.)

Zwölferhorn (1522 m): Das „Hörndl" ist ein wunderschöner Aussichtsberg und von St. Gilgen aus mit einer Nostalgie-Seilbahn in originalen rot-gelben Kabinen aus dem Jahre 1957 zu erreichen. Bis zur halben Höhe des Bergs (*Sausteigalm*, 1110 m) gelangt man auch mit dem Auto, und zwar von Fuschl via Perfalleck und Tiefbrunnau. Eine auch bei Mountainbikern beliebte Mautstraße (Schranke, Münzeinwurf 4 €) führt von Brunn bei Abersee auf die *Illingeralm* (1180 m) an der Südflanke des Bergs. Auf den weitflächigen Almen des Zwölferhorns sind schöne Rundwanderwege und einfache Panoramawege markiert. Der Abstieg vom Gipfel ins Tal dauert rund 2 Std. Almrunde und Abstieg vereint Wanderung 2.

• *Seilbahn* Tägl. 9–17 Uhr, einfach 14 €, Kinder 10,50 €. Berg- und Talfahrt 19 € bzw. 13,50 €. S-Card. ✆ 06227-2350. www.12erhorn.at.

• *Essen & Trinken* **Lärchenhütte**, **Bartlhütte**, **Illingerbergalm**, urige Almhütten mit Hausmannskost, Kasnocken, Kaiserschmarren, Brettljause, Mai bis Sept./Okt. geöffnet. Kinderspielplätze.

Wanderung 2: Bergab vom Zwölferhorn

Panoramaschau, Almparadies. Gesamtgehzeit 4 Std., mittelschwer.

Ausgangspunkt (**1**) ist die **Bergstation** der **Zwölferhornbahn**. Bergseitig führt eine Treppe hinauf und in 10 Min., vorbei an einer Sonnenterrasse, zum Gipfelkreuz. Von hier den Kamm Richtung Pillstein hinab zur Schotterstraße. Diese entlang und links haltend den Panoramaweg rund um die Kuppe des **Pillstein** (Abstecher zum Gipfelkreuz!).

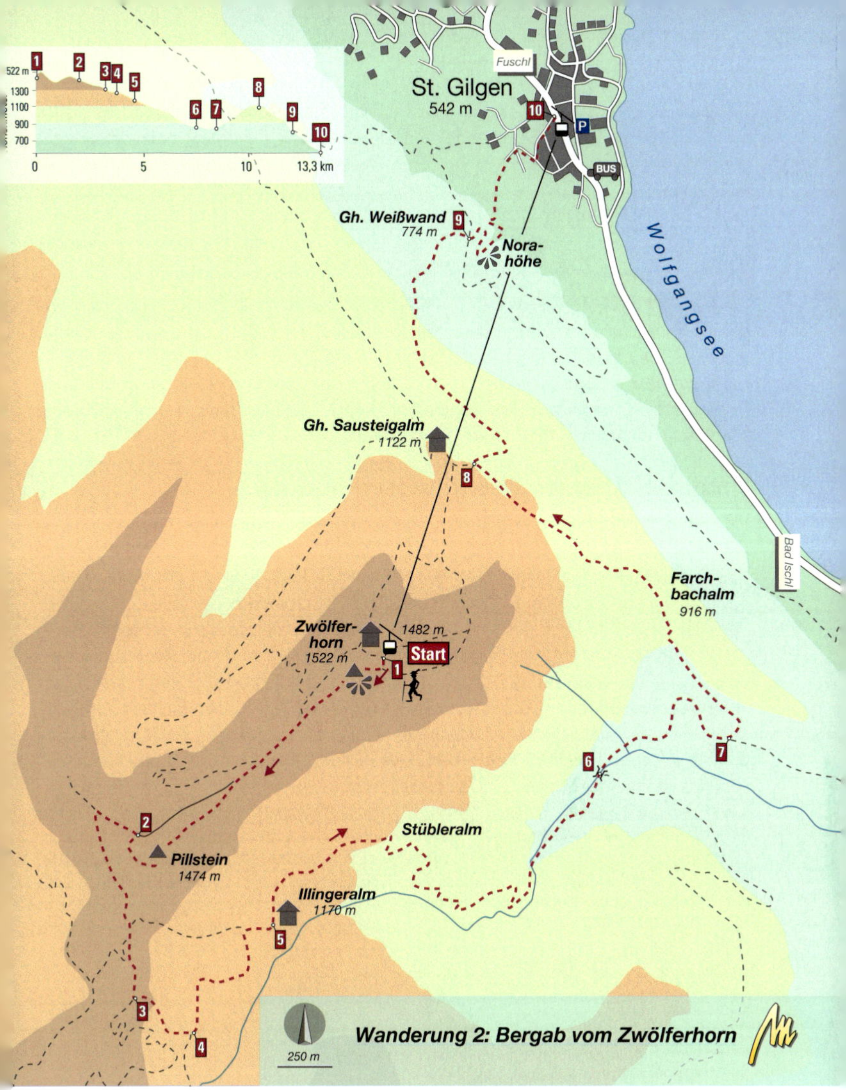

Bei der nächsten Weggabelung (**2**) die Forststraße nach links Richtung Illingeralm. Nach 5 Min wieder nach links in eine Forststraße und hinab bis zu einem Wiesensattel. Man ignoriert die erste Linksabzweigung und geht den Zaun entlang, bis der Illingeralmweg links abbiegt (**3**). Über Almwiesen hinab zu den Hütten (**4**) und links haltend (Weg 4) die Forststraße bergab zur **Jausenstation Illingergalm** (**5**; 45 Min.). Nun geht es 30 Min. lang die Schotterstraße in weiten Kehren durch Almwiesen bergab in einen Waldgraben und bei einer Straßenteilung links über eine Brücke (**6**). Nach weiteren 15 Min. steigt ein Forstweg links hinauf Richtung Sausteigalm (**7**), durchquert nach 15 Min. die **Farchbachalm** und mündet in einen Karrenweg, der 20 Min. steil bergauf zu einem Sattel bringt. Kurz vor dem Gasthof Sausteigalm und der Seilbahn biegt man rechts (**8**) in den Abstiegsweg (Weg 855) vom Zwölferhorn ein. Diesen durch Wald und über die Skipiste steil bergab, bis nach 30 Min. in einer Kehre ein Pfeil den Weg zum **Gasthof Weißwand** weist (**9**). An diesem (Tiefblick nach St. Gilgen) rechts vorbei und auf einem steilen, felsigen Pfad an der Norahöhe (Holzpavillon) vorbei in 30 Min. in den Ort hinab. Über Helenenstraße und Breitfeldweg erreicht man die Talstation (**10**).

Weiterfahrt zum Mondsee: Von St. Gilgen sind es auf der B 154 über die Scharflinger Höhe (607 m) nur 5 km bis an den Mondsee (→ S. 153). Kurz vor dem Sattel liegen rechts das gelbe, neugotische Schloss Hüttenstein, das im 19. Jh. an Stelle einer Burgruine errichtet wurde, und unterhalb davon der dunkle Krot(t)ensee (beide Privatbesitz). Das Batzenhäusl gegenüber (heute Landgasthaus) war ab 1600 eine Mautstelle und lag bis 1957 an der Ischlerbahn.

Halbinsel Abersee (Wolfgangsee-Südufer)

Fährt man von St. Gilgen in Richtung Bad Ischl, geht es zunächst auf einem schmalen Uferstreifen unter steilen Bergflanken dahin, auf dem nur die B 158 und der Radweg auf der ehemaligen Trasse der Ischlerbahn Platz haben. 4 km weiter weicht der Abhang zurück und man erreicht den flachen Schwemmkegel des *Zinkenbachs*, der sich als Halbinsel in den See geschoben hat und diesem seine markante Form verleiht, einer Sonnenbrille vergleichbar. Nur mehr 240 m ist der Wolfgangsee an dieser Engstelle breit. Auf der Halbinsel befinden sich Streusiedlungen mit schönen alten Bauerngehöften und einer Handvoll Hotels und Pensionen. *Gschwand, Brunn, Reith, Farchen* und *Abersee* westlich des Zinkenbachs gehören zu St. Gilgen, das östlich gelegene *Gschwendt* zu Strobl, was im Gastgeberverzeichnis mitunter verwirrend ist. Um das Seeufer der Halbinsel reihen sich insgesamt 10 Campingplätze.

• *Verbindung* **Überfuhr Greinz**, Rad- und Personenfähre an der Engstelle, landet 1 km westlich der Ortsmitte von St. Wolfgang. April bis Okt. tägl. 8–19 Uhr nach Bedarf (Knopfdruck!). Ticket 2,50 €, Kinder 1,50 €, Rad 0,50 €, Mofa 1,50 €.

Schiff: Station der Linienschiffe ist Gschwendt. Mai bis Okt. 9–18 Uhr stündl. Abfahrt in alle Richtungen.

> **Tipp**: 10 km Wegersparnis, keine Parkplatzsorgen und die schönste Art der Anreise hat, wer mit Schiff oder Fähre vom Südufer aus nach St. Wolfgang kommt (2,80 €/Person).

• *Einkaufen* **Wolfgangsee Schafprodukte**, der Stoffenbauer (Fam. Eisl) in Abersee erzeugt auf seiner Hofkäserei (145 Schafe) vielfach prämierte Schaffrischkäseprodukte. Farchen 24, ✆ 06227-3234, www.schafkaese.at.

Brennerei Primushäusl Rieger, europaweit prämierte Edelbrände aus Birne, Vogelbeere und Holunder. Gschwendt 40. ✆ 06137-7047, www.primushaeusl.at.

• *Übernachten/Essen* *** **Wiesenhof**, empfehlenswerter Gasthof an der B 158 (beim Baum mit Töpfen!). Freundliche Stuben, gute, verfeinerte Regionalküche zu vernünftigen Preisen. Gastgarten, Spielplatz, durchgehend Küche. Mo/Di Ruhetag (NS). 10 moderne Komfortzimmer. DZ 70–82 €. Gschwendt 191, Abersee, ✆ 06137-7060, Fax 06137-70604, www.wiesenhof-abersee.com.

*** **Seegasthof Gamsjaga**, 5 km östlich von St. Gilgen, direkt an der B 158. Bodenständiges Wirtshaus mit seeseitigem Gastgarten. Fischrestaurant, gutbürgerliche Küche, Jausengerichte. Tägl. 11.30–21 Uhr, Mi Ruhetag (NS). 5 dunkel-rustikale Komfortzimmer. DZ 66–85 €. Gamsjaga 2, ✆ 06227-3222, Fax 06227-32228, www.gamsjaga.at.

Weidinger Stub'n, gemütliches Blockhaus mit Garten unweit der Schiffsstation Gschwendt, gepflegte, bodenständige Küche, à la carte 10–20 €. Durchgehend Küche.

Tägl. 11.30–21 Uhr. Gschwendt 232, ✆ 06137-7111.

Pension Kloibergütl, freundliches Gästehaus in ruhiger Gartenlage in Abersee. Die 5 Komfortzimmer sind nicht mehr ganz taufrisch, aber sehr sauber. Sauna, Sonnenterrasse, Leihräder. DZ 76 €. Reith 21, ✆ 06227-3291, 📠 06227-27109, www.tiscover.com/kloiberguetl.

• *Camping* Insgesamt 10 Plätze, der größte ist:

Camping Lindenstrand, 200 Stellplätze direkt am Seeufer 4 km südlich von St. Gilgen, moderne Sanitäranlagen, kleiner Shop. April bis Okt. geöffnet. 20 € für 2 Pers., Auto und Zelt. Schwand, ✆ 06227-3205, 📠 06227-320524, www.lindenstrand.at.

• *Rad* Der Radweg von St. Gilgen bis Strobl (12 km) folgt der früheren Trasse der Ischlerbahn, bis Abersee entlang der B 158, dann durch ufernahe Wiesen.

• *Freizeit* **Sommerrodelbahn Strobl-Gschwendt**, an der B 158, 2 Bahnen à 1300 m. Mai bis Okt. tägl. 10–18 Uhr. Ticket 6,40 €, Kinder 5,30 €. S-Card. ✆ 06137-7085.

• *Veranstaltungen* **Aberseer Musiktage**, Crossover zwischen Kammer- und Volksmusik, Ende Aug/Anf. Sept. in Abersee. www.aberseer-musiktage.at.

Sehenswertes/Ausflüge

Dorf der Tiere: beliebter Streichelzoo unweit der B 158. Hasen, Ponys, Lamas, Minischweine, Ziegen u. a. tummeln sich neben dem Hof des Adambauers. Dazu gibt es einen Abenteuerspielplatz mit Tret-Gokarts, riesiger Holzwippe, Mega-Sandkiste, Schaukel und Trampolin.

März bis Okt. 9.30–19.30 Uhr. Eintritt 3 € (ab 4 J.). ✆ 06227-3948, www.dorfdertiere.at.

Arboretum Wolfgangsee: Der fußballfeldgroße „Baumschaugarten" in Waldrandlage in Abersee (Wegweiser an der B 158) erläutert mit Schautafeln die österreichischen Vegetationszonen. Die erst 2003 angepflanzten Bäume und Sträucher sind noch etwas mickrig. Der bestehende Auwald am nahen Zinkenbach wurde integriert, ein ansprechender Hochsteg führt durch seine Baumwipfel.

Mitte April bis Mitte Okt., frei zugänglich.

Niedergadenalm-Bergstraße und Bleckwand (1514 m): Eine 7 km lange, asphaltierte Mautstraße führt von Gschwendt (beim Informationskiosk an der B 158) auf die 1180 m hoch gelegene Niedergadenalm. Von der Mautstelle (Münzeinwurf 4 €) beim malerischen Gehöft *Vitz am Berg* hat man schon einen schönen Wolfgangseeblick, der einige Kehren weiter noch besser wird. *Schwarzeneckhütte* und *Illighütte* entlang der Straße laden im Juli/Aug. zur Brotzeit mit Hausmannskost. Vom Endpunkt der Straße auf dem Niedergadensattel mit der urigen Wetzlerhütte (privat) geht der Blick nach Süden ins Postalmgebiet und zum Dreieck des Rinnkogels (1823 m).

Vom Parkplatz unterhalb der Illighütte (ca. 1200 m) lohnt sich die kurze, viel begangene Wanderung über die Bleckwandhütte zur aussichtsreichen Bleckwand. Auf markiertem Pfad gelangt man zunächst durch steilen Wald in rund 30 Min. zur *Bleckwandhütte* (1329 m, im Sommer bewirtschaftet). Dann steigt man weitere 40 Min. über den Bergrücken durch Wald und Wiesen mit schönem Ausblick und vorbei an einem Felsfenster („Ofenloch") zum breiten Gipfel der **Bleckwand** (1541 m) – das Kreuz steht nicht am höchsten Punkt! Vorsicht Steilabstürze! Eine Variante für den Rückweg ist, hinter dem Kreuz den Kamm entlang bis zu einer Senke zu gehen und dann rechts den markierten, steilen Weg zur Wetzlerhütte am Niedergadensattel abzusteigen. Von dort rechts und auf der Straße rund 600 m zurück zum Ausgangspunkt (Gesamtgehzeit 2½ Std.).

Abendsonne am Bürglpanoramaweg in Strobl

Strobl

3570 Einwohner, 542 m

Wie zufällig hingestreut liegt der Ort am Ostufer des Wolfgangsees. Ein dörflicher Kern, Sommerfrischevillen, gepflegte Uferwege, viel Grün, zwei schöne Strandbäder und die romantischsten Sonnenuntergänge am See – kurzum ein Platz zum Wohlfühlen.

Viele Sehenswürdigkeiten gibt es nicht im Strobler Ortskern, doch der *Dorfplatz*, der in Treppen zum Seeufer hin abfällt und die anschließende, kleine *Seepromenade* mit dem grün-weißen Aussichtspavillon haben ihren Reiz. Gerne lässt man sich auf den Bänken nieder, genießt den Blick nach St. Wolfgang, die Versuche der Wasserskifahrer und die längste Sonne am See – so wie es auch das bronzene „Platonische Liebespaar" zu tun scheint, nur die „Zwei Kraniche" stochern unbeeindruckt im Goldfischbecken herum. Beide Skulpturen schuf die Stroblerin *Eva Maria Mazzucco*, wie auch den „Hanns Strobl" am Dorfplatz vor der Kirche. Von ihm, einem reichen Handelsmann im 16. Jh. mit strubbeligem Haar, leitet sich der Ortsname ab. Die schlichte, vom Friedhof umgebene *Kirche St. Sigismund*, deren Zwiebelhaubenturm teils mit Wetterschindeln beschlagen ist, wurde 1761 geweiht und ist im pastellfarbenen Inneren spätbarock ausgestattet. Im Ort finden sich einige Sommerfrischevillen aus der Jahrhundertwende, darunter die *Deutsch-Villa* (1904/23), die – vorbildlich saniert – als Kunstzentrum genutzt wird (www.deutschvilla.org). Ein prächtiger Landsitz unweit der B 158 wurde in eine private Kuranstalt integriert.

• *Information* **Tourismusverband Strobl**, modernes, großzügiges Büro mitten im Dorf, Juli/Aug. Mo–Fr 9–19, Sa 10–12/14–18, So 10–13 Uhr, sonst Mo–Fr 9–17, Sa/So 10–13/14-17 Uhr. Moosgasse 275, ✆ 06137-7855, www.tiscover.at/strobl.

• *Verbindungen* **Bus**: nach St. Gilgen/Salzburg bzw. Bad Ischl stündl., So nur alle 2 Std.; mit St. Wolfgang stündl.

Schiff: Mai bis Ende Okt. 9–18 Uhr stündl. via St. Wolfgang nach St. Gilgen. Tickets → St. Gilgen.

• *Parken* Im Ortskern 90-Min.-Kurzparkzone 7–19 Uhr (Parkscheibe).

• *Einkaufen* Bauernmarkt, Moosgasse, gegenüber ADEG-Markt, Fr 8–11 Uhr.

• *Übernachten/Essen* ****S **Brandauer's Villen am See**, wunderschöne Anlage in einem Park in Ortsmitte. Die 31 exklusiven Komfortzimmer und Juniorsuiten sind verteilt auf zwei Villen – eine im traditionellen Stil, eine modern. Eigener Badestrand, Leihräder, Sauna. Restaurant mit Kachelofenstube, à la carte 13–18 €. DZ 150–200 €, mit Balkon bis 220 €. Moosgasse 73, ✆ 06137-72050, 📠 06137-720540, www.brandauers.info.

**** **Stroblerhof**, Wellness- und Golfhotel in einem historischen Bürgerhaus von 1774, südlich des Dorfplatzes. Gehobenes Restaurant mit sehr guter Küche, serviert in rustikal-eleganten Räumen (Mo Ruhetag), Menü 15–35 €, à la carte 10–20 €. 35 Komfortzimmer, modernes Badehaus im Garten (Sauna, Dampfbad), eigener Badesteg. DZ 102–130 €. Ischler Str. 16, ✆ 06137-7308, 📠 06137-522860, www.stroblerhof.at.

**** **Hotel Bergrose**, in ruhiger Lage im Ortsteil Weißenbach jenseits der B 158. Restaurant „Rosenstüberl" mit modern rustikalem Ambiente, offenem Kamin und verfeinerter Regionalküche (à la carte 10–18 €). 30 individuell eingerichtete Komfortzimmer und Suiten im Landhausstil. Hallenbad mit Wasserfall, Wellnessbereich. DZ 130–170 €. Weißenbach 162, ✆ 06137-5431, 📠 06137-54315, www.bergrose.at.

*** **Gasthof-Hotel Kirchenwirt**, nettes Wirtshaus am Dorfplatz, gemütliche Stuben, Café-Bar und Gastgarten. Große Auswahl an regionaler Küche, Jausenkarte. 3-Gänge-Menü 11 €, à la carte 7–15 €. Mi Ruhetag. 21 rustikale Komfortzimmer. DZ 80–115 €. Bürglstr. 18, ✆ 06137-7207, 📠 06137-72077, www.kirchenwirt.eu.

Seegasthof Café Lilly, Fischrestaurant an der Seepromenade, punktet mit großen Panoramafenstern zum See. 3-Gänge-Menü 12 €, à la carte 10–17 €. Di Ruhetag. Bürglstr. 116, ✆ 06137-7315.

Haus Pöckl, am nördlichen Ortsrand, unweit der Seeklause, drei nette hell möblierte Komfortzimmer. DZ 46–48 €. Achenstr. 301, ✆/📠 06137-7475, www.hauspoecklonline.at.tf.

Laimeralm, urige Almhütte 3 km oberhalb von Strobl (ab Weißenbach beschildert) mit Seeblick. Hausmannskost, Fr–So ab 10.30 Uhr. Die singende Familie Laimer lädt von Mitte Mai bis Mitte Okt. zu Volks(tümlicher)musik, jeweils So ab 10.30 Uhr (Frühschoppen) und Fr ab 20 Uhr. ✆ 06137-7262, www.laimeralm.at.

Es gibt noch Dutzende Privatquartiere mit 3–4 Betten und Ferienwohnungen → www.tiscover.at/strobl.

Camping Berau, topp ausgestatteter Ganzjahresplatz (Sauna, Restaurant) mit 140 Stellplätzen, 2 km nördlich Richtung St. Wolfgang in einer Privatbucht am See. 26 € für 2 Pers., Auto und Zelt. Schwarzenbach 16, ✆ 06138-2543, 📠 06138-25435, www.berau.at.

• *Nachtleben* **Dorfstadl**, Rustikaldisco, im Sommer Do–Sa ab 21 Uhr, **Billie's Bar**, tägl. (außer Mo) ab 18 Uhr, beide im Hotel Strobler Hof (→ „Übernachten").

• *Baden/Wassersport* zwei gepflegte Strandbäder mit großen Liegewiesen, Spielplätzen, Buffets, Eintritt 3 €, Kinder bis 14. J. frei: **Felmayerbad**, 600 m westlich des Dorfplatzes, sowie das **Waßbad**, 3 km Richtung St. Gilgen, direkt gegenüber von St. Wolfgang, über die B 158 (Wegweiser Gemeindebad) oder den Radweg erreichbar. Surfen, Bootsverleih.

Wasserskischulen an der Seepromenade im Ort, Kurse, Wakeboard, Tube, Banane: Girbl (✆ 0664-2217985) und „Joe" Grabner (✆ 0664-3362889).

• *Bootsverleih* **An der Seepromenade**, Ruder-, Tret- und E-Boote.

• *Radverleih* **Fahrzeughaus Huber**, City-Bikes, MTBs. Mo–Fr 7.30-18, Sa 8–12 Uhr. Salzburger Str. 49, ✆ 06137-7245.

• *Klettern* Am Bürglstein und im Kleefeld gibt es seit 2008 Klettergärten.

• *Veranstaltungen* **Glöcklerlauf**, 5. Januar, Brauchtum. **Strobler Seefest**, Ende Juli/Anf. Aug., Riesenspektakel, www.seefest.org. **Wolfgangsee Literaturtage**, Ende Aug., www.seeliteratur.at. **Wolfgangseer Advent**, Do–So im Advent, Krippendorf.

Sehenswertes/Ausflüge

Bürglsteinpromenade: Der markante bewaldete Buckel, der die Strobler Bucht gegen Norden abschließt ist der 745 m hohe Bürglstein, den es sich zu umrunden lohnt (Weg Nr. 13, 1 Std.). Ausgangspunkt des Spazierwegs ist die *Seeklause* in der

Wassersport in Strobl

nördlichen Fortsetzung der Seepromenade, wo die *Ischler Ache* aus dem Wolfgangsee abfließt und der Seespiegel reguliert wird. Der schönste Teil des Rundwegs ist jener unter den seeseitigen Felswänden, wo es auf Holzstegen über dem einmalig türkisblauen Wasser des Wolfgangsees geht.

Aussichtsturm Blinklingmoos: 1 km westlich von Strobl erstreckt sich in einer verlandeten Bucht des Wolfgangsees das 100 ha große Naturjuwel Blinklingmoos, eines der größten Hochmoore Österreichs. Wegen seiner seltenen Pflanzen (Sonnentau, Türkenbund, Wanzen-Orchis, Rohrkolben) und Vögel (Braunkehlchen, Karmingimpel) ist es streng geschützt. Den besten Überblick gewinnt man von dem 2005 am Bahndammweg (bzw. Salzkammergutradweg) errichteten hölzernen Aussichtsturm.

Wanderweg Vom Strobler Felmayerbad (Parkplatz) am Wanderweg Nr. 10 Richtung Abersee bis zum querenden Moosbach, vor diesem links zum Bahndammweg (Radweg) und auf diesem schnurgerade, am Turm vorbei, zurück (Dauer 1 Std.).

Aberseer Heimatmuseum Lipphaus: 2 km westlich von Strobl steht unweit der B 158 ein 500 Jahre alter, original erhaltener Bauernhof, der nach dem Vornamen des früheren Besitzers Philippus Eisl auch „Lipphaus" genannt wird. In den historischen Stuben werden bäuerliche Arbeitsgeräte, Stücke zur Ortsgeschichte und zur Adventszeit Krippen ausgestellt.

Juni bis Sept. Fr/Sa 14–17, So 10–12 Uhr. Eintritt 2 €, Kinder bis 10 J. frei.

Wildpark Kleefeld: 2 km oberhalb von Weißenbach bei Strobl liegt der modern ausgebaute *Gasthof Kleefeld* (Mi Ruhetag, ✆ 06137-7383, www.kleefeld.at), der von einem riesigen Wildgehege mit 250 Stück Rot- und Damwild sowie Steinböcken umgeben ist. Es gibt auch einen Streichelzoo mit Zwergziegen, Schafen, Hasen, Enten und Gänsen. Der Eintritt ist frei, alle Tiere dürfen gefüttert werden (Futter 1 €). Wildgerichte sind übrigens eine Spezialität des Gasthofs, das sollte man seinen Kindern vielleicht nicht erzählen.

Am Schwarzensee: Der idyllische, blauschwarze See liegt in schöner Landschaft nördlich von Strobl, in einer bewaldeten Senke (716 m) zwischen Wolfgangsee und Attersee, Schafberg und Breitenberg. Von Strobl aus wandert man etwa 1½ Std. hierher (s. u.), vom Südufer des Attersees 2 Std. (→ S. 171). Von Rußbach, 4,5 km nordöstlich von Strobl, führt eine 3 km lange Straße zum Schwarzensee (gebührenpflichtiger Parkplatz). Was man dort macht? Den 2 km langen und bis zu 400 m breiten See umrunden – zu Fuß, im Kinderwagen oder per Rad, angeln (Tageskarten für 14 € im Gasthof „Zur Lore"), sich erfrischen (bis 20 °C) und einkehren.

Essen & Trinken **Alpengasthof Zur Lore**, am Schwarzensee-Südufer, freundliche Wirtin, großer Garten, Fische aus dem See, Hausmannskost, Frühstück, Kuchen. Palmsonntag bis Ende Okt. tägl. 7–22 Uhr. ✆ 0664-8762515, www.schwarzensee.at.

Wanderung 3: Von Strobl zum Schwarzensee

Schlucht, Waldsee, Panoramablicke. Gesamtgehzeit 5 Std., mittelschwer.

Ausgangspunkt ist die Brücke an der **Seeklause** in Strobl (**1**). Man wandert den Achenweg am rechten Ischlufer entlang, unter der Bundesstraße hindurch, bis man nach 20 Min. auf eine Holzbrücke trifft (**2**). Links über die Brücke, wieder scharf links (Weg Nr. 29) und auf einem Wiesenweg kurz flussaufwärts, über den Rußbach und einer schmalen Straße folgend bis vor eine Betonbrücke (**3**, 15 Min.). Nun rechts, und dann geht es immer den Schwarzenbach entlang flussaufwärts, über die Landstraße und in das sich verengende Tal. Vor der Grabnermühle (Bäckerei für Holzofenbrot) rechts hinauf und rechts an einem Kraftwerk vorbei. Dann geht es über den **Wirersteig** (Stufen, Seilgeländer) oberhalb der Schlucht bergauf. Nach seinem Ende (Gedenktafel) folgt ein breiter Weg, der einen bis zum Gasthof „Zur Lore" direkt an den **Schwarzensee** bringt (1½ Std.). Rechts herum umrundet man in 1 Std. auf einer Straße, später auf einem Schotterweg den See, wobei man sich bei den Abzweigungen (**4**) und (**5**) jeweils links hält. Kurz nach dem Almstadl biegt man rechts vom Seeufer ab und geht Richtung St. Wolfgang (Weg Nr. 28). Auf einem Karrenweg durch einen Hochwald gelangt man nach 20 Min. hinauf zu einem **Sattel** (**6**) und dahinter nach weiteren 20 Min. bergab zur Abzweigung (**7**), die nach links Richtung Schwarzenbach (Weg

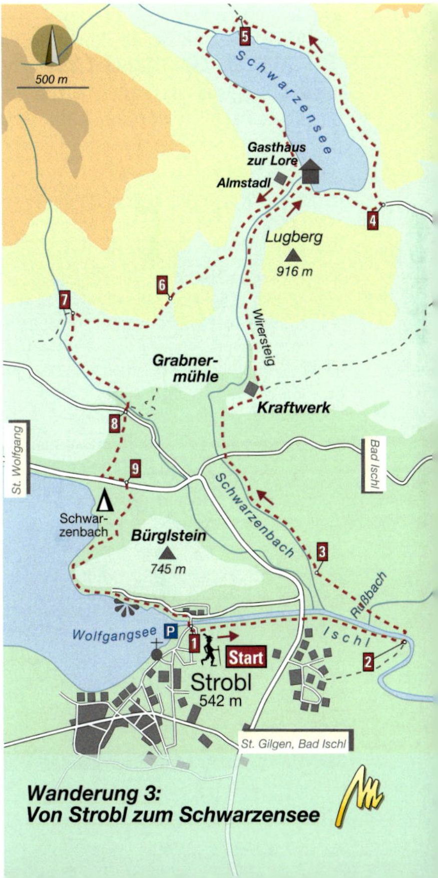

Wanderung 3: Von Strobl zum Schwarzensee

Nr. 29) weist. Man folgt ihr durch Wald bergab und trifft dann auf eine Asphaltstraße (**8**), an der man sich nach rechts wendet, eine Brücke und die Querstraße überquert. Man wandert geradeaus weiter bergauf Richtung Mostbauer, an diesem vorbei und über Wiesen hinab zur Straße am Nordufer des Wolfgangsees. Am Gehsteig 100 m links und dann rechts (**9**) zum **Bürglpanoramaweg**, der den Bürglstein am Seeufer umrundet und zum Ausgangspunkt zurückbringt.

Auf der Postalm

Nach der Seiseralm in Südtirol mit 57 km² ist die Postalm mit 42 km² die größte Hochalm Europas. Ihre sattgrünen Blumen- und Kräuterwiesen erstrecken sich auf rund 1300 m südlich oberhalb von Strobl und sind auf einer kurvenreichen Mautstraße zu erreichen. Die Postalm bietet Spazierwege von Hütte zu Hütte – Aug in Aug mit Pferd und Kuh–, Wanderungen zu Aussichtsgipfeln und Touren mit dem Mountainbike, am besten im Frühsommer zur Almrauschblüte oder im Herbst bei golden verfärbten Lärchen. Im Winter kommen Langläufer, Tourengeher, Schneeschuhwanderer und Skifahrer auf ihre Kosten.

Ursprünglich breitete sich auf der heutigen Almfläche ein riesiges Waldgebiet aus. Vor 300 Jahren wurde es abgeholzt, nachdem die Wälder in den Tälern rar geworden waren, weil die Salinen Unmengen an Holz für das Heizen der Sudpfannen und das Abstützen der Bergwerkstollen benötigten. Die entstandenen Weideflächen nutzten Bergbauern aus dem Salzburgischen für ihr Vieh, wiederaufgeforstet wurde nie. Die „Post“ kam vor die „Alm“, weil ab 1840 die Kutschenpferde der Poststelle Bad Ischl zur Sommerweide hier herauf getrieben wurden. Der ab den 1950er-Jahren einsetzende Rückgang der Almwirtschaft konnte mit dem Bau der Mautstraßen von Strobl 1970 und von Abtenau 1987 aufgehalten werden. Heute weiden von Anfang Juni bis Ende September mehr als 2000 Kälber, Milchkühe, Schafe, Noriker- und Haflingerpferde auf der Alm.

Auf der Postalm

Zahlreiche urige Almhütten und Berggasthäuser laden zur Einkehr, einfache, beschilderte **Rundwege** (s. u.) erschließen den weiten Almboden. Eine **Wanderkarte** (2 €) ist bei der Mautstelle bzw. in den Berggasthäusern erhältlich. Wer Gipfelerlebnisse sucht, kann die an den Rändern der Hochfläche gelegenen Erhebungen *Wieslerhorn* (1603 m; → Wanderung 4), *Pitschenberg* (1720 m; → R 2) *Labenberg* (1642 m; → R 2) und *Braunedelkogel* (1894 m) besteigen. Nicht versäumen sollte man die romantische **Postalmkapelle** unweit des oberen Parkplatzes (P 3). Von ihr hat man einen schönen Ausblick auf die schroffen Felsen des Rinnkogels (1823 m). Wer auf überhängendem Fels zu Hause ist, kann seit 2006 auch die Postalm-Klamm auf einem Klettersteig (s. u.) durchsteigen.

• *Anfahrt/Verbindung* 12 km **Mautstraße** ab Strobl, tägl. 7–21 Uhr. 5 €/Person, Kinder 6–15 J. 2 €. S-Card.

Postbus (ab Strobl Busbhf., Linie 2562): Mitte Mai bis 26. Okt. tägl. 9.45, 15.28 Uhr, Mo–Fr auch 11.45 Uhr. Rückfahrt ab Postalm tägl. 15.55 Uhr. **Skibus**: ab Strobl, Dez. bis Ende März tägl. 9.30 und 12.45 Uhr.

• *Parken* Von Strobl kommend, trifft man zunächst auf die Abzweigungen rechts zum Parkplatz 4 (**P 4**) sowie zum Parkplatz 3 (**P 3**), für die Parkplätze 1 und 2 (**P 1, P 2**) fährt man 1 km geradeaus weiter Richtung Abtenau.

• *Rundwege* **R 1 (Moosbergalm)**: ab P 1, rot, 3 Std. auf schattigen Forststraßen zu den südlichen Almflächen unterhalb des Braunedelkogels, Abstecher zur Rettenegghütte.

R 2 (Pitschenbergalm): ab P 1 oder P 3, blau, 3 Std., auf die westlichen Almflächen unterhalb des Pitschenbergs, Abstecher zu Pitschenberg- und Labenberghütte. Dachsteinblick. Von den Hütten Aufstieg zu Pitschenberg bzw. Labenberg (je 1 Std.).

R 3 (Wiesler- und Thoralm): gelb, 2½ Std., ab P 3 zu den nördlichen Almen, vorbei an den Hütten der Wiesler- und Thoralm und der Postalmkapelle.

R 4 (Lienbachalm): ab P 1 oder P 3, grün, 2½ Std., über die mittlere Alm (Almkäserei).

Almblumenweg: kleine Runde um einen Waldrücken. Kostenlose botanische Führung Juni bis Sept. Di 11 Uhr, Treffpunkt am P 1.

• *Mountainbike* Verleih beim Aktiv Center (beim Parkplatz 2), R 1 ist auch eine Bike-Route.

• *Klettersteig* **Postalm-Klamm**, 5,5 km lang, 500 m Höhenunterschied, 850 m seilgesichert, 4 Seilbrücken, Schwierigkeit D, Durchstieg in 3 Std., Start unweit der Mautstelle, dort Übersichtstafel. Infos unter www.postalm.at.

• *Wintersport* 20 km Skipisten, 8 Lifte, 30 km Loipen. Kinder-Funparks. Tageskarte 26 €. Skiverleih, ✆ 06137-6095, www.postalm.at.

• *Essen & Trinken/Übernachten* Die **Almhütten** sind zur Weidesaison geöffnet und bieten Milch, Käse, Brote, oft auch warme Kost (z. B. Kaiserschmarrn) an. Die **Gasthäuser** sind ganzjährig geöffnet, einige vermieten einfache Zimmer. Informationen dazu im Tourismusbüro Strobl.

• *Einkaufen* **Käserei Schnitzhofalm**, 400-jährige Almhütte unweit des P 2, Käse, Milch, Butter aus eigener Erzeugung, Schaukäserei Di 12 Uhr.

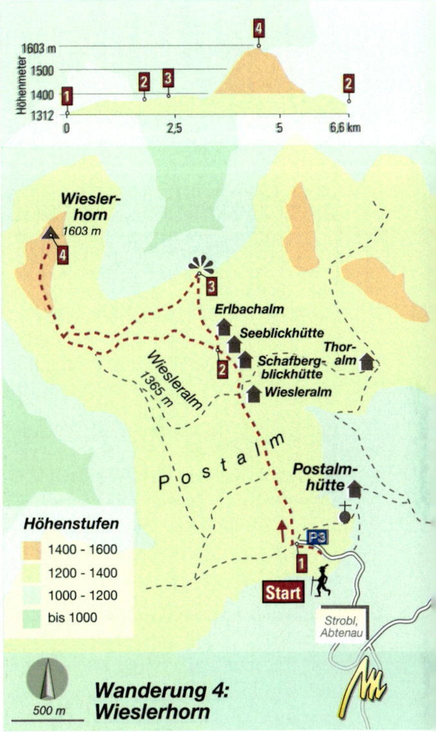

Wanderung 4: Wieslerhorn (1603 m)

Almhütten, Wolfgangseeblick und weidende Kühe. Gesamtgehzeit 2½ Std., mittelschwer.

Ausgangspunkt ist das obere Ende von **Parkplatz 3** (**1**). Von hier folgt man Rundweg 3 (gelb) 30 Min. auf einer Schotterstraße zur Wiesleralm (**2**) mit ihren vier Jausenstationen. An der Erlbachhütte vorbei führt ein Pfad 10 Min. geradeaus zum Abhang mit Wolfgangseeblick (**3**). Nun scharf links unmarkiert quer über die Almwiesen Richtung Wieslerhorn, bis man nach 20 Min.

In St. Wolfgang ideal: Sightseeing mit Tretboot

unterhalb des Anstiegs in den markierten Normalweg einmündet. Auf diesem rechts 30 Min. hinauf, den grasigen Südhang querend, zuletzt etwas ausgesetzt bis zum Gipfel (**4**). Für den Rückweg zur Wiesleralm (30 Min.) nimmt man den Normalweg.

St. Wolfgang

2800 Einwohner, 540 m

Die Wallfahrt und das „Weiße Rößl" machten den Seeort am sonnigen Nordufer berühmt. Seine malerischen Gässchen, der meisterhafte Flügelaltar, die alten Giebelhäuser, der Pilgerweg am Falkenstein und die einzigartige Lage am Fuß des Schafbergs mit der Zahnradbahn bis zu seinem Gipfel ziehen scharenweise Touristen an.

Der zu Oberösterreich gehörende Ort verdankt seinen Namen dem *Hl. Wolfgang*, Missionar und Bischof von Regensburg. Dieser soll sich 976 wegen eines Streits mit dem Baiernherzog vorübergehend in das zum Bistum gehörende Kloster Mondsee und von dort in die einsamen Wälder am damaligen Abersee zurückgezogen haben. Hier lebte er als Einsiedler und gründete eine Kirche, die nach seiner Heiligsprechung 1052 bald Ziel von Wallfahrern wurde. Bis ins 15. Jh. entwickelte sich St. Wolfgang zu einem der größten Pilgerorte Europas – nach Rom, Aachen und Einsiedeln. Im 18. Jh. ging aufgrund der aufgeklärten Reformen Josephs II. die Wallfahrt stark zurück und St. Wolfgang verarmte. Erst als Kaiser Franz Joseph um 1850 das nahe Bad Ischl zu seinem Sommersitz wählte, kamen die Gäste zurück, diesmal als Sommerfrischler. Ausflugsschiffe und die Zahnradbahn auf den Schafberg gingen in Betrieb. Den größten Werbeeffekt hatte allerdings die 1930 in Berlin uraufgeführte Operette „Das Weiße Rößl". Die damit gemeinte Gastwirtschaft gleichen Namens ist heute zu einem großen Romantikhotel mit geheiztem Bad und Whirlpool – beides im See – angewachsen.

Praktische Informationen

• *Information* **Kurdirektion**, Infobüro an der Ortsumfahrung kurz vor dem Tunnel rechts. Juni bis Sept. Mo–Fr 9–19, Sa 8–12/14–18, Juli/Aug. auch So 14–18 Uhr. Okt. bis Mai Mo–Fr 9–17, Sa 9–12 Uhr. ✆ 06138-8003. Information Markt (im Michael-Pacher-Haus), nur Juni bis Sept. Mo–Fr 9–12/14–17 Uhr. ✆ 06138-20300, www.stwolfgang.at, www.wolfgangsee.at.

• *Verbindungen* **Bus**: nach Strobl 1x ständl., dort umsteigen Richtung Bad Ischl bzw. Salzburg.

Schiff: legt an in St. Wolfgang/Markt und beim Schafbergbahnhof, Mai bis Okt. 9–18 Uhr ständl. in alle Richtungen, Jan. bis April Do/So 4x tägl. mit St. Gilgen. Überfuhr Greinz → „Abersee", S. 122.

• *Parken* Die Ortsmitte ist Fußgängerzone, gebührenpflichtige Parkplätze am Ortsrand oder in der Parkgarage beim westlichen Tunnelportal (30 Min. frei, 9–18 Uhr 0,80 €/Std., 8 €/Tag) → „Tipp" S. 122.

• *Einkaufen* **Benediktiner Seifenmanufaktur (8)**, altes, wieder belebtes, regionales Handwerk, beliebt sind v. a. die Seifenrosen. Tägl. geöffnet, Pilgerstr. 9.

Lebkuchen → „Cafés"

Trachten Hödlmoser (10), Traditionsgeschäft mit drei Filialen, die größte gegenüber der Kirche, tägl. geöffnet. www.trachten-hoedlmoser.com.

Tucek – das Salzkontor (17), Altausseer Natursalz- und Himalayasalzprodukte zum Würzen, Baden, für die Sauna, Salzlampen; tägl. geöffnet, Markt 72, unweit des „Weißen Rößls". Filialen mit Räucher- und Selchwaren und Dekorationsgemüse in der Pilgerstraße. www.salzkontor.at.

Ansonsten viel alpenländischer Souvenirkitsch.

Übernachten/Essen (→ Karte S. 132/133)

• *Übernachten* ****** Im Weißen Rößl (18)**, weltberühmtes Romantikhotel mit 55 Komfortzimmern, 28 Suiten und 12 Appartements, verteilt auf 9 Häuser. Spa im See mit geheiztem Seebad (30° C) und Whirlpool, leider wenig Liegefläche. Viel Wirbel im Haus. DZ 150–270 €, Suiten bis 360 €. Markt 74, ✆ 06138-23060, 📠 06138-23069941, www.weissesroessl.at.

****** Furian (3)**, freundliches Wellness- und Sporthotel unweit der Schafbergbahn. 14 moderne, schöne Komfortzimmer (Marmorbad) mit Balkon und Seeblick. Privatstrand mit Bar und Wasserskischule, Leihräder. DZ 140–220 €. Sternallee 196, ✆ 06138-80180, 📠 06138-801830, www.wasserskihotel.at.

****** Försterhof (2)**, 800 m westlich der Ortsmitte, rustikal dekoriertes Traditionshotel mit 48 Komfortzimmern, großteils mit Balkon. Eigener Badeplatz am See. Nov./April geschl. DZ 82–140 €. Ried 14, ✆ 06138-2535, 📠 06138-253546, www.foersterhof.at.

****** Seeböckenhotel „Zum Weißen Hirschen" (20)**, freundlicher, familiärer Betrieb direkt am See in einem alten Bürgerhaus (1476) gegenüber dem Weißen Rößl. 20 Komfortzimmer und 3 Suiten, alle 2002 neu eingerichtet, teils mit Balkon. Badestrand, Whirlpool, Sauna, Sonnenterrasse. DZ 128–200 €. Markt 73, ✆ 06138-2238, 📠 06138-223888, www.weisserhirsch.at.

***** Anzengruber (12)**, kleines Hotel-Garni in zentraler Lage mit 6 elegant möblierten Komfortzimmern – alle mit Seeblick und Balkon. Privater Badeplatz am See. DZ 80–90 €. Michael-Pacher-Str. 115, ✆ 06138-2370, 📠 06138-237033, www.hotel-anzengruber.at.

**** Gasthof Franz-Josef (19)**, zentral und direkt am Seeufer, 3 Etagen, kein Lift. 10 rustikal möblierte Komfortzimmer (teils mit Himmelbett) zu günstigen Preisen. Internetcorner. April bis Okt. geöffnet. DZ 56–64 €, mit Seeblick 10 € mehr. Markt 185, ✆ 06138-23540, 📠 06138-235460, www.franz-josef.co.at.

***** Gästehaus Buchinger (5)**, traditionelles, neu renoviertes Gästehaus 1 km westlich der Ortsmitte direkt am Seeufer mit Badesteg. Freundliches Ambiente. 11 schöne Komfortzimmer, Gratis-Leihräder. DZ 60–84 €. Ried 44, ✆ 06138-2331, 📠 06138-233140, www.garni-buchinger.at.

***** Pension Menkens (9)**, freundliches Gästehaus in Hanglage, 100 m oberhalb der Ortsmitte mit Sonnenterrasse. Fünf nicht mehr topmoderne, aber sehr saubere Komfortzimmer mit Balkon, kleiner Badeplatz am See. DZ 60–64 €. Markt 127, ✆/📠 06138-2960, www.menkens.at.

Gästehaus Limbacher (16), gute Lage 200 m oberhalb der Ortsmitte, fünf neu möblierte Komfortzimmer mit Balkon. DZ 60 €. Am Deschbühel 57, ✆/℻ 06138-2420, www.tiscover.at/limbacher.

Preiswerte Unterkünfte gibt es v. a. in **Ried**, 3 km westlich von St. Wolfgang. Auskünfte dazu in der Information.

Seecamping Appesbach (22), 1,5 km östlich außerhalb, direkt am See. 170 Stellplätze, gut und modern ausgestattet inkl. Restaurant. Ganzjährig geöffnet. 25 € für 2 Pers., Auto und Zelt. Au 99, ✆ 06138-2206, ℻ 06138-220633, www.appesbach.at.

• *Essen & Trinken* **Im Weißen Rößl (18)**, → „Übernachten", bekanntestes Gasthaus im Salzkammergut. „Seerestaurant" mit Terrasse im Erdgeschoss direkt am Ufer. Eher kleine Auswahl österreichischer Gerichte (12–20 €), der Service bei unserem Besuch unfreundlich und überheblich. Im 1. Stock Gourmetlokal „Kaiserterrasse" (nur abends, Hauptgerichte ab 24 €).

Joseph's – die Neuen am See (4), kleine, elegante Restaurant-Bar mit 8 Tischen im Hotel Seevilla, Terrasse am Seeufer. Kreativ verfeinerte Regionalküche, gute Weine, freundlicher Service. Es gibt je zwei 4- bis 6-Gänge-Menüs (54–86 €). Mi–Sa 17.30–22.30, Fr–So 11.30–14 Uhr. Markt 17, ✆ 06138-20460, www.josephs.at.

Hupfmühle (1), empfehlenswertes Fischwirtshaus, romantisch versteckte Lage am Rand der Dittelbachschlucht, fangfrische Forellen und Saiblinge, gebraten oder pochiert, mit Beilagen ca. 15 €, herrliche süße Strudel, idyllischer Gastgarten. Mo/Di Ruhetag. Au 1, ✆ 06138-2579. www.hupfmuehle.at.

Seeböckenhotel „Zum Weißen Hirschen" (20), → „Übernachten", schöne, große Seeterrasse, österreichische Küche, Wild, Lamm, Hauptgerichte 9–17 €. Kaffee und Eisbecher. Küche durchgehend.

Gasthof Weißer Bär (13), in Ortsmitte, modern-rustikal renoviert, gutbürgerliche Küche, große Speisenauswahl, auch Vegetarisches und Salate, großer Gastgarten, preiswert, durchgehend Küche. Markt 88, ✆ 0613820333, www.weisserbaer.at.

Fischergartl (21), die Fischerei Höplinger bietet eine kleine Auswahl an warmen Fischgerichten direkt am Seeufer, Juni Fr–So, Juli/Aug. 11.30–14/17.30–21 Uhr. Markt 79, ✆ 06138-22241, www.fischergartl.at.

• *Cafés* **Lebzelterei-Konditorei Wallner (11)**, seit 1520, bekannt für das „Wolfganger Pilgerbrot", ein Honig-Lebkuchen. Es gibt Kaffee, Eisbecher, Mehlspeisen. Gegenüber der Kirche, tägl. geöffnet. Markt 29, www.lebkuchen.co.at.

Konditorei Gandl (15), Traditionsbetrieb seit 1781, Schaubäckerei, bekannt für Lebkuchen und Nusstorte. Stöckl 84, tägl. 7–18, im Winter erst ab 14 Uhr.

• *Bars/Nachtleben* **Bar Peter Grabovski (14)**, tägl. 12–4 Uhr, moderne Bier- und Weinbar. Michael-Pacher-Str. 54.

Kap Horn (7), gemütliche, neu herausgeputzte Bierbar mit Cocktails, Snacks, tägl. außer Di 17–4 Uhr, Michael-Pacher-Str. 13, www.kap-horn.at.

Disco Shooters (6), Dancing-Drinking-Fun ist das Motto tägl. ab 21 Uhr, Mi Karaoke. Neben Kap Horn.

Freizeit/Veranstaltungen

• *Baden/Wassersport* Ein großes Stran d-bad gibt es nicht. Badeplatz **Bacherlwiese**, 2 km östlich von St. Wolfgang, beim Camping Appesbach, große Liegewiese, schöner Ausblick. Eintritt 2 €, Kinder 1 €. Pkw 3 €.

Strandbad Ried, 800 m westlich der Schafbergbahn, kleine, ruhige Anlage, Bootsverleih, Sprungturm, Strandcafé. Eintritt 4 €, Kinder 2 €. 9–19 Uhr. ✆ 06138-2587.

Wasserskischule Stadler, Seepromenade, Kurse, 1 Runde 10 €, ✆ 0664-4017536, www.schi-total.com.

Sportcamp Raudaschl, Wassersportzentrum von Walter Raudaschl (Surfvizeweltmeister, Bruder des segelnden Rekordolympioniken und Segelmachers Hubert Raudaschl), Kurse in Segeln, Cat-Segeln, Surfen, Wasserski etc. Ried, ✆ 06138-2916, www.sportraudaschl.at.

• *Fischen* Tages-/ Wochenkarten u. a. bei Fischerei Höplinger unweit des Uferplatzes, ✆ 0664-5034734.

• *Bootsverleih* An der Seepromenade und am Uferplatz, Elektro- und Tretboote.

• *Radverleih* **RB Pro Travel**, bei der Schiffsstation, Mai bis Mitte Okt. tägl. 9–18 Uhr. City- u. Trekkingbikes, MTBs. S-Card. ✆ 06138-2525, www.protravel.at.

• *Heißluftballon* **Ballon & Airship Company**, Fahrt über die Seen 350 €/Person, S-Card. Büro an der Straße zwischen Strobl und St. Wolfgang, Mo–Do 10–12 Uhr, ✆ 06138-3027, www.freiheit.at.

- *Kinder* **Strowogi**, Kinderprogramm im Juli/Aug. Mo–Fr, z. B. Reiten, Schifffahrt, Feuerwehr. Unkostenbeiträge 5–15 €. Anmeldung in den Touristbüros.
- *Veranstaltungen* **Glöcklerlauf**, 5. Jan., Brauchtum. **Shake-the-Lake-Festival**, Ende Mai, int. Boogie'n'Blues Festival (seit 1995). **Schafberglauf**, „Mensch gegen Dampflok", Juli. **Wolfgangsee Challenge**, härtester Cross-Triathlon Österreichs, Juli. **Sommer Nächte**, Ufer-, Markt- und Postplatz werden Bühne, Juli/Aug. Mo 19–23 Uhr, **Internat. Kirchenkonzerte**, Juli/Aug. jeweils So. **Scalaria Air Challenge**, Juli, spektakuläre Flugshow, u. a. mit Wasserflugzeugen. **Operettenabende**, Juni bis Aug. Fr 20.30 Uhr, Michael-Pacher-Haus. **Internat. Lauf um den See** (27 km, Rekord ca. 86 Min.), 3. So im Okt. **Wolfgangseer Advent**, mit Riesenlaterne im See, Markt, Ausstellungen, Do–So im Advent, www.wolfgangseer-advent.at.

Sehenswertes/Ausflüge

Wallfahrtskirche mit Michael-Pacher-Altar: Das außen schlichte Gotteshaus erhebt sich auf einer arkadengesäumten Aussichtsterrasse direkt über dem Seeufer. An dieser Stelle soll einst die vom *Hl. Wolfgang* gegründete Kirche gestanden haben, sicher belegt ist ein erster Bau im 12. Jh. Von ihm hat sich der massive, romanische Turm erhalten, dem man im 18. Jh. die markante Barockhaube aufsetzte. Der Rest der Kirche, ein zweischiffiger, von Netzrippen überwölbter Bau, stammt aus der Spätgotik. Das südliche Schiff ist länger und birgt in seinem Chorraum den Pacheraltar. Der gesamte Innenraum der Kirche wurde 1625 frühbarock ausgemalt.

Der **Pacheraltar** ist ein einzigartiges Meisterwerk spätgotischer Schnitzkunst. 10 Jahre lang, 1471–81, arbeitete der Südtiroler Meister *Michael Pacher* an dem 11 m hohen und 6,5 m breiten Doppelflügelaltar mit 71 geschnitzten Figuren und 16 Tafelbildern. Auftraggeber war das Kloster Mondsee, zu dem der florierende Wallfahrtsort damals gehörte. Bei geschlossenen Flügeln sieht man die Werktagsseite mit vier Bildern zur Vita des Hl. Wolfgang. Die Sonntagsseite mit offenen Außenflügeln zeigt acht Szenen aus dem Leben Jesu. Nur an höchsten Feiertagen wurde der Altar ganz geöffnet und gab den Blick frei auf das golden gefasste Schnitzwerk mit der Krönung Mariens, flankiert von Wolfgang (links) und Benedikt und umgeben von vier Tafelbildern zum Leben Mariens. Heute ist der Altar grundsätzlich ganz geöffnet, die Sonntagsseite ist nur in der Fastenzeit und die Werktagsseite in der Karwoche zu bewundern. Dann sind auch die beiden Schreinwächter sichtbar, die lebensgroßen Ritterheiligen Georg und Florian, von denen sonst nur die Lanzenspitzen über die Flügel ragen. Stets zu bestaunen sind Gottvater und die Kreuzigungsgruppe im türmchenreichen Gesprenge über dem Altar. Dass der Pacheraltar heute noch hier steht, ist dem Barockbildhauer *Thomas Schwanthaler* zu verdanken. Er fertigte 1675 den von einem Renaissancegitter umzäunten **Doppelaltar** in der Mitte der Kirche. In hochbarockem Gold zeigt er zwischen gedrehten Säulen die Heilige Familie und eine Sitzfigur des Hl. Wolfgang (rechts). Der Altar sollte den damals als unmodern geltenden Pacheraltar ersetzen, was Schwanthaler verhinderte, indem er sein Werk auf die Kirchenmitte zuschnitt. Drei spätbarocke Altäre, die üppig verzierte Kanzel und den Schmerzensmann im Nordschiff der Kirche steuerte *Meinrad Guggenbichler* 1706 bei.

Ziel der Wallfahrer ist die Wolfgangkapelle, die links vom Schwanthaler-Altar über Stufen zu erreichen ist. Sie wurde 1713 als letzter Anbau an die Kirche errichtet und überdachte die früher im Freien befindliche Klause des Hl. Wolfgang und den umzäunten Bußfelsen, dessen Vertiefungen Körperabdrücke des Heiligen sein sollen.

Tägl. 8–19, im Winter 8-16 Uhr, Eintritt frei. Ein kleines Museum im Turm der Kirche zeigt Stücke zur Wallfahrt. Mai bis Sept. Di–Fr 14–16 Uhr, Eintritt 1,50 €.

Marktplatz von St. Wolfgang

Pilgerbrunnen, Marktplatz, Pilgerstraße: Links um die Kirche herum, trifft man unter Bäumen und einem Renaissanceüberbau auf den spätgotischen *Pilgerbrunnen* (1515), der von einer Wolfgangfigur bekrönt ist. Der schlossähnliche Barockbau nebenan diente im Mittelalter als Pilgerhaus, heute ist er Sitz der Herrschaft St. Wolfgang, zu der Teile des Sees und viel Wald gehören. Steigt man die Treppen zum *Marktplatz* hinab, warten gleich links Pferdekutschen auf Kundschaft. Geradeaus fällt der Blick auf das schöne Bürgerhaus mit den barocken Fassadenfresken. Hier verkauft die Familie Wallner seit 1529 Lebkuchen, die wegen ihrer langen Haltbarkeit bei Pilgern als Wegzehrung beliebt waren. Vom Marktplatz führt die von vielen Geschäften gesäumte *Pilgerstraße* ans westliche Ende der Fußgängerzone. Von dort sind es noch 500 m bis zur Schafbergbahn (s. u.).

Kutschenfahrten 25-Min.-Runde 21 € pro Kutsche (max. 6 Pers.)

Uferplatz und „Weißes Rößl": Wer in der Fußgängerzone, die von einigen Bürgerhäusern aus dem 16. bis 18. Jh. gesäumt ist, auf welchem Weg auch immer stets bergab läuft, gelangt zum winzigen *Uferplatz am See*, der von Restaurants, Souvenirshops und großen Hotels umgeben ist, darunter auch das berühmte *Weiße Rößl*, das sich heute aus neun (!) Häusern zusammensetzt. Vom See hat man hier wenig, es sei denn, man macht eine (Tret-)Bootfahrt oder kehrt auf einer Seeterrasse ein. Einen Häuserblock weiter östlich legen die Linienschiffe an.

Seepromenade: Das Seeufer ist 500 m östlich der Ortsmitte auf einer kurzen, mit Blumenbeeten versehenen Seepromenade zugänglich. Von hier hat man einen schönen Blick auf See, Kirche und gegenüberliegende Bergwelt, wie Sparber und Bleckwand. Denkmäler erinnern an *Ralph Benatzky* und *Robert Stolz*, die musikalischen Väter des „Weißen Rößls". Der moderne, schlossartige Komplex mit den grünen Türmchen, den man von hier sieht, ist das 1998 eröffnete Eventresort *Scalaria*. Es entstand um ein historisches Schlösschen von 1890 und veranstaltet extravagante Shows für internationale Firmen.

„Im Salzkammergut da kann man gut lustig sein"

... oder „Was kann der Sigismund dafür", „Im Weißen Rößl am Wolfgangsee" und „Mein Liebeslied muss ein Walzer sein" – die Melodien stammen aus der berühmten Operetten-Revue „Weißes Rößl", die nach ihrer Uraufführung 1930 in Berlin ein weltweiter Kassenschlager wurde: 1000 Vorstellungen in Berlin, München und Wien, 650 in London, über 200 in New York, in 17 Sprachen übersetzt, in den 1950ern dreimal verfilmt, unter anderem mit den Publikumslieblingen *Waltraud Haas* und *Peter Alexander*. Für die beschwingten Schlager verantwortlich waren die damals besten Komponisten dieses Genres: *Ralph Benatzky*, *Robert Stolz* und *Bruno Granichstaedten*. Das Libretto basierte auf einem alten Lustspiel von 1893 mit einer Handlung so simpel wie die Liedtexte: Die fesche Wirtin vom „Weißen Rößl" wird von reichen Gästen umworben, verliebt sich in den hauseigenen Kellner Leopold und heiratet ihn zum Schluss. Wer nun meint, *Oskar Blumenthal*, der Berliner Autor dieser von Goldonis „Mirandolina" inspirierten Komödie hätte dabei das „Weiße Rößl" in St. Wolfgang vor Augen gehabt, irrt: Das originale „Weiße Rößl" stand unweit seiner Sommervilla (→ Kasten S. 150) in Lauffen südlich von Bad Ischl. Um 1890 war es ein beliebtes Ausflugslokal mit hübscher Wirtin, der Blumenthal ein Denkmal setzten wollte. Als es in den Zwanziger Jahren geschlossen wurde und auch das Stück allmählich in Vergessenheit geriet, nutzte die Wirtin des „Weißen Rößls" in St. Wolfgang die Gunst der Stunde und schmückte sich mit fremden Federn. Auch der Berliner Theaterdirektor *Erik Charell*, der in den 1930ern gern am Wolfgangsee weilte, saß dem Irrtum auf und gab die Operetten-Revue über das St. Wolfganger „Rößl" in Auftrag.

Kalvarienberg und Dittelbachschlucht: Wegen des Seeblicks lohnt sich der Aufstieg (15 Min.) zur Kalvarienbergkirche oberhalb des Orts, der beim Marktplatz beginnt (rechts am „Schwarzen Rößl" vorbei). Landschaftlich reizvoll ist es, vom Kalvarienberg (50 m hinter dem Kirchlein) auf dem fast ebenen Waldweg Malersteig weiter westlich zu den Dittelbachfällen zu wandern. Diese rauschen unterhalb der Hupfmühle (→ „Essen") in der Schlucht des Dittelbachs, der die Grenze zwischen den österreichischen Bundesländern Oberösterreich und Salzburg markiert. Für den Rückweg geht man zurück zur Fahrstraße oberhalb der Hupfmühle, folgt dieser kurz bergab und wendet sich dann links in den Weg, der direkt in die Ortsmitte führt (ca. 1 Std.).

Ried: Die entlang der Uferhänge verstreute Siedlung westlich von St. Wolfgang gehört zu St. Gilgen und somit zum Land Salzburg. Was etwas unpraktisch ist, zumal der Weg dorthin für Autofahrer rund um den See führt. Typisch salzburgische Bauerngehöfte, stattlich und blumengeschmückt, sorgen für die ländliche Idylle in Ried. Beliebt ist der Spaziergang von St. Wolfgang (Sternallee) auf der aussichtsreichen *Oberen Rieder Straße* auf halber Hanghöhe entlang des Seeufers Richtung Westen. Nach 2,5 km mündet diese bald nach der Schiffsstation Ried-Falkenstein in die *Untere Rieder Straße*. Diese entlang dem Seeufer oder per Schiff wieder zurück.

Schiffsverkehr Falkenstein – St. Wolfgang Mai bis Okt. 9- bis 11x tägl., Ticket 2,90 €

Wallfahrerweg über den Falkenstein (795 m): Der letzte Abschnitt des alten Pilgerwegs nach St. Wolfgang führt über den 795 m hohen Falkenstein, vorbei an der Einsiedelei des Heiligen und anderen geheimnisvollen Stätten. Sie sind heute mit Tafeln beschriftet und machen den romantischen Weg zwischen St. Wolfgang und der Fürbergbucht bei St. Gilgen (→ dort) zu einer beliebten Halbtagestour (Weg Nr. 28, Gehzeit 1½ Std. einfach, feste Schuhe. Rückfahrt per Schiff von Mai bis Okt. möglich):

Von St. Wolfgang wandert man entlang der Oberen Rieder Straße und dann geradeaus weiter 2,5 km (30 Min.) bis Ried. 200 m vor Straßenende zweigt bei der **Dichtlkapelle** rechts der breite Wanderweg ab. Mäßig steil geht es durch den Wald bergauf, vorbei an einem Schalenstein, der als Rastplatz des Heiligen gedeutet wird, bis zu einem Sattel, von dem der *Hl. Wolfgang* einst seine Axt ins Tal warf. Ihr Fundort – immerhin 4 km entfernt – soll ihm den Bauplatz für die Kirche gewiesen haben. Links bietet sich ein Abstecher zum exponierten **Aberseeblick** am Gipfel des Falkensteins an. Wieder zurück, geht es in einem grünen Hochtal weiter zu zwei Kapellen, in denen ein Felsen mit dem angeblichen Abdruck des Heiligen und eine von ihm zum Sprudeln gebrachte Heilquelle die Pilger auf Wunder hoffen ließen. Für einen erneuten Blick auf den See gibt es linker Hand den Abstecher zum **Scheffelblick**. Geradeaus erspäht man bereits die idyllische, an eine Felswand gelehnte **Falkensteinkirche**. Sie wurde 1626 über der Felshöhle des Hl. Wolfgang errichtet, in der er als Eremit gelebt haben soll. Sein Felsenbett präsentiert sich heute als ein von vielen Pilgern glatt polierter Durchkriechstein – beim Durchschlüpfen soll man seine Krankheiten abstreifen können. Nach der Kirche geht es in steilen Kehren durch den Wald hinunter zum Gasthof Fürberg und zur Schiffsstation (→ S. 118).

Schafberg (1782 m)

Zum touristischen Pflichtprogramm gehört die Fahrt mit der traditionsreichen Zahnradbahn auf den Schafberg, der sich zwischen Wolfgang-, Mond- und Attersee mächtig aufbäumt und in senkrechten Felsabstürzen gegen Norden abfällt. Von seinem Gipfel hat man eine gewaltige Rundsicht vom Böhmerwald über Dachstein- und Totes Gebirge bis zum Watzmann – fünf große und neun kleine Seen inklusive.

Schon Mitte des 19. Jh. ließen sich Sommergäste von kräftigen Burschen im Tragsessel auf die Schafbergspitze bringen. 1862 wurde ein erstes Hotel am Gipfel erbaut, und 1892 begann die Firma *Stern & Hafferl*, noch heute ein wichtiges Unternehmen der Region, mit dem Bau der Zahnradbahn, die bereits ein Jahr später fertig gestellt war: Die 5,85 km lange Strecke überwindet einen Höhenunterschied von 1190 m und ist damit die steilste Zahnradbahn Österreichs. Die Waggons werden von Dampflokomotiven, darunter sechs mit Kohle befeuerte aus den Jahren 1893/94, nach oben geschoben. Warum die Loks in der Talstation seltsam schief aussehen, merkt man unterwegs, wenn man wegen der bis zu 26%igen Neigung als Passagier fast von den bergseitigen Bänken rutscht.

Der kürzeste Fußweg auf den Schafberg ist der *Riedersteig* (Weg Nr. 23/20). Er zweigt in der Sternallee ab und führt über Dorneralm und Schafbergalpe, meist parallel zur Bahntrasse nach oben (feste Schuhe!). Die Gehzeit beträgt 3½ Std. (der Rekord beim Schafberglauf liegt unter 45 Min.).

• *Zahnradbahn* Mai bis Ende Okt. tägl. 9–15 Uhr 1x stündl. Juni bis Ende Sept. Di Sonnenuntergangsfahrten. Hin- und Rückfahrt bis Schafbergspitze (1734 m) 27,80 €,

Spektakuläre Lage: Schutzhaus Himmelspforte am Schafberg

einfach 19 €, bis Schafbergalpe (1363 m) 22,20 € bzw. 13,40 €. Kinder 6–14 J. 50 %. S-Card! Bei kohlebefeuerter Dampflok 6 € (Kinder 4 €) Nostalgiezuschlag. www.schafbergbahn.at.

• *Übernachten/Essen* **Berghotel Schafbergspitze**, seit 1862 bestehendes, großes Hotel. Viele Gasträume, umfangreiche Speisekarte. Terrasse, Küche tägl. 11–21 Uhr. Nette Komfortzimmer mit Südbalkon, 60 Betten. DZ 76 €. Anfang Mai bis Ende Okt. geöffnet. Ried 23, ✆ 06138-3452, www.schafberg.net.

Schutzhaus Himmelspforte, Gasthaus am Gipfel, Küche Mai bis Okt. tägl. 10–17 Uhr, ✆ 0664-4331277.

Gasthaus Schafbergalpe, Küche Mai bis Okt. tägl. 10–22 Uhr, ✆ 0664-4354450, www.schafbergalpe.com.

Wanderung 5: Abstieg vom Schafberg über die Vormaueralm

Zahnradbahn, Panorama, Felsensteig, Alm. Gesamtgehzeit 4¼ Std., mittelschwer.

Ausgangspunkt ist die **Bergstation** der Schafbergbahn (**1**). Am Ende der Geleise zweigt links der Pfad Richtung **Purtschellersteig** (Weg Nr. 17) ab. Über Almwiesen geht es bergab, nach 10 Min. quert man die Bahntrasse und wandert dann durch abschüssige, felsdurchsetzte Grashänge (Vorsicht!), vorbei an einer Höhle (Wetterloch) und erreicht nach 30 Min. eine kurze, exponierte Stelle: Drahtseilgesicherte, aus dem Fels geschlagene Stufen leiten über eine 30 m hohe Felsflanke hinab. Danach auf schmalem Pfad durch den steilen Gras-, später bewaldeten Hang 40 Min. weiter bis zur Einmündung des Himmelpfortsteigs. Von hier schräg links kurzer Abstecher zum kreisrunden, schattigen **Mönichsee** (**2**). Vom See zurück, geht es links (Weg Nr. 27) weiter durch einen lang gezogenen Wald- und Wiesenrücken, den man auf einem Pfad, später einer Schotterstraße 30 Min. durchquert, bis man die Kuhweide und 10 Min. sanft bergan die Hütten auf der **Vormaueralm** erreicht (**3**, Schafbergblick!). Von der obersten Almhütte lohnt sich der Abstecher (25 Min.) über die Wiesen hinauf zum Felsgipfel des **Vormauerstein** (**4**, Kreuz,

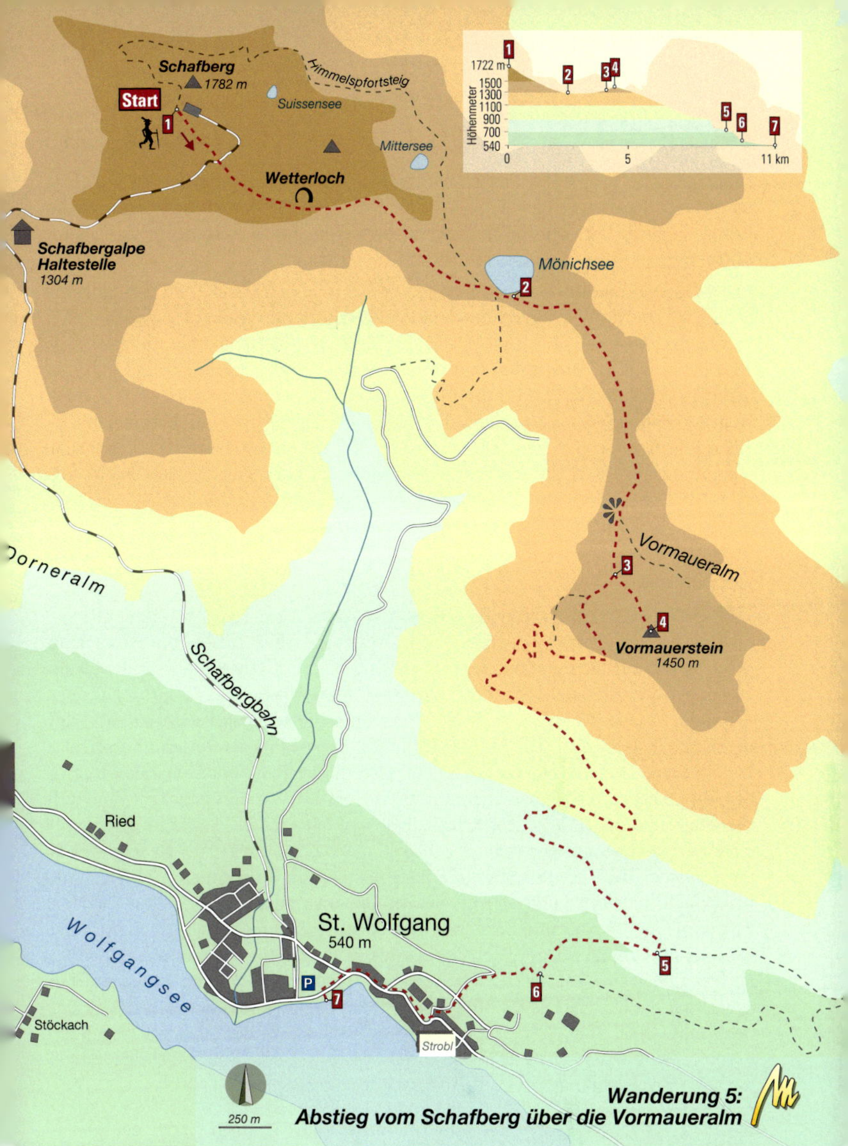

Wolfgangsee- und Atterseeblick). Wieder zurück, beginnt am oberen Rand der Alm (Wegweiser bei einem Baumgrüppchen) der **Vormauerweg** (Weg Nr. 26) nach St. Wolfgang. Auf einer Schotterstraße geht es 1½ Std. in weiten Kehren bergab, bis nach rechts ein grüner Wegweiser nach St. Wolfgang weist (**5**). Nach 15 Min. trifft man bei den ersten Häusern (Ahornplatz) auf eine Straßenkreuzung (**6**), wo man rechts (Weg Nr. 28) abbiegt. Durch den Ort und entlang der Seepromenade erreicht man den Bahnhof der Schafbergbahn (**7**).

Bad Ischl

13.400 Einwohner, 468 m

Die idyllische Kleinstadt im Zentrum des Salzkammerguts ist der wohl berühmteste Kurort Österreichs. In der einstigen Sommerfrische von Kaiser Franz Joseph ist die Habsburgermonarchie noch lebendig wie kaum anderswo.

Bad Ischl liegt in einer von bewaldeten, bis 800 m hohen Bergkegeln umstandenen Senke, wo die vom Wolfgangsee kommende Ischl in die Traun, den größten Salzkammergutfluss, mündet und sich beide Gewässer hufeisenförmig um das Stadtzentrum legen. Im Südwesten ragt der mit einem Sender markierte und mit einer Seilbahn erschlossene Aussichtsgipfel der *Katrin* (Betonung auf a) in die Höhe. Das Ischler Ortsbild prägen repräsentative Bauten der Salzfertiger und Sommerfrischevillen aus der Gründerzeit. Der für einen Kurort obligatorische Park ist klein. Hauptflaniermeile ist die Esplanade am Traunufer, nicht zuletzt, weil es hier eine elegante Dependance des „Zauners" gibt, jener Ischler Konditorei, die für viele noch vor der Kaiservilla Hauptattraktion des Ortes ist.

Geschichte

1392 wurde erstmals ein nach dem Fluss genanntes „Dorf Yschl" erwähnt. 1514 erhielt es das Recht zum Salzhandel, 1563 wurde der Ischler Salzberg in Perneck angeschlagen, und die erste Saline ging in Betrieb. Die Methode des Ischler Arztes *Dr. Josef Götz*, rheumatische Salinenarbeiter mit warmer Sole zu kurieren, übernahm der Wiener Medicus *Dr. Franz Wirer* für seine adeligen Patienten und eröffnete 1823 in Ischl ein Heilbad. Als sich in der bis dahin kinderlosen Ehe von Erzherzog Franz Carl und Sophie nach einer Ischler Kur 1830 hintereinander drei Buben, die „Salzprinzen", einstellten, war das die perfekte Werbung für den Kurort. In der Folge entstanden Kurtheater, Esplanade und feine Hotels. Franz Joseph, der älteste der Salzprinzen und seit 1848 Kaiser, machte Ischl bis 1914 zu seiner Sommerresidenz. 1853 lernte er hier die Bayernprinzessin *Sisi* kennen und lieben, die Mächtigen der Welt gingen in der Kaiservilla aus und ein. Hoch- und Geldadel, Komponisten, Dichter und Schauspieler zog es zur Sommerfrische nach Ischl, das 1906 zu „Bad Ischl" wurde. Nach dem Ende der Monarchie errichtete man Landeskuranstalten, seit Ende des 2. Weltkriegs hat sich der Ort zu einer Schul- und Einkaufsstadt entwickelt. Die Saline wurde 1965 geschlossen, das Schaubergwerk Perneck Ende 2000. Für die Landesausstellung 2008 wurde die Stadt herausgeputzt, u. a. mit einer neuen Therme, neuen Hotels, einer größeren Fußgängerzone und einer zentralen Tiefgarage.

Praktische Informationen

• *Information* **Tourismusverband Bad Ischl**, in der Trinkhalle, Juni bis Sept. Mo-Sa 9-18, So 10-18 Uhr, sonst Mo-Fr 9-18, Sa 9-17, So 10-14 Uhr. Auböckplatz 5, ✆ 06132-27757, www.badischl.com .

Salzkammergut Touristik, zuständig für die gesamte Region. Zimmervermittlung, Souvenirs, Radverleih. Tägl. 9–20 Uhr. Götzstr. 12, ✆ 06132-240000.

• *Stadtführung* Do 16 und So 10 Uhr. Dauer 1 Std., Treffpunkt Trinkhalle, kostenlos.

• *Verbindungen* **Bahn**: stündl. nach Gmunden und zur Westbahn Wien–Salzburg, alle 1–2 Std. nach Hallstatt und Bad Aussee. **Bus**: 1x stündl. nach Salzburg via Strobl, So nur alle 2 Std., Fahrzeit ca. 100 Min.

• *Parken* Gebührenpflicht in der Kurzparkzone (Stadtmitte) Mo–Fr 8–18, Sa 8–12 Uhr und auf den Großparkplätzen (Kongresshaus, Kaiserinsel, Salinenplatz und Traunkai) Mo–Fr 7–19 Uhr. Tiefgarage bei der Therme: 0,70 €/30 Min., 10 €/Tag.

• *Stadtverkehr* Stadtbus Mo–Fr 7–17 Uhr alle 30 Min. Bahnhof–Kreuzplatz–Katrinseilbahn.

• *Einkaufen* **Hutmacher Bittner**, Traditionsbetrieb seit 1862, lieferte schon ans Kaiserhaus. Klassiker ist der sog. Traunreiter. Mo–Fr 8.30–12/14–18, Sa 8.30–12 Uhr. Auböckplatz 3.

Trachten (Dirndl, Anzüge) gibt es bei **Loden Frey**, Kurhausstr. 4, **Gössl**, Pfarrgasse 6, und **Schauer**, Pfarrgasse 4, jeweils Mo–Fr 9–18, Sa 9–17 Uhr.

Oberösterreichisches Heimatwerk, Tracht, Keramik, Kunsthandwerk, Mo–Fr 9–18, Sa 9–12.30 Uhr. Kreuzplatz 17.

Salzkammer, Natursalze zum Kochen, Baden und zur Deko. Mo–Fr 9–18, Sa 9–17 Uhr. Pfarrgasse 4.

Hallstatt Keramik, Mo–Fr 10–12/14.30–18, Sa 9.30–12 Uhr. Pfarrgasse 15.

Übernachten/Essen (→ Karte S. 143)

• *Übernachten* **** **Goldenes Schiff (12)**, modern-elegant ausgestattetes Hotel in Ortsmitte direkt an der Traun mit 55 Komfortzimmern und Suiten, Sauna, Dampfbad. Gourmet-Restaurant im Haus. DZ 110–126 €, mit Balkon 16 € mehr. Suiten bis 200 €. Stifterkai 3, ✆ 06132-24241, ℻ 06132-2424158, www.goldenes-schiff.at.

**** **Goldener Ochs (15)**, Traditionshaus in zentraler Lage am rechten Traunufer, das 1791 als Gasthof-Metzgerei begonnen hat. 48 rustikale und moderne Komfortzimmer, teils mit Holzbalkon. Neuer, optisch ansprechender Spa-Bereich mit Hallenbad, Sauna, Dampfbad, Gradieranlage zur Sole-Inhalation und Sonnenterrasse. DZ 84–126 €. Grazer Str. 4, ✆ 06132-235290, ℻ 06132-2352950, www.goldenerochs.at.

**** **Hubertushof (3)**, freundliches Hotel der Familie Panhuber im ehemaligen habsburgischen Gästehaus am Eingang zum Kaiserpark mit 29 gemütlich-rustikalen Komfortzimmern. Solehallenbad mit Freibereich (im Sommer), Sauna, Soleheilstollen. Gutbürgerliche Küche. DZ 104–170 €. Götzstr. 1, ✆ 06132-24445, ℻ 06132-24445104, www.hubertushof.co.at.

*** **Villa Dachstein (4)**, Hotel-Garni in einer Villa von 1894 mit stilvoll-historischem Ambiente im Frühstücks- und Kaminraum. Die sechs Komfortzimmer, teils mit Balkon, sind hell und modern möbliert. April bis Okt. geöffnet. DZ 66–80 €. Rettenbachweg 3, ✆ 06132-23151, ℻ 06132-23151113, www.villadachstein.at.

** **Haus Stadt Prag (7)**, altmodisches Gästehaus in zentraler Lage mit fünf individuell eingerichteten Komfortzimmern, teils mit Balkon. DZ 54–60 €. Eglmoosgasse 9, ✆/℻ 06132-23616, www.tiscover.at/haus.stadt.prag.

Traunschlössl (16), fünd nostalgisch-altmodische Komfortzimmer in einem früheren Herrenhaus am Traunufer in zentraler Lage. DZ 50–60 €. Traunkai 4a, ✆/℻ 06132-23279, www.tiscover.at/traunschloessl.

Jugendgästehaus (6), außen wenig ansprechender Bau in Ortsmitte gegenüber der Kaiservilla, innen hell und modern mit

Ischl: Der Kaiser ist allgegenwärtig …

4 Einzel-, 16 Doppel- und 20 Mehrbettzimmern, jeweils mit Dusche/WC. DZ 46 €, im Mehrbett 16 €/P. inkl. Frühstück. Am Rechensteg 5, ✆ 06132-26577, 📠 06132-2657775, www.jugendherbergsverband.at.

• *Restaurants/Gasthäuser* **Villa Schratt (2)**, an der B 158 Richtung Salzburg, einstige Frühstücksadresse des Kaisers, holzgetäfelte, mit Jagdtrophäen geschmückte Stuben. Gourmetrestaurant mit moderner Fusionsküche (à la carte 13–33 €), tolle Weine. Do–Di 17–23 Uhr; So auch mittags. Steinbruch 43, ✆ 06132-27647, www.villaschratt.at.

Goldenes Schiff (12), → „Übernachten", modernes, gemütliches Gourmet- und Fischrestaurant, schöne Terrasse. Österreichische Küche, gute Weine. 4-Gänge-Menü unter 40 €, à la carte 10–22 €. Mo Ruhetag.

Weinhaus Attwenger (14), gediegenes Restaurant in dem „Lebkuchenhaus" neben der Lehárvilla an der Traun. War einst ein Weinlokal, daher holzgetäfelte Stuben und Weintraubenluster. Wunderbare kreative und gutbürgerliche Küche, Fischgerichte, köstliche Desserts, à la carte 11–25 €. Mo Ruhetag, Okt. bis April auch Di. Lehárkai 12, ✆ 06132-23327, www.weinhaus-attwenger.com.

Weinhaus Attwenger am Traunufer

Grand-Café Zauner Esplanade (17), Café-Restaurant der Konditorei (→ „Kaffeehäuser"), elegantes Ambiente, kreativ verfeinerte österreichische Küche (à la carte 9–17 €), sowie die berühmten Zauner-Desserts. Gastgarten an der Traun. Im Sommer Sekt- und Eispavillon mit kreativen Eissorten. Kurmusik (Sommer Mo, Do, Sa nachmittags). Mai bis Ende Sept. tägl. 10–22, sonst Mi–So 10–20 Uhr (Nov., Jan. geschl.). ✆ 06132-23722.

Stadt Salzburg (5), bodenständiges Lokal und bekanntes Fischrestaurant, heimische und Meeresfische, österreichische Fleischklassiker wie Schnitzel, Tafelspitz, Backhuhn. Mehlspeisen. Di Ruhetag. Salzburger Str. 25, ✆ 06132-23564, www.flyfishcenter.at.

Restaurant Sudhaus (11), etwas versteckt gelegen, bodenständiges Lokal mit regionaler Küche zu günstigen Preisen. Gastgarten. So Ruhetag. Salinenplatz 1 b, ✆ 06132-28992.

Rettenbachmühle (18), bekanntes Wirtshaus mit nostalgischem Flair am Beginn des Rettenbachtals, heimelige Stuben, idyllischer Gastgarten oberhalb der Schlucht. Österreichische Küche, Forellen, Backhendl und Kaiserschmarrn, der angeblich hier erfunden worden sein soll. Mi–So 11–24 Uhr. Hinterstein 6, ✆ 06132-23586.

• *Kaffeehäuser/Bars* **Konditorei Zauner (9)**, der einstige k.u.k. Hofzuckerbäcker (seit 1832) ist eine der berühmteste Konditoreien Österreichs. Im Stammhaus mehrere stilvolle Räume, Dependance auf der Esplanade (→ „Restaurants"). Große Auswahl an herrlichen Desserts, die man an der Vitrine bestellt. Spezialität seit 100 Jahren ist der Zaunerstollen aus Haselnuss, Schokolade und Oblatenresten (auch zum Mitnehmen). Tägl. 8.30–18 Uhr, Okt./Nov./Jan. bis März Di Ruhetag. Pfarrgasse 7 (Stammhaus), ✆ 06132-23310-20, www.zauner.at.

Ramsauer (8), ältestes (seit 1826) Ischler-Kaffeehaus, unweit der Kirche, viel Atmosphäre. Strauß, Lehár und Stolz (Gedenktafel) saßen auch schon hier. Mo–Fr 8–19, Sa 9–18, So 13–18 Uhr. Kaiser-Franz-Josef-Str. 8, ✆ 06132-22408, www.cafe-ramsauer.at.

Sissy (13), Café-Bar in den prächtigen Sälen des früheren Grand Hotels Elisabeth am Traunufer. Kaffee, Eis und Hausmannskost (bis 24 Uhr). Tägl. 8–2 Uhr. Pfarrgasse 2, ✆ 06132/24173.

K.u.k. Hofbeisl (10), eine Institution in Ischl, mehr als 300 Drinks, viele Veranstaltungen, im Sommer beliebte Schirmbar im Gastgar-

Übernachten

3 Hubertushof
4 Villa Dachstein
6 Jugendgästehaus
7 Haus Stadt Prag
2 Goldenes Schiff
5 Goldener Ochs
6 Traunschlössl

Essen & Trinken

2 Villa Schratt
5 Stadt Salzburg
11 Restaurant Sudhaus
12 Goldenes Schiff
14 Weinhaus Attwenger
17 Grand Café Zauner Esplanade
18 Rettenbachmühle

Nachtleben

1 Hobl-Tenne
10 K.u.k. Hofbeisl

Cafés

8 Ramsauer
9 Konditorei Zauner
13 Sissy

200 m

Bad Ischl

ten. Mo–Sa 7.30–4, So 10–4 (im Winter nur 14–24 Uhr). Wirer Str. 4, ✆ 06132-272710, www.kukhofbeisl.com.

Hobl-Tenne (1), Rustikaldisco auf 2 Ebenen mit 4 Bars, Live-Acts, breites Musikspektrum. Mi–Sa 21–4 Uhr, 2 km Richtung Strobl.

Freizeit/Veranstaltungen

• *Baden/Kuren* **Salzkammergut Therme**, die 2008 völlig neu gestaltete, frühere Kaisertherme bietet Sole-Innen- und Außenbecken (32° C, Salzgehalt wie Mittelmeer), ein

Badespaß unterhalb der Kaiservilla

Sole-Whirlpool (34° C), Solarium- und Saunawelt sowie eine Outdoor-Flusslandschaft mit Salzgrotte, Gradierwerk (Sole-Inhalationsanlage) und Sprudelliegen sowie Therapiezentrum. Tägl. 9–24 Uhr. Eintritt (4 Std.) 13 €, Kind 3–15 J. 9 €, Tageskarte 15 bzw. 10,50 €. S-Card. ✆ 06132-2042700, www.eurothermen.at.

Parkbad Bad Ischl, modernes, geheiztes Freibad unterhalb der Kaiservilla, Riesenrutsche, Wildwasserkanal, FKK-Bereich. Mitte Mai bis Sept., Eintritt 4,20 €, Kinder 2,20 €. S-Card. ✆ 06132-26991.

• *Radverleih* → „Information"

• *Mountainbike* Beliebt sind die Touren auf das Hoisnrad und die Rettenbachalm (s. u.)

• *Golf* **Golfclub Salzkammergut**, 18-Loch-Anlage zwischen Ischl und Strobl. Der Herzog von Windsor spielte hier bereits 1937. Greenfees 50–60 €. www.salzkammergut-golf.at.

• *Wintersport* **Katrin-Alm**: 2 Lifte, 8 km Pisten, Kinderland. Tageskarte ca. 24 €, www.katrinseilbahn.com. **Langlauf**: 8–15 km Loipen um Bad Ischl und auf der Rettenbachalm. Freie Benützung.

• *Veranstaltungen* **Glöcklerlauf**, **Ritt der Hl. Drei Könige**, 5. Januar, altes Brauchtum. **Katrinberglauf**, steilster Berglauf Österreichs, 2. So im Juni. **Kaiserfest**, mehrtägiges Fest mit Kaisermesse zu Ehren Franz Josephs, der am 18.8. Geburtstag hatte. **Lehár Festival**, Juli/Aug., Operette und Konzerte im Kongresshaus u. Lehár-Theater, Tickets 20–70 €, www.leharfestival.at. **Almfest**, Rettenbachalm, Sept. **Krippenausstellung**, Stadtmuseum, und **Kripperlroas**, Adventzeit. **Ischler Krippenspiel**, 350 Jahre altes Volksspiel, alle 4 Jahre, zuletzt 2007.

Sehenswertes/Ausflüge

Kaiserpark und Kaiservilla: Zwischen Ischlfluss und Jainzenberg nördlich des Zentrums erstreckt sich der nur gegen Gebühr zu betretende Kaiserpark, ein eher ungepflegter englischer Landschaftsgarten. An seinem unteren Ende steht die bescheidene, schönbrunnergelbe *Kaiservilla*. Sie war ursprünglich Sommerdomizil des Wiener Anwalts Dr. Eltz, dem es die Kaisermutter Sophie 1853 abkaufte als Hochzeitsgeschenk für *Franz Joseph* und *Sisi*. Bis 1880 wurde die Villa um zwei Seitenflügel im klassizistisch-biedermeierlichen Stil erweitert, sodass ihr Grundriss ein „E" (für Elisabeth) bildete. Park und Kaiservilla sind heute im Besitz von Markus Habsburg-Lothringen, einem Urenkel von Franz Joseph. Wie schon zu Kaisers Zeiten ist eine Besichtigung der Appartements im Rahmen von Führungen (45 Min.) gestattet. Fast alles ist original erhalten: die eher spartanisch möblierten Gemächer, das einfache Kasernenbett des Kaisers und sein Schreibtisch, an dem er am 28. Juli 1914 nach dem Attentat von Sarajewo die Kriegserklärung „An meine Völker" unterzeichnete. Von der Lieblingsbeschäftigung Franz Josephs zeugen tausende Jagdtrophäen an den Wänden.

Für Kaiserin Sisi wurde im Kaiserpark hügelaufwärts ein sog. Cottage errichtet, ein luxuriös ausgestattetes, verspieltes Gartenschlösschen aus rosa Marmor mit einer umlaufenden, verwachsenen Veranda, das heute Marmorschlössl genannt wird. Hier schrieb Sisi Gedichte und traf sich mit Freunden. Ansonsten war sie in Ischl sportlich unterwegs: Sisi ritt, schwamm in ihrem Privatbad (heutiges öffentliches Parkbad) und bestieg frühmorgens den Jainzenberg oberhalb der Kaiservilla, meist im Laufschritt und sehr zum Leidwesen der Hofdamen. Sisi sammelte gerne Fotografien, und so passt es gut, dass seit 1978 in den prächtigen Räumen des Marmorschlössls das sehenswerte **Photomuseum** des Landes Oberösterreich untergebracht ist. Anhand von zahlreichen Exponaten und Dokumenten zeigt es die Entwicklung der Fotografie.

Kaiserpark: 9 Uhr bis zur Dämmerung. Eintritt 4 €, Kinder 7–14 J. 3 €. **Kaiservilla**: Mai bis Ende Okt. tägl. 9.30–16.45 Uhr, 26. 12. bis 6. 1./April tägl. 10–16 Uhr, Nov. bis Ende März Mi 10–16 Uhr. Eintritt (inkl. Park) 11 €, Kinder 7 €. S-Card. www.kaiservilla.at.
Photomuseum: April bis Okt. tägl. 9.30–17 Uhr. Eintritt zusätzlich zum Parkeintritt 2 €, Kinder 1,50 €.

Der Kaiser und seine süße Verführung

Ab 1883 pflegte Kaiser *Franz Joseph* eine enge, von Kaiserin *Sisi* geduldete Liebschaft zur Burgschauspielerin *Katharina Schratt* – und eine Schwäche für deren Kuchen. Wann immer er in Ischl residierte, machte sich der Kaiser frühmorgens auf den Weg zur Villa Felicitas (heutige Villa Schratt → „Restaurants") zum gemeinsamen Frühstück. Denn „die Schratt" servierte seine Lieblingsspeise: selbst gemachten Guglhupf. Für den Fall der Fälle hatte sie stets auch einen Guglhupf auf Vorrat, den sie in der Konditorei Zauner nach ihrem Rezept fertigen ließ. Bis heute gibt es traditionell den Schratt-Gugelhupf in der Villa Schratt und beim Zauner. Eine andere Süßspeise soll gar in Bad Ischl, angeblich im Gasthaus Rettenbachmühle, zu Ehren des Kaisers erfunden worden sein: Der althergebrachte Schmarren der Salzkammergütler, eine einfache Holzfäller- und Jäger-Kost aus Mehl und Wasser, wurde mit Eier, Milch und Zucker geadelt und so zum berühmten „Kaiserschmarrn".

Lehártheater, Nikolauskirche, Trinkhalle: Den Kreuzplatz beherrscht das 1827 errichtete Kurtheater, das 1940 nach *Franz Lehár* benannt und 1957 in ein Kino umgewandelt wurde. Zur Zeit Franz Josephs traten hier Wiener Theatergrößen auf, etwa *Johann Nestroy*, *Johann Strauß* oder *Alexander Girardi*. Der historische Zuschauerraum blieb erhalten und wird heute für das Kino und Kulturveranstaltungen genutzt. Gleich um's Eck steht in der Kaiser-Franz-Josef-Straße der monumentale Bau des *Hotel zur Post* von 1826, das heute Wohnungen und Geschäfte beherbergt. Wenige Schritte weiter trifft man auf die spätbarocke, mit dem Kaiserwappen

Stadtbummel in der Kaiser-Franz-Josef-Straße

geschmückte *Nikolauskirche*. Ihr großzügiger, eleganter Innenraum wurde im 19. Jh. mit Fresken verziert und weist drei Altarbilder von *Leopold Kupelwieser* (1847) auf. Die Ursprünge der Kirche liegen im 14./15. Jh., wie man am spitzen, gotischen Turm erahnt. Die Kaiser-Franz-Josef-Straße mündet in den verkehrsberuhigten Auböckplatz mit der klassizistischen *Trinkhalle* von 1831, die seit ihrer Sanierung 2008 das Touristbüro (und bald wieder einen Trinkbrunnen) beherbergt und als Veranstaltungslokal genutzt wird. Die Südostecke des Platzes begrenzt der Gründerzeitpalast des Ischler Postamts (1893). Dahinter, im ehemaligen Sudhaus der Saline, sind Betriebe und Büros eingezogen. Über die Pfarrgasse, vorbei am Stammhaus der berühmten *Konditorei Zauner*, erreicht man den Schröpferplatz. Dort steht der *Franz-Karl-Brunnen* (1877) zu Ehren von Franz Josephs Vater. Der kaisergelbe Komplex an der Südseite des Platzes war vor 1853 das Grand Hotel, später das Hotel Elisabeth und ist jetzt ein Appartementhaus.

Esplanade: Entlang dem Traunufer, wo früher die Salzschiffe aus Hallstatt anlegten, entstand 1832 auf Anregung von Kurarzt Dr. Wirer *Sophiens Esplanade*, eine von Alleebäumen bestandene Promenade. Gesäumt wird sie von den prächtigen Häusern der Salzfertiger, jenen wohlhabenden, meist geadelten Bürger, die Salz produzierten und damit handelten. Das schönste Haus (Nr. 10) gehörte den Grafen *von Seeau*, die es ab dem 19. Jh. an vornehme Sommergäste vermieteten. 1834–78 war es die „Ferienwohnung" von Erzherzog Karl und Sophie, in der 1853 ihr Sohn Kaiser Franz Joseph seine Verlobung mit Sisi feierte, und zwar nur einen Tag nachdem er sie kennen gelernt hatte. 1880–1982 als Hotel Austria genutzt, ist das Haus heute Museum der Stadt.

Museum der Stadt Ischl: Vier Geschosse umfasst die Schau im alten Seeauerhaus an der Esplanade 10. Im Erdgeschoss geht es um Landschaft, Salzgewinnung und Traunschifffahrt, der 1. Stock beschäftigt sich mit Ischl als Sommerfrische, Kaiserresidenz und Kurort. Ein nachgestellter „Verlobungsraum" erinnert an Franz Joseph und Sisi. Im 2. Stock sind Exponate zu Religion, Brauchtum, Tracht und Volkskultur ausgestellt, untermalt von echter Volksmusik. Zwei Räume zeigen Ischl, bevor es „Kaiserstadt" wurde. Die vom ortsansässigen Hotelier Hans Sarsteiner im 19. Jh. gesammelten Ostasiatika fanden auch hier Platz. Nochmals Ischl als Kurort, diesmal zur Jahrhundertwende, ist Thema des 3. Stocks, der sich auch mit dem Ischler Sommertheater befasst. Das gut bestückte Museum (manchmal sind die Erläuterungen etwas dürftig) ist ideal für einen Regentag. Zu jährlichen Sonderausstellungen kommt in der Advent- und Weihnachtszeit eine Krippenschau, in deren Zentrum die 300 Figuren umfassende *Kalß-Krippe* (um 1840) steht.

Tägl. (außer Mo) 10–17, Mi 14–19 Uhr. Juli/Aug. auch Mo 10–17 Uhr. Nov. geschl., Jan. bis März nur Fr–So 10–17 Uhr. Eintritt 4,70 €, Kinder 6–15 J. 2,30 €. S-Card. Sonderschauen 2,60 €. Kombikarte mit Lehármuseum 7,70 €. ✆ 06132-25476, www.stadtmuseum.at.

Kurpark und Kongresshaus: Der wenig aufregende Ischler Kurpark besteht aus ein paar Blumenbeeten, einem Wasserbecken mit Springbrunnen, einer cäsarischen Büste für den „Vater" des Kurorts Dr. Wirer und aus zwei Denkmälern für *die* Operettenkomponisten der Zwischenkriegszeit, *Franz Lehár* und *Emmerich Kálmán*. Das 1873 erbaute Kurhaus, das heutige Kongresshaus, ist ein Palastbau, wie er auch an der Wiener Ringstraße stehen könnte. Seit 1961 finden hier Operettenfestspiele statt, seit 2004 heißen sie *Lehár-Festival*. Westlich des Kurparks liegt das Ischler Villenviertel, in dem einst Johann Strauß, Johann Nestroy, Johannes Brahms und andere Künstler Sommerresidenzen besaßen.

Lehárvilla: Über die Elisabethbrücke erreicht man die am Südufer der Traun gelegene Prachtvilla von *Franz Lehár* (1870–1948). Durch die Operette „Die lustige Witwe" (1905) berühmt und reich geworden, konnte der Komponist 1910 das drei-

Zum Kaiserfest wird aufgespielt!

Blick vom Siriuskogl auf Bad Ischl und den Jainzen

geschossige Adelspalais erwerben. Hier komponierte er zwei Dutzend Operetten, darunter die Erfolge seiner zweiten Schaffensperiode (1924–29): „Der Zarewitsch" und „Das Land des Lächelns". Vor seinem Tod vermachte Lehár das Gebäude der Stadt. Im Rahmen von Führungen kann man die mit wertvollem Mobiliar, Skulpturen und Ölgemälden des Biedermeier im Originalzustand belassenen Salons besuchen.
Mai bis Ende Sept. tägl. (außer Di) 10–17 Uhr. Eintritt 5 €, Kinder 6–15 J. 2,30 €. Kombikarte mit Stadtmuseum 7,70 €. ✆ 06132-26992.

Siriuskogl, Kalvarienberg, Jainzen: Drei Erhebungen um das Ischler Stadtzentrum bieten schöne Ausblicke. Am schnellsten erklimmt man den bewaldeten *Siriuskogl* (599 m) über Grazer Straße, Siriuskoglgasse und den anschließenden, breiten Schotterweg (30 Min., Weg 8). Vom hölzernen Aussichtsturm (erbaut 1885) und dem Wirtshaus auf seinem Gipfel (tägl. außer Mo, ✆ 0660 7346302, www.siriuskogl.at) genießt man einen schönen Tiefblick auf die Stadt. Den *Kalvarienberg* (606 m) im Nordwesten von Ischl besteigt man von der Leitenbergerstraße aus über den Kalvarienbergweg. Die doppeltürmige *Kalvarienbergkirche* entstand Anfang des 18. Jh. Bei der Kirche beginnt der **Elisabethwaldweg**, ein mit Tafeln zu Kaiserin Sisi und zur Stadtgeschichte versehener Themenweg, der wenig anstrengend in 1½ Std. als Rundwanderweg durch Wald und Wiesen und vorbei an der aussichtsreichen Leschetizkyhöhe führt. Der Anstieg auf den *Jainzen* (835 m), Sisis Lieblingsberg oberhalb der Kaiservilla, ist schweißtreibender. Vom Kreuzplatz aus geht man zunächst die Salzburger Straße entlang, überquert dann die Ischl und folgt der Jainzendorfstraße nach links (Wegweiser). Bei der ersten Abzweigung nach Haus Nr. 28 rechts auf eine Anhöhe (*Sophiens Doppelblick*, Dachsteinaussicht, ½ Std.) hinauf und dann rechts über eine Wiese bis zum Wald, in dem es bald in steilen Serpentinen nach oben geht. Da der Gipfel bewaldet ist, ist das eigentliche Ziel die Aussichtsterrasse knapp unterhalb (Weg markiert, 1½ Std.).

Katrin-Seilbahn und Katrin (1542 m): Seit 1959 bringen kleine, rote Gondeln Ausflügler, Wanderer und Wintersportler auf die Katrin, den Ischler Hausberg. Von der Bergstation auf der aussichtsreichen Katrinalm (1413 m, Bergrestaurant, Almhütte, Dachstein- und Seenblick) sind es noch 30 Min. zu Fuß auf einem felsigen, schön angelegten Weg mit vielen Rastbänken (Nr. 895, Naturlehrpfad) zum *Katringipfel* (1542 m), der an seinem Sendemast weithin zu erkennen ist. Der Rund- und Tiefblick von hier ist atemberaubend. Das Katrinkreuz ist – erwartungsgemäß – Kaiser Franz Joseph gewidmet. Für den Abstieg von der Bergstation zu Fuß ins Tal (Weg 895/897) benötigt man rund 1¾ Std.

Ein Wanderklassiker auf der Katrin ist die gemütliche, panoramareiche **Drei-Gipfel-Tour**. Von der Bergstation geht es zunächst auf den Katringipfel, dann ein kurzes Stück zurück und auf einem Bergpfad (Weg 895) in 10 Min. zum *Elfer-* oder *Katererkogel* (1603 m) und weiter über den felsigen, latschenbewachsenen Kamm Richtung Westen zum kleinen Gipfelkreuz des *Hainzen* (1638 m), bis hierher 1½ Std. Auf demselben Weg wandert man wieder retour, der Südweg (Nr. 898) erfordert Schwindelfreiheit.

• *Betriebszeiten* Mitte Mai bis 1. Nov. tägl. 9–17 Uhr. Berg- und Talfahrt 14,20 €, Kinder 6–15 J. 9,90 €. S-Card. Winterbetrieb nach Schneelage. ✆ 06132-23788, www.katrinseilbahn.com.

• *Essen & Trinken* Hausmannskost bieten das **Katrinstüberl** (Bergstation) und die nahe **Katrinalmhütte**, beide bei Seilbahnbetrieb 9–17 Uhr geöffnet.

Ruine Wildenstein: Die einzige Burg im Ischlland liegt auf einem Felsvorsprung am schattigen Fuß der Katrin, 2 km südlich der Ortsmitte. Von hier konnten die Handelswege im Trauntal kontrolliert werden, heute erfreuen sich Ausflügler an dem Ausblick. Die Burg dürfte im 12./13. Jh. entstanden sein. Von 1417 bis 1715, als sie ein Feuer zerstörte, war sie Sitz des Landgerichts von Ischl. Erhalten sind nur wenige Mauern und der kärgliche Rest eines Burgfrieds. Man erreicht die Burg von der Talstation der Katrinbahn aus über die Skitrasse (Weg 11) in 20 Min.

Kaiserjagd-Standbild (→ Foto S. 26): Das bekannteste Ischler Denkmal steht im Wald der Kaltenbachau, 2,5 km südlich der Ortsmitte, unweit der Talstation der Katrinbahn. Es wurde 1910 zum 80. Geburtstag des Kaisers enthüllt und zeigt *Franz Joseph* bei der Jagd – authentisch mit Lodenjacke, Goiserer Bergschuhen, kurzer Lederhose, Schlips, Jägerhut und bloßen (!) Knien. Der tote Zehnender zu seinen Füßen erinnert daran, dass der Kaiser während seiner Regierungszeit gezählte 50.556 Stück Wild erlegt hatte.

Wanderweg Von der Esplanade führt Wanderweg 1 in rund 35 Min. zum Denkmal.

Am Nussensee: Der idyllische Waldsee 3,5 km westlich von Ischl ist über die B 158 Richtung Strobl (große, grüne Wegweiser) mit dem Auto zu erreichen. Ein Fußweg führt in 45 Min. um den See, im Sommer kann man in einer Minibucht (das restliche Ufer ist Privatbesitz) im bis 25 °C warmen Wasser baden. Lohnenswerter ist es, den Nussensee zum Ziel einer Wanderung ab Ischl zu machen: Weg 6 führt von der Esplanade über die Ruine Wildenstein (s. o.) und einen einstigen Römerweg durch Wald und Wiesen in 1½ Std. hierher. Über die wenig befahrene Lindaustraße und die Kaltenbachstraße geht es nach Ischl zurück.

Essen & Trinken An der Lindaustraße liegen die **Mostjausenstation Hausl** (ab 15 Uhr, Sa Ruhetag) und der bodenständige **Gasthof Grabnerwirt** (Mi Ruhetag).

Hoisnradalm (969 m): Die vielbesuchte Alm mit Ausblick bis zum Wolfgangsee liegt 3,5 km südöstlich oberhalb von Bad Ischl. Am einfachsten erreicht man sie über einen auch von Mountainbikern geschätzten Wald- und Wiesenweg (ca. 1 Std. Aufstieg) von Perneck (585 m) aus, wo sich das frühere Ischler Salzbergwerk befindet. Direkt von Bad Ischl gelangt man zu Fuß über den 1898 angelegten *Kaiser-Jubiläums-Steig* in 2¼ Std. auf die Alm: vom Schröpferplatz über die Traun folgt man den Wegweisern Nr. 4 und 9 durch das Stadtgebiet bis zum aussichtsreichen, lindenbestandenen *Sterzen's Abendsitz* und weiter zum Beginn des Steigs (Weg 9), der über einen felsigen Waldrücken bergauf führt.

Essen & Trinken **Hoisnradalm**, Almgasthaus mit Lamas und Spielplatz. Mai bis Okt., ✆ 0664-2419591.

Das erste Fertighaus Europas

Südlich von Ischl, zwischen Kaiserjagdstandbild und Lauffen, glaubt man plötzlich vor einer Stabkirche zu stehen. Es ist die Villa Blumenthal, ein hoher Holzbau mit Türmchen, steilen Dächern und Dachreitern, und sie hat eine bewegte Entstehungsgeschichte: 1890 in Berlin gezimmert, war sie bei der Weltausstellung 1893 in Chicago als reiner Holzbau ohne Eisennägel eine Attraktion. Der Berliner Lustspielautor *Oskar Blumenthal* kaufte sie vom Fleck weg, ließ sie zerlegt in Kisten per Schiff und Bahn nach Ischl bringen und als Sommerhaus wieder zusammenbauen. Vom Dachfenster aus soll er sehnsüchtig zum „Weißen Rößl" in Lauffen geblickt haben, wo es eine hübsche Wirtin gab (→ Kasten S. 136).

Rettenbachalm: Die von den Felsen des Toten Gebirges überragte, auf einem weiten Talboden mit urigen Hütten malerisch hingebreitete Niederalm (640 m) liegt am Ende einer 6 km langen, gebührenfreien Forststraße, die von Bad Ischl nach Südosten in Richtung Ausseerland führt. Von der Alm aus gibt es schöne Wanderziele. Besonders lohnenswert ist die einfache, 1½-stündige Wanderung auf Schotterstraßen hinüber zur *Blaa-Alm* (→ S. 223) im Ausseerland. Sie folgt zum Teil der Soleleitung vom Altausseer Salzberg nach Ebensee, führt durch das schluchtartige *Rettenbachtal*, einen Tunnel und sonnige Almwiesen und ist auch bei Mountainbikern beliebt. Im Winter ist die Rettenbachalm ein beliebtes Langlaufareal (Gratis-Busshuttle ab Bad Ischl).

Essen & Trinken Auf der Rettenbachalm: **Almhütte Linorter**, kalte Jause, 12–20 Uhr, ✆ 0664-41627426. **Almgasthaus Rettenbachalm**, warme Hausmannskost, Di und Do gibt es Schweins- bzw. Kalbshaxe. Tägl. 10–22 Uhr. ✆ 0664-1627426, www.rettenbachalm.at.

Museum Fahrzeug-Technik-Luftfahrt: Das 4 km südlich von Bad Ischl an der B 145 in Richtung Bad Goisern gelegene Museum zeigt in einer großen Halle und einem Freigelände eine umfangreiche Sammlung historischer Fahrräder, Mofas und Motorräder, einige alte Traktoren und Lokomotiven, Feuerwehrautos aus den 1920er- und 1960er-Jahren, eine Handvoll altertümlicher Jagdbomber, Panzer und einen Riesenschweinwerfer aus dem 2. Weltkrieg – ein bunter Mix, der den technischen Fortschritt des 20. Jh. aufzeigt und bei manchen Erinnerungen weckt.

1. April bis 31. Okt. tägl. 9–18 Uhr. Eintritt 8 €, Kinder 10-15 J. 3 €. ✆ 06132-26658, www.fahrzeugmuseum.at.

Lauffen: Der alte Markt 5 km südlich von Bad Ischl (B 145) hat schon bessere Zeiten gesehen. Benannt ist er nach einer 45 m hohen Stromschnelle (mittelhochdt. *loufa)* der Traun, die im Mittelalter für die Salzzillen, die von Hallstatt nach Gmunden unterwegs waren, ein gefürchtetes Hindernis darstellte, den Lauffenern aber

Auf der Rettenbachalm

Mauteinnahmen brachte. Bis Ende des 19. Jh. fuhr ein Ausflugsschiff von Bad Ischl nach Lauffen, wo man im originalen „Weißen Rößl“ (→ S. 136) einkehren konnte. In der Lauffener Ortsmitte steht eine spätgotische **Wallfahrtskirche** mit einer Schönen Madonna (1400) am Hochaltar. Turm und Innenausstattung der Kirche stammen aus der Barockzeit. Aus unseren Tagen ist die Umfahrungsstraße, die achtlos auf Höhe der Chorfenster vorbeiführt. Der einstige Reiz von Lauffen mit den Salzfertigerhäusern am Traunufer lässt sich noch am ehesten von der Traunbrücke oder der Bahnlinie aus erahnen.

Fährt man das Trauntal weiter nach Süden, gelangt man ins **Innere Salzkammergut** (→ ab S. 182) und von dort ins **Ausseerland** (→ ab S. 208).

Was haben Sie entdeckt?

Was war Ihr Lieblingswirtshaus, in welchem Hotel haben Sie sich wohl gefühlt? Welchen Campingplatz würden Sie wieder besuchen?
Bitte schreiben Sie uns, wenn Sie Kritik, Verbesserungsvorschläge, Anregungen oder Empfehlungen zu unserem Buch haben.

Barbara Reiter, Michael Wistuba
Stichwort „Salzkammergut“
c/o Michael Müller Verlag
Gerberei 19
91054 Erlangen
reiter_barbara@michael-mueller-verlag.de

Hier heißt alles „Mondsee“: der Ort, der See und der Berg mit dieser Aussicht

An Mondsee und Attersee

Die beiden nördlichen Salzkammergutseen haben vieles gemeinsam: Im Süden sind sie durch die Seeache verbunden und von felsigen Gebirgsflanken umschlossen, während ihre Ufer gen Norden in die sanften Hügel des Alpenvorlands übergehen. Das milde Klima macht sie zu beliebten Wassersportzentren, die durch die Westautobahn schnell erreichbar sind. Beide Seen können ganz umfahren werden.

Es war wohl die ideale offene Lage, die schon zur Jungsteinzeit über 20 Siedlungen am Ufer von Mondsee und Attersee entstehen ließ. Um 1870 entdeckte man vor Mondsee, Scharfling, Weyregg, Attersee und Seewalchen ihre unter Wasser bestens konservierten Reste: **Pfahlbauten**, Werkzeuge aus Stein, Knochen und Kupfer, Keramik- und Töpferware. Die Funde waren so reichhaltig, dass dieser Abschnitt der mitteleuropäischen Jungsteinzeit (3700–2200 v. Chr.) den Namen **Mondseekultur** erhielt. Selbst Ötzi, der berühmte Gletschermann aus dem Neolithikum, hatte eine Axt aus Mondseekupfer bei sich. Nach neuesten Thesen sollen die Pfahlbausiedlungen durch eine Flutwelle („Alpen-Tsunami“, Der Spiegel, 2008) nach einem riesigen Bergsturz ausgelöscht worden sein.

Eine im Vergleich zu den Pfahlbauten gravierende Verbauung der Uferzonen drohte in den 1970er-Jahren. Daraufhin kaufte das Land Oberösterreich Ufergrundstücke am Mondsee und am Attersee zurück und legte öffentlich zugängliche Badeplätze an, die sich bis heute großer Beliebtheit erfreuen.

Im Mondseeland

Der Mondsee zählt zu den wärmsten Seen des Salzkammerguts. Im Süden wird er begrenzt von einer spektakulären Felskulisse, zu der sich **Schober** (1328 m), **Drachenwand** (1176 m) und **Schafberg** (1782 m) gruppieren, im Norden endet er an rund 1000 m hohen, waldgrünen Kuppen. An ihrem Fuß liegt der Ort **Mondsee**, die einzige größere Siedlung am Seeufer. Das dortige Kloster hat die Region geprägt, genauso wie der Barockbildhauer *Meinrad Guggenbichler*, dessen Werke die Dorfkirchen um den See schmücken. Der weiter nördlich gelegene, idyllische **Irrsee** entwässert über die Zeller Ache in den Mondsee und wird daher auch zum Mondseeland gezählt.

Mondsee: 481 m Seehöhe. 7 km lang, bis zu 2,7 km breit. Max. Tiefe 68 m. Max. Temperatur 26 °C. Ausflugsschifffahrt in der Sommersaison.

Mondsee

3350 Einwohner, 481 m

Der bekannte Touristenort an der Nordwestecke des Sees ist mit seinen früheren Klosterbauten und dem von Bürgerhäusern umstandenen Marktplatz eine Augenweide. Für Kurzweil sorgen eine Handvoll Museen, vorzügliche Kaffeehäuser und Restaurants. Seebad und Segelschule locken die Wasserratten.

Die Geschichte und das Ortsbild von Mondsee sind eng mit dem gleichnamigen Benediktinerkloster verwoben. Es wurde 748 von Odilo, Herzog von Baiern, gegründet und war damit eines der ersten Klöster im heutigen Österreich. In seiner Schreibschule entstand um 800 die erste Übersetzung des Matthäus-Evangeliums ins Althochdeutsche (*„Mondseer Matthäus“*, heute Nationalbibliothek Wien). 831 kamen Kloster, See und Ländereien ans Bistum Regensburg. 976 hielt sich dessen Bischof *Wolfgang* für ein Jahr hier auf. Dabei missionierte er die Gegend um den Abersee, der später seinen Namen erhielt (→ St. Wolfgang, S. 130). Im 15. Jh. erlebte Mondsee durch seine Tafelmalerei eine Blütezeit, damals entstand auch die gotische Stiftskirche. 1506 kam das Mondseeland von Baiern an Österreich. Mit dem seit 1679 hier ansässigen Schweizer Bildhauer *Meinrad Guggenbichler* (1649–1723), der das Kloster und viele

Ein Barockjuwel: Kirche in Mondsee

Gotteshäuser der Umgebung ausstattete, erlebte Mondsee im frühen 18. Jh. einen weiteren Höhepunkt, bevor es mit dem Marktbrand von 1774 und der Aufhebung des Klosters 1791 bergab ging. Die Herrschaft und das nunmehr Schloss genannte Gebäude gelangten durch den Friedensvertrag 1809 an *Napoleon*, der sie dem bayerischen Feldmarschall *Karl Philipp Fürst Wrede* als Dank für militärische Verdienste übertrug. Der Fürst förderte Straßenbau und Landwirtschaft und stellte 1830 erstmals „Mondseer Käse“ her (s. u.). Wredes Nachfahren, bislang Besitzer des Sees, kündigten übrigens 2008 an, das Gewässer verkaufen zu wollen. Im späten 19. Jh. begann in Mondsee der Fremdenverkehr: 1872 fuhren die ersten Dampfschiffe, bis heute führt eine schöne Lindenallee vom Marktplatz (im Sommer Fußgängerzone) zur Schiffsstation. Zu den berühmtesten Sommerfrischegästen zählte der schwedische Dichter *August Strindberg*, der sich 1893 hier erholte, und von 1897–1906 der Wiener Komponist *Carl Michael Ziehrer*.

Das heute wichtigste Unternehmen in Mondsee ist die *BWT AG Best Water Technology* mit 1500 Mitarbeitern, die in Sachen Wasseraufbereitung (Armaturen bis Kläranlagen) europaweit führend ist.

Was der Mondsee mit dem Mond zu tun hat

Die Herkunft des Namens Mondsee ist umstritten: Die einen sagen, er leite sich von der Sichelform des Sees ab, andere meinen, der Mond sei eine Gottheit der frühen Siedler gewesen. Nachdem der Name Mondsee zur Zeit der Klostergründung 748 erstmals schriftlich erwähnt wurde, liegt ein Zusammenhang mit der Gründungssage des Klosters nahe. Nach dieser war der Baiernherzog *Odilo* mit Gemahlin und großem Gefolge auf der Jagd, als er sich auf felsigem Gelände über dem See verirrte und von der Nacht überrascht wurde. Nur der aus den Wolken hervortretende Vollmond bewahrte ihn vor dem Absturz in die Tiefe, worauf Odilo gelobte, ein Kloster zu gründen und es Mondsee zu nennen.

Praktische Informationen

• *Information* **Tourismusverband Mondseeland**, am unteren Ende des Marktplatzes. Juli/Aug. Mo–Fr 8–19, Sa/So 9–19 Uhr, Okt. bis Juni Mo–Fr 8–17 Uhr (April bis Juni bis 18 Uhr), Juni/Sept. auch Sa 9–18 Uhr. Dr.-Franz-Müller-Str. 3, ✆ 06232-2270.

Die Außenstelle in der Dachsteinstr. 2 ist Juli/Aug. tägl. 10–19 Uhr geöffnet. www.mondsee.at.

• *Verbindungen* **Bus**: Haltestelle beim Postamt. Stündl. nach Salzburg/Hbf. (Fahrzeit 50 Min.), nach St. Gilgen via St. Lorenz Mo–Fr 3x, Sa/So 1x tägl. (20 Min.), nach Unterach/Attersee (dort Atterseeschifffahrt von Mai bis Okt.) Mo–Fr 9x tägl., Sa 3x tägl. www.postbus.at.

• *Parken* Kurzparkzone (90 Min.) mit Parkuhr im Ortszentrum.

Die Mondseelandkäserei

Die Käserei in Oberhofen am Irrsee gehört seit 2001 zur Salzburger Privatkäserei Woerle. Ihre Produkte sind im ausgewählten Lebensmittelhandel erhältlich. Klassiker der Mondseelandkäserei ist der **Mondseer**, ein mild-pikanter Schnittkäse; er wird seit 1830 hergestellt und gilt als einer der ältesten, traditionsreichsten Rotschmierkäse Österreichs. Der **Heumond-Kas**, ein milder bis feinwürziger Schnittkäse, erhält sein typisches Aroma durch die Heufütterung der Kühe.

Spezialiät aus dem Mondseeland

• *Einkaufen/Markt* **Bauernladen Mondseeland**, regionale Käse- und Naturprodukte. Fr 9–12.30/15–18, Sa 8–12 Uhr. Marktplatz 10.

Bauernmarkt, beim Marktbrunnen, Juni bis Okt. Sa 9–12 Uhr.

Übernachten/Essen (→ Karte S. 157)

• *Übernachten* ***** **Seehof (11)**, das privat geführte Luxushotel liegt direkt am See in einer ruhigen Parkanlage am Ostende der Landzunge bei Pichl-Auhof, 5 km südöstlich von Mondsee. 60 rustikal-elegante Komfortzimmer mit Balkon, Terrasse oder Loggia, verteilt auf 5 Häuser. 300 m langer Badestrand am See, Tennisplätze, Wasserski, Sauna, Solarium. Mai bis Aug. geöffnet. DZ 200–480 €, Suiten ab 470 €. Auhof 1, ✆ 06232-5031, 📠 06232-503151, www.seehof-mondsee.com.

**** **Iris Porsche (9)**, 2008 eröffnetes edelmodernes Luxushotel am Marktplatz, dem Vernehmen nach ein Hochzeitsgeschenk von Herrn an Frau Porsche. 11 in Crème und Braun gehaltene Zimmer und Suiten. Gourmetrestaurant mit 25 Plätzen und verfeinerter Küche zu gehobenen Preisen. DZ 250–350 €. Marktplatz 1, ✆ 06232-2237, 📠 06232-223722, www.irisporsche.at.

**** **Leitnerbräu (6)**, traditioneller, freundlich geführter Familienbetrieb (seit 1829) am Marktplatz von Mondsee. 30 gediegen-gemütliche Komfortzimmer, Sauna, Dampfbad, Fitnessraum. DZ 120–140 €, de luxe 150–170 €. Steinerbachstr. 6, ✆ 06232-6500, 📠 06232-650022, www.leitnerbraeu.at.

**** **Schloss Mondsee (4)**, außergewöhnliches Seminar- und Wellness-Hotel hinter mittelalterlichen Klostermauern, beliebt als Hochzeitslocation. Die 67 großzügigen, hell und modern eingerichteten Appartements erstrecken sich über 2 Ebenen. Hallenbad im Ziegelgewölbe, Dampfbad. Zwei Restaurants. DZ 170–200 €. Schlosshof 1a, ✆ 06232-5001, 📠 06232-500122, www.schlossmondsee.at.

*** **Hotel Krone (10)**, familiär geführter Betrieb mitten in Mondsee mit 21 individuell ausgestatteten, netten Komfortzimmern. Sauna, Solarium. DZ 86–100 €. Rainerstr. 1, ✆ 06232-2236, 📠 06232-223643, www.hotelkrone.org.

*** **Leidingerhof (14)**, Gasthof-Pension in toller, abgeschiedener Panoramalage am Gaisberg, 3 km westlich von Mondsee. 10 ländlich-moderne Komfortzimmer, teils mit Balkon. DZ 60–76 €. Obergaisberg 7, ✆ 06232-2883, 📠 06232-288383, www.panorama-leidingerhof.at.

** **Seepension Hemetsberger (15)**, einfach möblierte Pension direkt am Ufer neben dem Seebad, 8 Komfortzimmer „über dem See", Garten. DZ 64–76 €, mit Balkon 4 € mehr. Seebadstr. 1, ✆/℻ 06232-4934, www.seepension.at.

** **Gästehaus Stabauer (13)**, schöne Aussichtslage, 2 km westlich (neben dem Gasthof Leidingerhof). 5 Komfortzimmer, teils mit Balkon. Sauna, Dampfbad, Spielwiese. DZ 48–52 €. Obergaisberg 9, ✆ 06232-3971, ℻ 06232-27219, www.stabauer.at.

Jugendgästehaus (3), Mondsee, ruhig und zentral gelegene Herberge mit etwas altmodischen Zimmern, darunter 5 EZ, 10 DZ und 14 Mehrbettzimmer, großteils mit Du/WC. Mehrbettzimmer. DZ mit Du/WC 48 €, im Mehrbettzimmer 17 €/Pers. Krankenhausstr. 9, ✆ 06232-2418, ℻06232-241875, www.jugendherbergsverband.at.

Camp Mondsee Land (1), sehr gut ausgestatte Anlage in ruhiger Waldrandlage 5 km nördlich der Ortsmitte. 140 Stellflächen, Schwimmbad, Leihräder. April bis Okt. geöffnet. 25 € für 2 Pers. mit Auto und Zelt. Punz Au 21, ✆ 06232-2600, ℻ 06232-27218, www.campmondsee.at.

Größeres Angebot an **Privatunterkünften** und **Ferienwohnungen** in den kleinen Orten rundum (St. Lorenz, Tiefgraben), Information unter www.mondsee.at.

• *Restaurants* **La Farandole (2)**, das am Ortsrand nördlich der Autobahn versteckte kleine, feine Restaurant serviert gehobene Küche mit französischen Einflüssen. Nur gegen Reservierung! Tägl. (außer Mo) 18.30–24 Uhr. Schlösslweg 1, ✆ 06232-3475.

Lackner (16), beliebtes Gourmetrestaurant im gleichnamigen Seehotel am südlichen Ortsrand. Verfeinerte Regionalküche mit hervorragendem Fisch, Wild und Lamm, dazu tolle Weine. Hauptgerichte 12–30 €. Wechselnde Ruhetage. Reservierung! Mondseestr. 1, ✆ 06232-23590, www.seehotel-lackner.at.

Markt 9 (6), Restaurant im Hotel Leitnerbräu am Marktplatz, gutbürgerliche österreichische und italien. Gerichte. Küche mittags und abends. Gastgarten. Mo Ruhetag, So nur mittags geöffnet. Marktplatz 9, ✆ 06232-27689.

Restaurant Krone (10), → „Übernachten", großes Lokal mit Gastgarten, Fischrestaurant. Tadellose Küche, 2-Gänge-Menüs 10–12 €, à la carte 9–19 €.

• *Kaffeehäuser* **Café-Konditorei Braun (7)**, bekanntes, traditionelles Altwiener Kaffeehaus (seit 1924) am Marktplatz. Große Auswahl an köstlichen Kuchen, Torten und warmen Mehlspeisen. Gastgarten. Juli bis Sept. tägl. 7.30–23, sonst Mi–Mo 7.30–19 Uhr. Marktplatz 7, ✆ 06232-24080, www.konditorei-braun.at.

Café-Konditorei Frauenschuh (8), für köstliche Desserts bekannte Konditorei (seit 1953) am Marktplatz. Reizender Biedermeiersalon, kleiner Gastgarten. Warme Tagesgerichte. Viel Prominenz. Juli/Aug. tägl. (außer Mi) 7–23, sonst nur bis 19 Uhr. Marktplatz 8, www.konditorei-frauenschuh.at.

• *Bars/Nachtleben* **Mondbar (5)**, am Eingang zum Schlosshof gelegene Bar – Cocktails, Aperitifs, Wein, Bier und Snacks. Di–Sa 18–24 Uhr.

Big Bamboo (12), ein Hot Spot im Salzkammergut, unweit der Seepromenade; trendige Café-Bar, in der man bis in den frühen Morgen abtanzt, schöne Terrasse. April bis Sept. tägl. 17–4 Uhr. www.bigbamboo.at.

Freizeit/Veranstaltungen

• *Baden/Wassersport* **Alpenseebad Mondsee**, 600 m von der Ortsmitte, größtes Freibad im Salzkammergut, Sandstrand, Liegewiese, 2 Riesenrutschen, Sprungturm, Buffet. Mai bis Sept. ab 9 Uhr. Tageskarte 4,80 €, Kinder 6–15 J. 2 €. Seebadstr. 3, ✆ 06232-2291.

Badeplatz Loibichl, 4 km östlich Richtung Attersee, direkt an der B 151, große Liegewiese, Spielplatz, Buffet, Bootsverleih. Direkt über eine Straße von der Autobahn-Raststation an der A 1 zu erreichen, daher sehr beliebt. Eintritt frei, Parkplatzgebühr.

Segel- und Surfschule Mondsee, eine der größten Österreichs, Kurse und Bootsverleih. Mai bis Okt. tägl. geöffnet. ✆ 06232-3548200, www.segelschule-mondsee.at.

Wasserskizentrum im Alpenseebad, Wasserski, Banane, Wakeboard. ✆ 0664-1605210, www.wasserschizentrum.at.

Bootsverleih Hemetsberger, an der Kaipromenade. Elektro-, Tret-, Ruderboote. ✆ 0664-4934684.

• *Schiffsrundfahrten* Start: Seepromenade. **Mondseeschifffahrt Hemetsberger**, April bis Ende Okt. mit der MS „Herzog Odilo" 5x

tägl. kommentierte 60- oder 90-minütige Rundfahrten (7–9 €). ✆ 0664-4934684, www.mondseeschifffahrt.com.

Schifffahrt Meindl, im Sommer 6x tägl. Rundfahrten (60 Min., 6,80 €) mit der „MS Schafberg" oder der „MS Mondseeland". ✆ 0676 6047644, www.mondseeschifffahrt.at.

• *Radverleih* **Radsport Hofer**, April bis Ende Sept. Mo–Sa 9–12, Mo/Di und Do/Fr 15–18 Uhr. Herzog-Odilo-Str. 52, ✆ 06232-3121.

• *Mountainbike* **Mondseeberg-Runde**, 29 km, ↕ 760 m, auf Forst- und Asphaltstraßen ab Tourismusbüro rund um den Mondseeberg.

• *Golf* **Golfclub Drachenwand**, 9-Loch-Anlage, 3 km Richtung Thalgau; Greenfees ca. 50 €. ✆ 06232-5656, www.gcdrachenwand.at.

• *Veranstaltungen* **Mondseetage**, renommiertes Kammermusik-Festival, erste Septemberwoche. ✆ 06232-3544, www.musiktage-mondsee.at.

Mondseer Jedermann, seit den 1920ern gespielte Mundartversion auf der Freilichtbühne unweit der Kirche, Juli/Aug., Karten 14–16 €. ✆ 0664-3387497, www.mondseer-jedermann.at.

Seefest, 1. Augustwochenende.

Sehenswertes/Ausflüge

Basilika Mondsee St. Michael: Die hellgelbe, frühere Kirche des Benediktinerklosters und nunmehrige Pfarrkirche beherrscht den Ort. Ihre prächtige barocke Doppelturmfassade wurde 1730 der dreischiffigen spätgotischen Kirche von 1487 vorangestellt. Das düstere Innere beeindruckt mit seiner Größe (70 m lang, 34 m breit, 22 m hoch), seinem spätgotischen Netzrippengewölbe und den 13 barocken Altären. Der älteste unter ihnen ist der frühbarocke, vielfigurige Hochaltar von *Hans Waldburger* (1626). In seinem Reliquienschrein sind die Gebeine des 1145 ermordeten Abts *Konrad II.* aufbewahrt, der dem Kloster im 12. Jh. eine Blütezeit beschert hatte. Im Chor links ist das gotische Sakristeiportal von 1488 einen Blick wert. Sieben weitere hochbarocke Altäre schuf *Meinrad Guggenbichler*, wobei der Corpus-Christi-Altar von 1684 (zweiter Altar im linken Seitenschiff) als eines seiner Hauptwerke gilt. Die sechs von Weinlaub umkränzten Säulen des Altars werden von pausbäckigen Putti getragen, für die angeblich des Bildhauers sieben Kinder Modell standen. Auch die Kanzel stammt von Guggenbichler. Der Altar links davon ist dem Hl. Wolfgang gewidmet und zeigt den Schafberg im Hintergrund des Altarblattes. Touristen aus Übersee statten der Kirche auch deswegen einen Besuch ab, weil hier die Hochzeit von Baron Trapp für „The Sound of Music" (→ Kasten S. 95) gedreht wurde.

Schloss Mondsee mit Museum Mondseeland und Pfahlbaumuseum: An der Nordseite der Kirche schließen die früheren Stiftsgebäude an, die nach dem Marktbrand von 1774 wieder aufgebaut wurden. Sie werden Schloss Mondsee genannt und seit 1985 als Veranstaltungszentrum und Hotel (s. o.) genutzt. Das dunkel getäfelte, vornehme Fürstenzimmer erfreut sich als Trauungssaal großer Beliebtheit. Im Schloss untergebracht sind auch zwei Museen, deren Eingang sich gleich links neben der Kirchenfassade befindet. Das **Pfahlbaumuseum** im oberen Stock dokumentiert in vier früheren Klosterräumen die jungsteinzeitliche Mondseekultur. Neben Wissenswertem zur Pfahlbauforschung sieht man ein rekonstruiertes Pfahlfeld und zahlreiche Funde, von denen die verzierten Keramikstücke am bemerkenswertesten sind. Das **Heimatmuseum** gewährt Einblick in den einstigen Betchor der Mönche, in Kreuzgang, Kapitelsaal und in die gotischen Räume der früheren Klosterbibliothek, deren Bücher nach der Aufhebung des Klosters 1791 nach Wien und Linz verbracht wurden.

Juli/Aug. tägl. (außer Mo) 10–18 Uhr, Mai/Juni/Sept. nur bis 17 Uhr, Okt. nur Sa/So 10–17 Uhr. Eintritt 3 €, Kinder 1,50 €. S-Card. ✆ 06232-2270.

Freilichtmuseum Mondseer Rauchhaus und Bauernmuseum Mondseeland: Auf dem Hilfberg rechts oberhalb der Kirche befindet sich ein Bauerngehöft aus dem 15. Jh. mit zugehörigen Nebenbauten (Zuhaus für den Altbauern, Dörrhäuser, Hausmühle, Bildstock, Getreidekasten). Es wurde beim Autobahnbau 1959 abgetragen und hier wieder zusammengesetzt. Den Mittelpunkt bildet das noch original ausgestattete Rauchhaus. Es ist ein im Mondseeland weit verbreiteter „Einhof", bei dem Wohn- und Wirtschaftstrakte unter einem Dach vereint sind. Rauchhaus heißt es, weil der Rauch des Herdfeuers nicht durch einen Schornstein, sondern durch das ganze Haus und die Fugen im Dach abzog. Dabei trocknete es auch das auf dem sog. Rauchboden gelagerte Getreide. Der Besuch der malerischen Anlage lohnt sich schon allein wegen des Ausblicks auf den Ort. 2008/09 wurde eine neue Zufahrtsstraße samt Parkplatz und ein Bauernmuseum errichtet, das mit einer modern gestalteten Dauerausstellung über die Geschichte der Landwirtschaft in der Region informiert.

Mai bis Aug. tägl. (außer Mo) 10–18, Sept. bis 17, Okt. nur Sa/So/Feiertage 10–17 Uhr. Eintritt 3 €, Kinder 1,50 €. S-Card. Kleine Brotzeit im Rauchhaus erhältlich. ✆ 0664-3406020, www.museummondsee.at.

Holzkirche auf dem Kolomansberg

Wallfahrtskirche Maria Hilf: Unweit des Bauernmuseums erhebt sich auf dem Hilfberg das kleine, von einer Mauer umsäumte Kirchlein (15. Jh.), das um 1707 von der Werkstatt Meinrad Guggenbichlers ausgestattet wurde und bis heute Ziel von Marienwallfahrten ist.

Salzkammergut-Lokalbahn-Museum: Direkt beim Alpenseebad wird im letzten noch erhaltenen Heizhaus und einer Wagenremise an die legendäre Ischler Bahn (→ Kasten S. 109) erinnert, die in einer Zweiglinie auch Mondsee erreichte. Zu sehen gibt es Bilder und Fahrpläne, drei Loks, fünf Waggons und den Salonwagen des Kaisers. Wo sich heute der große Parkplatz befindet, war einst der Bahnhof Mondsee.
Juni bis Anf. Sept. Sa/So 10–12/14–17, Juli/Aug. zusätzlich Fr 14–17 Uhr. Eintritt 3 €. ✆ 06232-2270.

Seepromenade: Östlich vom Alpenseebad erstreckt sich die 500 m lange Uferpromenade mit Blick auf die imposante Drachenwand am Südufer und das Treiben am See. Hier legen die Ausflugsschiffe ab, zeigen Wasserskifahrer ihre Künste, erinnern Denkmäler an berühmte Gäste und Förderer des Orts und lädt eine neue Kneippanlage zum Wassertreten. Beachtenswert ist der im Seepark ausgestellte *Mondseer Einbaum*, eine schon in der Jungsteinzeit verwendete, aus einem einzigen Stamm gearbeitete Bootsform, die bis Mitte des 20. Jh. für die Fischerei und den Personentransport genutzt wurde.

Helenenweg zur Erlachmühle (522 m): Ein beliebter, kinderwagentauglicher Spaziergang führt vom westlichen Ortsrand (Parkplatz beim Friedhof; Hierzenbergstraße) durch das wildromantische Helenental entlang der Zeller Ache und unter der Autobahn hindurch bis zur Jausenstation Erlachmühle (Gehzeit 20 Min.). Seit 1416 wird hier Getreide zu Mehl gemahlen und daraus köstliches Holzofenbrot gebacken.
Schaumühle: Führung (45 Min., 2 € inkl. Kostprobe) durch Mühle, Kraftwerk, Bäckerei, jeden Di ab 16 Uhr. **Jausenstation** Brettljause, Räucherschinken, Schweinsbratl. Mai bis Ende Sept. tägl. (außer Mi) ab 14 Uhr. ✆ 06232-2578, www.erlachmuehle.at.

Der Mondsee – ein Paradies für Wassersportler

Kirchenweg zur Holzkirche auf den Kolomansberg (1114 m): Von der Erlachmühle aus (s. o., mit dem Auto über die B 154 Richtung Zell am Moos erreichbar) empfiehlt sich die einfache Wanderung (Weg Nr. 8) zur ältesten, erhaltenen Holzkirche Österreichs auf dem Kolomansberg. Von der Mühle (522 m) geht man nach Süden, kurz die Asphaltstraße hinauf, beim nächsten Bauernhof rechts und dahinter links über Felder bis zur Straße, die zum aussichtsreich gelegenen Gasthof „Leidingerhof" (600 m) bringt (bis hierher führt von Mondsee auch eine 3 km lange Straße, Zeitersparnis 45 Min.). Der markierte Weg folgt noch ein Stück die Straße bergauf und biegt dann in den Wald. Am Südostrücken des Kolomansbergs geht es aufwärts, baumfreie Abschnitte bieten schöne Ausblicke. Kurz vor dem Gipfel mündet der Weg in eine Asphaltstraße, die in wenigen Schritten zur hölzernen Kolomanskirche (1098 m) bringt (Gehzeit ab Erlachmühle 2½ Std.). Diese wurde vom Kloster Mondsee 1742 aus Holzstämmen errichtet, außen mit Schindeln verkleidet und innen weiß getüncht. Der Rückweg erfolgt auf gleicher Route. Der eigentliche Gipfel des Kolomansbergs unweit der Kirche ist militärisches Sperrgebiet und mit zwei Radarkuppeln der Flugüberwachung verunziert.

Mondseeberg (1029 m): Im Norden begrenzt den Mondsee ein bewaldeter Bergrücken mit den Erhebungen *Mondseeberg* und *Kulmspitze* (1095 m, s. u.). Von seinen sonnigen, baumfreien Südhängen bieten sich herrliche Ausblicke auf das Mondseeland, die sich auch zwei Wirtshäuser (s. u.) mit ihren Terrassen zu Nutze machen. Die beiden Betriebe und zwei Aussichtspunkte (Parkplätze) sind vom Ort Mondsee aus über die steile Mondseebergstraße zu erreichen. Auf dem Höhenrücken sind zahlreiche Wanderwege markiert.

• *Essen & Trinken* **Riesnerhof**, gemütliches Wirtshaus am Mondseeberg, ca. 1,7 km ab Ortsmitte. Jausengerichte (Erdäpfelkas, Brettljause …) und regional verfeinerte Küche, Fleisch u. a. aus eigener Rinderzucht. Hausgebrannte Schnäpse. Reservierung! Mi–Sa 15–23, So 12–23 Uhr. ✆ 06232-3333, www.riesnerhof.com.

Almgasthaus Hauberg, Ausflugsgasthof mit Hausmannskost am Mondseeberg, ca. 3 km ab Ortsmitte. Mo Ruhetag, im Winter auch Di. ✆ 06232-2829.

Rund um den Mondsee

Umrundet man den See ab Mondsee im Uhrzeigersinn, so erreicht man nach 4 km Loibichl, von wo sich ein Abstecher nach **Oberwang** (s. u.) anbietet. Weiter auf der B 154 entlang des Nordufers können Freunde zeitgenössischer Kunst auf der in den See ragenden Halbinsel Pichl dem Land-Art-Objekt „Stoneline – Gespräch mit den Bergen“ (1999) von *Richard Nonas* einen Besuch abstatten. Mit 10 in einer Linie gereihten Steinen unterstreicht der Künstler die eindrucksvolle Bergkulisse.

Anfahrt Beim Hotel Seehof zweigt man von der B 154 in den schmalen Güterweg Seehof ab, den man noch 300 m entlang fährt.

Am östlichen schmalen Seeende biegt man von der B 154 rechts Richtung St. Gilgen ab, überquert die *Seeache*, die den Mondsee mit dem nur 2 km entfernten Attersee verbindet und gelangt an das Mondseesüdufer. Dieser einst wildromantische Straßenabschnitt unterhalb der steilen Kienbergwand wurde 2004 nach zahlreichen Felsstürzen durch den 1 km langen Kienbergwandtunnel ersetzt und hat damit seinen früheren Reiz verloren. Der **Kreuzstein**, ein markanter, mit Kreuz versehener Felsklotz im Wasser, befindet sich nun unweit des östlichen Tunnelportals. Wasserskifahrer und Taucher finden hier ihr Betätigungsfeld.

Nach 4 km mündet die Kienbergwandstraße in **Scharfling** in die B 154, die links über die Scharflinger Höhe (607 m) nach St. Gilgen (→ S. 115) und rechts über **St. Lorenz** (s. u.) zurück nach Mondsee führt. An der Kreuzung liegt der Egelsee, ein naturbelassener Moorsee. Unweit davon lädt das schöne Mostbauerngut Holzingerbauer zur Brotzeit.

Essen & Trinken **Holzingerbauer**, beliebte, im Sommer geöffnete Einkehr, gemütliche Stube, Gastgarten, Brettljause mit Holzofenbrot, Almkäse, Strudel, Blechkuchen, Schnaps, Most. Mo/Di und Do/Fr 15–22 Uhr. Oberburgau 12, ✆ 06232-3841.

Oberwang

1590 Einwohner, 572 m

Zweigt man 4 km östlich von Mondsee in Loibichl vom Seeufer ab, so gelangt man unter der Autobahn hindurch nach 7 km in den 1500-Einwohner-Ort Oberwang. Seine mitten im Friedhof gelegene gotische, 1736 barock überformte **Pfarrkirche zum Hl. Kilian** besitzt einen sehenswerten Hochaltar von *Meinrad Guggenbichler* (1708). Dabei verzichtete der Meister auf ein Altarbild und stellte stattdessen mit Skulpturen die dramatische Szene der Ermordung des Hl. Kilian dar. Rund 700 m südwestlich (Weg Nr. 21) befindet sich ein weiteres Gotteshaus, die kleine gotische **Konradskirche** aus dem 15. Jh., die für ihre modernen Glasfenster von *Lydia Roppolt* bekannt ist (Schlüssel im nahen Bauernhaus erhältlich). Ihr Name erinnert an den Mondseer Abt *Konrad II.*, der 1145 unweit von hier ermordet wurde. Der Täter soll die Leiche verscharrt haben, worauf eine Quelle entsprang, die den Toten wieder hervorspülte. Besagten mitten im Wald gelegenen Konradbrunnen und die darüber errichtete Konradskapelle kann man auf einem markierten, leicht ansteigenden Waldweg entlang von Kreuzwegstationen in rund 30 Minuten erreichen.

Operettenliebhaber besuchen in Oberwang den Ausflugsgasthof „Zum Fidelen Bauern“. Hier lebte einst der Roider Hansl, der dem böhmisch-österreichischen Komponisten *Leo Fall* (1873–1925) Vorbild für seine Operette „Der fidele Bauer“ (1907) war.

Essen & Trinken **Zum Fidelen Bauern**, 2 km westlich oberhalb von Oberwang, ländliches Ambiente, Hausmannskost, Jause. Di Ruhetag. ✆ 06233-8570, www.fideler-bauer.at.

St. Lorenz

2020 Einwohner, 486 m

4 km südlich von Mondsee liegt auf dem Schwemmkegel der Fuschler Ache zwischen Seeufer und steilen Felsen der Drachenwand die Gemeinde St. Lorenz – mit weit verstreuten Häusern ohne Zentrum. Das flache, grüne Gelände nutzen drei Campingplätze, ein Golfplatz und eine große Badeanlage. Sehenswert ist die barocke, mit einer doppeltürmigen Fassade versehene **Kirche zum Hl. Laurentius** (1730) am Fuß der Drachenwand, deren Lage besonders malerisch ist. In ihrem Inneren sind die beiden großen Skulpturen von *Meinrad Guggenbichler* zu beachten, eine Schmerzhafte Maria und ein Schmerzensmann (beide 1714). Auch das Gehäuse der kleinen Orgel stammt vom Mondseer Meister. Die rund 1,5 km westlich, idyllisch am Waldrand gelegene **Wistaudermühle** aus dem 19. Jh. wurde revitalisiert und kann nach Voranmeldung (✆ 06232-7382) besichtigt werden. Der aus dem 17. Jh. stammende **Höribachhof** knapp südlich vom Ort Mondsee, einst Meierhof des Klosters, wird als Kulturzentrum und für die ökologische Landwirtschaft genutzt. Im zugehörigen Laden Art & Nature erhält man Köstliches aus eigener Ernte, Kunsthandwerk und Bücher (April bis Dez. Di–Fr 10–18, Sa 14–18, So 11–18 Uhr). Das österreichische Unternehmen *Camaro & Komperdell* im Ortsteil Wagnermühle ist einer der weltweit führenden Sportartikelproduzenten und erzeugt Wasser- und Tauchsportanzüge, Ski- und Teleskopstöcke sowie Golfschläger (www.camaro.at, www.komperdell-golf.com).

Schwarzindien und ein verliebter Drache – Kurioses aus St. Lorenz

Schwarzindien liegt am Mondsee? Die Ortstafel zwischen St. Lorenz und Mondsee löst Verwunderung aus. Und so kam es dazu: 1880, zur Zeit der Sommerfrische, verbannte man die einheimischen Jugendlichen von den Seebädern, um die feinen Feriengäste aus der Stadt nicht zu stören. Daraufhin nahmen sich die Vertriebenen ein Floß, setzten über den See und eroberten sich ein Badeplätzchen am Südufer. Erschreckt sollen die feinen Leute beim Anblick der braungebrannten Kids gerufen haben: „Da kommen sie, die schwarzen Indianer." Das „eroberte Land" wurde in Besitz genommen, beflaggt und der Ortsteil bald offiziell „Schwarzindien" genannt.

Warum die hinter St. Lorenz aufragende Drachenwand ein Felsenloch hat, berichtet folgende Sage: An dem steilen Felsen wohnte einst ein Drache, der sich in die Mondseer Pfarrersköchin verliebt hatte, die ihrerseits aber in den Pfarrer vernarrt war. So beschloss der Drache, die Köchin zu entführen. Er flog zum Marktplatz, schnappte die Angebetete, und zurück ging es zur Drachenwand. Doch weil sie schwerer war als gedacht, prallten die beiden gegen die Felswand und hinterließen das noch heute sichtbare Loch.

Theklakapelle/Almkogel/Drachenwand: 50 m vor dem „Gasthof Drachenwand" in St. Lorenz führt ein markierter Wanderweg (Nr. 12, Drachenweg) leicht ansteigend in das Klausbachtal, wo man nach rund 20 Min. auf die mitten im Wald befindliche kleine *Theklakapelle* (1864) trifft. Unweit davon beginnen am anderen Bachufer die markierten Aufstiege zu den zwei Aussichtsgipfeln am Südufer des Mondsees. Linker Hand führt der Drachenweg in steilen Serpentinen im Wald auf den im Gipfelbereich felsigen *Almkogel* (1030 m, 1½ Std.). Die rechts davon gelegene, berühmte

Malerisches St. Lorenz

Drachenwand (1060 m) sollten nur bergerfahrene, schwindelfreie Wanderer besteigen. 2 Std. lang geht es teils über Leitern, steile Pfade und einen abschüssigen Felsgrat auf den Gipfel mit dem Felsloch (→ Kasten S. 162). Seit 2009 führt auch ein 600 m langer Klettersteig (Drachensteig) über den Ostgrat auf die Drachenwand (nur mit entsprechender Ausrüstung).

• *Übernachten/Essen* **** **Eichingerbauer**, einstiges Bauerngut in schöner Landschaft, das zum Seminar- und Wellnesshotel mit 35 Komfortzimmern und 13 Suiten angewachsen ist. Familiäre Atmosphäre, großer Spa- und Wellnessbereich mit beheiztem Außenpool. DZ 80–150 €, Suiten bis 300 €. Eich 34, ✆ 06232-2658, ℻ 06232-26589, www.eichingerbauer.at.

*** **Drachenwand**, Bilderbuchgasthof mit gepflegten Stuben und Kastaniengastgarten, gute, verfeinerte Regionalküche (Hauptgerichte 9–16 €). Mo Ruhetag, im Winter auch Di. 7 geschmackvoll neu eingerichtete Komfortzimmer. DZ 80–90 €. St. Lorenz 46, ✆ 06232-33560, ℻ 06232-3356010, www.drachenwand.at.

*** **Pension Anna**, freundliche Pension in toller Lage unter der Drachenwand. 10 schöne, rustikale Komfortzimmer mit Balkon, 3 Fewos. Swimming-Pool im Garten, Sauna, Leihräder. DZ 60–70 €, Fewo (4 Pers.) 75–90 €. Keuschen 121/122, ✆ 06232-3088, ℻ 06232-30887, www.pensionanna.at.

Gästehaus Haas, unweit des Sees, 2 etwas ältere Komfortzimmer mit Balkon, 2 neu ausgestattete Fewos. Eigener Badeplatz, Leihräder. DZ 44–50 €, Fewo (4 Pers.) ab 80 €. Schwarzindien 77, ✆/℻ 06232-2480, www.kmh.4bwa.at.

Austria Camp Mondsee, sehr gut ausgestattete Anlage am Seeufer, 100 Stellplätze. Segel-, Surf- und Tauchschule, Restaurant. Mitte April bis Ende Sept. geöffnet. 22 € für 2 Pers. mit Auto und Zelt. Achort 60, ✆ 06232-2927, ℻ 06232-29274, www.camp.jvp.or.at.

• *Baden* **Gemeindebadeplatz Schwarzindien**, beliebte, frei zugängliche Anlage (Wegweiser an der B 154), große Liegewiese, schöner Mondseeblick, Spielplatz, Buffet, Badesteg. Parkplatzgebühr.

• *Golf* **Golfplatz Drachensee**, landschaftlich reizvolle 18-Loch-Anlage am Seeufer, Green Fees 60–70 €. ✆ 06232-38350, www.golfclubmondsee.at.

Am Irrsee (Zeller See)

Rund 5 km nördlich von Mondsee liegt der von sanften Hügeln, Wiesen und Waldgruppen gesäumte Irrsee, der als einer der saubersten und wärmsten Seen des Salzkammerguts gilt. Sein Ufer ist mit Schilf bewachsen, an seinem Nord- und Südende breiten sich Moorflächen aus, die an die Entstehung des Sees nach der letzten Eiszeit erinnern. Sie bieten seltenen Pflanzen und Tieren Lebensraum, etwa dem zu den Schnepfen zählenden Großen Brachvogel, weshalb das gesamte Gewässer unter Naturschutz steht. Die besten Strandbäder gibt es am Südostufer. Segeln und Surfen ist im Sommer erlaubt. Tauchgänge, Motor- und Elektroboote sind verboten – sie würden auch nicht in die idyllische Landschaft und zu jener ruhebedürftigen österreichischen Prominenz passen, die sich gerne hier niederlässt.

Irrsee: 570 m Seehöhe. 4,4 km lang, bis 1 km breit. Max. Tiefe 32 m. Max. Temperatur 27 °C!

Zell am Moos

1521 Einwohner, 573 m

Der oberhalb des Ostufers gelegene, größte Ort am See sorgt auch für dessen Zweitnamen. Im Dorfzentrum zu sehen gibt es eine spätgotische **Pfarrkirche** aus dem 15. Jh. und das **Heimatmuseum** Mairhofer-Irrsee (Mai bis Sept. Fr–Mo 14–18 Uhr, Eintritt 3 €). Es präsentiert volkskundliche Objekte aus der Region und im Garten Skulpturen des einstigen Hausherrn, des Künstlers und Schriftstellers *Hans Mairhofer-Irrsee* (1914–98). Dessen Tochter betreibt im Haus ein Keramikatelier. Im Rasen der öffentlichen Badeanlage verblüfft das Land-Art-Objekt „Gekippte Fläche" (1999) des Franzosen *Benoit Tremsal.*

• *Information* **Tourismusverband**, Mitte Juli bis Mitte Aug. Mo–Fr 8–12/13–17.30, Sa 9–12/14–17, So 10–14 Uhr, sonst Mo/Di/Do 7.15–12 und 13–17.30, Mi/Fr 7.15–13 Uhr. Kirchenplatz 1, ✆ 06234-8215, www.zellammoos.at

• *Verbindung* **Bus**: 8x tägl. mit Mondsee.

• *Einkaufen* **Irrsee-Keramik**, Mo–Fr 9–12/14–18 Uhr, Juli/Aug. Fr bis 20, Sa bis 17 Uhr. Dorfstr. 20. ✆ 06234-7025.

• *Übernachten* *** **Dorferwirt am Irrsee**, traditioneller Familienbetrieb in schöner Lage direkt am Westufer des Irrsees, 4,5 km von Zell entfernt. 40 modern-rustikal ausgestattete Komfortzimmer, großteils mit Balkon. 3 Wellness-Appartements mit eigener Sauna und Whirlpool. Großer Badestrand am See, Leihräder. DZ 86–100 €, Appartements (4 Pers.) 135–170 €. Am Irrsee 22, ✆ 06234-8275, ℻ 06234-827515, www.dorferwirt-am-irrsee.at.

Pension Winter, am südlichen Ortsrand von Zell am Moos, ruhige Hanglage. 3 schlichte Komfortzimmer mit Balkon, 3 Fewos (2–6 Pers.). DZ 50–60 €. Irrseeblick 24, ✆/℻ 06234-8270, www.oberoesterreich.at/pension.winter.

Gästehaus Kirchhofer, im Ortszentrum, 300 m vom Seeufer entfernt. 5 Zimmer mit Du/WC, Balkon und Seeblick. Leihräder, Sauna. DZ 50–54 €. Meinrad-Guggenbichler-weg 12, ✆/℻ 06234-8335, www.zellammoos.at/kirchhofer.

• *Essen & Trinken* **Seewirt**, historisches Haus im Ort unweit vom Seeufer, 100-jährige Wirtsstube. Bekannt für Fische aus dem See, Wild und Spanferkel. Gastgarten. Di Ruhetag. Zellhofweg 1, ✆ 06234-8210, www.seewirt.com.

Wirt z'Zell, einstige Mondseer Klostertaverne von 1660, regionale Küche mit Fleisch aus eigener Metzgerei, gemütliche Stube, schöner Gastgarten. Mi Ruhetag. Kirchenplatz 2, ✆ 06234-8207.

Jausenstation Hochsserner, in Panoramalage (750 m) am Kolomansberg, von der B 154 beim Kastenwirt (2,5 km südlich von

Zell) rechts abbiegen, dann noch 4 km. Brotzeit, hofeigene Produkte, tägl. (außer Do) ab 14 Uhr. Juli/Aug. ganztägig. Kolomansbergstr. 8, ✆ 06234-8217, www.bauernhof.at/hochserner-hof.

• *Baden* **Badeanlage Zell**, nördlich des Orts, große Liegewiese, verwachsenes Ufer, Wasserzugang über Stege, Imbiss.

Kinderbad, südlich des Orts, auch für Erwachsene! Ufer mit alten Bootshäusern verbaut, Buffet, flaches Ufer, Ruderbootverleih, FKK-Bereich, Spielplatz.

Badeplatz Tiefgraben, am Südostende des Sees, 1,5 km südlich von Zell, große Liegewiese, Kiosk, flaches, freies Ufer.

Die Badeplätze sind frei zugänglich, die Parkplätze gebührenpflichtig.

• *Angeln* Großer Fischreichtum im Irrsee. Tageskarte und Lizenzgebühr ca. 40 € (→ „Information").

• *Kinder* **Erlebniswanderweg Kolomandl**, 1,5 km langer, kinderwagentauglicher Weg mit Geschicklichkeitsspielen, Sandmine, Goldwäscherplatz, Indianerdorf. Adresse/Anfahrt → Jausenstation Hochserner.

Sehenswertes/Ausflüge um den Irrsee

Radrunde um den Irrsee: Die 15 km lange, aussichtsreiche Tour folgt in einigem Abstand zum Ufer Nebenstraßen, Fahrwegen und dem Radweg parallel zur B 154. Ein schönes Fotomotiv am Südufer ist die auf einer Anhöhe platzierte Steinplastik „Phyllotaxis Irrsee" (1999) von *Sjoerd Buisman,* die auf die Form des Sees Bezug nimmt. Vom Nordwestende des Sees empfiehlt sich der 6 km lange Abstecher zur Kirche von Oberhofen (s. u.).

Pfarrkirche Oberhofen: Die außen unscheinbare gotische Kirche (15. Jh.) in dem Ort 3 km nördlich des Irrsees überrascht im Inneren mit barocker Pracht. 1709–12 schmückte sie *Meinrad Guggenbichler* mit drei Altären und einer Kanzel mit den vergoldeten Figuren der vier Evangelisten. Bemerkenswert sind die in Rüstungen gewandeten, gestenreichen Skulpturen von Johannes und Paulus am Hochaltar sowie der kleine Engel über dem Hl. Sigismund am sog. Männeraltar, der zwei Rettiche in Händen hält.

Erlebnisweg Irrsee-Moor: Der mit einer Libelle markierte 6,5 km lange Rundweg beginnt in Oberhofen (3 km nördlich des Irrsees). Entlang des Salzkammergutradwegs geht es durch Felder südwärts Richtung Irrsee, bis man das geschützte Nordmoor mit seinen Orchideen, Weiden und Disteln erreicht. Über die Fischhofstraße rechts weiter. In einem Waldstück zweigt der Weg rechts ab und erreicht den aussichtsreichen Weiler Gegend. Dort links und bald wieder rechts, gelangt man an Bauernhöfen vorbei zu einer Anhöhe mit einem Biotop und kommt nach rund 3 Std. via Rabenschwand zurück nach Oberhofen.

Rundwanderung zur Ruine Wildeneck: Gleich vorweg: von der einst stattlichen Burg hoch über dem westlichen Irrseeufer sind nur wenige Steine erhalten. Sie wurde 1140 am Osthang des Kolomansbergs errichtet, ihre Burgvögte übten bis ins 16. Jh. die Gerichtsbarkeit über das Mondseeland aus. Später verfiel die Burg, die Steine wurden als Baumaterial entwendet. Ausgangspunkt des beschilderten Wanderwegs ist der Gasthof Fischhof (Di Ruhetag) am Nordwestende des Sees. Zunächst geht man rund 1 km an der Uferstraße Richtung Süden, bis rechts der Feldweg zur Ruine abzweigt. Durch den Wald geht es schließlich hinauf zur rund 700 m hoch gelegenen Ruine (Rastbänke, Infotafel). Nun wandert man weiter bis zur Forststraße (Weg Nr. 88), der man rechts rund 2 km lang folgt. Dann zweigt rechts der Weg ab, der an einem schönen Aussichtspunkt vorbei zurück zum Ausgangspunkt bringt (Gesamtgehzeit 2 Std.).

Der Attersee – Segelrevier vor der Kulisse des Höllengebirges

Am Attersee

Mit 47 km² Fläche ist der Attersee nicht nur größter Salzkammergutsee, sondern auch größtes innerösterreichisches Gewässer. Bis auf das Südufer, wo rund um **Unterach** und **Steinbach** die Kalkfelsen des Höllengebirges und der Schafberg aufragen, ist seine Uferlandschaft wenig spektakulär von wiesen- und waldbedeckten Hügeln geprägt. Kunsthistorische Sehenswürdigkeiten gibt es kaum, Jahrhundertwendevillen und Dorfkirchen sind die einzigen Baudenkmäler in der bäuerlich geprägten Region. Weithin bekannt ist der See als Segel- und Surfrevier, wofür der sog. *Rosenwind* verantwortlich ist. Das türkisblaue Wasser wiederum ist für Taucher ein Paradies. Von den zahlreichen, frei zugänglichen Badeplätzen rund um den See sind jene die besten, wo die Uferstraße nicht dicht am Wasser verläuft. Daneben bieten sich zahlreiche Strandbäder an. Tauch-, Segel- und Wasserskimöglichkeiten gibt es in jedem größeren Ort, im Frühsommer oder Frühherbst werden sie von vielen Schulen zu Sportwochen genutzt. Im Hochsommer werden ganz im Stile der Sommerfrische zahlreiche Kulturveranstaltungen, v. a. klassische Konzerte, angeboten. Sie erinnern an den Beginn des 20. Jh., als der Attersee gesellschaftliches Zentrum des Salzkammerguts und Künstlertreff war.

Attersee: 467 m Seehöhe. 20 km lang, bis 3 km breit. Max. Tiefe 171 m. Max. Temperatur 25 °C.

Schifffahrt: Linienschiffe verkehren tägl. im Juli und Aug., Rundkurse in der Südhälfte tägl. von Mai bis Ende Sept. Im April und Sept./Okt. werden bei Schönwetter Rundkurse in der Nordhälfte gefahren. Eine ganze Seerundfahrt dauert 3¾ Std. und kostet 16 €. Im Hochsommer werden auch Themenfahrten angeboten (z. B. Party- oder Piratenschiff). ✆ 07666-7806, www.atterseeschifffahrt.at.

Unterach am Attersee

1510 Einwohner, 468 m

Die Sommerfrische an der weiten, südwestlichen Bucht ist das vielleicht schönste Dorf am Attersee. Die steilen Felswände des Höllengebirges liegen direkt gegenüber, und im milden Kleinklima gedeihen sogar Edelkastanien.

Wo die Seeache vom nur 2 km entfernten Mondsee kommend in den Attersee mündet, liegt Unterach (der Ortsname leitet sich vom lateinischen „inter lacus“ ab und bedeutet „zwischen den Seen“). Fremdenverkehr hat hier seit Mitte des 19. Jh. Tradition, als Sommergäste von Ischl durch das reizvolle Weißenbachtal an das Atterseeufer gelangten und von einem findigen Gastwirt mit der Fähre an den bisher „entlegenen“ Ort verfrachtet wurden. Bald war Unterach, wegen seiner Seelage auch „Klein-Venedig“ genannt, Treffpunkt von Künstlern und Wissenschaftern, darunter die Komponisten *Johannes Brahms* und *Hugo Wolf*, sowie *Gustav Klimt*, der den Ort mehrmals auf Leinwand bannte, und der Turbinenerfinder *Viktor Kaplan*. Die tschechische Operndiva *Maria Jeritza* besaß ab 1925 hier ein Haus. Die nach ihr benannte Uferstraße ist von zahlreichen Jahrhundertwendevillen aus der Glanzzeit Unterachs gesäumt. Heute punktet der Ort mit Badevergnügen und Wassersport und den Wandermöglichkeiten in der gebirgigen Umgebung.

• *Information* **Infobüro**, im Ortszentrum. Juli/Aug. Mo–Fr. 9–18, Sa 9–12, So 9–11 Uhr, sonst nur Mo–Fr 9–16.30 Uhr. Hauptstr. 9, ✆ 07665-8327, www.attersee.at.

• *Verbindung* **Bus**: Mo–Fr 8x tägl., Sa 3x tägl. nach Mondsee, 2–5x tägl. entlang dem Westufer.

Schiff: Linienschiffe Mai bis Ende Sept. 4x tägl., Tickets max. 16 € (Tageskarte), Radmitnahme 2,20 €. Ticketverkauf am Schiff.

• *Einkaufen* **Fischerei Scheichl**, Frisch- und Räucherfische. Mo–Fr 8–12/13–18 Uhr. Jeritzastr. 90.

Galerie am Klimtplatz, private Sammlung an Ölgemälden von 1850–1950 zu moderaten Preisen. Di/Fr nachmittags, Sa 10–12 Uhr. Hauptplatz 4, www.kunst-am-klimtplatz.at.

• *Übernachten/Essen* *** **Goldener Anker**, traditioneller schön renovierter Sommerfrischebau mitten im Ort direkt am See. 30 modern-rustikale, helle Komfortzimmer, großteils mit Seeblick. Leihräder. Restaurant mit regionaler Küche und schöner Seeterrasse. DZ 80–90 €. Hauptplatz 2, ✆ 07665-8390, 📠 07665-839040, www.seehotel-anker.at.

*** **Stadler**, schöne, familienfreundliche Anlage 6 km nördlich von Unterach, direkt am Seeufer. 35 hell rustikale Komfortzimmer. Eigenes Strandbad mit Wassersportangebot und Bootsverleih. Sauna, Dampfbad, Leihräder. Gutbürgerliches Restaurant mit Wildgerichten aus eigenem Gehege und Atterseefischen. DZ 68–90 €, mit Balkon bis 100 €. Stockwinkel 1–3, ✆ 07665-8346, 📠 07665-834610, www.seegasthof-stadler.at.

*** **Druckerhof**, gemütlicher Landgasthof in Traumlage (650 m) nördlich oberhalb der Unteracher Bucht (Anfahrt über Fasching); deftige Regionalküche (Grammel- u. Speckknödel), Fische, Kaiserschmarrn, Hauptspeisen 7–14 €. Wildgehege, Streichelzoo. 5 schöne Komfortzimmer. DZ 56–72 €. Druckerstr. 15, ✆ 07665-8295, 📠 07665-829555, www.druckerhof.com.

Die Röhre, Café-Bar-Restaurant an der B 151, wegen seiner modernen Holzarchitektur nicht zu übersehen. Leichte, kreative Küche (7–14 €), ganztägig Frühstück, kleine Happen, Eis, Weine. Mai/Juni/Sept. Mi–So, Juli/Aug. Di–So 11–1 Uhr. ✆ 0664-1339864, www.dieroehre.com.

Haus Wolfsgruber, 4 altmodische, saubere Zimmer mit Du/WC, teils mit Balkon und Seeblick westlich der Ortsmitte. 500 m zum See. DZ 36–40 €. Am Kogl 5, ✆/📠 07665-8477, www.haus-wolfsgruber.at.

Inselcamp, baumbestandene Anlage mit 140 Stellplätzen an der Mündung der Seeache (Angelmöglichkeit), moderne Sanitäranlagen, kleiner Shop. Mitte Mai bis Mitte Sept. geöffnet. 20 € für 2 Pers., Auto und Zelt. Unterburgau 37, ✆ 07665-8311, 📠 07665-7255, www.inselcamp.at.

• *Baden/Wassersport* **Strandbad Unterach**, moderne Anlage am südlichen Ortsrand, breiter, seichter Kiesstrand, Badestege. Buffet. Eintritt 3 €, zusätzlich Parkplatzgebühr. ✆ 07665-825523.

Unterach am Attersee

Freizeitgelände Unterach, große, sonnige Badeanlage nebenan, schmaler Seezugang. Buffet, Minigolf, Spielplatz. Eintritt frei. Parkplatzgebühr.

Wasserski Pölzleithner, beim Strandbad, für Anfänger und Könner, Wakeboard, Tubing, Banane, ✆ 07665-8260, www.wasserschischule.at.

Austrian Divers, Tauchschule und -fachhandel, Kinderkurse ab 8 J., Mai bis Okt. 9–19 Uhr. Seeleitenstr. 4e, ✆ 07665-8524, www.austrian-divers.at.

• *Kinder* **Märchenweg**, aussichtsreicher 20-min. Weg mit Frau Holle & Co. am Westwanderweg unterhalb des Egelsees (s. u.).

• *Bootsverleih* **Proch**, Elektroboote, Jeritzastr. 22 (nördl. Ortsrand) – schön ist eine Fahrt entlang dem von Villen gesäumten Ufer.

Pölzleithner, Tret- und Ruderboote, neben dem Strandbad, ✆ 0664-3560334.

• *Radverleih* **Michel's 2-Rad-Verleih**, Hugo-Wolf-Weg 17 (östlicher Ortsrand), ✆ 07665-8145.

• *Veranstaltungen* **Glöcklerlauf**, 5. Januar. **Kultursommer** mit Konzerten sowie Seefest samt Klang-Feuerwerk im August.

Sehenswertes/Ausflüge

Pfarrkirche Unterach: Mitten im Ort erhebt sich die dem Bartholomäus geweihte Kirche mit ihrem ansehnlichen barocken Zwiebelturm. Ihr Chor stammt aus der Spätgotik (15. Jh.), der Rest entstand 1783. Das Hochaltarbild wird Bartolomeo Altomonte zugeschrieben. Beachtenswert sind das Sakramentshäuschen und die gotische Madonna (1400). Am Seeufer unterhalb der Kirche trifft man auf eine moderne, bronzene **Gustav-Klimt-Büste** (2003). Eine Tafel informiert über die Beziehung des Malers zum Ort.

Edelkastanienwald und Jubiläumsbaum: Stolz ist Unterach auf seine etwa 80 Edelkastanien in einem Laubmischwald knapp oberhalb der B 151. Die wegen ihrer Früchte (Maroni) geschätzten Bäume sind überaus wärmeempfindlich und reifen nördlich der Alpen nur in mildem Weinbauklima. Erntezeit ist im Herbst. Durch den Wald führt ein 2,5 km langer Lehrpfad mit Schautafeln. Es lohnt sich auch, den

Jubiläumsbaum aufzusuchen: Über einige Kehren geht es rund 100 Höhenmeter (ca. 10 Min.) weiter aufwärts zu der allein auf einer aussichtsreichen Wiesenschulter stehenden Edelkastanie, die 1908 zum 60. Regierungsjubiläum von Kaiser Franz Joseph gepflanzt wurde.

Anfahrt/Wanderweg Der Weg zum Edelkastanienwald (20 Min.) ist ab dem Kirchenplatz beschildert (Weg Nr. 2). Auch Autofahrer parken am besten hier, an der B 151 gibt es nur wenige Parkplätze.

Gustav Klimt am Attersee – eine Spurensuche

Der Maler und Grafiker Gustav Klimt (1862–1918) kam 1900 erstmals zur Sommerfrische an den Attersee. Zu dieser Zeit hatte er sich bereits von der klassischen Malschule des 19. Jh. abgewandt, in Wien die Künstlervereinigung Secession gegründet und seinen flächig-ornamentalen, farbenprächtigen Stil entwickelt. Er war der begehrteste Porträtist der Damen der Wiener Gesellschaft und in seinem Atelier stets von Aktmodellen umgeben. Erst am Attersee wurde Klimt, der Stadtmensch, auch zum Landschaftsmaler. In 16 Sommern schuf er fast 50 Gemälde mit Motiven aus dem Atterseegebiet. Er begann sie vor Ort und stellte sie meist später in Wien fertig. Ihren Spuren folgt ein Themenweg rund um den Attersee, der mit 24 Stelen auf Malplätze und Motive hinweist, dessen oft kühne Bildausschnitte Klimt mit einem „Sucher“ aus Pappe auswählte. Sein erstes Sommerdomizil am Attersee war Litzlberg (1900–07), wo die bekannten Gemälde „Am Attersee“ und „Die große Pappel“ (beide im Leopold-Museum Wien) entstanden (Stelen beim Seebad). In den Sommern 1908–12 hielt sich Klimt in der Villa Oleander in Kammer auf und malte dort mehrere Ansichten von Schloss Kammer. Eine davon wurde 1997 in London für 21 Mio. Euro versteigert, weitere hängen in der Nationalgalerie Prag und im Belvedere in Wien. Klimts dritter Aufenthaltsort 1908–16 war das heute noch erhaltene Forsthaus am Eingang des Weißenbachtals (Stele). Aus dieser Periode stammen die Bilder von Unterach, die er, wie so oft, unter Zuhilfenahme eines Fernrohrs vom Ufer gegenüber malte. Zwei davon wurden 2001 und 2006 unter großer medialer Anteilnahme ihren Besitzern zurückgegeben, nachdem die Werke in der NS-Zeit beschlagnahmt worden waren – und beide wurden mittlerweile zu Rekordsummen versteigert: das „Landhaus am Attersee“ (1914) für 25,4 Mio., die „Häuser in Unterach am Attersee“ (1916) für 24,6 Mio. Euro.

Gustav Klimt (1862–1918), verewigt in Bronze

Viktor-Kaplan-Weg: *Viktor Kaplan* (1876–1934), steirischer Maschinenbauingenieur, Hochschulprofessor und Konstrukteur einer nach ihm benannten Wasserturbine, verbrachte den Lebensabend auf seinem Landsitz Rochuspoint in Unterach, wo er auch die letzte Ruhe fand. Seinem Leben und Werk lässt sich auf dem mit 11 Informationstafeln bestückten Kaplan-Weg nachspüren. Dieser beginnt beim turbinenförmigen Kaplan-Denkmal im Freizeitgelände am Seeufer, führt über das hoch am Hang gelegene Rochuspoint mit dem **Kaplan-Mausoleum** bis zum Mondseeufer und entlang der See-Ache nach Unterach zurück (Gehzeit ca. 3 Std., www.kaplanweg-unterach.at).

Hochmoor Egelsee: Der kleine See auf 624 m Seehöhe inmitten eines Hochmoors über dem Westufer, ist ein typisches Toteisloch, das nach Abschmelzen der Eiszeitgletscher entstanden ist. Sein Ufer ist von Raritäten wie dem fleischfressenden Sonnentau und Orchideen besiedelt. Am einfachsten (auch mit Kinderwagen) erreicht man den Egelsee in 20 Gehminuten vom Panorama-Gasthof Druckerhof aus (→ „Übernachten/Essen"). Lohnenswert ist auch die beschilderte Wanderung ab Unterach vorbei am Edelkastanienwald zum Egelsee (1½ Std.). Von dessen Nordufer kann man weiter auf halber Hanghöhe auf dem Westwanderweg durch Wald und Wiesen bis Nußdorf wandern (2 Std.) oder über Straßen und einen Waldgraben nach Stockwinkl absteigen (¾ Std.). Von beiden Orten geht es von Mai bis Ende Sept. mit dem Schiff nach Unterach zurück.

Burggrabenklamm: Ein Erlebnis ist der kurze Ausflug zu dieser Schlucht (Gehzeit 15 Min.), 3 km südlich von Unterach in Richtung Weißenbach; sie liegt hinter dem Jägerwirt an der Uferstraße (Parkplatz). Von diesem auf kurzem Waldweg zunächst eben bis zur Madonnenstatue „Maria Klamm", dann nach links und über eine schmale Holzbrücke ans andere Ufer. Auf einem drahtseilgesicherten, aus dem Fels gemeißelten Pfad nah am Grund des engen Canyons erreicht man nach wenigen Minuten den Endpunkt: einen hohen, ausgewaschenen Felsenkessel, in den tosend ein Wasserfall stürzt. Wegen schwerer Sturmschäden ist die Klamm allerdings seit 2008 bis auf weiteres gesperrt (Infos unter www.attersee.at).

Ein Erlebnis: die Burggrabenklamm

Eisenauer Alm (1015 m): Blickt man von Unterach auf die bewaldeten Felsflanken des Schafbergmassivs, ist das auf halber Höhe gelegene sonnige Hochplateau der Eisenauer Alm, ein beliebtes Wanderziel (s. u.), gar nicht auszumachen. Geübte Bergsteiger können von der Alm über den Himmelpfortensteig (Trittsicherheit und Schwindelfreiheit erforderlich!) auf den Schafberg gelangen.

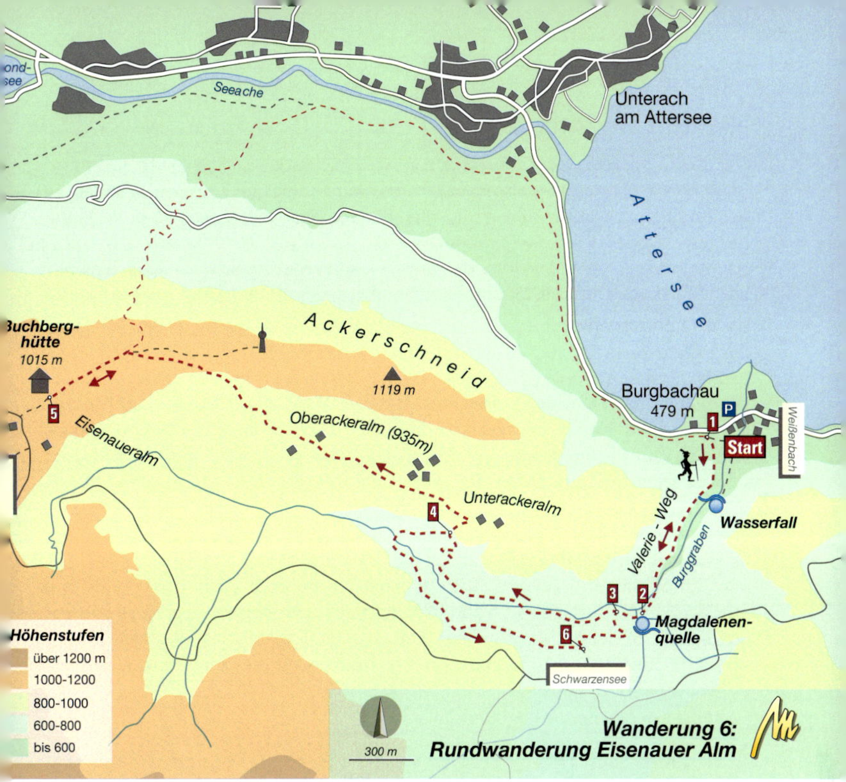

Wanderung 6: Rundwanderung Eisenauer Alm

Zur Alm unter der Nordwand des Schafbergs. Gesamtgehzeit 4 Std., mittelschwer.

Der klassische Weg auf die Eisenau beginnt bei der Madonna der **Burggrabenklamm** (**1**, 479 m, s. o.). Ab hier führt der 1890 angelegte **Valerie-Weg** (Nr. 28) steil bergauf und dann oberhalb der Schlucht teilweise exponiert und mit Holzgeländer gesichert zur Magdalenenquelle (**2**, 30 Min.). Nochmals 10 Min. steil bergauf zu einem Sattel mit einer Weggabelung (**3**). Auf dem Weg Nr. 26 rechts Richtung Eisenau weiter (Weg Nr. 28 führt zum Schwarzensee → S. 127). 30 Min. geht es links, dann rechts von einer Schlucht weiter, bis man auf der **Unterackeralm** (**4**) in einen breiten Weg mündet. Auf diesem wandert man stetig bergauf, an den Hütten und Kühen der **Oberackeralm** vorbei, bis man nach einer weiteren Stunde die Eisenauer Alm (1015 m) mit der **Buchberghütte** (**5**, Mai bis Okt. geöffnet) erreicht. Von hier schöner Blick auf die steilen Nordhänge des Schafbergs. Auf dem Aufstiegsweg wandert man bis zur Unterackeralm (**4**) zurück, folgt aber dem breiten Weg bergab, quert den Bach und wandert links auf einer Forststraße 20 Min. eben weiter, bis man links (**6**) steil zur Magdalenenquelle (**2**) hinabsteigt. Ab dort auf dem bekannten Weg zum Ausgangspunkt zurück.

Nußdorf am Attersee

1100 Einwohner, 500 m

Der 10 km nördlich von Unterach am lieblichen Westufer gelegene Ort wirkt noch recht dörflich, entspricht also ganz seinem Namen. Nur im Sommer ist er mit Leben erfüllt – es herrscht eine Atmosphäre wie an der Adria: flache Strände, Musikpavillon, Wassersport, drei Campingplätze, Nightlife, gute Quartiere. Historische Bauten sind seit dem Marktbrand von 1857 kaum erhalten. So stammt auch die örtliche **Pfarrkirche zum Hl. Mauritius** bis auf den spätgotischen Chor aus dem 20. Jh.

Zwei **Themenwege** bieten sich für Spaziergänge an: Einer ist einem der ersten Sommergäste, dem österreichischen Diplomaten, Künstler und Abenteurer *Eugen Freiherr von Ransonnet-Villez* (1838–1926) gewidmet. Er führt in 30 Min. vom Musikpavillon in der Ortsmitte an dessen früherer Villa (heute Seminarhotel Grafengut) vorbei ans Seeufer und wieder zurück. Der 2009 eröffnete Wildholzweg befasst sich mit Holz aus heimischen Wäldern und dessen Verarbeitung. Er beginnt beim Gemeindeamt und führt über den Anger und das Oberdorf – begleitet von Erlebnisstationen für Kinder – zum Pfarrer-Salettl mit eindrucksvollem Atterseeblick zum Finale.

Die **Reiserbauernmühle** aus dem 17. Jh., eine idyllische Getreidemühle im Wald, wird im Sommer vorgeführt (Mitte Juni bis Mitte Sept. Mi 17 Uhr). Sie liegt in Stockwinkl 4 km südlich von Nußdorf und ist auf dem Westwanderweg ab Nußdorf in 2 Std. zu erreichen. Mit dem Pkw fährt man an der B 151 bis Stockwinkl, zweigt dort ab Richtung Oberaschau und fährt 1,5 km bergauf (beschildert); von dort sind es noch 10 Min. zu Fuß.

• *Information* **Infobüro**, an der Dorfstraße, Juli/Aug. Mo–Fr 9–18, Sa 9–12, So 9–11 Uhr, sonst Mo–Fr 9–12, 14–17 Uhr. Dorfstr. 3, ✆ 07666-8064, www.attersee.at.

• *Verbindungen* **Bus**: 2–5x tägl. entlang dem Westufer. **Schiff** → „Unterach".

• *Übernachten* **** **Hotel Aichinger**, gediegen-ländliches Ambiente mitten im Ort, Swimmingpool, Privatstrand, kreativ gestalteter Wellness-Bereich mit Grottendampfbad, Sauna, Nebeldusche und Außenpool. 17 individuell ausgestattete Komfortzimmer, die 5 teureren Romantikzimmer haben einen Sternenhimmel. DZ 110–160 € . Am Anger 1, ✆ 07666-8007, 📠 07666-800750, www.hotel-aichinger.at.

*** **Ragginger**, Landgasthaus mitten im Ort. Im Stammhaus rustikal-elegante Komfortzimmer und Suiten mit Vier-Sterne-Komfort, im Gästehaus nebenan bescheidener ausgestattet. Eigener Badestrand mit Bootssteg, Sauna. Gutes Restaurant. DZ 88–100 €, Suiten bis 130 €. Dorfstr. 42, ✆ 07666-800576, 📠 07666-800577, www.ragginger.co.at.

*** **Lex'nhof**, sehr schöne, gepflegte Frühstückspension in einem alten Einhof (15. Jh.) mitten im Ort. 13 Komfortzimmer, teils mit Balkon. Privatstrand, Bootssteg. Gourmetlokal im Haus, Bar und Strandbar. DZ 72–96 €. Am Anger 4, ✆ 07666-8073, 📠 07666-807380, www.lexenhof.at.

*** **Schönberger**, freundliche Gasthof-Pension in grüner Hanglage 2 km südlich von Nussdorf, mit Blick auf See und Höllengebirge. 14 nette Komfortzimmer, großteils mit Balkon. Eigener Badestrand mit Steg, Leihräder. DZ 60–66 €. Seepoint 10, ✆ 07666-8006, 📠 07666-20056, www.gasthof-schoenberger.at.

Haus Fernblick, in ruhiger Hanglage mit Seeblick oberhalb der Ortsmitte. 5 nette Komfortzimmer, teils mit Balkon. Eigener Badeplatz. DZ 40–50 €. Sonnleiten 4, ✆/📠 07666-8434, www.tiscover.at/haberl-haus-fernblick.

Seecamping Gruber, topmoderne, parkähnliche Anlage am Seeufer unweit der Ortsmitte mit 150 Stellplätzen. Beheiztes Freibad, Leihräder, Restaurant. Mitte April bis Mitte Okt. geöffnet. 25–30 € für 2 Pers., Auto und Zelt. Dorfstr. 65, ✆ 07666-80450, 📠 07666-80456, www.camping-gruber.at.

• *Essen & Trinken* **1er Beisl**, kleines, beliebtes Feinschmeckerlokal im Lex'nhof (→ „Übernachten"). Gutbürgerliche und kreative Küche, freundlicher Service, sehr schöner Garten. À la carte 13–28 €. Di Ruhetag, in der NS auch Mi. ✆ 07666-80000.

Herbststimmung in Nußdorf am Attersee

Das Bräu, stillvoll aufgefrischter Braugasthof mit Gourmetküche im Hotel Aichinger (→ „Übernachten"). Gute Weinauswahl. Kastaniengarten. Hauptgerichte 16–35 €. Mo Ruhetag (außer HS).

Ragginger → „Übernachten". Gute Regionalküche, Fleisch aus eigener Metzgerei, Wild aus eigenem Gehege. Hauptgerichte ab 8 €. Gastgarten. Mi Ruhetag.

• *Bar/Nachtleben* **Zum kleinen Lex**, Strand- und Snackbar („Beefburger") beim Seebad mit herrlicher Aussicht. Mai bis Sept. tägl. ab 10 Uhr.

Bar AXXL, trendiges Lokal im Lex'nhof. Mai bis Sept. ab 21 Uhr, Di Ruhetag (außer Juli/Aug.) Am Anger 4.

American Bar, Cocktail- und Musikbar. Mai bis Sept. Kapellenweg 3.

• *Baden/Wassersport* **Seebad Nußdorf**, schöne, aussichtsreiche Anlage 400 m vom Ortszentrum, nahe Schiffsstation. Kleiner Sandstrand, Bootsverleih, Restaurant. Frei zugänglich, Parkplatzgebühr.

Yachtschule Koller, Segel- und Surfschule, Wasserski, Bootsverleih, beim Seebad, ✆ 0676-3305253, www.yachtschule-koller.com.

• *Golf* Die seit 2001 geplante 18-Loch-Anlage samt Driving Range und Golfschule soll 2010 eröffnen. www.golfamattersee.at.

• *Veranstaltungen* **Nußdorfer Bergpreis**, Oldtimer-Rennen Mitte Mai. **Jazz-Konzerte** im Juli/Aug.

Attersee am Attersee

1580 Einwohner, 496 m

Der Ort **Attersee** ist *das* Seglerzentrum Österreichs und Austragungsort zahlreicher internationaler Regatten. Er liegt 5 km nördlich von Nußdorf zwischen Seeufer und den sanften, bewaldeten Hängen des 808 m hohen Buchbergs. Über eine nostalgische Schmalspurlinie, die *Attergaubahn*, besteht von hier aus Anschluss an die 14 km entfernte Westbahn.

Autofreier Rad-Erlebnistag Attersee

An einen Sonntag im Jahr – meist im April oder Mai – gehört die 48 km lange Uferstraße rund um den Attersee (B 151, B 152) von 10 bis 17 Uhr ganz den Radlern. Offizieller Start ist in Attersee, für Pannenhilfe, Rad-Service und das leibliche Wohl ist gesorgt. www.attersee.at.

Für das Atterseer Ortsbild prägend sind die zwei Kirchen mit ihren markanten Türmen: Auf einer aussichtsreichen Anhöhe thront die barocke **Pfarr- und Wallfahrtskirche Maria Attersee**. Vom 9. bis 14. Jh. stand hier die Burg Attersee, von der aus die Umgebung beherrscht wurde. Die Kirche entwickelte sich aus der gotischen Kapelle der Burg und erhielt im 18. Jh. eine prächtige Barockausstattung. Am theatralischen Hochaltar von *Josef Matthias Götz* sieht man das gotische Gnadenbild „Maria in der Sonne", das bis heute Wallfahrer anzieht. Am Fuß des Kirchbergs liegt die **Evangelische Kirche**. Sie wurde im 15. Jh. als katholische Kirche errichtet und 1813 an die Protestanten verkauft! 1854 erhielt sie ihre neugotischen Zutaten: einen hohen, spitzen Turm, Altar und Kanzel sowie die Gruftkapelle. Nebenan steht das schöne **Fromingerhaus**, das älteste Holzhaus im Ort.

Am Ende der Kirchenstraße zeigt die **Kunsthalle Attersee KATT** von Juli bis September Ausstellungen zeitgenössischer Kunst. 1996 wurde sie eröffnet mit einer Schau zu *Christian Ludwig Attersee*, dem der Ort zweite Heimat und Namensbestandteil geworden ist.

Das rund 1 km südwestlich auf einer Anhöhe gelegene **Abtsdorf** („Dorf des Abtes") gehörte bis 1791 zum Kloster Mondsee. So verwundert es nicht, dass in der spätgotischen, von einer Mauer umgebenen **Dorfkirche zum Hl. Laurentius** (15. Jh.) drei barocke Altäre und eine Kanzel des Mondseer Hauskünstlers *Meinrad Guggenbichler* zu finden sind.

• *Information* **Infobüro**, Juli/Aug. Mo–Fr 9–18, Sa 9–12 Uhr, sonst Mo–Fr 9–12/14–17 Uhr. Nußdorfer Str. 15, ✆ 07666-77190, www.attersee.at.

• *Verbindungen* **Bahn**: Attersee–Vöcklamarkt (Westbahn) alle 1–3 Std., Fahrzeit 28 Min. Bus → „Nußdorf". **Schiff**: Linienschiffe Mai bis Okt. 6x tägl., Tickets → „Unterach".

Erlebnisfahrt Attergau – Attersee
Mit der nostalgischen Attergaubahn bis Attersee (Ort), von dort aus Schiffsrundfahrt. Mai bis Ende Sept., 12–16 €. Die Attergaubahn bietet im Sommer auch Kinderzüge und Hobbylokführerkurse. ✆ 07666-7806, www.stern-verkehr.at.

• *Einkaufen* **Atterseehonig**, diverse Honigsorten und Met bei Imkermeister Michael Ryba. Mo/Di und Do/Fr 9–12/15–18 Uhr. Landungsplatz 1, www.atterseehonig.at.

• *Übernachten* ****** Oberndorfer**, traditioneller, familiengeführter Seegasthof zentral im Ort. 23 saubere, schlichte Komfortzimmer mit Balkon zu etwas gehobenen Preisen. Moderne Sauna mit Seeblick, Solarium. Gutes Restaurant. DZ 130–230 €. Hauptstr. 18, ✆ 07666-78640, ✆ 07666-786491, www.oberndorfer.info.

** **Pension Huber**, zentrale, aber ruhige Lage, 100 m vom See entfernt. 7 schöne, moderne und preisgünstige Komfortzimmer mit Seeblick. Leihräder. DZ 56–65 €. Schustergasse 4, ✆ 07666-78960, ✆ 07666-789660, www.huber-attersee.at.

*** **Häuplhof**, 6 komfortable Ferienwohnungen in stilvoll renoviertem Gutshof am Seeufer, 2 km südlich der Ortsmitte. Großes, privates Badeareal. 58–79 € (2 Pers.). Mühlbach 1, ✆ 07666-7788, ✆ 07666-77888, www.haeuplhof.at.

• *Essen & Trinken* **Seegasthof Oberndorfer** → „Übernachten"; gutbürgerliche, österreichische Küche, Spezialität sind Atterseefische, schöner Kastaniengarten, toller Seeblick. Hauptgerichte 9–20 €. Wechselnde Ruhetage.

Fischer-Vroni-Am-See, rustikales Wirtshaus mit herrlicher Seeterrasse unweit der Schiffsstation. Hausmannskost, Atterseefische, hausgemachte Kuchen und Torten. Mai bis Ende Sept., Hauptstr. 2, ✆ 07666-7791.

• *Baden/Wassersport* **Erlebnisbad Attersee**, in Ortsmitte; flacher Seezugang, zwei Rutschen, beheiztes Freibad, Wasserfall, Tretboote, Restaurant. Eintritt. 5 €, ab 13 Uhr 4 €, Kinder ab 6 J./Stud. 50 %. S-Card. Mai bis Sept. 11–18, Juli/Aug. 9–19 Uhr, ✆ 07666-775576.

Sprintzensteinpark, parkähnliche Anlage 300 m südlich der Ortsmitte, riesige Liegewiese, Badestege, seichtes Ufer, Spielplatz, Buffet, frei zugänglich.

Segelschule Attersee, Segel- und Surfkurse, Regatten, ✆ 07662-4024. www.segelschule.at.

Dive Center Attersee, Nußdorferstr. 36, ✆ 0676-7344627.

• *Kinder/Wandern* **Walderlebnisweg** am Buchberg: Von der Atterseehalle erreicht man über den Waldweg den 3 km langen, mit Spielen und Rastbänken versehenen, aussichtsreichen Rundweg.

• *Radverleih* **Tankstelle Schweiger**, Mountain- und Citybikes. Nußdorferstr. 26, ✆ 07666-7821.

• *Veranstaltungen* **Regatten** finden von Juni bis Okt. fast wöchentlich statt. Mehr unter www.uycas.at.

Seewalchen und Schloss Kammer

5150 Einwohner, 498 m

Das direkt an der Westautobahn und am Nordende des Sees gelegene Seewalchen gilt als das „Tor zum Attersee". Seine sanfte Hanglage stammt vom Endmoränenwall der eiszeitlichen Gletscher, der das Seeende bogenförmig umschließt. Walchen im Ortsnamen deutet darauf hin, dass römische Bewohner („Welsche") bis nach der Völkerwanderung hier verblieben sind. In Seewalchen finden sich zahlreiche Villen im Stil des Historismus, von denen die märchenhafte *Villa Paulick* von 1877 (Seepromenade 2) die berühmteste ist. In ihr war Gustav Klimt oft zu Gast. Im 3 km südlich gelegenen Nobelvorort **Litzlberg** erhebt sich auf einer ufernahen Insel das türmchenreiche *Schloss Litzlberg* (um 1900, Privatbesitz). Die etwas nördlich davon gelegene *Badeanlage Litzlberg* und das tolle Strandbad mitten in Seewalchen trösten darüber hinweg, dass die hiesigen Ufer dicht verbaut wurden.

Die *Ager*, der Abfluss des Attersees in Richtung Traun und Donau trennt Seewalchen vom östlich folgenden Ort **Schörfling am Attersee**. Dieser ist für sein in einem Parkareal am Ufer gelegenes *Schloss Kammer* bekannt. Der klobige, weiße Bau (14.–18. Jh., Privatbesitz) diente Gustav Klimt mehrmals als Motiv. Der *Klimt-Themenweg* führt vom Schloss entlang der Seepromenade zur Villa Paulick bzw. südwärts zur Villa Oleander (→ Kasten S. 169).

• *Information* **Infobüro Seewalchen/ Schörfling**, seit 2008 im neuen Raiffeisenbankgebäude an der Atterseestraße in Seewalchen. Juli/Aug. Mo–Fr 9–18, Sa 9–12 Uhr, sonst Mo–Fr 9–16.30 Uhr. ✆ 07662-2578, Raiffeisenplatz 1, www.attersee.at.

• *Verbindungen* **Bus**: 2–5x tägl. bis Unterach bzw. stündl. nach Vöcklabruck (Westbahn). **Schiff** → „Attersee". **Bahn**: Bahnlinie Kammer/Schörfling–Vöcklabruck (Westbahn) nur an Schultagen 2x tägl.

• *Einkaufen* **Tostmann Trachten**, berühmte Schneiderei für Dirndl und Festtrachten. Mo–Fr 9–18, Sa 9–13 Uhr. Hauptstr. 1.

Gollhammer Keramik, Traditionsmanufaktur im Aichergut mit schönen Formen und Dekoren. Mo–Fr 9–18, Sa 9–17 Uhr. Kapellenweg 7, www.gollhammer.at.

Fischerei Ecker, an der B 151 in Moos, Frisch- und Räucherfische, tägl. (außer Mo) 9–18 Uhr. www.ecker.at.tf.

• *Essen & Trinken* **Häupl**, im gleichnamigen Vier-Sterne-Hotel in Seewalchen unweit der Kirche, sehr elegantes Ambiente, Terrasse mit Seeblick. Prämierte Gourmetküche mit verfeinerten österreichischen Klassikern, à la carte 13–23 €. Hauptstr. 20, ✆ 07662-6363, www.residenz-haeupl.at.

Litzlberger Keller, direkt an der B 151, Gustav Klimt war hier schon Stammgast (Themenwegtafel), gepflegter Gasthof mit gemütlichen Stuben und schattigen Gastgärten. Verfeinerte Regionalküche. Mi Ruhetag, in der NS auch Di. ✆ 07662-2312, www.litzlbergerkeller.at.

Langostinos, kleines, feines Restaurant in Schörfling, das sich auf Atterseefische und natürlich Krustentiere spezialisiert hat. Reservierung! Mi/Do Ruhetag. Bahnhofstr. 4. ✆ 07662-29050, www.langostinos.at.

Fischer Sepp-Fischerhütte, Steckerlfisch-Verkauf zwischen Litzlberg und Seewalchen. Mai bis Ende Sept. 9–21 Uhr.

Café-Konditorei Ottet, in einem historischen Gebäude mitten in Schörfling; köstliche Mehlspeisen und Kuchen, bekannt für die Klimt-Praline. Tägl. (außer Mi) 8–21, Sept. bis April nur bis 19 Uhr. Marktplatz 6, www.konditor.at.

Strandbäder gibt es rund um den Attersee

• *Baden/Wassersport* **Freibadanlage Litzlberg**, riesige, parkartige Anlage nahe der B 151, Spielplatz, Surf- und Segelschule, seichtes Ufer. Eintritt frei, Parkplatzgebühr.

Strandbad Seewalchen, an der Seepromenade, tolle Aussicht, beheiztes Becken, Sprungturm, Wasserrutsche, Buffet. Mai bis Sept. 9–19/20 Uhr. Eintritt 4 €/Tag, ab 18 Uhr frei.

Wasserskischule Fiausch, beim Strandbad. Banane, Boards. ✆ 0664-4447144.

• *Radverleih* **Bike&Boot Austria**, Mountain- und Citybikes. Atterseestr. 40, ✆ 07666-2202, www.atterbike.at.

• *Veranstaltungen* **Attersee Klassik**, Musikfestival mit bekannten Namen im Juli/Aug. www.atterseeklassik.at.

Flügelaltar in Gampern: In der großen gotischen Pfarrkirche zum Hl. Remigius von Gampern, 5 km nördlich von Seewalchen (jenseits der A 1), hat sich ein mächtiger spätgotischer Flügelaltar von 1480 erhalten. Wegen seiner Ähnlichkeit mit dem Altar von Hallstatt, wird er *Leonhard Astl* zugeschrieben. Sind die Flügel geschlossen, sieht man auf den Tafeln die Passion Christi. Geöffnet tritt der geschnitzte Schrein mit Maria und zwei Heiligen zu Tage. Die Rückseite des Altars stellt ein Jüngstes Gericht dar, im Volksmund „Gamperner Hölle“ genannt.

Weyregg am Attersee

1470 Einwohner, 482 m

Der von idyllischen Bauernwiesen und aussichtsreichen Hügeln umgebene Badeort in der Mitte des sonnigen Ostufers ist bevorzugtes Ziel der sportbegeisterten Gäste.

Weyregg liegt auf einem breiten Schwemmkegel, den der Weyregger Bach weit in den See geschoben hat. Die windgeschützte Lage auf der Sonnenseite des Attersees hat die Menschen schon immer angezogen. So finden sich in der Bucht zwischen Landungssteg und Steinwand die Reste des größten jungsteinzeitlichen Pfahlbaudorfs Österreichs. Im 2. Jh. bauten die Römer hier einen Hafen und mehrere Villen. Römische Mosaikreste sind an der Außenmauer der Volksschule (unweit der Schiffsstation) zu sehen. In die weniger ferne Vergangenheit, nämlich auf die Spuren der Habsburger führt das skurrile **K.u.k.-Hausmuseum „Auf den Spuren der**

Habsburger" im Gasthof Post direkt gegenüber (→ „Essen & Trinken"). Informativ ist auch der Pavillon unweit des Strandbads mit dem **Aquarium Weyregg**, in dem sich heimische Seefische wie Hecht, Barsch und Rotauge tummeln (April bis Mitte Okt. tägl. 9–22 Uhr, Eintritt frei).

• *Information* **Infobüro** an der Hauptstraße. Juli/Aug. Mo–Fr 9–18, Sa/So So 9–11 Uhr, sonst Mo–Fr 9–16.30, Mi nur 9–12 Uhr. Weyreggerstr. 69, ✆ 07664-2236, www.attersee.at.

• *Verbindungen* **Bus**: Mo–Fr 1–2x tägl. entlang des Ostufers. **Schiff** → „Attersee".

• *Einkaufen* **D'Brennerin**, Edelbrände, Liköre. Tägl. 18–20 Uhr, Ortsmitte. Seedorf 5, www.brennerin.at.

• *Übernachten* **** **Hotel Bramosen**, traditioneller, freundlicher Familienbetrieb in Alexenau, 3 km südlich von Weyregg (Schiffsstation). Hanglage, 300 m zum Privatstrand mit Strandbad, großer Wellness-Bereich. 28 hell-rustikale Komfortzimmer mit Balkon. DZ 94–170 €. Alexenau 8, ✆ 07664-2291, 📠 07664-229144, www.hotel-bramosen.at.

Pension Stallinger, Frühstückspension zentral an der Hauptstraße, 500 m zum See, mit Privatstrand. Sauna, Leihräder. 12 nette Komfortzimmer mit Balkon. DZ 62–74 €. Weyreggerstr. 16–18, ✆ 07664-2324, 📠 07664-232425, www.pensionstallinger.at.

Gästehaus Untersperger, in aussichtsreicher Hanglage etwas oberhalb der Ortsmitte; 8 altmodisch-rustikal eingerichtete Komfortzimmer mit Seeblick und Balkon. Sauna, eigener Badestrand. DZ 52–64 €. Wachtbergstr. 17, ✆/📠 0732-650618, www.untersperger.at.

• *Essen & Trinken* **K.u.k. Landgasthof Zur Post**, bekannter Erlebniswirt: In der Poststation von 1830 ist die k.u.k. Monarchie dank der Sammelleidenschaft des Wirts Georg Eichhorn noch lebendig (300 Exponate im Hausmuseum). Altösterreichische Küche, Tafelspitz und Kaiserschmarrn, Fischrestaurant. Hauptgerichte 7–25 €. Tägl. 9–24 Uhr, Okt bis Mai Mo/Di Ruhetag. Attersee-Erlebnisstrand mit Panoramasteg, mediterranem Café-Bistro Gelis, Schirmbar Riviera, Strandgarten, jeweils Juli/Aug. tägl. 14–22 Uhr, Mai/Juni und Sept. nur Fr–So. Weyregger Str. 75, ✆ 07664-2202, www.kaisergasthof.at.

Gasthof Sonne, bodenständiger Familienbetrieb in der Ortsmitte, gute regionale Küche, Hausmannskost. Kastaniengarten. Mi Ruhetag. Weyreggerstr. 60, ✆ 07665-2203.

Bar Parapluie, das Nachtlokal der „Post". Juli/Aug. ab 21 Uhr, Mai/Juni/Sept. Fr–Sa.

• *Baden/Wassersport* **Bundesforstebad**, großer Bade- und Surfplatz unweit der Ortsmitte an der Mündung des Weyregger Bachs. Eintritt frei. Parkplatzgebühr. Surf- und Tauchschule.

Strandbad Weyregg, erlebnisreiche Anlage, große Liegewiese, Kinderbecken, Schwimminseln, Rutsche, Spielplatz, Bootsverleih. 15. 5. bis 15. 9. 8–20 Uhr, Eintritt 3,80 €. Parkplatz 3 €. S-Card.

Segelschulen Weyregg (✆ 07664-2388) und **Steinwand** (✆ 0664-1242849), jeweils auch Kurse für Kinder und Bootsverleih.

Wasserskischule, Juli/Aug. tägl. 13–19 Uhr, ✆ 0664-1314400.

Nautilus Dive Company, Tauchen, Canyoning-Touren, Mountainbike. ✆ 07664-2299, www.nautilus.at.

• *Mountainbike* **Gahberg-Krahberg-Runde**, 29,6 km auf Forst- und Asphaltstraßen ab dem Touristbüro.

• *Golf* **Attersee GC Weyregg**, 9-Loch-Anlage mit Golfschule in aussichtsreicher Lage. www.gcweyregg.at.

• *Wintersport* **Wachtberg**, Miniskigebiet: 1 Lift, 2 km Piste, www.wachtberglifte.com.

• *Veranstaltungen* **Strandfest** mit Kunsthandwerksmarkt, Feuerwerk, Mitte August.

Ausflüge/Wandern

Gahberg (864 m): Die kurvenreiche Straße auf den Weyregger Aussichtsberg zweigt im Ort von der Hauptstraße ab und erreicht nach ca. 5 km die Hochfläche, von deren Almwiesen man einen prächtigen Blick auf Attersee, Schafberg und Höllengebirge genießt. Am Gahberg stehen eine Sternwarte (Mai bis Sept. geöffnet, www.astronomie.at), die reizvolle, gänzlich mit Holz verschindelte *Gahbergkapelle*, eine Tafel des Klimt-Themenwegs und ein ganzjährig geöffnetes Alpengasthaus (Sept. bis Mai Fr Ruhetag). Zu Fuß erreicht man den Gahberg ab Weyregg wahlweise über den Brand- oder den Fegaweg in etwa 1½ Std. Der eine beginnt bei der Gärtnerei, der andere im Ortsteil Bach.

Wachtberg (823 m): Auf den südlichen Nachbarn des Gahbergs führt ebenfalls ab der Ortsmitte eine Straße, die nach 2,5 km beim aussichtsreich gelegenen Gasthaus Wachtberg endet. Die restlichen 75 Höhenmeter zum Gipfel kann man zu Fuß entlang einer Schlepplifttrasse hochsteigen (Weg Nr. 2).

Essen & Trinken **Gasthaus Wachtberg**, gemütliches Lokal, Sonnenterrasse, Hausmannskost, Salatbuffet, herrliche Sonnenuntergänge. Juli/Aug tägl. geöffnet, sonst variable Ruhetage. ✆ 07664-2633.

Wanderung um den Wachtberg: Lohnenswert ist der einfache, gut beschilderte und 8 km lange Wanderweg um den Wachtberg (2½ Std.). Man folgt von Weyregg aus zunächst der Wachtbergstraße, wendet sich dann vor dem Haus Hubertus nach links und geht großteils auf Fahrwegen und Forststraßen durch Wiesen und Wälder bis zu einem Sattel (670 m) an der Südostseite des Bergs. Bald darauf zweigt man rechts ab und geht zu den seenahen Häusern von Alexenau hinunter, von wo es auf einem Fahrweg oberhalb parallel zum Atterseeufer nach Weyregg zurückgeht.

Steinbach am Attersee

860 Einwohner, 509 m

Das Bergsteigerdorf 9 km südlich von Weyregg liegt malerisch auf grünen Wiesen, die vom Fuß der schroffen Felsflanken des Höllengebirges sanft zum See hin abfallen. Diese Idylle zog schon lange Künstler in den Bann: Hier komponierte *Gustav Mahler* Symphonien, schuf *Gustav Klimt* Landschaftsbilder und verbrachte der berühmte österreichische Pianist *Friedrich Gulda* seine letzten Jahre. Kletterer und Bergsteiger haben mit den Felsen des Höllengebirges ihre Freude. Die in Steinbach von der Uferstraße abzweigende 21 km lange **Großalmstraße** führt entlang der schroffen Nordseite des Höllengebirges vom Attersee bis zum Traunsee.

Die Orientierung in Steinbach ist simpel: In Seefeld, auf dem in den See geschobenen Schwemmkegel des Kienbaches liegen zwei Campingplätze, das Gustav-Mahler-Komponierhäuschen, das Strandbad und das **Heimathaus**. Letzteres ist eine alte k.u.k. Holzhüterunterkunft von 1724, in der ein Heimatmuseum und ein Modell der historischen Holzaufzuganlage im Weißenbachtal (→ S. 180) untergebracht sind (Mai bis Sept. Mi 17.30–19.30 Uhr, Spende erwünscht). 500 m weiter südlich finden sich die Schiffsstation, eine Klimt-Informationstafel, etwas oberhalb die Touristeninformation und am aussichtsreichen Kirchenhügel, der vielleicht schon als heidnischer Kultplatz diente, die mit einer barocken Zwiebelhaube versehene, spätgotische **Pfarrkirche zum Hl. Andreas** (16. Jh.). Sie weist innen ein schönes Netzrippengewölbe auf, die Altäre sind neugotisch. Bekannt ist die nach ihrem heimischen Schöpfer Franz Binder benannte Krippe (20. Jh.). Auf dem Friedhof, der die Kirche umgibt, liegt Friedrich Gulda (1930–2000) begraben.

- *Information* **Infobüro**, Juli/Aug. Mo–Fr 9–18, Sa 9–12 Uhr, sonst Mo–Mi 9–12 Uhr. Steinbach 4, ✆ 07663-401, www.attersee.at.
- *Verbindungen* **Bus**: Mo–Fr 1–2x tägl. entlang dem Ostufer. **Schiff** → „Unterach“.
- *Einkaufen* **Goldschmiede Trucker**, in Weißenbach; exklusiver, handgefertigter Trachtenschmuck. Ischlerstr. 3, ✆ 07663-234, www.goldschmiede.cc.
- *Übernachten/Essen* **** **Föttinger**, traditionsreicher Hotel-Gasthof (mit Gustav Mahlers Komponierhäuschen) am Seeufer in Seefeld. Gutbürgerliche österreichische Küche, Fischrestaurant mit köstlichem Atterseegetier, Gastgarten. Hauptgerichte 10–22 €. Mi Ruhetag (außer HS). 29 rustikale Komfortzimmer, verteilt auf Haupthaus oder Dependance (billiger). Leihräder, Sauna. DZ 92–126 €. Seefeld 14, ✆ 07663-8100, ℻ 07663-810042, www.foettinger.at.

Dorfstub'n, Pension und Jausenstation (im Sommer tägl. 14–24 Uhr), 300 m oberhalb des Sees. Panoramablick. 4 einfache, rustikal möblierte Komfortzimmer mit Balkon. DZ 40–46 €. Dorf 34, ✆ 07663-336, 📠 07663-20046, www.dorfstubn.at.tt.

Camping Grabner, schöne Lage in einer privaten Bucht am See (Schwimminsel) mit 180 Stellplätzen; gut ausgestattet, Shop, Restaurant, Leihräder. April bis Mitte Okt. geöffnet. 20–25 € für 2 Pers., Auto und Zelt. Seefeld 47, ✆ 07663-8940, 📠 07663-894013, www.camping-grabner.at.

• *Baden/Wassersport* **Strandbad Steinbach**, moderne Anlage am Seeufer im Ort, Badesteg, solarbeheiztes Becken mit Wasserrutsche. Imbiss, Kinderbecken, Bootsverleih. Mai bis Sept., Eintritt 4,50 €, Kinder bis 16 J. 3 €, ab 15 Uhr billiger.

Wassersport und Bootsverleih Mühlegger, neben dem Strandbad, ✆ 07665-20008. **Tauchzentrum TSVÖ**, Ausbildungszentrum beim Hotel Föttinger, ✆ 07663-8100.

• *Veranstaltungen* **Philharmonische Wochen**, Mitte Juli bis Mitte Sept., Pfarrkirche.

Stören bei Todesstrafe verboten!

Wie viele andere Künstler auch verschlug es den österreichischen Dirigenten und Komponisten *Gustav Mahler* (1860–1911) Ende des 19. Jh. zur Sommerfrische an den Attersee. Mit seinen Geschwistern und einer Schar Neffen und Nichten bezog er 1893 eine große Wohnung im Gasthof Föttinger in Steinbach. Vormittags wurde komponiert, nachmittags unternahm man Spaziergänge und Schiffsausflüge. Die unberührte Natur, die Felsen des Höllengebirges, die Geräusche der Bäume und des Seewassers waren höchste Inspiration für Mahler, doch der familiäre Anhang und der Touristenlärm im Gasthof behinderten seine Kreativität. So entschloss man sich zum Bau eines Komponierhäuschens am Seeufer. Der karge Raum mit Fenstern auf drei Seiten, Stutzflügel, Ofen, Tisch und Stuhl diente Mahler drei Sommer lang, bis 1896, als Arbeitsstätte. Hier verfasste er Teile der Zweiten und die Dritte Symphonie, in denen die Atterseelandschaft regelrecht mitklingt. Für Ruhe und Einsamkeit sorgte das von ihm selbst gebastelte Türschild: „Stören bei Todesstrafe verboten!" Nach bewegten Jahren als Waschküche, Schlachthaus und tatsächlich stilles Örtchen wurde das Komponierhäuschen 1985 renoviert und als Gedenkstätte eingerichtet (Schlüssel im Hotel Föttinger). Weitere Infos unter www.mahler-steinbach.at.

Ausflüge/Wandern

Nikoloweg: Der rund 5 km lange, zunächst als Waldlehrpfad, dann als Geologieweg gestaltete Höhenweg (Nr. 7) ist wegen seiner landschaftlichen Reize am Übergang zwischen Kalkalpen und sanftem Voralpenland überaus beliebt. Er beginnt nahe dem Informationsbüro in Steinbach und verläuft durch Wiesen, später in sanftem Ab und Auf den bewaldeten Hang zwischen Ufer und Fuß des Höllengebirges entlang. Zum Teil wurde er in den Fels gehauen, zwischendurch bieten sich schöne Aussichtspunkte. Der Weg endet nach rund 1½ Std. beim Hotel Post in Weißenbach (Rückfahrt per Schiff nach Steinbach Mai bis Sept. 4x tägl.).

Großalmstraße und Taferlklause: Folgt man der Großalmstraße von Steinbach Richtung Altmünster am Traunsee, gelangt man nach rund 7 km zur *Taferlklause* (765 m) mit einem kleinen Waldsee, der von den Gipfeln des Höllengebirges überragt wird (Jausenstation). Seine Ufer sind von Hochmoor umgeben, eine Umwanderung dauert 30 Min. Der See entstand 1716 zum Zweck der Holztrift. 2006/07 wurde im Bereich der Taferlklause ein 5 km langer Bodenlehrpfad mit Schautafeln angelegt (www.bodenlehrpfad.at).

2,5 km weiter entlang der Großalmstraße folgt die eigentliche *Großalm* (645 m, Gasthaus) deren Weidefläche einst 50-mal so groß war wie heute. Von hier aus kann man in 1½ Std. über einen einfachen Waldweg (Nr. 13) – zunächst bergauf bis Lueg (830 m), dann bergab – zu den südlich gelegenen *Langbathseen* wandern (→ S. 255). Im Winter wird auf der Großalm eine Loipe gespurt.

Essen & Trinken **Jausenstation Taferlklaussee**, gemütliche Holzhütte, Mai bis Okt. Sa/So, Juli/Aug. tägl. bei Schönwetter. ✆ 0676-6502835. **Gasthof Großalm**, typischer Ausflugsgasthof, Mi/Do Ruhetag, ✆ 07618-8214.

Bergtour zum Hochleckenhaus (1574 m): Beliebte Tour, v. a. im Spätsommer zu empfehlen. Die gemütliche Hütte des Alpenvereins (bewirtschaftet von Palmsonntag bis 26. 10., 100 Schlafplätze, ✆ 07666 -7588) liegt auf der aussichtsreichen Karsthochfläche über den Nordabstürzen des Höllengebirges, das sich 16 km weit bis zum Traunsee erstreckt. Hinauf und wieder herunter gelangt man auf drei markierten Routen:

Ab dem Infobüro in Steinbach führt Weg Nr. 823 in 3–4 Std. zur Hütte. Zunächst geht es auf der Straße, dann auf einem Weg zwischen Bauerngehöften, später durch den Wald bergauf, bis man auf etwa 850 m Höhe auf Weg Nr. 824 trifft, der vom Gasthof Kienklause (621 m) an der Großalmstraße (s. o.) auf Forststraßen durch den Zwieselgraben hierher führt. Ab nun wird es steil und der Weg führt mit imposantem Blick auf die Adlerspitzen (bekannte Kletterfelsen) weiter aufwärts, zum Gatterl, zum Antoniusbründl und zu einem Waldsattel, ab dem der Weg Nr. 820 zur nahen Hütte führt (Aufstieg ab Kienklause ca. 2½ Std.).

Herrlicher Ausblick am Weg zum Schoberstein

Der zeitmäßig kürzeste, allerdings steile und durch rutschige Schutthalden führende Anstieg (Weg Nr. 826, 1½–2 Std.) beginnt an der Taferlklause (765 m, s. o.). Anfangs geht es über Forststraßen und Skipisten bergauf zum Aurachursprung und dann steil über viele Kehren, später über Felsen und durch ein Geröllkar hinauf bis zum felsigen Hochplateau.

Weißenbachtal / Kaskaden / Jagdhausaufzug: Von Weißenbach am Ostufer (4 km südlich von Steinbach, Schiffsstation) führt eine landschaftlich reizvolle Straße entlang der Südseite des Höllengebirges und über den *Weißenbacher Sattel* (526 m) in Richtung Trauntal und Bad Ischl. Der Parkplatz an der Fachbergbrücke, 500 m nach Beginn des Weißenbachtals ist Ausgangspunkt einiger Wanderungen (s. u.). 4 km weiter befinden sich unweit der Straße die *Gimbachkaskaden*. Man geht ab dem Wegweiser rund 200 m in den Wald hinein und sieht sie dann linker Hand im Fluss. Weiter bergauf kommt man auf eine Forststraße, die rechts hinab (ca. 500 m) zum prachtvollen *Jagdhausaufzug* bringt. Sein seltsamer Name stammt von der 1722 errichteten, wasserbetriebenen Seilbahn (Hallholzaufzug), mit der das hier für die Sudpfannen geschlagene Brennholz nach oben gezogen wurde, um es in Wasserrinnen zum Mitterweißenbach und weiter in die Traun gleiten zu lassen. Um 1880 wurde die Anlage abgetragen und die frühere Unterkunft der Holzknechte bekam als kaiserliches Jagdhaus eine neue Verwendung. Ein Modell des Hallholzaufzugs sieht man im Heimathaus Steinbach (s. o.).

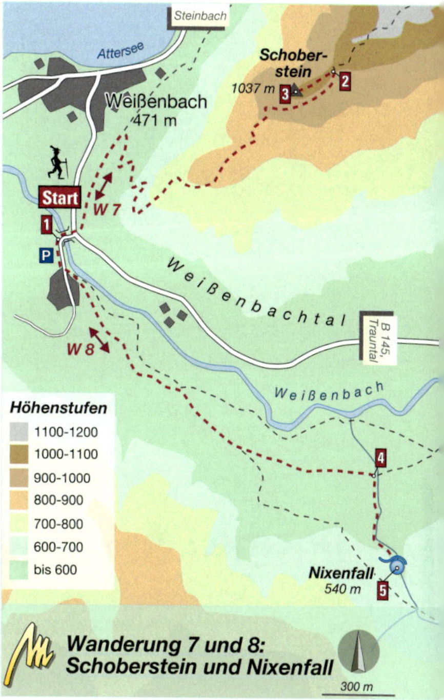

Wanderung 7: Schoberstein (1037 m)

Aussichtsgipfel über dem Attersee. Gesamtgehzeit 3 Std., mittelschwer.

Ausgangspunkt ist der Parkplatz an der Fachbergbrücke im **Weißenbachtal** (**1**, s. o.). Gegenüber der Brücke beginnt der markierte, gut angelegte Steig auf den nur scheinbar unzugänglichen westlichsten Gipfel des Höllengebirges. Über viele mäßig ansteigende Serpentinen geht es aufwärts. Ein paar Steilstellen sind mit bequemen Leitern überbrückt, an aussichtsreichen Plätzen laden Tische und Bänke zur Rast. Hat man den Wald hinter sich, kommen ein paar drahtseilgesicherte Passagen, für die Trittsicherheit erforderlich ist. Bei der Abzweigung am **Sattel** (**2**) wendet man sich nach links und erreicht den **Gipfel** (**3**, 1.037 m) sozusagen von hinten. Der grandiose Ausblick ist umso überraschender. Rückweg auf gleicher Route.

Wanderung 8: Nixenfall

Wasserfall im Tal. Gesamtgehzeit 1 Std., leicht.

Ausgangspunkt → Wanderung 7 (**1**). Man folgt dem Weg Nr. 10, der neben dem Weißenbach in den Wald führt. Bei einer Abzweigung nach rund 20 Min. weist ein hölzernes Portal den Weg zum Nixenfall (**4**, Weg Nr. 10 b). Über Stufen und Holzstege geht es ab hier bergauf zum **Fallendwasser** (**5**, 540 m), das aus rund 50 m Höhe wie ein Schleier in einen Felsenkessel rieselt und von der Nixe Adhara bestaunt wird. Zurück auf gleicher Route.

Auf der Hütteneckalm oberhalb von Bad Goisern

Inneres Salzkammergut

In spannender Hochgebirgsszenerie am Fuß der Nordabbrüche des Dachsteinmassivs liegt der historische Kern des Salzkammerguts. Natur und Kultur rund um den fjordartigen Hallstätter See und im weiten Gosautal wurden über Jahrtausende vom Salz geprägt.

In das Innere Salzkammergut gelangt man die Traun flussaufwärts über **Bad Goisern**, das verstreut auf weitem Talboden inmitten eines Wandergebiets mit Fernblick auf die Dachsteingletscher liegt. Dem Dachstein für einen Gipfelblick schon zu nahe ist man am **Hallstätter See**, der von der Traun in Süd-Nord-Richtung durchflossen wird und auf der Landkarte ein schmales Fragezeichen darstellt. Direkt am östlichen Seeufer verläuft die Salzkammergutbahn, am engen Westufer die kurvenreiche Straße, die im Winter wegen Lawinenabgängen oft gesperrt ist. Auf ihr gelangt man ab Bad Goisern zunächst zum Gosauzwang, jener Talenge im ersten Drittel des Seeufers, die in **die Gosau** bringt, zu den berühmten Seen am Fuß des Gosaukamms mit dem herrlichen Dachsteinpanorama. Weiter entlang der Uferstraße erreicht man das weltberühmte **Hallstatt**, uraltes Zentrum der Salzkultur und Keimzelle des Salzkammerguts. Bahnfahrer erreichen es vom Bahnhof am Ostufer ganzjährig per Linienschiff. Das Ende des Sees und des Inneren Salzkammerguts ist **Obertraun**, wo Bahn und Straße wieder zusammentreffen und flussaufwärts entlang bzw. oberhalb der Koppentraun ins Ausseerland bringen.

Bad Goisern

8460 Einwohner, 504 m

Der weite, sonnige Kessel des Trauntals zwischen Bad Ischl und dem Hallstätter See, waldreiche Seitentäler, dreißig kleine Weiler und der Hauptort in der Mitte, das ist Bad Goisern am Hallstätter See.

Berühmt ist der *Goiserer*, ein genagelter Bergschuh, den schon Kaiser Franz Joseph auf der Pirsch trug. Auch *Hubert von Goisern* kennt man, seit der unkonventionelle Weltmusiker echte Volksmusik in rockige Rhythmen packte. Ein gebürtiger Goiserer war auch der 2008 verunglückte Rechtspopulist Jörg Haider. Selbst im Ortsprospekt heißt es, die Menschen hier hätten „besondere Mentalitäten". Sie widersetzten sich beispielsweise schon der Gegenreformation und stellen heute eine der größten lutherischen Gemeinden im Salzkammergut. Sie pflegen Tradition und Brauchtum, wie den einst von Holzknechten entwickelten Singvogelfang (→ Kasten). Für die Hallstätter und Ischler Salinen unentbehrlich, arbeiteten sie als Bergknappen, Köhler, Schmiede und zu Hundertschaften im Forst, wo sie Holz für die Sudpfannen schlugen. Aus den waldnahen Holzknechthütten entstanden die vielen verstreut gelegenen Dörfer, aus denen sich Bad Goisern zusammensetzt. Als man 1874 eine Jodschwefelquelle entdeckte, wurde Goisern zum Kurort. 1931 stellt man das „Bad" voran und 2008 „am Hallstätter See" hinten nach. Der Sommer- und Wintersportplatz ist ein idealer Stützpunkt inmitten des Salzkammerguts.

Von Vogelfängern und Wilderern

Den Tierschützern sind sie ein Dorn im Auge, und 2005 hätte das zuständige Ministerium beinahe einen Schlussstrich gezogen unter die uralte Tradition der Vogelfänger. Sie fangen im Spätherbst auf den Almen bunte Singvögel, versorgen sie den Winter über in der warmen Stube und lassen sie im Frühjahr wieder frei. Der Fang ist per Gesetz streng geregelt, jeder der rund 500 Vogelfänger behördlich registriert, und die Fangzeit vom 15. 9. bis zum 30. 11. beschränkt. Gefangen wird mit Hilfe eines Lockvogels in einer schonenden Netzfalle. Nur je ein Exemplar von Gimpel, Zeisig, Kreuzschnabel oder Stieglitz darf behalten werden. Traditionell um Kathrein (25. November) werden die schönsten Singvögel feierlich prämiert. „Lieber Vogelfänger als Wilderer", haben sich Kaiser Rudolf II. im 16. Jh. und Kaiserin Maria Theresia im 18. Jh. wohl gedacht, als sie den Salzkammergütlern den Vogelfang erlaubten. Er diente als Jagdersatz für den kleinen Mann. Größere Tiere durften seit dem 16. Jh. nur noch vom Kaiserhaus gejagt werden. Dagegen rebellierten die jagenden Einheimischen, die sich auf das alte germanische Recht zur freien Jagd beriefen. Besonderen Reiz hatte es, den Jagdherren die Gämsen wegzuschießen, denn dafür musste der Wildschütz auch ein guter Bergsteiger sein. Der Gamswilderer war daher angesehen, galt als sozialer Rebell, wurde in Geschichten und im Liedgut heroisiert und von den Frauen als kühner Romantiker verehrt. Bis in die 1960er-Jahre war die Wilderei im Salzkammergut weit verbreitet, und noch heute ist die Dunkelziffer an illegal erlegtem Wild hoch.

• *Information* **Tourismusbüro**, in Ortsmitte, direkte Zufahrt von der B 145 („Goisern Mitte"). Mo–Fr 8.30–13/14–17, Juli/Aug. Mo–Fr 8.30–18, Sa 8.30–12/16–18 Uhr. Kirchen-

Pflegen eine umstrittene Tradition: die Vogelfänger im Salzkammergut

gasse 4, ✆ 06135-8329, www.bad-goisern.com, www.bad-goisern.net.

• *Verbindungen* **Bahn**: stündl. mit Bad Ischl, alle 2 Std. mit Bad Aussee.

• *Einkaufen* **Rudolf Steflitsch-Hackl (2)**, der Schuhmachermeister erzeugt in dritter Generation echte zwiegenähte Goiserer – vom Berg- bis zum modischen Trachtenschuh. Wartezeit 12 Monate! Mo/Di und Do/Fr 9–12/15–18, Mi/Sa 9–12 Uhr. Untere Marktstr. 38, www.goiserer.at.

Dirndlschneiderei Lahner (3), Mo–Fr 8–12/14.30–18, Sa 9–12 Uhr. Untere Marktstr. 30.

Goisern Optik (11), Brillenfachgeschäft, maßgefertigte Brillenfassungen aus Holz und Hirschhorn. Mo–Fr 8–12/14.30–18, Sa 8–12 Uhr. Obere Marktstr. 14, ✆ 06135-8273, www.goisern-optik.at.

Glasgalerie Deinhofer (7), am Kurpark, Bilder und Skulpturen (inter)nat. Künstler. Di–Do 14–16.30 Uhr. G.-Oberhauser-Str. 10, ✆ 0664-1538316, www.glasgalerie.at.

• *Übernachten* **** **Goiserer Mühle (6)**, gemütliches, gediegenes Landhotel in familiärem Ambiente im ruhigen Kurpark. 35 liebevoll dekorierte Komfortzimmer im Landhausstil oder im modernen Design. Wellness-Bereich, Sauna, Gourmetrestaurant (s. u.). DZ 100–130 €. Kurparkstr. 9, ✆ 06135-8206, ℻ 06135-820664, www.goiserermuehle.at.

*** **Moserwirt (4)**, beliebtes, familiäres Hotel in Ortsmitte. 27 geräumige Komfortzimmer. Sauna, Dampfbad, Whirlpool. Preisgünstiges Restaurant. DZ 76–96 €. Kirchengasse 6, ✆ 06135-82310, ℻ 06135-823133, www.moserwirt.at.

*** **Agathawirt (12)**, Landhotel an der B 145 3 km südlich von Goisern, Traditionshaus (seit 1517), die 28 gemütlichen Komfortzimmer sind in einem Neubau in Gartenlage. Sauna, Dampfbad, überdachtes Freibad, toller Service für Mountainbiker. DZ 84–112 €. St. Agatha 10, ✆ 06135-8341, ℻ 06135-7557, www.agathawirt.at.

Pension Maria Theresia (5), geschmackvoll renovierte Dependance des Moserwirts (3-Sterne-Niveau) unweit des Kurparks und Erlebnisbads; 6 moderne, helle Komfortzimmer. DZ 65 €. Auskeiweg 6, ✆ 0664-2001201, www.pensionmariatheresia.at.

** **Pension Sydler (1)**, unkomplizierte, familienfreundliche Frühstückspension im Ortszentrum; 12 nette Komfortzimmer mit Balkon. Sauna, Leihräder, Garten, Internetzugang. DZ 38–56 €. Konrad-Deubler-Gasse 8–8 a, ✆ 06135-83950, ℻ 06135-412714, www.sydler.at.

Pension Dreimäderlhaus (14), freundliche Privatunterkunft gegenüber dem Bahnhof Steeg-Gosau, 3 km südlich von Bad Goisern. 4 schlichte Komfortzimmer, Garten, Sonnenterrasse. DZ 49–60 €. Au 64, ✆ 06135-8410, ℻ 06135-84104, www.tourist-goisern.at.

Großes Angebot an **Ferienwohnungen**, Infos im Tourismusbüro.

• *Essen & Trinken* **Goiserer Mühle (6)** → „Übernachten", gemütlicher Gasthof, ausgezeichnete österreichische Küche, Fischrestaurant, Wildwochen, Lammgerichte, Strudel, gute Weine, à la carte 12–25 €. Di Ruhetag.

Moserwirt (4) → „Übernachten", gute, bodenständige Küche, serviert im großen Speisesaal oder in der alten Kachelofenstube, wo noch der Stammtisch gepflegt wird. Hauptgerichte 8–18 €.

Agathawirt (12) → „Übernachten", in der uralten, traditionellen Gaststube oder im Speisesaal genießt man verfeinerte bodenständige Küche. Hauptgerichte 8–16 €. Kastaniengastgarten. Nov. geschl.

Steegwirt (15), in Au-Steeg, am Nordende des Hallstätter Sees. Stimmungsvolles Wirtshaus. Preiswerte Hausmannskost, empfehlenswertes Bratl in der Rein – Schweinsbraten in der Pfanne – (9,30 €), dazu hausgebrautes Hallstattbier. Schöner Gastgarten an der Seeklause. Di Ruhetag. Au 12, ✆ 06135-8302, www.steegwirt.at.

Café-Konditorei Maislinger (8), gutes Gebäck, Mehlspeisen, Lebkuchen, Eis, Gastgarten. Mo–Sa 6–19/21, So (nur Juli/Aug.) 7–11.30 Uhr. Untere Marktstr. 4.

Boutique del Gelato (10), kleine Eisdiele mit Gastgarten, nur Sommerbetrieb. Obere Marktstr. 8, Mo/Di Ruhetag.

• *Bar/Nachtleben* **Mary's Weinstadl (9)**, rustikales Ambiente beim Kohlenhändler, gute Weine und kleine Happen, Gastgarten unter einer Weinlaube. Di–Sa 18–2 Uhr. Bahnhofstr. 16, ✆ 06135-8266.

Disco Joy (13), bekanntes Lokal mit Höhlenbar, Fr/Sa 19–4 Uhr. St. Agatha. www.joydisco.at.

• *Baden* **Erlebnisbad Bad Goisern**, schönes Freibad mitten im Ort, Sportbecken,

60 m lange Rutsche, Sprungturm, große Liegewiese. Mai bis Sept. tägl. 9–19 Uhr. Eintritt 4,70 €, ab 15.30 Uhr 3,50 €. S-Card.

Strandbad Untersee, am Nordende des Hallstätter Sees 6 km südlich von Goisern, sonnige Liegewiese, schöne Aussicht, seichtes Ufer, FKK-Bereich. Eintritt frei, gebührenpflichtige Parkplätze. Anfahrt über Au an der B 166.

• *Mountainbike* Viele Routen: Hochmuthrunde, 24 km, ↕ 226 m. Weißenbachrunde, 22 km, ↕ 226 m. Einstieg in die **Dachsteinrunde**: 195 km, ↕ 4900 m, www.dachstein runde.at.

• *Wintersport* **Langlauf**: Panorama Nova, 23-km-Höhenloipe am Predigstuhl in 1100 m Höhe. Im Tal (Ramsau, Steeg, Reitern) 27 km Loipen. Freie Benützung mit Gästekarte. **Rodeln**: Goisern ist WM-Ort im Naturbahnrodeln und Heimat von Rodelweltmeistern. 2 km lange, beleuchtete Rodelbahn im Ortsteil Ramsau.

• *Veranstaltungen* **Salzkammergut Trophy**, härtester Mountainbike-Marathon im Weltcup mit 2000 Teilnehmern, Mitte Juli, www.trophy.at.

Gamsjagatage, kultiges Brauchtumsfest für Jung und Alt mit Volksmusik, Handwerk, Tracht und Kulinarischem im Kurpark, Ende Aug. www.gamsjagatage.at.

Gamsbartolympiade, alle 4 Jahre im Rahmen der Gamsjagatage, wieder 2010.

Geigenfest, Sept., freies (Volks)-Musizieren mit Geigern von Nah und Fern in der Kirchengasse.

Meisteradvent, 3. Sa/So im Advent, Handwerkskunst im Handwerkhaus.

Sehenswertes/Ausflüge

Ortsrundgang in Bad Goisern: Ausgangspunkt ist das Tourismusbüro in der *Kirchengasse*, in der sich ein Ensemble hübscher Giebelhäuser (16./17. Jh.) erhalten hat. Beachtenswert sind die steinernen Portale und die Spalierbäume an den wärmespeichernden Hauswänden, die eine Obsternte auch im rauen Klima ermöglichten. In den Häusern waren (und sind teils noch) Gastwirtschaften oder Handwerksbetriebe (z. B. Färberhaus) untergebracht, Tafeln informieren über die Hauschroniken. Die katholische **Pfarrkirche zum Hl. Martin** stammt ursprünglich aus der Spätgotik (1487), wie am Nordportal und an Resten eines Rippengewölbes zu sehen ist, wurde aber im frühen 19. Jh. zu ihrer heutigen Größe ausgebaut. Sie ist die älteste Pfarre im Trauntal nach Traunkirchen. Parallel zur Kirchengasse verläuft die Untere Marktstraße (Ortsdurchfahrt), die in südlicher Richtung zum *Marktplatz*, einer runden Verkehrsfläche mit Brunnen, führt. Dort steht das **Schloss Neuwildenstein**, ein Rokokobau von 1772, der als Nachfolger für die 1715 abgebrannte Burg Wildenstein (→ S. 149) bis 1850 Verwaltungssitz des Inneren Salzkammerguts war. Heute ist hier die Forstverwaltung untergebracht, der rückwärtige Teil der vierseitigen Anlage wurde 2008 zum *Handwerkhaus* umgebaut. Es wird gemeinsam mit dem überdachbaren Innenhof als Veranstaltungsraum genutzt und soll sich als Zentrum für Handwerk etablieren (www.handwerkhaus.at).

Der spitze, hohe Turm der nahen *Evangelischen Kirche* (19. Jh.) zeugt von der Bedeutung der örtlichen Protestantengemeinde. Westlich der Marktstraße trifft man auf einige Jahrhundertwendevillen mit den für die Gegend typischen Holzveranden, auf den bescheidenen *Kurpark* und ein sehenswertes Heimatmuseum (s. u.). Einige Gehminuten entfernt wurde eine im Weißenbachtal abgetragene Hütte der Waldarbeiter als *Holzknechtmuseum* wieder aufgebaut, das Einblicke in das beschwerliche Leben der Holzarbeiter gewährt. Ihre Hauptmahlzeit, die *Holzknechtnockn*, kann man zu den Gamsjagatagen hier verkosten.

Holzknechtmuseum: Juni bis Mitte Sept. tägl. (außer Mo) 9.30–11.30 Uhr. Eintritt 1,50 €, Kinder 0,70 €. S-Card.

Heimat- und Landlermuseum: Auf drei Geschossen bietet das im Ausgedinge der Goiserer Mühle eingerichtete Museum viel Information und Anschauliches zu

Tracht, Handwerk (Goiserer Schuhwerkstatt), Brauchtum (Vogelfänger), Schützenwesen, Volkskultur, Traunschifffahrt, Ur- und Frühgeschichte. Eine Stube ist dem Goiserer Philosophen und Bürgermeister *Konrad Deubler* (1814–84) gewidmet, der wegen seiner republikanischen Gesinnung 1848–50 im Kerker saß. Die „Landler", deren Kultur im Erdgeschoss dokumentiert wird, waren jene Goiserer Protestanten und deren Nachfahren, die im 18. Jh. nach Siebenbürgen (heutiges Rumänien) ausgesiedelt wurden (→ „Geschichte").
Mai bis Ende Sept. tägl. (außer Mo) 10–12, 15-17 Uhr. Eintritt 2 €, Kinder 1 €. S-Card.

Erlebnismuseum Anzenaumühle: Das schön restaurierte Ensemble aus dem frühen 18. Jh. liegt 3 km nördlich von Bad Goisern und sollte einst der B 145 weichen. Die Straße wurde verlegt, das Anwesen zum Freilichtmuseum. Zu sehen gibt es einen alten Paarhof mit Rauchküche, original ausgestatteten Stuben, Mühle, Sägewerk und Steinbackofen, wo noch heute das „Anzenaumühlenbrot" gebacken wird (über Backtermine informiert das Tourismusbüro). Zudem finden Volksmusikabende und Vernissagen statt.
Mitte Mai bis Ende Sept. Di–Sa 10–12/17–20 Uhr. Eintritt 2 €, Kinder 1 €. S-Card.

Ein echter „Goiserer" im Heimatmuseum von Bad Goisern

Chorinskyklause und Kaisertisch im Weißenbachtal: Im hinteren Abschnitt des waldreichen Weißenbachtals, das 3 km nördlich von Bad Goisern von der B 145 abzweigt, hat sich ein interessantes Baudenkmal erhalten: Die 6 m hohe, steinerne *Chorinskyklause* war von 1819–99 für die Holztrift (Holztransport) in Betrieb: Der hier jeweils eine Woche lang aufgestaute Weißenbach schwemmte nach dem Öffnen der Schleusentore („Schlagen") in einem donnernden Schwall die Holzstämme, die talabwärts entlang dem Bachbett gelagert waren, bis an die Traun, wo sie an einem Rechen gesammelt und mit Fuhrwerken zu den Salinen geliefert wurden. Das Spektakel des Klausschlagens lockte schon um 1830 die Kurgäste aus Ischl, heute werden Schauschlagen veranstaltet. Dann darf die 5 km lange Forststraße von Weißenbach bis zur Klause mit dem Auto befahren werden. Sonst ist der Ausflug dorthin eine einfache Wanderung (ca. 1 Std. Gehzeit) oder Radtour. Das Weißenbachtal war auch eines der Lieblingsreviere des jagdversessenen Kaisers Franz Joseph. Am Ende einer Jagd ließ er seine Strecke, wie die Summe an Erlegtem in der Jägersprache heißt, auf den *Kaisertisch* legen. Man findet ihn, wenn man die Klausenmauer überquert und dann scharf rechts bergab bis zu einem ebenen Plätzchen im Wald geht. Es ist ein tonnenschwerer ovaler Steintisch, umgeben von acht Hockern.

Schauschlagen üblicherweise Ende Juni bis Mitte Sept. So (Eintritt 3 €), Infos im Tourismusbüro.

St. Agatha: 3 km südlich von Bad Goisern Richtung Bad Aussee (B 145) liegt am Beginn der Steigung auf den Pötschen (993 m) der Weiler St. Agatha (Betonung auf dem ersten A). Von der Straße aus sieht man das Türmchen einer **Kalvarienbergkirche** über die Häuser lugen. Der reizende Bau stammt aus dem 15./16. Jh. und erhielt um 1715 einen interessanten, spätbarocken Hochaltar – ein künstlicher Berg Golgotha mit einer figurenreichen Kreuzigungsszene. Sie wird dem Kreis um Meinrad Guggenbichler zugeschrieben. Die Kirche ist Endpunkt eines Kreuzwegs von Bad Goisern her. Der direkt an der B 145 gelegene Agathawirt (→ „Übernachten"), ein mächtiger Renaissancebau (1623) mit Walmdach, war lange Zeit die Raststation für Passagiere und Pferde vor dem steilen Anstieg auf den Pötschenpass. Im 19. Jh. waren er und seine Umgebung ein beliebtes Malmotiv, etwa für Rudolf von Alt und Gustav Klimt.

Wandergebiet Predigstuhl (973 m)

Von der Ortsmitte in Bad Goisern lohnt sich bei schönem Wetter eine Auffahrt auf der mautfreien 6,2 km langen Panoramastraße zum Berghotel Predigstuhl (973 m), von wo man eine einmalige Aussicht auf das Goiserer Tal, den Hallstätter See und den Dachstein genießt und schöne Wanderungen und Bergtouren unternehmen kann (s. u.). Im Winter werden 27 km Loipen gespurt.

Höhenweg durch die Ewige Wand

• *Übernachten/Essen* *** **Berghof Predigstuhl**, 973 m, tolle Aussichtsterrasse, bodenständige Küche, freundliche Wirtsleute. 15 eher altmodische Komfortzimmer, Sauna. DZ 66–90 €. Wurmstein 26, ✆ 06135-8556, 📠 06135-855622, www.predigstuhl.co.at.

Rathluck'n Hütte, 780 m, urige Hütte auf halbem Weg der Panoramastraße, vom Parkplatz noch 250 m (zu Fuß von Goisern 1½ Std.) Kasnocken, Pfandlgerichte, Holzknechtnockn, Hallstattbier. Di Ruhetag. ✆ 06135-6293, www.rathluck-huette.at.

Wanderung 9: Hütteneckalm (1238 m)

Dachsteinblick, Bergsturz, Sisis Salettl. Gesamtgehzeit 2¾ Std., leicht.

Ausgangspunkt ist der **Berggasthof Predigstuhl** (**1**). Man folgt den Pfeilen Richtung Radmoos, die zu einer Schotterstraße (Weg Nr. 247) leiten, der man rechts bergauf durch den Wald folgt. Nach 20 Min. passiert man die **Roßmoosalm** (**2**), 10 Min. später mündet man an ihrem oberen Ende (Dachstein-

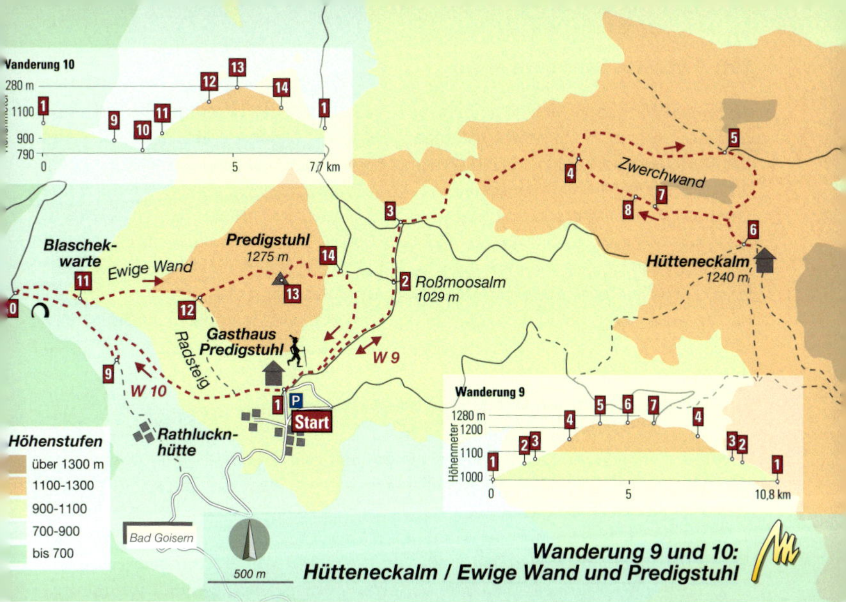

Wanderung 9 und 10: Hütteneckalm / Ewige Wand und Predigstuhl

blick!) in eine Forststraße (**3**). Diese rechts entlang und stets bergauf, bis ein Weidezaun (**4**) die Straße quert (20 Min.). Hier scharf links über Stufen hinauf und auf einem schlecht markierten Steig an die bewaldete Rückseite der Zwerchwand und diese, später auf einem Karrenweg, entlang (Vorsicht tiefe Dolinen!). Dann auf einer Forststraße kurz bergauf bis zu einem Sattel (**5**, 30 Min.), wo es rechts in 10 Min. auf einem Promenadenweg zur **Hütteneckalm** (**6**) geht – mit Almhütte (bewirtschaftet Mai bis Mitte Okt.), Traumblick zum Dachstein und nachgebautem Salettl (Holzpavillon) der Kaiserin Sisi. Für den Rückweg folgt man den Pfeilen zur Roßmoosalm und gelangt nach 15 Min. in das eindrucksvolle **Bergsturzgelände** (**7**), wo 1978 und 1983 haushohe Felsbrocken von der **Zwerchwand** gestürzt waren. Man durchquert es, an seinem Ende führt eine Holztreppe zu einer Rastbank (**8**) hinauf und wenige Minuten später passiert man den Zaun (**4**) und gelangt auf dem Aufstiegsweg zum Ausgangspunkt zurück.

Wanderung 10: Ewige Wand und Predigstuhl (1275 m)

Felsenweg, Aussichtsgipfel. Gesamtgehzeit 3 Std., mittelschwer.

Ausgangspunkt ist der **Berggasthof Predigstuhl** (**1**). Man folgt den Pfeilen Richtung **Höhenweg**, die zu einer Schotterstraße leiten, der man links folgt. Nach 10 Min. zweigt links ein Karrenweg Richtung Höhenweg/Rathlucknhütte in den Wald ab (**8**), den man bergab wandert, stets geradeaus bis unter die hohen, überhängenden Felsen der **Ewigen Wand**. Nach einer Kehre gelangt man zu einer Weggabelung (**9**). Links ginge es zur Rathlucknhütte (s. o.), man folgt rechts dem Höhenweg, der bald darauf in seinem spannendsten Abschnitt die glatten Felsen der Ewigen Wand in zwei Tunnels durchquert. Am Ende der Felsen trifft man auf eine Weggabelung (**10**, 40 Min.). Links ist eine Rastbank mit Traumblick ins Goiserer Tal. Scharf rechts steigt ein Pfad in vielen, steilen Serpentinen etwa 70 Min. bergauf. Etwa zur Halbzeit passiert man die **Blaschekwarte** (**11**). Nach einer kurzen Steilstufe bergab (Drahtseil) gelangt man auf ein Plateau, wo rechts der versicherte Radsteig einmündet (**12**). Durch ein bewaldetes Hochtal geht es 20 Min., das letzte Stück bergauf, weiter bis zu einer Weggabelung (**13**). Hier rechts 5 Min. durch Felsstufen hinauf zum Gipfel des **Predigstuhl** mit Ausblick zu Dachstein, Hallstätter See und Zwerchwand. Zurück zur Weggabelung (**13**) und jetzt rechts, über eine kleine Holzbrücke Richtung Roßmoos. 20 Min. steil über viele Kehren im von Felsen übersäten Wald bergab bis zu einer Forststraße (**14**). Diese rechts entlang erreicht man nach 15 Min. den Ausgangspunkt.

Am Hallstätter See (Welterberegion)

In einem dunklen, von dicht bewaldeten Steilhängen eingezwängten Trogtal liegt der Hallstätter See. Er trennt den Hohen Sarstein (1975 m) im Osten vom westlichen Plassen (1953 m), der das Hallstätter Salzvorkommen in sich birgt. Im Süden ist der See von Hirlatz- und Seewand, den Abbrüchen des Dachsteinmassivs begrenzt. Die Sicht auf Dachsteingletscher und -gipfel ist vom Tal aus allerdings verdeckt. Auf seinem dunkelblauen, fast schwarzen Wasser sind keine Surfer und Segler unterwegs, nur die stilvoll dahin gleitenden Plätten bzw. Fuhren und die weißen Linienschiffe. Zu- und Abfluss des Hallstätter Sees ist die Traun. In **Steeg** am Nordufer, dort wo sie ihn wieder verlässt, entstand bereits 1511 eine Klausenanlage, mit deren Hilfe der Wasserstand des Sees erhöht wurde. So konnten die Salzschiffe auch bei Niedrigwasser mit einem entsprechenden Schwall traunabwärts bewegt werden. Reste dieser Anlage kann man noch von der Straßenbrücke aus sehen. An den steilen Ufern des Hallstätter Sees ist nur eine Siedlung entstanden, das allerdings weltberühmte **Hallstatt**. Etwas zurückversetzt am Südufer liegt das sonnigere **Obertraun**, das wegen der Dachstein-Welterbe-Seilbahnen und der Höhlenwelt bekannt ist. 1997 wurde die Dachsteinregion mit dem Hallstätter See und den beiden Gosauseen wegen der einzigartigen Natur und der reichen prähistorischen Hallstätter Funde unter der Bezeichnung „Dachstein-Hallstatt-Salzkammergut" in die UNESCO-Liste des Weltkultur- und -naturerbes aufgenommen.

Hallstätter See: 508 m Seehöhe. 5,9 km lang, bis zu 2,3 km breit. Max. Tiefe 125 m. Max. Temperatur 22 °C. Schifffahrt: Linienverkehr ganzjährig zwischen Hallstatt Markt und Bahnstation am Ostuferradweg. Rundkurse tägl. von Juni bis Sept. ✆ 06134-8228, www.hallstattschifffahrt.at.

Hallstatt

873 Einwohner, 508 m

Der malerisch am Südwestufer des Hallstätter Sees gelegene Ort mit seinen beiden Kirchen und den an den Abhängen des Salzbergs gestapelten Häusern gehört zu den berühmtesten Fotomotiven Österreichs. Für den Weltenbummler Alexander von Humboldt war er „der schönste Seeort der Welt".

Den Ortsnamen und den einzigartigen Bauplatz am winzigen Schwemmkegel des Mühlbachs und an der wohl sonnenärmsten Stelle des Tals verdankt Hallstatt dem Salz (kelt. *hal*). Es wurde schon seit 3500 Jahren im Hochtal oberhalb des Orts abgebaut. Mit Hallstatt bezeichnet man heute auch eine europäische Kulturepoche, die ältere Eisenzeit (800–400 v. Chr). Damals ermöglichte der Hallstätter Salzabbau und -handel ein riesiges Wirtschaftsimperium, wie die reichen Gräberfunde am Salzberg beweisen.

Die Erforschung des Hallstätter Gräberfelds

Der legendäre „Mann im Salz", die mumifizierte Leiche eines prähistorischen Bergknappen, dürfte 1734 der erste bedeutende archäologische Fund im Hallstätter Salzberg gewesen sein. Da niemand sein wahres Alter erkannte, wurde er auf dem Ortsfriedhof bestattet und nie wieder gefunden. Als 1846 bei Schotterarbeiten im Hallstätter Hochtal erneut antike Reste auftauchten, deutete sie der Salinenbeamte Johann Georg Ramsauer richtig als vorgeschichtliche Grabfunde. In den nächsten 17 Jahren ließ er das umliegende Gräberfeld planmäßig ausgraben und Körper- und Brandbestattungen sowie Grabbeigaben (v. a. Waffen, Schmuck, Gefäße aus Eisen und Bronze) genau protokollieren, was für einen Laien eine beachtliche Leistung war. 980 Gräber und rund 20.000 Objekte aus der älteren Eisenzeit traten zu Tage. Die Fachwelt war begeistert, und die Ischler Kurgäste hatten eine Sehenswürdigkeit mehr, wobei manches Stück als Souvenir für immer verschwand. 1863 hielt Ramsauer das Gräberfeld für erschöpft, doch wurden bis 1939 weitere 200 Bestattungen entdeckt. Seit 1994 ist eine neue Grabungskampagne des Naturhistorischen Museums Wien im Gange, die noch immer einzigartige Funde zu Tage fördert. Erst 2004 wurde in prähistorischen Stollen die im Salz bestens konservierte älteste Holzstiege Europas (1344 v. Chr.) entdeckt.

Ende des 19. Jh. wurde Hallstatt, das bis zum Bau einer Straße 1875 nur über den See oder auf Saumpfaden erreichbar war, von Malern und Dichtern der Romantik entdeckt. Der Plan aus den 1950er-Jahren, eine Umfahrungsstraße entlang dem Seeufer zu bauen, konnte verhindert werden, und so leiten heute zwei Tunnel durch den Salzberg den Verkehr am Ort vorbei. Hallstatt blieb sein mittelalterliches Gepräge mit engen Gassen, hölzernen Fischerhütten und mächtigen Häusern früherer Salzfertiger (Salzhändler) großteils erhalten. Es lockt jährlich rund 500.000 Gäste an. Ein Großteil stattet auch den **Salzwelten Hallstatt** (→ „Sehenswertes") im immer noch aktiven ältesten Salzbergwerk der Welt, einen Besuch ab. Besonderen Andrang gibt es jährlich am *Fronleichnamstag*, wenn die berühmte Seeprozession stattfindet, die die katholische Kirche zur Zeit der Gegenreformation 1628 einführte.

- *Information* **Tourismusbüro Hallstatt**, unweit vom Museum Hallstatt; freundlicher, kompetenter Service. Praktischer Ortsplan. Juli/Aug. Mo–Fr 9–17, Sa/So 10–17 Uhr, sonst Mo–Fr 9–12/14–17 Uhr. Seestr. 169, ✆ 06134-8208, www.hallstatt.at, www.hallstatt.net.
- *Führungen* Mai bis Sept. Sa 10 Uhr. Treffpunkt Tourismusbüro. 3,90 €/Person, Kinder frei. Dauer 1½ Std.
- *Verbindungen* **Bahn**: von 7 bis 18.30 Uhr stündl. nach Bad Ischl bzw. alle 2 Std. nach Bad Aussee. Bahnstation am Seeufer gegenüber (Schiffsverbindung 2,20 €). **Linienschiff** Markt-Bahnstation (2,20 €) je nach Zugankunft. Linienkurs Hallstatt–Obertraun (5 €) Juni bis Sept. 4–5x tägl., Hallstatt–Steeg (6 €) Mitte Juli bis Mitte Sept. 3x tägl.
- *Parken* Ortsdurchfahrt Mai bis Okt. 10–17 Uhr gesperrt. Parkplätze außerhalb, Pkw 2,50 €/Std., 6 €/Tag.
- *Einkaufen* **Hallstatt Keramik**, im Ringel- oder Kräuterdekor. Shop in der Ortsmitte. Ostern bis Ende Okt. tägl. geöffnet; Werkstattverkauf im Ortsteil Lahn ganzjährig Mo–Fr 7–12/13–17, Sa 10–12 Uhr, www.keramikhallstatt.com.

Hallstatt – Keimzelle des Salzkammerguts

Hallstattschmuck Riedler, Landungsplatz, Modeschmuck nach prähistorischen Vorlagen. Gosaumühlstr. 98 b, ✆ 06134-8320.

Salzkontor und Benediktiner Seifenmanufaktur, Gewürz- und Badesalzmischungen sowie dekorative Seifen. Im Sommer tägl. 10–18 Uhr. Seestr. 116.

• *Übernachten* ****** Heritage Hotel Hallstatt**, Juli 2009 soll das lang ersehnte Historikhotel eröffnen – verteilt auf drei historische Gebäude im Ortskern mit 41 Komfortzimmern, 9 Suiten, einem Wellnessbereich, Café und Restaurant. Zentraler Bau wird der jahrelange Schandfleck, das frühere Hotel Kainz am Schiffslandeplatz sein. DZ 170–300 €, Suiten bis 350 €. Schiffslandeplatz 1, ✆ 06134-20036, www.tiscover.at/heritage.

***** Seehotel Grüner Baum**, liebevoll renoviertes Traditionshotel im alten Salzfertigerhaus von 1700, zwischen Marktplatz und Seeufer. 20 gemütliche, individuell ausgestattete Komfortzimmer und 3 Suiten mit Privatterrasse. DZ 100–150 €, Suiten bis 200 €. Marktplatz 104, ✆ 06134-8263, Fax 06134-826344, www.gruenerbaum.cc.

***** Zauner - Seewirt**, familiärer Hotel-Gasthof bergseitig am Marktplatz. Viel Charme. 12 bäuerlich-rustikale Komfortzimmer mit Zirbenholzmöbeln, teils mit Balkon. Fischrestaurant. DZ 86–100 €, mit Seeblick 3–5 € mehr. Marktplatz 51, ✆ 06134-8246, Fax 06134-82468, www.zauner.hallstatt.net.

Weißes Lamm, bodenständiger Gasthof zentral am Oberen Weg; 10 geräumige, moderne (2007 renoviert) Komfortzimmer mit Balkon. DZ 70–90 €. Dr.-F.-Morton-Weg, ✆ 06134-8311, Fax 06134-831149, www.weisses-lamm.at.

Haus Höll Herta, freundliches Privathaus mit zwei relativ neuen Komfortzimmern in ruhiger Lage unweit der Salzbergbahn. DZ 46–50 €. Salzbergstr. 45, ✆ 06134-8531, www.tiscover.at/hoell.

Camping Klausner–Höll, kleiner, gut ausgestatteter Platz mit 60 Stellflächen in der Lahn am südlichen Ortsrand. Mitte April bis Mitte Okt. geöffnet. 20 € für 2 Pers., Auto und Zelt. Lahnstr. 200–201, ✆ 06134-8322, Fax 06134-83221, www.camping.hallstatt.net.

• *Essen & Trinken* **Gasthof Zauner** → „Übernachten", bekanntes Fisch- und Grillrestaurant, gemütliche, teils efeuumrankte Stuben. Spezialität sind Reinanken (Renken) und Fleischspieße, Hauptgerichte 9–20 €. Im Winter Di Ruhetag.

Grüner Baum → „Übernachten", ansprechendes „Kaiserstüberl" und gehobenes Restaurant „Salzbaron" mit guter Küche (à la carte 14–28 €). Gastgarten am See.

Bräugasthof, gutbürgerliche und italienische Küche im alten Salzfertigerhaus an der Seestraße. Urige Stuben, Hallstätter Bier, beliebt bei Touristen. Gastgarten am See. Mai bis Ende Okt. geöffnet. Seestr. 120, ✆ 06134-20673, www.brauhaus-lobisser.com.

Gasthof Simony, preisgünstiges Restaurant im alten Salzfertigerhaus zentral am Seeufer, seit 2008 mit neuen Pächtern. Altösterreichische Küche, gute Mehlspeisen, Fischgerichte, schöner Gastgarten am Seeufer. Wolfengasse 105, ✆ 06134-20646, www.gasthof-simony.at.

Ruth Zimmermann, kleine, einladende Café-Bar im plüschigen Flohmarktstil am Marktplatz, schöner Gastgarten, kleine Karte. Tägl. 11–2 Uhr. Marktplatz 59.

Café-Bäckerei Maislinger, am südlichen Ende der Seestraße. Hallstätter Lebkuchen, Eis, Toast, Snacks. Tägl. 9–18 Uhr, im Winter So Ruhetag. Seestr. 156.

• *Baden* **Badeinsel** am Südrand des Orts mit Liegewiese, Spielplatz und toller Aussicht. Weitere **Badeplätze** mit großen Liegewiesen entlang der Straße Richtung Obertraun, teils Parkplatzgebühr.

• *Tauchen* Tauchinfotafeln rund um den See; unter Wasser gibt es u. a. das Wrack der „Kronprinz Rudolf" und Unterwasserbäume zu entdecken.

• *Fischen* Lizenzausgabe bei ÖBF neben Tourismusbüro, Mo–Sa 9–12 Uhr.

• *Ausgrabungen* Im Untergeschoss des **Sportgeschäfts Janu**, Seestr. 50, wurden 600–2000 Jahre alte Mauern freigelegt (Besichtigung zu Geschäftszeiten).

• *Veranstaltungen* **Fronleichnamsprozession** am See (s. o.). **Hallstättersee-Rundlauf**, Mai, Halbmarathon mit rund 1500 Läufern; www.seerundlauf.hallstatt.net. **Mozartfestival**, Juli/Aug., eine Mozartoper im Kongresshaus und weitere musikalische Events. www.mozartfestival.org.

Sehenswertes/Ausflüge

Ortsrundgang/Marktplatz: Egal, ob man per Schiff in Hallstatt ankommt (die schönste Annäherung) oder von den Parkplätzen am Ortsrand losläuft: Man sollte einmal die *Seestraße* am Ufer entlang spazieren und zurück den parallelen *Oberen Weg* (Dr.-Morton-Weg), früher der einzige Zugang zum Ort, zwischen alten Häusern hindurch nehmen. Für den von blumenverzierten Bürgerhäusern und Gastgärten umstandenen *Marktplatz* orientiert man sich am spitzen Turm der Evangelischen Christus-Kirche (Neogotik, 1861), die sich an seiner Nordostecke erhebt. Die zierliche barocke Dreifaltigkeitssäule am Platz stammt von 1744.

Katholische Pfarrkirche Mariä Himmelfahrt: Der kunsthistorisch interessante spätgotische Bau liegt auf einer Anhöhe nördlich des Marktplatzes, zu der verwinkelte Gässchen und die „Bedeckte Stiege" hinaufführen. Die Kirche wurde 1515 auf Resten eines romanischen Vorgängerbaus (12. Jh.) errichtet, von dem sich der 1750 mit barocker Zwiebelhaube versehene Turm erhalten hat. An seiner Fassade prangen Passionsfresken von 1500, darunter führt das Portal ins zweischiffige Kircheninnere. Mit seinen beiden Flügelaltären spiegelt es die Sozialordnung des Bergwerksorts: das linke Schiff für die Bürger, das rechte für die Knappen. Während der neugotische Bürgeraltar von 1895 stammt, gilt der reich vergoldete Knappenaltar *(Hallstätter Marienaltar)* von 1520 als Meisterwerk der spätgotischen Schnitzkunst. Sein Schöpfer war *Leonhard Astl*, ein Schüler Michael Pachers. Im Schrein sieht man die Muttergottes mit Kind, flankiert von Katharina (links) und Barbara, den Schutzheiligen der Holzarbeiter und Bergknappen. Auf den doppelten Flügeln (im Dez. geschlossen) sind 16 Szenen aus dem Leben Mariens dargestellt. Ein weiterer, kleiner Flügelalter mit einer Kreuzigungsszene beim Nordeingang der Kirche stammt von 1450.

Tagsüber geöffnet.

Beinhaus: Unbedingt besichtigen sollte man die Friedhofs- oder Michaelskapelle an der Nordseite der Kirche. Sie birgt im Untergeschoss den berühmten Karner (Beinhaus), in dem rund 1800 Schädel und Knochen fein säuberlich aufgeschichtet sind. Aufgrund der Enge Hallstatts wurden die Gebeine der im Friedhof Bestatteten nach

Schaurige Kuriosität: das Hallstätter Beinhaus

10–15 Jahren ausgegraben, gereinigt, in der Sonne gebleicht und hier aufbewahrt. Heute wird nur mehr auf testamentarischen Wunsch so vorgegangen. Seit 1720 werden die Schädel übrigens mit Namen und Lebensdaten beschriftet und mit Blumen- oder Blattmotiven bemalt.

Mai bis Okt. tägl. 10.30–16.30, Juli/Aug. 10–18 Uhr. Eintritt 1,50 €, Kinder 0,70 €.

Museum Hallstatt (Foto S. 20): Das wenige Schritte südlich des Marktplatzes gelegene Museum lädt zu einer attraktiv gestalteten Reise in die Hallstätter Vergangenheit ein: Ganz klassisch in Vitrinen, mit 3D-Animation oder in Kurzfilmen – der Bogen spannt sich von der Geologie über den prähistorischen Salzbergbau, die Hallstattkultur, die Zeit der Römer und der Habsburger bis hin zur Aufnahme ins Weltkulturerbe 1997. Nach dem Naturhistorischen Museum in Wien besitzt das Museum Hallstatt die größte Sammlung von Funden aus der Hallstattzeit.

Mai bis Sept. tägl. 10–18, Nov. bis März tägl. (außer Mo/Di) 10–15, Okt./April tägl. 10–16 Uhr. Eintritt 7,50 €, Kinder ab 6 J. 4 €. S-Card. ✆ 06134-828015, www.museum-hallstatt.at.

Ortsteil Lahn/Kalvarienbergkirche: In der Lahn, dem südlichen Ortsteil, befinden sich die Verwaltung des Salzbergwerks und die Talstation der Salzbergbahn. Bis 1969 stand hier auch eine Sudhütte. Heute gelangt die Salzlösung vom Hallstätter Bergwerk über die Soleleitung (s. u.) zur Weiterverarbeitung nach Ebensee. Entlang der Hauptstraße Richtung Obertraun markieren vier kleine Barockkapellen den Kreuzweg zum etwas erhöht gelegenen Kalvarienbergkirchlein von Lahn. Der reizvolle, rosafarbene Bau mit dem hölzernen Schindeldach stammt von 1711 und birgt im Inneren eine Kreuzigungsgruppe aus der Werkstatt von *Meinrad Guggenbichler*. Hinter der Kirche führt ein Wanderweg in wenigen Minuten bergauf zu einer Rastbank („Goaßerbankerl") mit herrlicher Aussicht auf den Ort und die umliegende Bergwelt.

Salzberg-Hochtal und Salzwelten Hallstatt: Das rund 400 m über Hallstatt gelegene Hochtal mit den prähistorischen Grabstätten und dem Salzbergwerk erreicht man zu Fuß über den Welterbe-Rundweg (1 Std., s. u.) oder schneller (3 Min.) mit der Standseilbahn *(Salzbergbahn)* von Hallstatt-Lahn aus. Ein Panoramalift neben der Seilbahn-Bergstation bringt hinauf zu der kühnen, 2008 erbauten Aussichtsbrücke und dem auch vom Seeufer sichtbaren mächtigen Rudolfsturm, der 1284 vom Habsburger Albrecht zum Schutz des Bergwerks errichtet und nach seinem Vater benannt wurde. Der Turm war bis Mitte des 20. Jh. Sitz des Bergmeisters, heute ist er ein Gasthof (s. u.). Von der Aussichtsbrücke wandert man 10–15 Min. auf einem fast ebenen Themenweg („Weg durch die Zeiten") durch das Hochtal hinauf bis zum Salzbergwerk, vorbei an Infosäulen, dem Gräberfeld und einem begehbaren Schaugrab.

Die Führung in den **Salzwelten** (Kinder erst ab 4 J.) beginnt mit dem Anlegen der bunten Schutzkleidung. Stufen im Freien führen hinauf zum Christinastollen von 1719, dem man 350 m ins enge Berginnere folgt. Dann kommt eine kurze Bergmannsrutsche, und nach einem Film über 7000 Jahre Salzgeschichte die lange, bis 40 km/h rasante Rutschfahrt, bei der man vom Radar „geblitzt" wird! Man gelangt zu einem Salzsee, erhält Informationen zur heute angewandten Bohrlochsondentechnik und sieht, wie Salz in der Eisen- und Bronzezeit abgebaut wurde. Was es mit dem „Mann im Salz" auf sich hat, erfährt man vom animierten Bergknappen Sepp. Nach rund 60 Min. geht es mit der Grubenbahn wieder ins Freie. Für 5–6 € kann man beim Ausgang das Radarfoto erwerben. (Tipp: Wer zu zweit rutscht, braucht nur ein Foto zu kaufen.)

• *Öffnungszeiten* **Salzwelten**: Ende April bis Mitte Sept. tägl. 9.30–16.30, Mitte Sept. bis 26. 10. tägl. 9.30–15 Uhr. Eintritt (mit/ohne Salzbergbahn) 22/16 €, Kinder 4–6 J. 11/8 €, 7–15 J. 13/10 €. Familie (2 Erw., 1 Kind) 46/33,50 €. S-Card. ✆ 06132-2002400, www.salzwelten.at.

• *Essen & Trinken* **Berggasthof Rudolfsturm**, modernes Design in alten Mauern, Terrasse mit Tiefblick zum See. Salzkammergutküche, Kaffee und Eis. Mai bis Ende Okt. tägl. 9–18 Uhr. ✆ 0660-344812, www.rudolfsturm.at.

Welterbe-Rundweg: Etwa 1 Std. dauert der Aufstieg von der Ortsmitte (Badergraben) zum Rudolfsturm im Salzberg-Hochtal, sowohl auf dem *Serpentinenweg (Variante S)* als auch auf dem *Soleleitungsweg durch die Hölle (Variante H)*. Beide wurden 2008 saniert, mit Schautafeln (Salinen- und Forstwesen, Naturschutz, Geologie ...) bestückt und zum sog. Welterbe-Rundweg zusammengefasst. Man wandert also am besten den einen Weg hinauf und den anderen hinunter. *Variante S* punktet mit einem kurzen Abstecher in die Mühlbachschlucht oberhalb des Ortes und mit der Tatsache, dass auch Kaiser Maximilian 1504 diesen Weg nahm, als er

Am Marktplatz in Hallstatt

sein Bergwerk besuchte (Gedenk- und Schautafel). Bis 1890 bewältigten diese Strecke die Kerntragweiber zweimal täglich. Sie trugen bis zu 70 kg schwere Steinsalzbrocken ins Tal, die zusätzlich zum Sudsalz, das über die Soleleitung abtransportiert wurde, aus dem Berg geholt wurden. *Variante H* verläuft auf dem ersten Stück des Soleleitungswegs (s. u.)

Soleleitungsweg und Gosauzwang: Als Ende des 16. Jh. die Holzvorräte für das Befeuern der Sudpfannen im Inneren Salzkammergut zur Neige gingen, baute man in Ebensee am Traunsee eine neue Saline. Zur raschen Beförderung der Sole vom Hallstätter Salzberg dorthin wurde 1597–1607 aus 13.000 ineinander gesteckten Baumstämmen eine 40 km lange Leitung konstruiert. Mittlerweile aus Kunststoffrohren, ist die Soleleitung noch immer rund um die Uhr in Betrieb und damit die älteste aktive Pipeline der Welt. Ihrem Lauf folgt ein informativer, alle 500 m mit blauen Würfeln markierter Wanderweg; sein schönster Abschnitt sind die ersten 7 km ab dem Hallstätter Salzberg bis Steeg am Nordende des Sees. Der Weg beginnt an der Rückseite des Rudolfsturms (s. o.), führt über Stufen und Treppen (Vorsicht bei Nässe!) in die romantische Klamm des Mühlbachs (Höllschlucht) hinab und dann in sanftem Gefälle oberhalb des Seeufers Richtung Norden. Nach rund 1¼ Std. erreicht man das 1757 errichtete Soleleitungsviadukt am **Gosauzwang**, das den Gosaubach und heute die B 166 überbrückt. Ein altes Wegmacherhäuschen am nördlichen Brückenkopf beherbergt eine kleine Ausstellung. Der Weg führt teilweise aus dem Fels geschlagen weiter. Am Nordende des Sees kann man entweder kurz vor oder nach den Druckstollen nach Steeg absteigen und erreicht über die Traunbrücke den Bahnhof Steeg-Gosau (Gesamtgehzeit ca. 2 Std., Bahnverbindung Steeg/Gosau–Hallstatt nur bis ca. 18 Uhr). Wer am Soleweg weiter bis Ebensee wandert, ist insgesamt mehr als 8 Std. unterwegs.

Im Echerntal: Von Hallstatt-Lahn Richtung Westen erstreckt sich dieses Trogtal wie aus dem Bilderbuch. Seine Landschaft beeindruckte bereits die Künstler der Romantik, wie Georg Ferdinand Waldmüller oder Adalbert Stifter, den es zu seiner berühmten Weihnachtsgeschichte „Bergkristall“ inspirierte. Ein Themenweg („Maler, Literaten und Naturwunder“) beginnt beim Parkplatz am Ende der Echerntalstraße (ca. 2 km vom Zentrum). Ihm folgt zum Teil die Wanderung 11.

Wanderung 11: Echerntal und Waldbachstrub

Wasserfall, Felsensteig, Gletschergarten. Gesamtgehzeit 2½ Std., mittelschwer.

Ausgangspunkt ist der Parkplatz (**1**) am Ende der Echerntalstraße mit dem Info-Pavillon. Von hier folgt man dem **Malerweg** flussaufwärts. Nach 15 Min. rechts auf der **Kuhbrücke** (**2**) über den Fluss und weiter bis zu einer Forststraße (**3**). Auf dieser links Richtung Waldbachstrub, an Häusern vorbei und nach einer Wiese mit Blick rechts zum Schleierfall wieder in den Wald hinein bis zu einer Wegteilung (**4**). Man folgt den Pfeilen rechts zum Waldbachstrub und gelangt über Stufen bergan zur Abzweigung des Gangsteigs. Bevor man hier rechts hinaufsteigt, sind es noch 100 m geradeaus zum 95 m hohen, imposanten **Wasserfall Waldbachstrub**, der sich in drei Stufen herabstürzt. Der Gangsteig führt über drahtseilgesicherte Stufen (Trittsicherheit!) 25 Min. durch eine Felswand hinauf zu einer Forststraße (**5**), der man links Richtung Hallstatt folgt. Nach der Steinbrücke hoch über dem Waldbachstrub links die Asphaltstraße (Seeblick!) bergab, durch einen Tunnel und unter einer Seilbahn hindurch bis zu einer Brücke, wo links hinab der Weg zum **Gletschergarten**

(**6**) abzweigt (30 Min.). Ein felsiger Steig (Vorsicht!) führt über Stufen vorbei an Felstöpfen und -mühlen, die der eiszeitliche Gletscher geschaffen hat, bergab. Dann geht es links in den Wald, kurz bergauf bis zu einer Wegteilung. An dieser rechts und hinunter bis zu einem Steg unterhalb des Waldbachstrub (**7**, 20 Min.). Kurz davor wendet man sich rechts und folgt dem Malerweg, der nach 20 Min. bei der Kuhbrücke (**2**) in den Aufstiegsweg mündet.

Man verkürzt die Runde zu einem Spaziergang (1 Std.), wenn man vom Waldbachstrub-Wasserfall zur Wegteilung (**4**) zurückgeht, rechts abbiegt und so den Steg (**7**) erreicht.

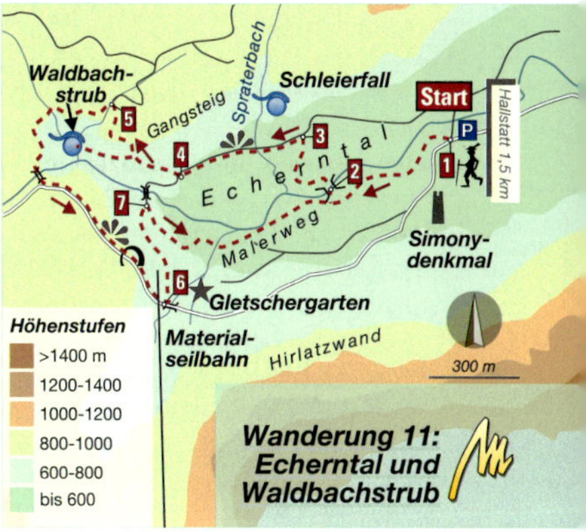

Ostufer(rad)weg am Hallstätter See: Der Uferweg von Obersee über die Bahnstation Hallstatt bis Obertraun (Gehzeit ca. 2 Std.) gehört zu den schönsten Spazierrouten des Salzkammerguts. Auf flachen Promenadenwegen, Forststraßen und breiten Stegen wandert man zwischen Bahnlinie und Seeufer dahin, am besten nachmittags, wenn das Ostufer in der Sonne liegt. Zwischendurch kann man sich im See abkühlen. Der spannendste Abschnitt ist nördlich der Bahnstation Hallstatt, wo man direkt über dem Wasser unterwegs ist und auf einer Hängebrücke die tiefste Stelle (125 m) des Hallstätter Sees überquert. Seit 2007 ist der Ostuferweg auch als Radweg ausgebaut. Man kann die Radtour oder Wanderung auch mit einer Bahnfahrt (Radtransport nur in Regionalzügen) oder Schifffahrt (Mitte Juli bis Mitte Sept. 2-3x tägl., 3 €/Fahrrad) kombinieren und so den Weg in Obersee, Hallstatt-Bahnstation oder Obertraun beginnen bzw. beenden.

Obertraun und die Dachstein Höhlen- und Wanderwelt

740 Einwohner, 513 m

Das beschauliche Dorf ist Ausgangspunkt der Welterbe-Seilbahnen sowie der Wege zur Wanderregion Dachsteinplateau und zu den berühmten Dachsteinhöhlen. Zu diesen gehören die im Tal gelegene Koppenbrüllerhöhle sowie die Mammut- und die Rieseneishöhle, beide hoch oben im Berg.

5 km von Hallstatt entfernt, breitet sich das lang gezogene Straßendorf Obertraun auf einem sonnigen Talboden aus, der im Westen bis an das Seeufer reicht (schönes Strandbad!), im Norden von den steilen Flanken des **Sarsteins** (1975 m) und im Süden von den Felsen des Dachsteinplateaus eingegrenzt wird. Mitten durch den Talboden zieht sich breit die Traun, die von Nordosten durch die enge Koppenschlucht aus dem Ausseerland kommt. Dieser Schlucht folgt auch die Bahnlinie (und bald der Koppental-Radweg) nach Bad Aussee. Die Straße von Obertraun ins Ausseerland führt über den steilen **Koppenpass** (23 %) am östlichen Talschluss.

Die Geschichte des Orts hing stets mit dem Hallstätter Salzbergbau zusammen. Für die Salinen arbeitende Holzknechte siedelten hier seit dem 14. Jh. Ihnen verdankt der Ort auch den hohen Anteil an Protestanten. Kohlenmeiler rund um Obertraun lieferten Brennstoff für die Sudpfannen, die Almwirtschaft und Viehzucht das Essen für die Bergknappen. Als Reiseziel entdeckt wurde Obertraun Mitte des 19. Jh. durch den Forscher *Friedrich Simony* (→ Kasten). In den 1950er-Jahren baute man eine Seilbahn mit drei Teilstrecken zum Dachsteinplateau. Die ersten beiden wurden 2008 vollkommen erneuert und barrierefrei gestaltet, die Erlebniswelt am Berg erhielt ein modernes „Facelifting“.

Friedrich Simony – ein Leben für den Dachstein

Als 1813 Friedrich Simony in Nordböhmen zur Welt kam, ahnte niemand, dass der in triste Verhältnisse geborene Bub 40 Jahre später ein bahnbrechender Alpen- und Gletscherforscher und Österreichs erster Universitätsprofessor für Geographie werden sollte. Simonys größtes Verdienst war die Erkundung und touristische Erschließung des Dachsteingebiets. 1840–90 beschrieb, fotografierte und zeichnete er das gesamte Gebirge, seine Gletscher und Höhlen. 1842 wagte er die erste Winterbesteigung des Hohen Dachsteins, was als lebensgefährlich galt. Er ließ Bergsteigerunterkünfte bauen, Wege und Steige anlegen und brachte seine Erlebnisse in Zeitschriften unters Volk. Am Dachstein selbst sind heute die Simonyhütte und die Simonyscharte nach ihm benannt. Sein Freund Adalbert Stifter setzte ihm 1857 im Roman „Nachsommer“ mit der Figur des Naturforschers Heinrich Drendorf ein literarisches Denkmal. Simony starb 1896 in der Steiermark.

• *Information* **Tourismusbüro Obertraun**, in der Nähe des Gemeindeamts. Mo–Fr 8–12/14–17, Juli/Aug. bis 18, Sa 9–12 Uhr. Seestr. 180, ✆ 06131-351, www.obertraun.net.

• *Verbindungen* **Bahn**: stündl. nach Bad Ischl, alle 2 Std. nach Bad Aussee. Der Ortsbahnhof heißt übrigens „Obertraun-Dachsteinhöhlen“. **Schiff**: Linienkurs Hallstatt–Obertraun (5 €), Juni bis Sept. 4-5x tägl.

• *Übernachten* Wenig Qualitätsunterkünfte, zahlreiche Ferienwohnungen.

*** **Haus am See**, ruhige Lage direkt am Seeufer. 24 hell und rustikal-modern möblierte Komfortzimmer mit Balkon, teilweise Seeblick. Restaurant mit Sonnenterrasse. Sauna, Badesteg. DZ 63–84 €. Obertraun 169, ✆ 06131-26777, ℻ 06131-26788, www.hotel-hausamsee.at.

** **Obertraunerhof**, Hotel in Ortsmitte gegenüber dem Tourismusbüro. 12 schlicht möblierte, saubere Zimmer mit Du/WC, teils mit Balkon und Bergblick. Freundliche Gastgeberin. Café-Bar im Haus. DZ 60–85 €. Obertraun 90, ✆ 06131-26714, ℻ 06131-26744, www.obertraunerhof.com.

Haus Alpenrose, an der Hauptstraße unweit des Tourismusbüros. 6 einfache Zimmer, teils Etagendusche. DZ 50 €. Obertraun 175, ✆ 06131/305.

Jutel Obertraun, neu renovierte Jugendherberge im grün-gelben Betonbau unweit der Welterbe-Seilbahn. 3 EZ, 4 DZ, 2 Drei-, 19 Vier- und 5 Mehrbettzimmer, alle mit Dusche, teils auch mit WC. Ganzjährig geöffnet. 19 €/P. inkl. Frühstück, 3 € Zuschlag für Nichtmitglieder.. Winkl 26, ✆ 06131-360, ℻ 06131-3604, www.jutel.at.

Camping am See, schönes, parkähnliches Areal am Seeufer mit Hallstattblick, neben Freibad Winkl. 100 Stellplätze, gut ausgestattet, moderne Sanitäranlagen, eigener Strand, Bar-Lounge. Mai bis Ende Sept. geöffnet. 25 € für 2 Pers., Auto und Zelt. Winkl 77, ✆ 06131-265, 06134-8368, www.camping-am-see.at.

• *Essen & Trinken* **Gasthof Höllwirt**, bodenständiges Lokal an der Ortsdurchfahrt unweit des Tourismusbüros, gute Küche, Fischrestaurant, Wild- und Pfandlgerichte, Salate. Hauptspeisen 8–13 €. Mi Ruhetag. Obertraun 29, ✆ 06131-394.

Koppenrast, empfehlenswertes Ausflugsgasthaus am Fuß des Koppenpass. Anfang Mai bis Mitte Okt. geöffnet. Angebot von kalter Brotzeit bis zur kreativ verfeinerten Regionalküche mit Fisch- und Lammgerichten. Hauptgerichte 9–12 €. Ganztägig warme Küche. ✆ 06131-231.

• *Baden* **Strandbad**, bester Badeplatz am See, große Liegewiese, Buffet, Spielplatz, Wasserrutsche, Bootsverleih. Unweit der Schiffsstation und des Bahnhofs. Frei zugänglich, kostenlose Parkplätze.

Badeplatz Winkl, am Ortsrand an der Hauptstraße, sonnige Liegewiese, abgetrenntes FKK-Areal, Kiesstrand, Duschen, Hallstattblick. Frei zugänglich, kostenlose Parkplätze.

• *Paragleiter* Beliebter Startplatz ist der Krippenstein. www.paragleiten.net.

• *Wintersport* **Freeride Arena Krippenstein**: 8 Lifte, 13 km Pisten, davon eine 11 km lange Talabfahrt. Eine der besten Freeride-Arenen Europas mit 30 km **Off-Piste-Varianten**. Mitte Dez. bis März. Tageskarte 31 €, Kinder 16,60 €, www.krippenstein.com.

Im Tal 14 km lange, flache **Loipe** bis Koppenwinkl. Freie Benützung.

• *Veranstaltungen* **Konzertreihe „Eisklang"**, im Aug. jeden Fr Konzerte im Parzivaldom der Eishöhle. www.dachsteinwelterbe.at.

Sehenswertes im Tal

Obertraun: Neben zwei bescheidenen kleinen Kirchen, der erhöht gelegenen evangelischen (1905) und der gelb-barocken der Katholiken (1770), ist Obertrauns eigentliche Attraktion die umgebende Gebirgslandschaft. Mit ihren Besonderheiten beschäftigen sich auch die zahlreichen Informationstafeln, die vom Bahnhof (bzw. Seeufer) ausgehend den Wanderweg 1 (Themenweg „Durch Karst und Kalk") säumen. Auf einem fast flachen, reizvollen Höhenweg führt er in den 3,5 km östlich gelegenen *Koppenwinkel* (s. u.).

Koppenwinkel: Der unter den schroffen Felswänden des Koppen (1807 m) gelegene Almkessel mit seinem kleinen, seichten See (Koppenwinkellacke) ist ein idyllisches Fleckchen. Man erreicht ihn über Wanderweg 1 (s. o.) oder in nur 10 Gehminuten auf einer Schotterstraße, die vor dem Anstieg der Koppenpassstraße (Richtung Bad Aussee) rechts abzweigt. Wenige Minuten vom See entfernt liegt die reizvolle, von Mai bis Sept. bewirtschaftete *Koppenwinkelalm*. Auf Wanderweg Nr. 2 (später Nr. 6) gelangt man von hier wieder nach Obertraun zurück.

Koppenbrüllerhöhle: Die jüngste und am wenigsten bekannte der Obertrauner Dachsteinhöhlen liegt im Tal. Sie ist kleiner als jene am Berg, dafür einfacher (ohne Seilbahn) zu erreichen: Vom Parkplatz vor dem Anstieg der Koppenpassstraße (3,5 km östlich von Obertraun Richtung Bad Aussee) sind es 10 Min. auf flachem Waldweg entlang der Koppentraun bis zum Höhleneingang.

Die Koppenbrüllerhöhle, seit 1910 touristisch erschlossen, ist eine aktive Wasserhöhle, in der ein unterirdischer Wildbach durch eine Felskluft rauscht bzw. „brüllt". Seine Quelle im Berginneren wird gespeist vom Regen und Schnee, der im Karst des Dachsteinplateaus versickert. Nach langen Niederschlägen kann die Höhle daher wegen Überschwemmung geschlossen sein. Im Rahmen der Führung (50 Min.) dringt man 400 m in die Höhle vor – bis zu einem Wasserfall und einen Höhlensee am Ende der Hannakluft. Auf dem Rückweg gibt es Kunstinstallationen zu bestaunen. Warme Kleidung und feste Schuhe sind ratsam.

• *Führungen* Mai bis Ende Sept., mind. stündl. Führungen 9–16 Uhr. Eintritt 8,90 €, Kinder 5,20 €. S-Card. www.dachsteinwelterbe.at.

• *Verbindungen* **Bahn**: An der Station „Koppenbrüllerhöhle" halten Regionalzüge von/nach Bad Ischl nur von 1. 5. bis Mitte Juni.

• *Wanderweg* Weg 1 verbindet das Ortszentrum Obertraun (Bhf. Obertraun-Dachsteinhöhlen) mit der Koppenbrüllerhöhle (50 Min.).

• *Essen & Trinken* Gasthaus Koppenrast (→ Obertraun)

Koppentalweg: Der 9 km lange Wanderweg, der zu einem Radweg ausgebaut werden soll, führt an der Koppenbrüllerhöhle (s. o.) vorbei durch das wildromantische

Koppenbrüllerhöhle – besonders attraktiv bei Regenwetter

Tal der Koppentraun nach Bad Aussee (Gehzeit 3 Std.). Diese kürzeste Verbindung zwischen Ausseerland und Hallstätter See nutzten schon Kelten und Römer, seit 1877 durchfährt die Salzkammergutbahn diese Schlucht. 1897 erforderten Lawinen und Hochwasser die Verlegung der Geleise auf halbe Hanghöhe, der ursprünglichen, flussnahen Trasse folgt nun zum Teil die Wanderung. Jeden Winter donnern hier Lawinen von Sarstein und Zinken hinab, weshalb der Weg in dieser Jahreszeit gesperrt ist. Man kann den Koppentalweg an beiden Enden starten, empfehlenswert ist die Gehrichtung flussabwärts mit Bahnhof Bad Aussee (639 m) als Ausgangspunkt: Von hier aus führt der gut beschilderte Weg bis auf zwei kurze Anstiege immer leicht bergab. Der romantischste Wegabschnitt nah am Flussufer beginnt nach rund 1½ Std. Gehzeit, nachdem man auf einer Hängebrücke die Traun überquert hat, und endet bei der Koppenbrüllerhöhle. Wer mit der Bahn zurück nach Bad Aussee fahren möchte, wandert bis Bhf. Dachsteinhöhlen im Ortszentrum von Obertraun weiter (über Höhenweg Nr. 1, 50 Min.).

Dachstein Erlebniswelt

Die Talstation der Dachstein-Welterbe-Seilbahnen mit großen Parkplätzen (gebührenfrei) befindet sich an den südlichen Talhängen von Obertraun. Von der Ortsmitte ausgehend führt Wanderweg Nr. 7 hierher. Die erste Teilstrecke der Seilbahn bringt zur **Schönbergalm** (1350 m), wo sich ein familienfreundliches Erlebnisrestaurant (Self-Service) befindet und die Kinder sich in einem Klettergarten, im Baumhaus und auf Abenteuersteigen austoben können. Ein im Stil einer Holzknechthütte eingerichtetes *Höhlenmuseum* zeigt neben einem Modell der Mammuthöhle historische Dokumente zur Erforschung der Höhle und Knochen eines Höhlenbären.

Von der Schönbergalm aus gelangt man in jeweils 15 Gehminuten zu zwei Höhlen, die zu den eindrucksvollsten der Ostalpen zählen:

Rieseneishöhle: Mit bis zu 150.000 Besuchern jährlich gehört die Eishöhle zu den größten Sehenswürdigkeiten des Salzkammerguts. Sie wurde 1910 entdeckt und 1912 von den ersten Touristen betreten. Heute verläuft ein 800 m langer, mit 700 Stufen versehener Weg durch die Höhle und kommt 40 m oberhalb des Eingangs wieder ans Tageslicht. Zunächst passiert er einen eisfreien Teil mit kleinen Tropfsteinen und dem riesigen *König-Artus-Dom*. Steile Stufen bringen dann in den ersten *Eispalast*, wo es -1 °C kühl ist. Das gewaltige 30.000 m³ fassende Höhleneis, ein riesiger unterirdischer Gletscher, entstand im 15. Jh. Es ist durch die Karstoberfläche eingesickertes und durch Luftzirkulation gefrorenes Schmelzwasser und verändert seine Formen jedes Jahr aufs Neue. Im *Parzivaldom* ist das Eis 8 m dick. Dort ragt der zuckerhutförmige Große Eisberg auf. Eindrucksvoll hinterleuchtet werden auch der gefrorene *Große Wasserfall* und die imposante *Gralsburg*. Im folgenden *Tristandom* beträgt die Eisdicke unglaubliche 25 m. Tropfwasser hat im Bodeneis eine bizarre *Eiskapelle* ausgehöhlt, zu der man gegen Ende der 50-minütigen Führung hinabsteigt. Licht- und Soundinstallationen der Kunstuniversität Linz, wie die atmende Höhle *Breathe* oder der virtuelle *Klettermax*, sorgen für überraschende Effekte.

Mammuthöhle: Nicht, wie man vermuten könnte, aufgrund urzeitlicher Elefantenknochen, sondern wegen ihrer Größe erhielt die Höhle ihren Namen. 1910, zur Zeit ihrer Entdeckung, zählte sie mit 60 km noch zu den längsten Höhlen Europas. Mittlerweile ist sie selbst in Österreich nur mehr die drittlängste – nach dem 2007 entdeckten Schönberg-Höhlensystem im Toten Gebirge (128 km) und der nahen, nur für Taucher zugänglichen Hirlatzhöhle (92 km).

In der Mammuthöhle wurde für Touristen eine Strecke von 1 km mit bequemen Wegen erschlossen. Im Rahmen der Führung (1 Std.) durchwandert man gigantische Hallen wie den *Mitternachtsdom*, sieht gewaltige Felsblöcke in der *Arkadenkluft* und erfährt, wie die Höhle entstand, was es mit der Urtraun auf sich hat und was Höhlenforscher im „Reich der Schatten" erleben. Auch in der Mammuthöhle hat die Kunstuniversität Linz mit Schattenspielen, Laserinstallationen und der Projektion mittelalterlicher Kirchenfenster eindrucksvolle Akzente gesetzt.

• *Öffnungszeiten* **Eishöhle**: 1. 5. bis 26. 10., Seilbahnbetrieb ab 8.40 Uhr. Führungen 9.20–16 Uhr, Juni bis Aug. 9.20–16.30 Uhr. Eintritt 10,20 €, Kinder 6 €. Warme Kleidung (-1 °C)!

Mammuthöhle: 9. 5. bis 26. 10., Führungen 10.20–14.30 Uhr, Juni bis Aug. 9.15–15 Uhr. Eintritt 10,20 €, Kinder 6 €. Kombiticket (beide Höhlen) 15,50/8,70 €.

Die **Seilbahn** kostet extra: Berg- und Talfahrt (1. Teilstrecke) 15,80 €/9,20 €. www.dachsteinwelterbe.at.

• *Kinder* Bei den „**Bibi Blocksberg**"-Führungen geht es mit einer Hexe an den Originalschauplatz des bekannten Kinderfilms auf die Suche nach dem blauen Eulenstab.

Krippenstein (2108 m) und Gjaidalm: Die zweite Teilstrecke der Dachsteinseilbahn führt von der Schönbergalm auf den Krippenstein (Bergstation auf 2078 m). Dieser am Nordrand des Dachsteinmassivs gelegene Gipfel bietet eine überwältigende Aussicht auf die weite Karsthochfläche des Dachsteins (*„Auf dem Stein"* genannt, Foto S. 14) und die anschließenden Gletscher, die von einer Reihe schroffer Gipfel überragt werden. Der höchste und von hier rund 9 km entfernt ist der *Hohe Dachstein* (2995 m). Die dritte Teilstrecke der Seilbahn führt vom Krippenstein bergab (!) zur Gjaidalm (1695 m).

• *Betriebszeiten* **1. Teilstrecke (Schönbergalm**, s. o.**)**: 1. 5. bis 26. 10. 8.40–17 Uhr, **2. TS (Krippenstein)**: 2. So im Mai bis 26. 10., **3. TS (Gjaidalm)**: 2. So im Juni bis 26. 10. Berg- und Talfahrt bis Krippenstein (1. + 2. TS) 22,70 €, Kinder 14 €, bis Gjaidalm (1., 2., 3. TS) 24,40 €/15,30 €. www.dachsteinwelterbe.at.

• *Kinder* Bei der Seilbahn können geländegängige Kinderwagen kostenlos ausgeliehen werden.

• *Übernachten/Essen* Das riesige **Berghotel** ist seit einigen Jahren geschlossen.

Lodge am Krippenstein (ehem. Schutzhaus, 2004 umgebaut), unweit der Bergstation, Sonnenterrasse mit Dachsteinblick. Belegte Brote, Pasta, Schnitzel, Suppen, Strudel. 60 Schlafplätze (Zimmer bzw. Lager), Huskys zum Streicheln, ganzjährig geöffnet. ✆ 0664-3804054, www.lodge.at.

Aussichtsplattform „5fingers": Die spektakuläre Stahlkonstruktion, die mit ihren fünf Stegen (einer davon gläsern, einer mit Loch im Boden!) wie eine Hand acht Meter über einen 400 m tiefen Abgrund hinausragt und atemberaubende Ausblicke auf Hallstatt, den See und das gesamte Innere Salzkammergut bietet, garantiert echten Nervenkitzel. Sie wurde unweit des Pionierkreuzes (2028 m) errichtet. Man erreicht sie in rund 20 Min. von der Bergstation Krippenstein auf einem breiten Promenadenweg (auch mit geländetauglichem Kinderwagen möglich).

Fotoplatz über dem Abgrund: die „5fingers"

Karstlehrpfad am Heilbronner Rundwanderweg: Einen großartigen Einblick in die Karstlandschaft des Dachsteinplateaus vermittelt dieser viel begangene Familienwanderweg. Von der Krippensteinbergstation wandert man an der Lodge vorbei, die Skipiste hinunter und auf straßenbreitem Weg über hügeliges, mit Latschen bewachsenes Gelände in rund 1½ Std. zum Heilbronner Kreuz (1959 m), das an das Jahr 1954 erinnert, als zehn Schüler und drei Lehrer aus dem deutschen Heilbronn hier von einem Wettersturz überrascht wurden und im Schneesturm erfroren. Unterwegs bieten sich kurze Abstecher (je 5 Min.) zur *Krippensteineishöhle* und zum kraterförmigen *Däumelsee* an. Der vom Weg rechts abzweigende felsige Steig Nr. 661 über den *Margschierf* (2080 m) zum Heilbronner Kreuz ist nur trittsicheren Wanderern zu empfehlen. Vom Kreuz geht es weiter bis zur Gjaidalm (1½ Std.), von wo man mit der Seilbahn (dritte Teilstrecke) wieder zum Ausgangspunkt am Krippenstein hinauffahren kann.

Im Gosautal

Das 18 km lange Gebirgstal zieht sich vom Ufer des Hallstätter Sees in einem Bogen bis an die Westseite des Dachsteins, wo es mit dem berühmten Gosauseeblick und den Felsnadeln des Gosaukamms seinen großartigen Abschluss findet. Wegen der zahlreichen Sommer- und Wintersportmöglichkeiten ist hier ganzjährig Saison.

Die Fahrt vom Westufer des Hallstätter Sees in die Gosau beginnt beim Gosauzwang (517 m), an der Mündung des Gosaubaches. Unter der alten Soleleitungsbrücke (S. 196) hindurch geht es auf der B 166 rund 7 km kurvig durch eine dunkle Schlucht bergauf, bis sie sich plötzlich zu einem breiten, sonnigen Hochtal weitet, das im Südwesten von den imposanten Zacken des Gosaukamms überragt wird. Nach dem *Vordertal* erreicht man das Dorf **Gosau** (780 m), das sich mit seinen drei Kirchen und den weit verstreuten Häusern an einen Wiesenhang lehnt. Hier teilt sich die Straße: Die B 166 führt rechts weiter auf den 3 km entfernten **Pass Gschütt** (957 m) und hinüber ins Salzburgische. Geradeaus weiter geht es zu den Gosauseen am Ende des Tals. Die Straße passiert das *Mitter-* und *Hintertal*, wo alte Bauernhäuser und neue Fremdenverkehrsbauten das Bild prägen. Zu Letzteren zählen neben einer Handvoll Hotels die *Hornspitz-* und *Zwieselalmbahnen*, die im Winter Skisportler in die Skiregion *Dachstein-West* befördern. Die Straße passiert das Freilichtmuseum Gosau-Hintertal (s. u.) und endet nach kurzem Anstieg in großen Parkplätzen (gebührenfrei) am Nordrand des **Vorderen Gosausees** (937 m), des wohl bekanntesten österreichischen Gebirgssees. Dort befindet sich auch die Talstation der **Gosaukammseilbahn**, die im Sommer zu einem Aussichtsbalkon bringt.

Waldreichtum prägt bis heute das Gosautal. Neben der Holz- und Forstwirtschaft kam im 16. Jh. als weiteres Standbein der Schleifsteinabbau hinzu, der bis 1969 betrieben wurde. Ein dunkles Kapitel der Geschichte des Tals war das Zeitalter der Gegenreformation, als viele der protestantisch gewordenen Gosauer vertrieben oder ausgesiedelt wurden.

• *Information* **Tourismusbüro Gosau**, unweit der Ortskreuzung. Mo–Fr 8–12/13–17 Uhr, Juli/Aug. auch Sa 9–12 Uhr. ✆ 06136-8295, www.gosau.com, www.gosautal.net, www.gosaunet.at.

• *Einkaufen* **Gosauer Stein- und Fossilienschleiferei**, Fam. Gapp betreibt unweit der evang. Kirche Österreichs einzige Fossilienschleiferei (Gosau 165). Das Rohmaterial, 100 Mio. Jahre alte, versteinerte Schnecken und Muscheln, wird in der Umgebung gesammelt, denn die „Gosauschichten" der Ostalpen sind für ihren Fossilienreichtum bekannt. Aus den Steinen werden durch kunstvolles Schleifen und Drechseln Vasen, Schalen, Kerzenleuchter usw. geschaffen. Mo–Fr 8–12/15–18, Sa 8-12 Uhr. www.fossilien-gapp.at

• *Verbindungen* **Bus**: nach Steeg-Gosau (Bahnanschluss) bzw. nach Bad Ischl stündl. 6–18 Uhr.

• *Übernachten/Essen* Die Zimmer sind im Winter bis zu 25% teurer.

**** **Landhaus Koller**, die Sommerfrischevilla von 1850 ist heute ein gediegenes Schlosshotel, umgeben von einer großen Gartenanlage mit 17 edel-rustikal möblierten Komfortzimmern und Suiten. Sauna, Dampfbad, Loipe vor dem Haus. DZ 150–200 €. Gosau 353, ✆ 06136-8841, 📠 06136-884150, www.hotel-koller.com.

**** **Sommerhof**, traditioneller Familienbetrieb in Gosau-Mittertal, 2004 umgebaut zum Vier-Sterne-Familien- und Wanderhotel; 43 gemütliche Komfortzimmer, Wintergarten-Café-Bar, beheiztes Freibad, Whirlpool und Sauna. DZ mit Vollpension 180–200 €, im Sommer ab 115 €. Gosau 25, ✆ 06136-8528, 📠 06136-852850, www.sommerhof.at.

*** **Gosauerhof**, freundlich-familiäres Hotel und Restaurant, direkt an der Straße in Mittertal, im Winter direkt an Loipe. 20 schöne, gemütliche Komfortzimmer, teils südseitig. Verfeinerte Regionalküche, tolle Sonnenterrasse. DZ 86–130 €. Gosau 632, ✆ 06136-8229, 📠 06136-82295, www.gosauerhof.at.

Gasthof Brandwirt, Traditionsbetrieb (seit 1657) direkt in Gosau. Im Gasthof, auch als „Faschl" bekannt, wird ganztägig regionale Küche und Hausmannskost gereicht – der Schweinsbraten ist legendär. Das Hotel hat 25 Komfortzimmer, teils mit Zirbenholz eingerichtete Nostalgiezimmer, die einen etwas älter, die anderen modernisiert. DZ 64–76 €. Gosau 151, ✆ 06136-8226, 📠 06136-82264, www.brandwirt.at.

*** **Pension Elfi**, ruhige Lage in Gosau-Mittertal. 3 schöne Komfortzimmer und 4 Appartements im Landhausstil (auf Wunsch mit Frühstück). Sauna. DZ und App. (2 Pers.) 48–74 €. Kirchenweg 752, ✆ 06136-8167, 📠 06136-81674, www.pension-dachstein.at.

Schmaranzer, freundliches Privathaus mit 2 gemütlichen, netten Komfortzimmern mit

Balkon in sonniger Waldrandlage. Sauna, Dampfbad (gegen Gebühr). DZ 46–62 €. Hintertal 503, ✆/℻ 06136-8581, www.tiscover.at/schmaranzer.

Gästehaus Sieglinde, in Gosau-Mittertal unweit der Hornspitzlifte. 2 saubere, rustikale Komfortzimmer und 2 Ferienwohnungen. DZ 50–62 €. Mittertal 617, ✆ 06136-8483, ℻ 06136-20663, www.tiscover.at/gaestehaus-sieglinde.

• *Baden* **Hallenbad Gosau**, Sportbecken, Sauna, Dampfbad, Solarium. Unweit der evang. Kirche. Tägl. (außer Mo) 13–20.30 Uhr. Eintritt 7,80 €, Kinder 6–15 J. 3 €. S-Card. ✆ 06136-882119.

• *Angeln* **Fischbach Mittertal**, Angelverleih, April bis Okt. tägl. geöffnet, ✆ 06135-8560. **Forellenteich**, Gosau-Klaushof, Angelrutenverleih, Mai bis Okt. tägl. (außer Mo), ✆ 06136-8549. www.fischerverein-gosau.at.

• *Mountainbike* Mehrere Rundtouren (10–46 km), z. B. Hornspitz-Runde (16 km) oder Plassen-Runde (46 km), ab Tourismusbüro.

• *Wintersport* Gosau ist Einstiegstelle in das bekannte Familienskigebiet **Dachstein-West**: 140 km Pisten, 70 Liftanlagen, Tageskarte 34 €, Kinder 17 €. ✆ 06242-440, www.dachstein.at.

Langlauf: 32 km Loipen von Vordertal bis Hintertal, leicht bis schwer, Loipengebühr.

• *Veranstaltungen* **Gosauer Ballonwoche**, 2. Januarwoche, Highlight ist die Nacht der Ballone.

Sehenswertes/Ausflüge

Kirchen in Gosau: Die spätgotische katholische *Sebastianskirche* von 1507 wurde 1874 stark verändert. Von 1869 stammt die oberhalb gelegene *evangelische Kirche*, die mit kunstvollen, neugotischen Arbeiten ausgestattet ist. Ihr hoher Glockenturm hat etwas Symbolhaftes – erst 1861 war den Protestanten das Turmbauen gestattet worden. Überragt werden die beiden Kirchen vom *Kalvarienberg* mit seinen fünf Kreuzwegkapellen und der Kirche, die 1775 als typisch gegenreformatorischer Bau errichtet wurden.

Freilichtmuseum Paarhof Gosau-Hintertal und Urzeitwald: Eines der ältesten Gosauer Bauernhäuser aus dem 17. Jh. sowie seine Nebengebäude wurden in malerischer Lage unterhalb der Donnerkogeln 2002 zu einem Freilichtmuseum wiedervereint. 2008 kam der große Jagerbauernstadl hinzu, in dem die interessante Schau „Steinsichten“ zur geologischen Entstehung des Salzkammerguts (Stichworte: Tethys-Meer, Gebirgsbildung, Versteinerungen) eingerichtet wurde. Neu ist auch der benachbarte **Urzeitwald**, ein kleiner Erlebnispark, in dem Nachbauten von Urzeittieren, wie Panzerfisch, Rieseninsekten oder Flugsaurier, die Entstehung der Lebewesen veranschaulicht. Das Spannende daran ist, dass die Tiere große Spielgeräte sind, auf denen Kinder z. B. reiten, fliegen oder paddeln können.

Urzeitwald: Mitte/Ende Mai bis Ende Sept. Di–So 10–18 Uhr, im Juli/Aug. auch Mo geöffnet. Eintritt 12 € (1 Erw., 1 Kind). ✆ 06136-8295, www.urzeitwald.at. **Freilichtmuseum**: Juni bis Sept. Mi 14–18, So 12–18 Uhr.

Schleifsteinbrüche (1350 m), Löckersee (1400 m) und Plankensteinalm (1600 m): Auf der Gosauer Seite des Hallstätter Salzbergs Plassen stieß man im 16. Jh. auf natürliche Schleifsteinvorkommen, 50 cm dicke Schichten aus feinkörnigem, fossilfreiem Sandstein von einzigartiger Qualität. Der Abbau florierte bis ins frühe 20. Jh., dann kam Kunststein auf, und 1969 wurde der Gosauer Steinbruch eingestellt. 1989 nahmen einige Steinhauer den Abbau, übrigens der einzige Österreichs, wieder auf. Heute werden jährlich rund 800 Schleifsteine hergestellt. Mit Hohlkernbohrern werden sie aus dem Gestein „herausgestochen“, dann in Scheiben geschnitten und als Sensenwetzsteine, zum Schärfen von Äxten und Hobeleisen und für Holzschnitzer verkauft.

Die Schleifsteinbrüche befinden sich auf einer Almkuppe südöstlich oberhalb von Gosau. Dort stehen auch noch ein Dutzend holzverschindelte Steinhauerhütten früher Tage (eine davon bewirtschaftet). Sie sind auf dem steilen, mit Stiegen und Brücken versehenen Wanderweg Nr. 644 ab Gosau-Hintertal (Ausgangspunkt: Gasthof Gamsjäger) in 1½ Std. zu erreichen. Rechts von den Hütten beginnt der schöne, neu angelegte „Löckersee-Rundweg", der z. T. auf Holzstegen durch das dicht von Latschen (Löckern im regionalen Dialekt) bewachsene, aussichtsreiche Hochmoor in 30 Min. zum kleinen, tiefschwarzen *Löckersee* hinaufführt, in dem sich der Gosaukamm spiegelt. Dann passiert er die Aussichtsplattform an der *Hinteren Grubenalm* und die *Vordere Grubenalm* (von dort Abstecher zur Felsspalte *Wildfrauenloch*). Wer den Rundweg verlässt und noch eine gute Stunde weiter ostwärts wandert, erreicht die größte Alm von Gosau, die *Plankensteinalm*, auf der von Juli bis Ende Sept. mehrere Hütten bewirtschaftet sind.

Besichtigung/Verbindungen Gosauer Bummelzug zur Plankensteinalm, Mai bis Okt.; Wanderung und Führung zu den Steinbrüchen, Juli/Aug. 1x pro Woche, Anmeldung jeweils im Tourismusbüro (s. o.).

Vorderer Gosausee (940 m) und Hinterer Gosausee (1160 m): Das „Auge Gottes" nannte der Weltreisende Alexander von Humboldt den von dunklen Wäldern umstandenen *Vorderen Gosausee.* Fürwahr, der Blick von seinem Ufer über die Wasserfläche zum imposanten Dachsteingebirge mit dem Gosaugletscher und seinem Spiegelbild im See, ist überwältigend ... und für jedermann ohne Mühe zugänglich. Vom obersten Parkplatz sind es keine 200 m bis zum Wasser, wo Ausflügler bestens bedient werden: ein Gasthof mit riesigem Gastgarten, Bootsverleih, Postkartenständer, Eis am Stiel und Souvenirs. Für das Urlaubsfoto sind nachmittags die Lichtverhältnisse am besten. Da der Vordere Gosausee auch energiewirtschaftlich genutzt wird, ist sein Wasserspiegel im Frühjahr und Spätherbst meist unansehnlich niedrig.

Der klassische Spaziergang rund um den Vorderen See – am Nordufer wurde der Uferweg teilweise aus dem Fels gesprengt – dauert 1 Std. und ist auch mit Kinderwagen möglich. Die Objekte entlang des Wegs gehören zum Themenweg „Was(s)erleben" und stellen interessante Details zum Thema Wasser vor. Für eine längere Wanderung geht man vom hinteren Seeende die Forststraße weiter taleinwärts zur bewirtschafteten *Niederen Holzmeisteralm* (974 m) und über die je nach Saison große oder kleine *Gosaulacke* (kurzer Abstecher) und einen kurzen Steilanstieg zum *Hinteren*

Blick von der Zwieselalm auf Dachstein und Gosausee

Gosausee (1160 m), der in einem großartigen Talkessel gelegen ist (ab Parkplatz 2 Std.). An seinem von Lawinenabgängen gezeichneten Südufer liegt die gemütliche *Hintere Seealm (Hohe Holzmeisteralm).*

• *Übernachten/Essen* **Gasthof Gosausee**, ganzjährig geöffneter Gasthof am Vorderen See; einheimische, preiswerte Küche, durchgehend ab 11 Uhr. 14 dunkel-rustikale Komfortzimmer. DZ 65–90 €, mit Seeblick bis 104 €. Gosau 395, ✆ 06136-8514, 📠 06136-851433, www.gasthof-gosausee.at.

Seeklausalm, am Vorderen Gosausee. Speck- und Käsebrote, Almmilch, im Sommer geöffnet.

Niedere Holzmeisteralm, am Weg zum Hinteren See. Milch, Jausenbrote, Kaffee, Kuchen. Im Sommer bei Schönwetter geöffnet.

Hintere Seealm, (Hohe Holzmeisteralm), Mitte Mai bis Anfang Okt.; warme Hausmannskost, 8 Betten, 16 Lager. ✆ 0676-7255434.

• *Bootsverleih* Am Vorderen See, Elektro-, Tret- und Ruderboote.

• *Wassersport* **Baden** ist im Gosausee (17–20 °C) erlaubt, **Tauchen** ist von Mai bis Nov. 9–18 Uhr gestattet. – der besonders klare See ist 96 m tief.

Mit der Gosaukammbahn auf die Zwieselalm: Die Seilbahn vom Vorderen Gosausee bringt auf ein traumhaft aussichtsreiches und dementsprechend beliebtes Almgebiet. Von der Bergstation (1485 m) wandert man 15 Min. auf breitem Spazierweg zur *Gablonzer Hütte* (1522 m, Mitte Mai bis Mitte Okt., (→ Foto S. 34) unterhalb der mächtigen Zacken der beiden Donnerkogel, die den Auftakt zum bizarren Gosaukamm bilden. Von hier hat man einen schönen Blick zum Dachstein und ins Gosautal. Der Weiterweg zur Alpenrundsicht von der Zwieselalmhöhe (20 Min.), ein Teilabschnitt der Wanderung 12, lohnt sich.

• *Betriebszeiten* Mitte Mai bis 26. 10. 8.15–16.50 Uhr, Mitte Juni bis 1. So im Sept. 8.15–17.20 Uhr. Berg- und Talfahrt 11,40 €, Kinder 7,10 €, einfache Fahrt 7,70/4,60 €, S-Card. Bei der Seilbahn können geländegängige Kinderwagen kostenlos ausgeliehen werden. http://summer.dachstein.at.

Wanderung 12: Zwieselalmhöhe und Herrenweg

Dachsteinblick, Alpenrundsicht. Gesamtgehzeit 4¼ Std., einfach.

Ausgangspunkt ist die Staumauer des Vorderen Gosausees (**1**). Diese rechts entlang und an ihrem Ende rechts beginnt der gut markierte Steig Nr. 620 zur Gablonzer Hütte, der in vielen Serpentinen im Wald, später an der Schutthalde des Donnerkogels und der Krautgartenalm vorbei, bergauf führt. Nach 1½ Std. erreicht man, zuletzt auf breitem Weg die **Gablonzer Hütte** (**2**). Geradeaus weiter Richtung Zwieselalm kommt man zu einer Weggabelung (**3**), wo man links durch Almwiesen weiter sanft bergan steigt und an der **Sonnenalm** (1580 m, Mitte Juni bis Mitte Okt. geöffnet) vorbei zur **Zwieselalmhöhe** (1587 m) gelangt (15 Min.), wo der Panorama-Jet (nur Winterbetrieb) seine Bergstation hat. Einmalig sind hier der Tiefblick zu den Gosauseen und die Bergparade im Südwesten mit Tennengebirge im Vorder- und eisbedeckten Hohen Tauern im Hintergrund. Nun geht es, teils auf einer Skipiste 30 Min. steil bergab bis zu einer Senke mit der **Zwieselalm** (1484 m; **4**). Rechts weiter kommt man nach 5 Min. zu einer Weggabelung (**5**), wo der Jägersteig von der Gablonzer Hütte her einmündet. Es geht links auf dem **Herrenweg** (Nr. 611) weiter. Nach 20 Min., kurz nach einer Rastbank mit letztem Panoramablick, mündet der Weg hinab in eine Forststraße (**6**), der man links folgt. Es geht sanft bergauf, nach 15 Min. zweigt links ein Waldweg ab (**7**), der nach 15 Min. die Seilbahnstation **Gosau Stub'n** passiert (**8**) und nach weiteren

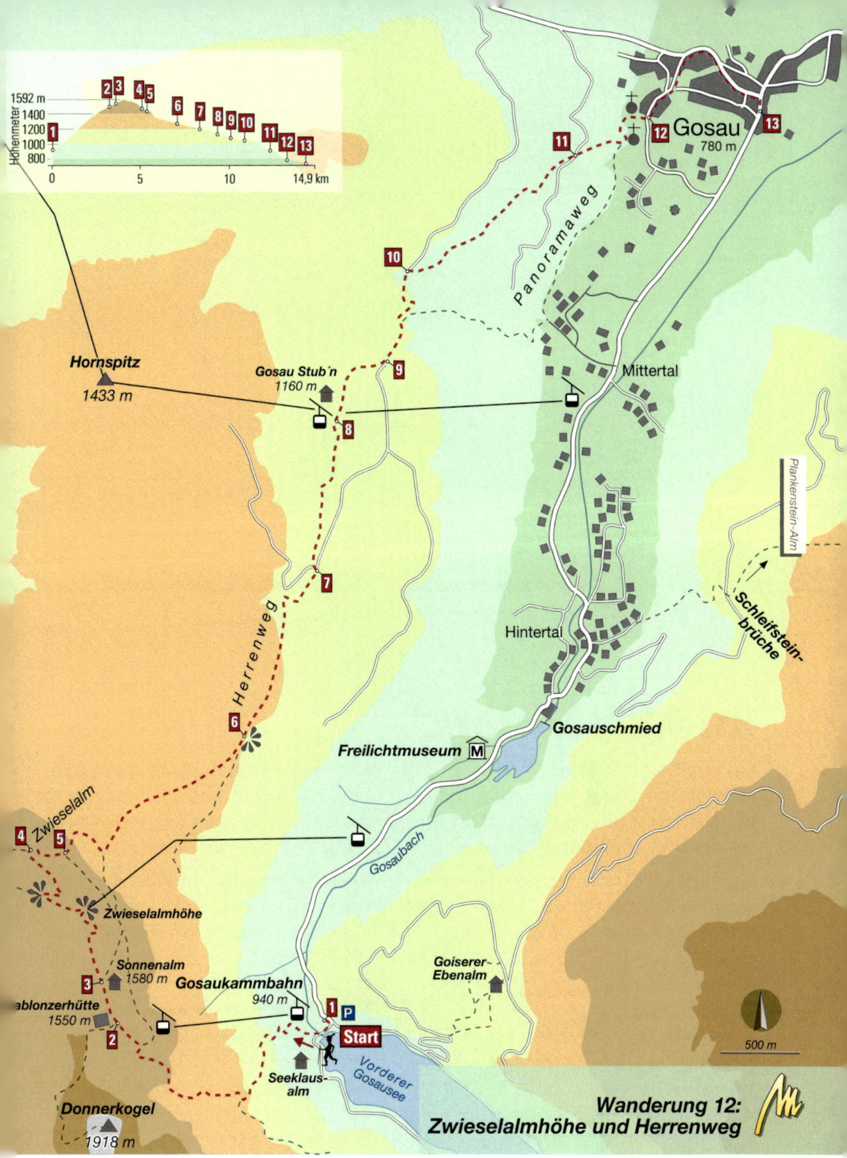

10 Min. wieder die Forststraße erreicht (**9**). Auf dieser links 15 Min, weiter, die Abzweigung nach Gosau-Mittertal ignorierend, biegt man erst in den Waldweg Richtung Gosau rechts ab (**10**). Es geht bergab, bald quert man eine Forststraße (**11**) und gelangt dann zur Kalvarienbergkirche in Gosau und links vorbei zur evangelischen Kirche (**12**). Von dort geht man links hinunter zur Bushaltestelle an der Hauptstraße (**13**).

Spätsommer in Altaussee

Im Ausseerland

Ein kostbares Kleinod ist der steirische Teil des Salzkammerguts. Verspielte Holzbauten inmitten weitläufiger Wiesen, eine Kurstadt mit gelebtem Brauchtum und von Felsgipfeln umrahmte, smaragdgrüne Seen: Das Ausseerland ist stille Naturschönheit und Idealform der Sommerfrische.

Gebirgspässe trennen das im Südosten gelegene Ausseerland vom Rest des Salzkammerguts: Der **Pötschenpass** (993 m) südlich von Bad Goisern ist heute mit der B 145 gut ausgebaut. Die 23 % steile Straße über den **Koppenpass** (691 m) steigt am Südende des Hallstätter Sees an. Obwohl landschaftlich getrennt, war das Ausseerland wirtschaftlich wichtiger Teil des Salzkammerguts. 1147 wurde das weiße Gold erstmals hier abgebaut, noch heute fließt die Sole vom Altausseer Salzberg, dem **Sandling** (1717 m) zur Saline nach Ebensee. Im 19. Jh. entdeckten Maler, Literaten und Adelige die reizvolle Seenlandschaft, darunter der Aussteiger *Erzherzog Johann* (1782–1859). Im 20. Jh. errichteten feine Wiener Landvillen mit kunstvollen Holzveranden. Bis heute huldigen ihre Nachfahren der klassischen Sommerfrische, einer Mischung aus Wandern, Schwimmen, Lesen, Innehalten ... und ländlicher Verkleidung. Den Ausseern selbst ist die Tracht allerdings Alltagsgewand, kein romantisches Sonntagskostüm. Zu ihrem Selbstverständnis gehören auch alte Sitten und Gebräuche und echte Volksmusik. Hauptort der Region ist **Bad Aussee**. Hier zweigen sich die Wege und folgen doch stets einem Fluss namens Traun – entlang der Altausseer Traun zum 5 km nördlich gelegenen **Altausseer See** am Bergfuß des **Loser** oder 4 km Richtung Osten entlang der Grundlseer Traun zum **Grundlsee** mit dem nahen, geheimnisvollen **Toplitzsee** – allesamt eingebettet in eine Bilderbuchlandschaft mit stillen Plätzchen, Narzissenwiesen im Frühjahr, weit verstreuten Dörfern und schönen Ufer-, Themen- und Wanderwegen. Den südöstlichen Winkel des Salzkammerguts beschließt das **Hinterbergertal** mit der **Tauplitzalm**, deren Seenhochplateau ideal zum Wandern und zum Skifahren ist.

Das Narzissenfest

Was 1960 als einfaches Frühlingsfest für Kurgäste begann, hat sich bis heute zum größten Blumenfest Österreichs und wichtigsten Werbeträger des Ausseerlandes entwickelt. Es findet meist am letzten Maiwochenende (Do–So) statt und lockt bis zu 30.000 Besucher an. Im Zentrum des Festes steht die *Dichternarzisse* (narcissus poeticus), die von Mitte Mai bis Mitte Juni mit ihrer weißen, sternförmigen Blüte die Ausseer Wiesen in duftende Blumenteppiche verwandelt. Hunderttausende davon werden vor dem Fest von Schulkindern gepflückt – was den Weiterbestand der Narzisse angeblich fördert – und in zahllosen Arbeitsstunden von hunderten Freiwilligen in meterhohe, zu Figuren geformte Drahtgeflechte gesteckt. Am Sonntag, zum Höhepunkt des Festes, werden bis zu 40 derartige Narzissenfiguren zunächst vormittags beim Autokorso in Bad Aussee vorgeführt und anschließend jährlich abwechselnd am Grundl- oder Altausseer See auf Schiffe verladen und beim nachmittäglichen Bootskorso das Ufer entlanggefahren. Die originellsten Figuren prämiert eine Jury. Zum viertägigen Festprogramm zählen auch Tanz- und Volksmusikveranstaltungen, Kirtage (Kirmes), Platzkonzerte und die Wahl einer Narzissenkönigin.

Eintritt/Information Festeintritt 12 €, Kinder bis 15 J. frei; www.narzissenfest.at.

Bad Aussee

4920 Einwohner, 659 m

Das wirtschaftliche und kulturelle Zentrum des Ausseerlandes, aber auch der geografische Mittelpunkt Österreichs liegen in einem Talkessel am Zusammenfluss der Quellbäche der Traun. Stattliche Bürgerhäuser, alte Kirchen, Sommerfrischevillen und moderne Kurbauten bezeugen seine Entwicklung von der Salinen- zur Kurstadt.

Seinen Aufstieg verdankte der Ort den Salzvorkommen im benachbarten Altaussee, deren Sole seit dem 14. Jh. in den Ausseer Sudpfannen zu Salz aufbereitet wurde. Bergwerk und Salinen gelangten bald in den Besitz einiger weniger Werksherren (sog. *Hallinger)*, die im 15. Jh. den Landesfürsten unterstellt wurden. Damit wurde das Ausseerland Teil des Kammerguts der Habsburger. Die Verwaltung übten adelige Salzverweser aus. Mit Inbetriebnahme der Saline in Ebensee 1607 ging die Salzförderung in Aussee zurück. Bekanntheit erlangte der Ort im 19. Jh. durch Erzherzog Johann, den Bruder des Kaisers, und dessen Liebe zur Ausseerin Anna Plochl (Kasten S. 213). Um 1860 wurden die dampfenden Sudpfannen aus der Ortsmitte in den Vorort **Unterkainisch** verlegt, und Aussee konnte sich zur Sommerfrische und zum Kurort wandeln. Ab 1877 brachte die Salzkammergutbahn einen neuen Schwung Kurgäste zu den Literaten, Komponisten und Aristokraten, die bereits hier urlaubten. Im Ortsteil **Praunfalk** an der Straße Richtung Altaussee entstanden zahlreiche Villen. 1906 wurde die Soleleitung von Altaussee nach Ebensee verlegt, 1911 dem Ortsnamen das „Bad" vorangestellt. Das Ende für die Salzerzeugung in Bad Aussee kam 1995. Heute ist der sanfte Sommer- und Wintertourismus wirtschaftlicher Motor. Wichtigstes Industrieunternehmen ist das Gipskartonplattenwerk *Rigips Austria* im Ortsteil Unterkainisch, das mit einer niedlichen Gondelbahn vom Gipstagebau in Grundlsee beliefert wird.

Praktische Informationen

• *Information* **Informationsbüro Bad Aussee**, in der Post am Kurhausplatz. Mo–Fr 9–12/14–18, Sa 9–12 Uhr. ✆ 03622-52323, www.ausserland.at, www.badaussee.at.

• *Verbindungen* **Bahn**: nach Bad Ischl alle 2 Std., zur Ennstalbahn alle 1–2 Std.

• *Parken* Gebührenpflicht im Stadtzentrum Mo–Fr 9–18 Uhr. Parkscheinautomaten ohne Wechselgeld.

• *Einkaufen* **Ausseer Lebkuchen**, Schaulebzelterei an der Ortsumfahrung B 145, Di–Sa 8–12/13–18, So 13–18 Uhr. www.lebkuchen.at.

Trachten (Dirndl, Wetterfleck, Lederhosen, Stoffe) gibt es bei **Ausseer Gwand**, Kurhausplatz 63, Mo–Fr 8.30–12.30, 14.30–18, Sa 9–13 Uhr **Maßschneiderei Greul**, Meranplatz 157, ✆ 03622-54785, und bei **Rastl Tracht am Meranplatz**, Meranplatz 39, ✆ 03622-53278.

Seidenhanddrucke (Tücher, Krawatten) fertigen **Sekyra – Markus Wach (8)**, Mo–Fr 8–18, Sa 8-12 Uhr, Parkgasse 153, www.handdrucke.at, und **Sepp Wach (14)**, Mo–Fr 8–12/14–18, Sa 8–12 Uhr, Bahnhofstr. 108, www.handdrucke-seppwach.at.

Leithner Hüte (15), seit 1532 (!), älteste Hutmacherei Österreichs, Bahnhofstr. 129, ✆ 03622-52818, www.aussee.at/leithner.

Übernachten/Essen

• *Übernachten* **** **Lindner Hotel & Spa – Die Wasnerin (4)**, das um einen topmodernen Zubau erweiterte, 500-jährige Traditionshaus „Wasnerin" eröffnete 2006 als Gesundheits- und Wellness-Resort mit 80 eleganten Komfortzimmern und 10 Suiten, riesigem Bade- und Saunaareal sowie Außenpool. DZ 150–250 €. Sommersbergseestr. 19, ✆ 03622-52108, ℻ 03622-52108400, www.wasnerin.at.

**** **Erzherzog Johann (11)**, erste Adresse im Stadtzentrum, Wohlfühlhotel mit 62 gemütlichen Komfortzimmern samt Südloggia. Wellnessbereich im alpinen Stil, Bademantelgang zum Vitalbad Bad Aussee, Leihräder. Gourmetrestaurant. DZ 150–230 €. Kurhausplatz 62, ✆ 03622-52507, ℻ 03622-52507680, www.erzherzogjohann.at.

*** **Blaue Traube (6)**, traditionsreicher Gasthof (15. Jh.) unweit der Kirche. 14 geräumige, rustikale Komfortzimmer, ein Romantikzimmer mit Antiquitäten. DZ 86–100 €. Kirchengasse 165, ✆ 03622-523630, ℻ 03622-5236330, www.blauetraube.at.

*** **Panoramapension Teichwirt (5)**, gepflegte, 2006 neu renovierte Pension etwas außerhalb in aussichtsreicher Lage unweit vom Golfplatz. 23 modern-rustikale Komfortzimmer mit Balkon. DZ 94–110 €. Teichstr. 20, ✆ 03622-52407, ℻ 03622-524077, www.panoramapension.at.

*** **Kalsswirt (16)**, hübscher Landgasthof in Unterkainisch unweit der Bahnlinie. 4 Komfortzimmer und 3 Studios, alle geschmackvoll eingerichtet. Gutes Restaurant. DZ 72–90 €. Sießreithstr. 58, ✆ 03622-55215, ℻ 03622-53718, www.kalsswirt.at.

Gästehaus Edelweiß (9), 3 rustikale Zimmer mit Balkon und teilweise Etagendusche sowie 1 Ferienwohnung (2 Pers.) in zentraler Lage. DZ 44–56 €. Ischler Str. 184, ✆/℻ 03622-52838, www.edelweiss-aussee.com.

*** **Frühstückspension Stocker (2)**, Nichtraucherhaus 500 m nördlich außerhalb Richtung Altaussee. 5 ländlich-rustikale Komfortzimmer, 2 Zimmer mit Etagendusche. DZ 56–64 €, mit Etagendusche ab 44 €. Altausseerstr. 245, ✆ 03622-52484, ℻ 03622-5483, www.zimmer-ausseerland.at/stocker.

Jugend- und Familiengästehaus (13), zentrale Lage, 158 Betten in modernen Vier- und Zweibettzimmern mit Du/WC. DZ 42–60 €. Jugendherbergsstr. 148, ✆ 06322-52238, ℻ 06322-5223888, www.jfgh.at.

Zahlreiche **Ferienwohnungen und -häuser**. Infos im Gastgeberverzeichnis (telefonisch anfordern) bzw. unter www.ausserland.at.

Camping an der Traun (1), kleiner, gut ausgestatteter Platz mit 30 Stellflächen und Swimmingpool beim Gasthof Staud'nwirt, 4 km Richtung Grundlsee. 20 € für 2 Pers.,

Auto und Zelt. Grundlseerstr. 21, ✆ 03622-54565, ℻ 03622-52427, www.aussee.at/staudnwirt.

• *Restaurants* **Erzherzog Johann (11)** → „Übernachten". Gourmetrestaurant im 1. Stock, gediegen-rustikale Stuben, Terrasse, köstliche, verfeinerte Regionalküche aus heimischen Produkten (Ausseer Rind, Grundlseer Milchlamm), herrliche Desserts, große Wein-Auswahl zu gehobenen Preisen. Menüs 19–30 €, à la carte 13–20 €.

Blaue Traube (6) → „Übernachten". Gemütliches Wirtshaus in einem der ältesten Häuser der Stadt, großes Speisenangebot, Fische (ca. 13 €), Nockerlgerichte, steirische Spezialitäten. Gastgarten. Küche mittags und abends, So ab 14 Uhr/Mo Ruhetag.

Ausseer Stube (7), im Ortszentrum, bodenständiges Wirtshaus mit preiswerter Hausmannskost, Backhendl und Pizza. Mai bis Okt. durchgehend Küche. Mo ab 14 Uhr/Di Ruhetag. Hauptstr. 152, ✆ 0664-9953372.

• *Kaffeehäuser/Nachtleben* **Kurcafé Lewandofsky-Temmel (10)**, traditionelles Kurhauscafé, das 2007 neu übernommen und um einen Raum erweitert wurde. Große Auswahl an Torten, Kuchen, Kaffee- und Teespezialitäten. Berühmtes Eis. Kastaniengarten zum Sehen und Gesehenwerden. Sommer tägl. 8–22 Uhr, Winter bis 20 Uhr. So ganzjährig erst ab 9 Uhr. Kurhausplatz 144, www.lewandowskytemmel.com.

Wiener-Café Strenberger (12), traditionelles Kaffeehaus der Ausseer Lebzelter mit großem Tortenangebot. So Ruhetag (außer HS). Ischler Str. 72. ✆ 03622-55415.

Zum Paradeiser (3), Weinschänke in einem Barockhaus mit hübschem Innenhof. Tägl. (außer So) ab 17 Uhr, Weine und Snacks. Kirchengasse 28, ✆ 0664-2135038.

Salzhaus (17), riesige Discothek-Pizzeria-Lounge im früheren Sudhaus in Unterkainisch. Mi-Sa ab 17 Uhr. Sießreithstr. 15, www.salzhaus.com.

Kurhausplatz in Bad Aussee

Freizeit/Veranstaltungen

• *Baden/Kuren* **Vital Bad Aussee**, im Ortszentrum. Sole-Mineral-Hallenbad, Wellness-Areal. Mo–Fr 8–22, Sa 9–21, So 11–21 Uhr. Eintritt Hallenbad 9,90 €, inkl. Sauna 14 €. S-Card. Kurtherapien mit Sole(schlamm), Trinkkuren mit Ausseer Heilwasser. Chlumeckyplatz 361, ✆ 03622-55300, www.vital.at. **Sommersberger See**, warmer Moorsee (s. u.).

• *Radverleih* **Zweirad Friedl**, Fahrräder, MTBs. Meranplatz 38, ✆ 03622-52918.

• *Golf* **GC Ausseerland**, 9-Loch-Platz in Traumlage beim Hotel Wasnerin, Mai bis Nov. geöffnet. www.golfclub-ausseerland.at.

• *Wintersport* 12 km Panoramaloipen (Skating und klassisch).

• *Veranstaltungen* **Glöckler und Perchten**, 5. Januar, altes Brauchtum. **Ausseer Fasching** (Kasten S. 215). **Ausseer Jazzfrühling**, Anfang Mai, Jazzabende in Wirtshäusern. **Narzissenfest**, Ende Mai (Kasten S. 209). **Ausseer Sommerkonzerte**, Klassik und Jazz, Juli/Aug., **Krampusläufe**, Brauchtum am 5. Dezember.

Sehenswertes/Ausflüge

Kurhausplatz und Kurpark: Der geschäftige Kurhausplatz bildet die Ortsmitte von Bad Aussee. An ihm kommt jeder vorbei: Hier münden Ischler Straße (von der B 145 her), Bahnhofstraße, Hauptstraße (Richtung Grundlsee) und Kammerhofgasse ineinander. Man trifft sich hier beim „Lewan“ auf einen Kaffee, das Traditionshotel der Stadt und das Kurhaus (Veranstaltungszentrum) stehen sich hier gegenüber. Der angrenzende Kurpark wurde im 19. Jh. anstelle der mittelalterlichen Sudhäuser und Salinengebäude angelegt. In seiner Mitte findet man das 1935 aufgestellte *Denkmal für Erzherzog Johann*, das ihn lebensgroß in Jagdausrüstung zeigt. Wenige Schritte weiter steht der marmorne *Mittelpunktstein*, der die hier ermittelte geografische Mitte Österreichs markiert. An der Südostecke des Kurparks wurde über dem Zusammenfluss der Altausseer und der Grundlseer Traun der größte *Mercedes-Stern* der Welt (27 m) als begehbare Brücke errichtet. Wer da wohl Sponsor war? Auf der anderen Seite der Altausseer Traun stehen das *Alte Kurmittelhaus* von 1889 und das für die Landesausstellung 2005 neu errichtete ovale *Futurium*. In beiden haben sich heute Läden eingemietet.

Eine berühmte Romanze

Bei einem Tanzfest 1819 am Toplitzsee begegneten sich der damals 37-jährige Erzherzog Johann und die 15-jährige Anna Plochl das erste Mal, sie die Tochter des Ausseer Postmeisters, er Bruder des herrschenden Kaisers Franz I. Auf Feldzügen wenig erfolgreich und wegen seiner liberalen Gesinnung am Wiener Hof argwöhnisch beäugt, hatte er sich in seine Wahlheimat Steiermark zurückgezogen und diese kulturell und wirtschaftlich gefördert. Auf die kaiserliche Einwilligung in die Hochzeit mit seiner bürgerlichen „Nanni" musste er bis 1829 warten – bei den Habsburgern heiratete man üblicherweise aus dynastischen Gründen, nicht aus Liebe. 1844 wurde Anna Plochl schließlich zur Gräfin von Meran erhoben. Mit seiner Volksverbundenheit, dem Tragen der einheimischen Tracht und seiner Bescheidenheit machte sich Erzherzog Johann beliebt und die Region und seine Kultur weithin bekannt. Anna Plochl überlebte ihren Johann um 26 Jahre und starb 1885 in Aussee. Die Erinnerung an die beiden ist im Ausseerland allerorten lebendig. Ihre letzte Ruhestätte fanden sie allerdings in Schenna bei Meran (Südtirol), wo sie ein Schloss besaßen. Ihr berühmtester Nachkomme ist ein Ururenkel: der österreichische Dirigent Nikolaus Harnoncourt.

Hauptstraße und Rathausplatz: Die ampelgeregelte Hauptstraße führt vom Kurhaus über die Erzherzog-Johann-Brücke zum Meranplatz. Sie ist gesäumt von ansehnlichen Bürgerhäusern, deren Kern oft bis ins Mittelalter zurück reicht. Das *Herzheimerhaus* (heute Gasthaus Weißes Rössl) etwa ließ der von Maximilian I. eingesetzte Salzverweser Hans Herzheimer im 16. Jh. erbauen. Davor steht eine schön verzierte, gusseiserne Säule aus dem 19. Jh. mit der sog. *Lößluhr*, deren Uhrwerk nur durch Luftdruckschwankungen angetrieben wurde. Als ihr Schöpfer, der Wiener Wissenschafter und Wahl-Ausseer Friedrich Ritter von Lößl 1907 starb, musste sie mangels Kenntnis dieser Technik auf einen herkömmlichen Antrieb umgestellt werden.

Meranplatz und Spitalkirche zum Hl. Geist: Den geschlossenen länglichen Platz umstehen historische Bauten: Im flussnahen Mauthaus aus dem 16. Jh. (Nr. 39) leisteten die Salzfuhrleute einst ihre Abgaben. Die benachbarte *Alte Steinmühle* aus dem 15. Jh. erhielt 1600 eine prächtige Sgraffitofassade. 1735–53 war sie im Besitz des Ausseers Josef Fröhlich, der es in Dresden zum Hofnarren von August dem Starken und als solcher zu Reichtum gebracht hatte. Das mit einer Biedermeierfassade versehene *Meranhaus* (16. Jh.) ist das Geburts- und Sterbehaus von Anna Plochl, der Gattin Erzherzog Johanns (→ Kasten). Die mit einem Steildach und einem achteckigen Glockentürmchen geschmückte frühgotische *Spitalkirche* entstand vor 1395 als Kapelle des angrenzenden Salinenspitals, das erst 1954 aufgelassen wurde. Die noch mittelalterlich erhaltene Kirche weist im Inneren ein bemerkenswertes Kreuzrippengewölbe und Wandfresken auf sowie einen von Friedrich III. 1449 gestifteten gemalten Flügelaltar. Geöffnet zeigt er in der Mitte die Hl. Dreifaltigkeit und auf den Flügeln die 12 Apostel und Engelfiguren. Links neben der Spitalkirche steht die *Alte Schmiede* aus dem 16. Jh., in der einmal wöchentlich ein Schauschmieden stattfindet (Mai bis Sept. Fr 9–16 Uhr).

Kirchengasse und Pfarrkirche St. Paul: Vom Meranplatz führt die *Kirchengasse* vorbei an einem der ältesten Häuser der Stadt, dem stattlichen Gasthaus „Zur Blauen Traube", das in seinem Eingangsbereich zwei römische Grabsteine birgt, zur erhöht gelegenen Ausseer *Pfarrkirche*. Der ursprünglich frühromanische Bau aus dem 12./13. Jh. wurde später gotisch und 1800 barock umgebaut. Sein wuchtiger, weißer Turm aus dem 15. Jh. ist augenfälligstes Merkmal der Stadtansicht. Man betritt die Kirche durch ein spätgotisches Portal. Im geräumigen zweischiffigen Inneren verdienen das Rippengewölbe, das hohe Sakramentshäuschen aus rotem Marmor (1523) und die in der barock stuckierten Marienkapelle aufbewahrte, gotische Steinplastik einer „Schönen Madonna" (um 1420) Beachtung.

Chlumeckyplatz und Kammerhof: Auf einer Anhöhe oberhalb der Hauptstraße befindet sich der ruhige obere Marktplatz, der nach einem österreichischen Minister des 19. Jh. benannt wurde. Amtsgebäude gibt es hier auch: Das jüngste ist der gelbe Gründerzeitbau von 1888, in dem die Bezirksverwaltung Bad Aussee ihren Sitz hat. Die übrigen Gebäude am Platz dienten einst der Salinenverwaltung, allen voran der palastartige *Kammerhof*, der bis 1926 das Ausseer Salzamt beherbergte und seit 1978 Museum ist (s. u.). Mit Baubeginn im 14. Jh. ist er einer der ältesten erhaltenen Profanbauten Österreichs. Seine prächtigen Fenster- und Türumrahmungen im Stil der Spätgotik erhielt er um 1530, ein Wappenstein über dem Portal erinnert an den Besuch Kaiser Maximilians 1511.

Kammerhofmuseum: Das sehenswerte Museum zeigt im 1. Stock bemerkenswerte archäologische Funde aus der Region (darunter römische Hipposandalen), eine Darstellung der lokalen Salzgeschichte, einen Raum zu Anna Plochl, Interessantes aus der Ortsgeschichte und zum Handwerk (Seidendrucke, Hüte, Lederhosen). Prächtigster Raum ist das *Kaiserzimmer*, dessen Wandfresken von 1756 mit Motiven aus der Region erst 1961 freigelegt wurden. Der 2. Stock präsentiert die heimische Volksmusik rund um Landler, Steirer, Gstanzl, Geigen- und Pfeifermusik und das Paschen (wobei vier g'standene Ausseer via TV zum Mitpaschen einladen) sowie das im Ausseerland intensiv gelebte Brauchtum (Glöckler, Perchten, Ausseer Fasching) und die Höhlenkunde, wobei Steinzeitfunde aus der Salzofenhöhle (Totes Gebirge) und ein vollständiges Höhlenbärenskelett zu sehen sind.

Mai bis Ende Okt. Di/Sa 16–18, Fr/So 10–12 Uhr. Mitte Juni bis Mitte Sept. tägl. 10–12 und 15–18 Uhr. Eintritt 3,50 €, Kinder 6–18 J. 2 €, Fam. 6 €. S-Card. ✆ 0676-83622520.

Leonhardkirche: Die um 1400 erbaute Kirche der Salzfuhrleute steht 1,5 km östlich über der Ortsmitte (Verlängerung der Kirchengasse), an der alten Salzstraße über den Radling. 1732 wurde sie als Endpunkt eines Kreuzwegs zur Kalvarienbergkirche umgestaltet. Neben der barocken Ölbergszene am Hochaltar blieben auch einige gotische Ausstattungsstücke erhalten.

Alpengarten Bad Aussee: In dem in einem früheren Steinbruch in 800 m Seehöhe am Fuß des *Ischlkogels* (3 km westlich) angelegten Alpengarten sprießen seit 1913 über 2500 Arten von Alpenpflanzen vom Almrausch bis zur Zirbe. 20 Gehminuten entfernt befindet sich der Sommersberger See (s. u.).

Mitte Mai bis Mitte Sept. tägl. 8–18 Uhr. Eintritt 3 €. S-Card. Wegweiser an der B 145 Richtung Bad Goisern. Zu Fuß von der Ortsmitte über Weg Nr. 14 entlang der Schmiedgutstraße erreichbar (1 Std.).

Die „heiligen Faschingstage" im Ausseerland – ein wildes Spektakel

Der Höhepunkt der Fasnachts- oder Karnevalszeit sind die Heiligen Drei Faschingstage unmittelbar vor dem Aschermittwoch, also von Faschingssonntag bis Faschingsdienstag. Heilig daran ist den Ausseern die jahrhundertelange Tradition, tatsächlich heilig sind die prunkvollen, trinkfreudigen Rituale nicht: *Maschkera* (Masken) ziehen einzeln oder in Gruppen umher und tragen im Stile mittelalterlicher Rügegerichte Faschingsbriefe vor, in denen lokale Schandtaten und Missgeschicke angeprangert werden. Am Montag und Dienstag haben die in weiße, nostalgische Nachtgewänder und Schlafhauben gehüllten *Trommelweiber* ihren Auftritt. Diese nur hier bekannten Faschingsfiguren, hinter denen sich auserwählte Ausseer Bürger verbergen, ziehen ab dem frühen Morgen zum Klang des endlos eintönigen Ausseer Faschingsmarsches durch die Straßen und sollen mit ihrem Trommellärm den Winter vertreiben. Auf erste Frühlingsboten trifft man am Faschingsdienstag, wenn die eleganten *Flinserln* ab 14 Uhr durch das Bad Ausseer Stadtzentrum ziehen. Sie tragen einen spitzen Hut, eine Halskrause und kostbare, farbenfrohe und mit Pailletten (das sind die „Flinserln") geschmückte Gesichtsmasken und Kleider, die an den Karneval von Venedig erinnern. Tatsächlich sollen Salzhändler die Kostüme aus dem Süden gebracht haben. Der Flinserlzug wird von Flöten und Geigen begleitet – eine Wohltat zum vortägigen Getrommel. Kinder am Straßenrand, die der überlieferten derben Flinserlsprüche mächtig sind, werden von den Flinserln mit Nüssen, Mandarinen und Bonbons belohnt. Der mit einer Schweinsblase an einem Stock bewaffnete *Zacherl* bewacht den Zug. Wenn die Flinserln im Laufe der folgenden Nacht wieder verschwinden, kann der Frühling kommen ...

Tipp: Die traditionellen Faschingsfiguren sind auch im Kammerhofmuseum zu sehen.

Am Sommersberger See: Der dunkle, bis 27 °C warme Moorsee liegt 5 km westlich von Bad Aussee in einer idyllischen, bewaldeten Senke auf 856 m Seehöhe. Ein Erlebnis ist schon die Anfahrt über die Wiesenhochfläche in Lerchenreith, wo man zwischen Dachsteinblick und Aussicht über das vom Toten Gebirge umkränzte Ausseer Becken hin und her gerissen ist. Baden in dem 24 m tiefen und 160 m breiten, mit Seerosen und vielen Fischen belebten Privatgewässer ist gegen Eintritt erlaubt und sehr beliebt (gepflegte Liegewiese, Sonnenschirmverleih, Badestege). Als bequeme Wanderung vom Seeufer aus empfiehlt sich die markierte Umrundung des Ischlkogels (977 m). Ausgangspunkt ist die Schutzhütte, unterwegs passiert man auch den Alpengarten (s. o.).

• *Öffnungszeiten* Baden 7–22 Uhr. Eintritt 2 €, Kinder bis 14 J. frei.

• *Verbindungen* Badebus ab Kurhausplatz Juli/Aug. 6x tägl. (10–17.45 Uhr).

• *Essen & Trinken* **Schutzhütte Sommersbergsee**, nette Jausenstation am Ufer, bei Schönwetter 11.30–21 Uhr. ✆ 0664-5477143.

„Via Artis" Bad Aussee: Dieser Rundweg ist einer von vier Via-Artis-Themenwegen im Ausseerland, die seit den 1990er Jahren den Spuren einst hier ansässiger Künstler folgen. Auf großen, teils vom Wetter vergilbten Staffeleien erfährt man Wissenswertes zu deren Leben und zum Wegverlauf. Faltblätter dazu gibt es in der Information, ein zusätzlicher Stadt- oder Wanderplan ist ratsam. Die Via Artis Bad Aussee spürt Wilhelm Kienzl, Nikolaus Lenau, Hugo von Hofmannsthal u. a. nach. Sie beginnt im Kurpark, führt 12 km um den Ort (Reitern – Lerchenreith – Obertressen) und dauert 4–5 Std.

Koppentalweg → Obertraun S. 199

Am Altausseer See

Die Gegend um den Altausseer See ist eine der schönsten Ecken des Salzkammerguts. Von einer „poetischen Landschaft" zu sprechen, ist wahrlich treffend angesichts der vielen Mitglieder der schreibenden Zunft, die seit Ende des 19. Jh. hier verweilten, etwa Jakob Wassermann, Theodor Herzl (der Vater des Zionismus'), Arthur Schnitzler, Nikolaus Lenau, Hugo von Hofmannsthal, Hermann Broch, Friedrich Torberg und Fritz Herzmanovsky-Orlando. Die einen logierten den Sommer über in einfachen Zimmern der Altausseer Bauern, die anderen leisteten sich eine eigene Villa. Die Landschaft war ihnen Quelle der Inspiration, der See ein „riesiges Tintenfass, in das sie ihre Federkiele tauchten", wie Raoul Auernheimer passenderweise meinte. Zu den allerersten Gästen am See zählten die Fürsten Hohenlohe-Schillingsfürst, die 1860 im Zuge einer Jagd die Gegend entdeckten und sich hier niederließen. Nicht zweite, sondern erste Heimat ist die Region der Schriftstellerin Barbara Frischmuth (geb. 1941) und dem Schauspieler und Oscar-Preisträger Klaus Maria Brandauer (geb. 1944).

Altausseer See: 712 m Seehöhe. 3 km lang, bis zu 1 km breit. Max. Tiefe 53 m. Max. Temperatur 20 °C. Linienschifffahrt von Mai bis Ende Sept.

Einzige Siedlung am sonst von Berghängen umkränzten Seeufer ist **Altaussee**. Das frühere Bergknappen- und Fischerdorf ist heute eine entzückend beschauliche Idylle, überragt von den Kalkklippen des **Loser**, der als Wander-, Ski- und Aussichtsberg beliebt ist. Eine Touristenattraktion ist auch das Salzbergwerk **Salzwelten Altaussee**.

Praktische Informationen

• *Information* **Infobüro Altaussee**, im Kurhaus, Juli/Aug. tägl. (außer So) 9–12 und 13–19 Uhr, sonst Mo–Sa 9–12, Mo–Fr 13–18 Uhr. Fischerndorf 61, ✆ 03622-71643, www.altaussee-tourismus.at.

• *Verbindungen* **Bus**: Bad Aussee–Altaussee 7–18 Uhr 1x stündl. **Schiff**: Juli/Aug. 6x tägl. Rundkurs mit der „Erzherzog Johann" (Seewirt–Seewiese–Strandcafé), Mai/Sept. nur Sa/So 4x. Rundfahrt (50 Min.) 8 €, einfach 4 €. S-Card. ✆ 0664-5252811, www.altausseeschiffahrt.at.

• *Parken* Gebührenpflicht 1. 6. bis 15. 10., Fischerndorfstraße Mo–Sa 9–12/15–18, So 15–18 Uhr, Kurhaus und Seeklause tägl. 9–18 Uhr. Parkscheinautomat ohne Wechselgeld.

• *Einkaufen* **Haselnus**, Trachtenmode, Konfektion und nach Maß. Mo–Sa 8.30–12.30, Mo–Fr 13.30–18.30 Uhr. An der Ortseinfahrt; Puchen 57, www.haselnus.at.

Übernachten/Essen

• *Übernachten* ****S **Seevilla**, 1978 an Stelle einer Gründerzeitvilla erbautes, modernes Hotel in stiller Seeuferlage. Eine „Oase der Ruhe" in gediegenem Ambiente. 47 gemütlich-rustikale Komfortzimmer und 6 Appartements. Panoramahallenbad, Sauna, Sole-Inhalation. Gute Küche. DZ mit Halbpension 200–250 €. Fischerndorf 60, ✆ 03622-71302, 📠 03622-713028, www.seevilla.at.

**** **Hotel am See**, traditionsreiches, 2006 renoviertes Haus der Familie Frischmuth; am Seeufer unweit der Kirche, eigener Badestrand. 24 stilvoll-gemütliche Komfortzimmer und 4 Suiten, auch luxuriöse Appartements (4–6 Pers.). Sauna, Solarium. DZ 120–170 €, Suiten bis 200 €. Fischerndorf 2, ✆ 03622-71361, 📠 03622-7136113, www.hotelamsee.at.

Villa Salis, schönes Traditionshaus an der Ortsstraße in zentraler Lage, romantisches Ambiente. 5 Komfortzimmer und 6 Suiten, alle liebevoll rustikal ausgestattet und mit tollen Ausblicken. DZ/Suiten 120–140 €. Altaussee 21, ✆ 03622-71773, 📠 03622-71774, www.villa-salis.at.

**** **Gasthof zum Hirschen**, Traditionsbetrieb in Ortsmitte mit 7 großzügigen, schlicht-modernen Komfortzimmern und 5 Appartements mit Balkon. Bodenständiges Restaurant im Haus. DZ 110–150 €, App. bis 190 €. Fischerndorf 17, ✆ 03622-71347, 📠 03622-7134717, www.hirschen-altaussee.at.

Ferienhaus Hermann Wimmer, schönes Privathaus in zentraler Lage mit 2 gemütlich rustikalen Ferienwohnungen, die auch als 4 Komfortzimmer vermietet werden. Der Hausherr ist auch Schnapsbrenner. DZ 60–70 €. Fischerndorf 23, ✆ 03622-71806, www.hermann-wimmer.at.

Haus Takacs, in ruhiger Lage, 10 Gehmin. vom See entfernt. 3 nette, einfache Komfortzimmer, Sauna. DZ 50–60 €. Puchen 12, ✆ 03622-71180, 📠 03622-711821, www.haus-takacs.at.

Haus Starl, Privathaus im Waldrandlange oberhalb des Orts; 2 einfache Zimmer mit Du/WC und 1 Ferienwohnung (3 P.). DZ 50–60 €. Fischerndorf 27, ✆ 03622-71702, 📠 03622-717020, www.hausstarl.at.

Großes Angebot an **Ferienwohnungen** und **Ferienhäusern**, Information im Ausserland-Gastgeberverzeichnis bzw. unter www.ausseerland.at.

**** **Alpenparks Hagan Lodge**, 46 neu errichtete schöne Ausseer Holzhäuser mit Vier-Sterne-Komfort (4–9 Pers.), teils mit Sauna; direkt bei der Talstation der Loser- und Sandling-Bahnen 3 km nördlich der Ortsmitte, im Winter direkt an der Skipiste. Auf Wunsch mit Frühstück, Halbpension oder Catering. Standard 130–190 €/Hütte (6 P.), Comfort/Luxury bis 290 €. Lichtersberg 84, ✆ 03622-7232, 📠 03622-7232444, www.hagan-lodge.at.

• *Essen & Trinken* **Gasthof Loser**, bekannt gutes Lokal mitten in Altaussee, köstliche Hausmannskost, Fischspezialitäten, serviert in gemütlichen Stuben. Hauptgerichte 9–18 €. Volksmusikabende (Do). Fr Ruhetag. Fischerndorf 80, ✆ 03622-71373, www.gasthof-loser.at.

Seewirt, Restaurant im Hotel am See (→ „Übernachten"). Wahlweise gemütliche Stuben oder eleganter Kaisersaal mit Seeblick. Klassische österreichische Küche. 3-Gänge-Menü 13,50 €, à la carte 10–17 €. Di Ruhetag. Fischerndorf 2, ✆ 03622-71361.

Zum Hirschen → „Übernachten". Traditionsgasthof, österreichische Küche, bekannt für Fisch- und Wildgerichte, schlichte Kachelofenstube, Gastgarten. Menü 12–18 €, à la carte 11–22 €. Juli/Aug. Hausmusikabende. Mo Ruhetag.

Berndl, in der Villa Salis (→ „Übernachten"). Gemütliches Wirtshaus mit Hausmannskost (ab 6 €), steirische Spezialitäten (empfehlenswerte Fischgerichte) und Weine. Ganztägig Küche. Gastgarten. Mo Ruhetag. Altaussee 21, ✆ 0664-4441069, www.villa-salis.at.

Schneiderwirt, typisches Ausseer Haus mit Veranda an der Ortsdurchfahrt; bodenständige Küche mit Braten, Kraut und Knödel,

Kurhaus von Altaussee, überragt vom Gipfel des Loser

günstige Mittagsmenüs, Gastgarten. Di Ruhetag. Altaussee 19, ✆ 0664-12110844.

Blaa Alm, → S. 223.

Bäckerei & Café Maislinger, an der Hauptstraße, tägl. (außer So) 6–18 Uhr. Altaussee 22, ✆ 03622-71739.

Freizeit/Veranstaltungen

- *Baden* Frei zugängliches Seeufer, die besten Badestellen mit Kiesstrand am Süd-Ostufer.
- *Bootsverleih* Verleihstellen für Elektro-, Tret- und Ruderboote zwischen Schiffsstation und Seeklause. Nur im Sommer.
- *Angeln* Lizenzen (15. 6.–31. 8., 20 €/Tag) bei Karin Pürcher, Mo–Sa 7–9/18–20, So 7-10 Uhr. Fischerndorf 20, ✆ 03622-71884, www.fischen.at.
- *Radverleih* **Kohl**, Fischerndorf 13, ✆ 03622-71980.
- *Wintersport* **Skigebiet Loser-Altaussee**, 8 Lifte, 29 km Pisten. Tageskarte 32 €, Kinder 16 €. Gratisskibus ab Bad Aussee bzw. Altaussee, www.loser.at.

Langlauf: Sportplatzloipe (2,5 km), Panoramaloipe (6,5 km) auf der Blaa-Alm, Losermaut-Loipe (2,5 km)

- *Veranstaltungen* **Narzissenfest**, Ende Mai (Kasten S. 209).

Altausseer Kiritag Bierzelt, legendäres, urtümliches Volksfest, Saisonhöhepunkt, Eintritt frei. 1. Sa–Mo im Sept. www.bierzelt-altaussee.at.

Sehenswertes/Ausflüge

Ortsrundgang in Altaussee: Das sonnige Altaussee (1900 Einwohner) erstreckt sich mit seinen Streusiedlungen vom See Richtung Pötschenpass und bis an den Fuß des „salzhaltigen“ Sandlings. Schöne Holzhäuser mit verzierten Vorbauten und Balkonen sind in den sattgrünen Wiesen verstreut, die Sehenswürdigkeiten konzentrieren sich im ufernahen Ortsteil Fischerndorf. Dort steht das gefällige *Kurhaus- und Amtshaus* mit der Touristinformation, einem *Literaturmuseum* (s. u.) und dem Trinkbrunnen der örtlichen Glaubersalzquelle. Den anliegenden kleinen Kurpark ziert eine schlichte Dreifaltigkeitssäule aus dem 17. Jh. und der von Barbara Frischmuth angelegte Literaturgarten. 300 m weiter seewärts erhebt sich die romanisch-spätgotische *Pfarrkirche St. Aegidius*, die ihr heutiges Aussehen im Zuge eines neugotischen Umbaus im 19. Jh. erhielt. Im Inneren birgt sie ein Sakramentshäuschen (1520) und Chorfenster aus der Gotik sowie zwei Gemälde von *Leopold Kupelwieser* (1860). Gleich nach der Kirche rechts gelangt man auf dem *Brahmsweg* entlang dem Ufer zur Seeklause, wo die Altausseer Traun aus dem See abfließt. Vor dem Hotel Seevilla landeinwärts trifft man auf die *Gradieranlage*. Bei dieser Freiluft-Sole-Inhalationsanlage tropft die aus dem Altausseer Salzberg hergeleitete Rohsole über Tannenreisig und setzt so ätherische Öle frei, die bei Atemwegsbeschwerden lindernd wirken. Derartige Anlagen dienten einst den Salinen zur Erhöhung des Salzgehalts der Sole, ein Vorgang, der „gradieren" genannt wurde. Geradeaus weiter gelangt man, vorbei am früheren Domizil von Friedrich Torberg, zur Hauptstraße und rechts wieder zum Kurhaus zurück.

Literaturmuseum: Das im Kurhaus eingerichtete Museum bietet im Erdgeschoss ein großzügiges Literaturcafé mit prominenten „Gästen" (z. B. Hugo von Hofmannsthal und Klaus Maria Brandauer), eine Präsenzbibliothek und einen gut sortierten Buchshop (mittwochs Flohmarkt). Im 1. Stock, dem eigentlichen Museum, werden alle bekannten Maler, Komponisten und Schriftsteller, die sich in Altaussee vorübergehend oder dauerhaft niederließen, mit historischen Exponaten, Fotos, Gemälden, Video- und Hörbeispielen, Originalausgaben, Faksimiles und Autografen gewürdigt. Im amüsanten Kuriosenkabinett hat der Maler *Horst Jandl* Anekdoten und Zitate mit Installationen umgesetzt.

Tägl. 14.30–18, Juni bis Sept. zusätzlich Mo–Sa 10-12 Uhr. Eintritt 3 €, Kinder 1,50 €. ✆ 0664-4441069, www.literaturmuseum.at.

Rundweg um den Altausseer See: Die 7 km lange, kinderwagentaugliche Promenade ist einer der schönsten Seeuferwege Österreichs (Gehzeit 1½ Std.). Die Landschaft ist nahezu perfekt: die hinter dem See senkrecht aufragende *Trisselwand* (1754 m), die idyllische *Seewiese* mit dem malerischen Jagdhaus (heute Jausenstation), der grandiose Fernblick auf den vergletscherten Dachstein, die Kiesbuchten, die Spiegelungen im klaren Wasser und, über allem thronend, die Felskrone des Loser.

• *Essen & Trinken* **Kahlseneck**, Jausenstation am Nordufer mit Badeplatz. Hausmannskost, Salate, tägl. ab 10 Uhr.

Jagdhaus Seewiese, ehemals fürstliche Jagdhütte der Hohenlohe, heute Bilderbuch-Jausenstation. Hausmannskost, Räucherfisch, Traumblick, Mini-Naturmuseum. Mai bis Ende Okt. tägl. geöffnet.

Ruine Pflindsberg (956 m): Es sind nur wenige Mauerreste erhalten, dennoch lohnt sich wegen des herrlichen Ausblicks der einstündige Aufstieg von Altaussee. 1250 wurde die Burg zum Schutz der Salztransportwege und der Altausseer Salinen errichtet. Im 15./16. Jh. diente sie als Gefängnis, ab 1750 verfiel sie. 2000 wurde ihr ein hölzerner Aussichtspavillon zur Seite gestellt. Rund 100 Höhenmeter unterhalb der Ruine ergießt sich der Trattenbach über einen 100 m hohen Wasserfall.

Wanderweg zur Ruine Weg Nr. 7a, Ausgangspunkt Hotel Tyrol an der Altausseer Ortseinfahrt, von dort Richtung Lichtersberg. Der Weg führt am Wasserfall vorbei.

„Via Artis" Altaussee und Mühlbergmühle: Der 4 km lange Rundweg führt, ausgehend vom Altausseer Kurhaus, an den Sommerdomizilen der Künstler Friedrich Torberg, Johannes Brahms (Hotel Seevilla) und Jakob Wassermann (Uferweg) vorbei und bringt dann vom Nordufer des Sees auf einem Höhenweg hinüber nach Posern, wo es entlang der Loser-Straße wieder zurückgeht (Gehzeit 1½–2 Std.). Die romantische Mühlbergmühle im Ortsteil Posern erreicht man in einem kurzen Abstecher von der Via Artis (Schaumahlen Juni bis Sept. Mi 17 Uhr).

„Salzwelten" Altaussee: Der 1717 m hohe Sandling ist Österreichs größte Salzlagerstätte. Zahlreiche Stollen wurden in seine dem See zugewandte Ostseite getrieben, der erste bereits 1147. Der in 948 m Seehöhe 3 km oberhalb von Altaussee geschlagene Steinbergstollen ist heute der Eingang in das Schaubergwerk. In den umliegenden Steinberghäusern waren die Bergwerksverwaltung und Knappenwohnungen untergebracht. Ein Teil der Gebäude wird bis Ende 2009 in ein luxuriöses Jugend- und Familiengästehaus mit 150 Betten umgestaltet (www.fjgh.at).

Der Altausseer See, eine Plätte und der Dachstein

Rund 80 Min. dauert die Führung durch die Salzwelten (Kinder erst ab 4 J.). Ganz in Weiß gewandet gelangt man – nachdem im Einführungsfilm ein Kabarettist anschaulich das Salz im Berg erläutert hat – durch den 700 m langen Stollen ins 7 °C kalte Berginnere. Dort sieht man die durch die Gebirgsauffaltung entstandenen bunten Salz- und Gesteinsschichten, gelangt über Bergmannsrutschen in tiefer gelegene Stollen, besucht die von Bergleuten 1935 aus Steinsalzblöcken erbaute Barbarakapelle und den unterirdischen Salzsee, wo man mit einer Licht- und Soundshow beglückt wird. Nicht fehlen darf die „Schatzkammer der Europäischen Kunst", jene Kavernen, in denen die Nationalsozialisten ab 1943 aus Museen geraubte oder von Privatleuten enteignete Kunstschätze bombensicher lagerten: 6577 Gemälde, 230 Zeichnungen, 954 Grafiken, 137 Plastiken, darunter der „Genter Altar" und die „Bauernhochzeit" von Pieter Brueghel d. Ä. sowie 2000 Bücherkisten. Beim Heranrücken der Front im April 1945 gab der Gauleiter die Sprengung des Bergwerks mitsamt den Kunstwerken in Auftrag. Ausseer Bergleute entdeckten noch rechtzeitig das im Berg deponierte und als Marmorblöcke getarnte Sprengmaterial und brachten es entgegen aller Befehle aus den Stollen. Die Anfang Mai eingetroffenen Amerikaner konnten die Kulturschätze schließlich bergen.

• *Anfahrt* Die 2005 neu erbaute Straße zweigt von der Straße zur Blaa-Alm ab.

Mai/Mitte Sept. bis 26. Okt. tägl. Führungen um 9, 11, 13, 15 Uhr. Juni bis Mitte Sept. stündl. Führungen 9–15 Uhr, Juli/Aug. bis 16 Uhr. Abendführung ganzjährig Mi 19 Uhr. Eintritt 14 €, Kinder 4–6 J. 7 €, Kinder 7–15 J. 8,50 €, Fam. (2 Erw.+1 Kind) 30 €. S-Card. Günstige Familienkarten. Gutes Schuhwerk und warme Kleidung ratsam. Im Stollengebäude gibt es einen Shop und das Gasthaus „Stoaberig Kuchl". ✆ 06132-2002400, www.salzwelten.at.

Bergtour auf die Trisselwand → S. 226

„Via Salis": Dieser rund 9 km lange Rundwanderweg mit über 20 Informationstafeln folgt den Spuren des Salzes im landschaftlich reizvollen Gebiet des Ausseer Sandlings (→ Wanderung 13).

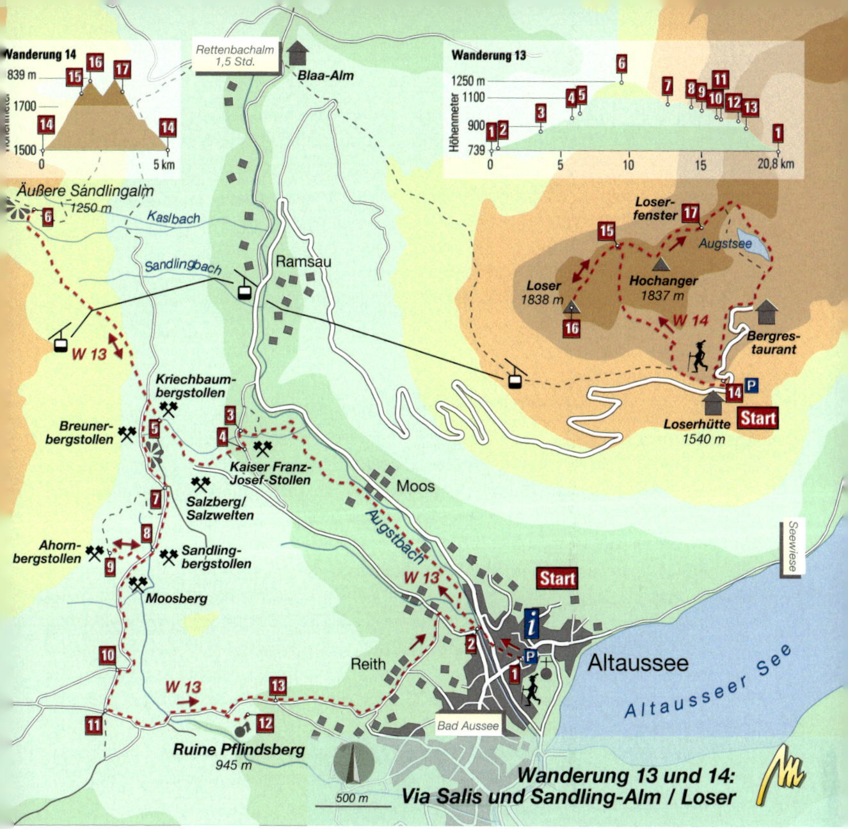

Wanderung 13: „Via Salis" und Sandlingalm (1250 m)

Von Stollen zu Stollen, Alm, Loserblick, Ruine. Gesamtgehzeit 4 Std., leicht.

Ausgangspunkt ist das **Kurhaus** in Altaussee (**1**). Man quert den Kurpark bis zur Blaa-Alm-Straße, folgt dieser rechts und geht dann links über die Brücke (**2**). Danach gleich rechts und dem Wiesenweg Nr. 2a Richtung Blaa-Alm folgend durch Wiesen und Wald, an einzelnen Häusern vorbei sanft bergauf. Nach 40 Min. trifft man auf die neue Straße zum Salzberg (**3**). Diese links bergauf bis zum **Kaiser-Franz-Stollen**. Ein steiler Forstweg schräg gegenüber bringt am Ferdinandbergstollen vorbei in 10 Min. hinauf zum **Salzberg Altaussee** (**4**, 948 m). Am Eingang der Salzwelten vorbei wandert man die Asphaltstraße steil bergauf bis zum **Kriechbaumbergstollen** (10 Min.). Hier beginnt der markierte Abstecher zur Sandlingalm (ansonsten → **7**): Man steigt einen Waldweg hinauf, quert eine Forststraße (**5**) und 3 Skipisten und erreicht nach 40 Min. die idyllische **Äußere Sandlingalm** (**6**, 1250 m) mit Loserblick. Auf gleichem Weg zurück zur Forststraße (**5**) und diese nun rechts entlang. Am Breunerbergstollen und einem Aussichtspunkt vorbei erreicht man einen Sattel (**7**, 45 Min. ab Sandlingalm). Hier herauf führt auch die Straße vom Kriechbaumberg-Stollen. Auf der Forststraße geradeaus weiter und bergab in 10 Min. zum **Sandlingbergstollen** (**8**). 50 m unterhalb führt ein markierter Waldweg rechts über eine kleine Brücke in 5 Min. bergauf zum **Ahornbergstollen** von 1147 (**9**). Wieder zurück auf der Straße erreicht man bergab die weite Moorfläche **Moosberg** (1011 m, altes Bergbauzentrum, Loserblick). 10 Min. weiter schneidet links (**10**, Wegweiser „Lupitsch") ein Hohlweg durch den Wald eine Kehre ab. Wieder auf der Schotterstraße (**11**) folgt man den Pfeilen links zur **Ruine Pflindsberg** (**12**, 956 m), die man nach 25 Min. erreicht. Auf der Schotterstraße weiter kommt nach 5 Min. eine Weggabelung, wo man sich links in den Karrenweg wendet. Dieser führt bergab und dann links zu den Wiesen und Häusern von Reith. Auf flachem Weg mit dem Loser im Blick weiter bis zur alten Salzbergstraße, dort rechts bis zur Brücke (**2**) hinab und zum Ausgangspunkt zurück.

Loser-Panoramastraße: Von Altaussee führt eine 1975 erbaute, 9 km lange Mautstraße in 15 Kehren vorbei an der *Loserhütte* (1540 m) hinauf zur *Loseralm* (1600 m, Bergrestaurant, Sonnenterrasse), von wo man einen einzigartigen Ausblick auf das Ausseerland und den glänzenden Dachsteingletscher genießt. Kurze und längere Wanderungen bieten sich hier an: In nur 10 Gehminuten steht man am Ufer des *Augstsees* (1643 m), einem eiskalten Dolinensee ohne Abfluss, in rund 40 Min. erreicht man das *Loserfenster*, ein großes Loch im Fels. 2½ Std. führt der *Geo-Erlebnisweg Loser* über das Karstplateau, dessen 25 Stationen in einem Flyer erläutert werden (im Bergrestaurant erhältlich). Anspruchsvoll ist der Anstieg auf den markanten Losergipfel (→ Wanderung 14). Von Dezember bis April bietet der Loser mit dem gegenüberliegenden Sandling ein schneesicheres Skivergnügen, und unter Paragleitern ist er als Startplatz beliebt. Kletterer schätzen den 2007 eröffneten anspruchsvollen *Panorama-Klettersteig Sisi* an der Südwand des Loser wegen seiner einmaligen Aussicht und seiner schwindelerregenden Routenführung (Zustieg vom Parkplatz bei Kehre 11, Schwierigkeit D).

• *Anfahrt/Verbindung* **Mautstraße** April bis Nov. geöffnet; Mautgebühr Pkw 15 €, Motorrad 5 €, ab 18 Uhr nur 6,50 bzw. 3 €. Die Mautgebühr zahlt man bei der Rückfahrt am Kassenautomaten.

Bus: Juli bis Sept. 2x tägl. Bad Aussee/ Bhf.–Postamt–Altaussee/ Kurhaus–Loser und retour.

• *Essen & Trinken* **Helis Loserhütte**, uriger Berggasthof mit Sonnenterrasse und Panoramablick. Bekannt für Ausseer Küche (Fleischknödel, Fisch, Schwarzbeernocken, Krapfen). Küche durchgehend. ✆ 0664-1603415, www.loserhuette.at.

Wanderung 14: Loser (1838 m)

Aussichtsgipfel, Felsfenster, Bergsee. Gesamtgehzeit 2½ Std., mittelschwer.

Ausgangspunkt ist der Parkplatz bei der **Loserhütte** an der Loserstraße (**14**). Zunächst zur Loserhütte (1540 m) hinab, an deren Rückseite der rot markierte Weg beginnt. Man steigt 45 Min. steil durch abschüssiges Wiesengelände (Vorsicht!) bergauf und links hinüber in ein kurzes Hochtal. Bei der Weggabelung an dessen Ende (**15**; 1750 m) wendet man sich nach links und quert durch Gras- und Latschenhänge 15 Min. mäßig steil zum **Losergipfel** (**16**), der eine prächtige Aussicht auf Dachstein & Co bietet. Zurück zur Wegkreuzung (**15**) folgt man dem Pfeil Richtung Hochanger, steigt steil durch Latschen bergauf zu dessen Gipfel (1837 m, Sender) und erreicht über einen Felskamm nach 45 Min. das **Loserfenster** (**17**), ein großes Felsloch. Nun geht es 15 Min. bergab bis zum **Augstsee**, wobei man zwischen dem traditionellen Weg (durch eine Felsrinne, Drahtseil) oder einem einfacheren neuen Weg wählen kann. Vom See steigt man zum Großparkplatz am Ende der Loserstraße hinab und erreicht über Straße und Skipiste wieder den Ausgangspunkt.

Blick durch das Loser-Fenster

Blaa-Alm (902 m): Fährt man an der Mautstelle der Loser-Panoramastraße (s. o.) links vorbei, gelangt man nach mautfreien 1,5 km zum Parkplatz am Rand der weiten, in der Senke zwischen Loser und Sandling eingebetteten Blaa-Alm. Ihre schöne Lage und das große Almgasthaus machen sie zu einem beliebten Ausflugsziel. Viele Wanderer und Mountainbiker kommen auch von der 1½ Std. entfernten Ischler Rettenbachalm (S. 150) herüber. Von Altaussee kann man auch zu Fuß über den Wiesenweg Nr. 2a zur Blaa-Alm wandern (Gehzeit 1 Std.) – zur Narzissenblüte im Mai und Juni ein besonderes Erlebnis.

Essen & Trinken **Blaa-Alm**, rustikaler Almgasthof, gemütliche Stuben, riesiger Gastgarten. Hausmannskost. Küche durchgehend bis 20 Uhr. Kinderspielplatz, Murmeltiergehege. 5 Komfortzimmer (DZ 80–90 €). ✆ 03622-71102, www.blaa-alm.co.at.

Am Grundlsee

Das lang gestreckte Gewässer in einem von Bergen umrahmten sattgrünen Wiesental ist der größte See im Ausseerland. Er bietet kilometerlange Naturstrände für ein erfrischendes Bad und gute Bedingungen für Segler und Surfer. Der Name *Grundlsee* ist auch Überbegriff für die Streusiedlungen am See, die ihre schönen, mit Holzveranden versehenen Häuser im Ausseer Stil auf sanfte Uferhänge verteilen. Gänzlich unverbaut und dem Wanderer zugänglich sind Teile des Südufers. Ebenfalls nur per Pedes erreichbar ist der **Toplitzsee**, der östlich an den Grundlsee anschließt.

Grundlsee: 708 m Seehöhe. 5,7 km lang, bis zu 0,9 km breit. Max. Tiefe 64 m. Max. Temperatur 20 °C. Linienschifffahrt Mitte Mai bis Mitte Okt.

Während in Bad Aussee die Salinen und in Altaussee das Bergwerk für Einkommen sorgten, war Grundlsee lange Zeit auf Fischfang und Forstwirtschaft angewiesen. Das 19. Jh. brachte dann die ersten Touristen. Den englische Sportfischern folgten Maler, dann Adelsfamilien wie die Fürsten Kinsky und die Grafen Meran und spätestens im 20. Jh. folgten die Schauspieler, unter ihnen Josef Kainz, die Hörbigers, Paul Dahlke und Johannes Heesters.

• *Information* **Infobüro Grundlsee**, am Westende des Sees unweit der Schiffsstation. Juli/Aug. tägl. 9–12 und 13–19, So 16–19 Uhr, sonst Mo–Fr 9–12/14–17 Uhr. Mosern 25, ☎ 03622-8666, www.grundlsee.at.

• *Verbindungen* **Bus**: Bad Aussee–Grundlsee–Gößl Mo–Fr 6–18 Uhr 1x stündl.

Schiff: Nur bei Schönwetter, Mitte Mai bis Anfang Okt. 5x tägl. Linienkurs Grundlsee–Gößl. Hin/zurück 12 €, Kinder 7 €. S-Card. ☎ 0676-6462510, www.3-seen-tour.at.

• *Parken* Am Seeufer nahezu überall Gebührenpflicht (tägl. 9–18 Uhr). 90 Min. 1 €, Tag 3 €.

• *Übernachten/Essen* **** **Seehotel Grundlsee**, 2005 eröffnetes Hotel im modernen extravaganten Landhausstil, direkt am Seeufer gegenüber vom Infobüro. 17 Komfortzimmer mit toller Aussicht. Attraktiver „SPAvillion" mit Panoramasauna, Dampfbad, Badesteg. Modern-rustikales Gourmetrestaurant Max's mit Seeterrasse und ausgezeichneter Küche (à la carte 13–25 €). DZ Standard 130–220, Superior bis 280 €. Mosern 22, ☎ 03622-86044, 📠 03622-860444, www.seehotelgrundlsee.at.

Restaurant Max's → Seehotel

**** **Mondi-Holiday Grundlsee**, gelungene Variante eines Ferienclubs in Traumlage oberhalb des Westufers. Hallenbad, modernes Sauna-Areal. Appartements im Landhausstil für 2–6 Pers., auf Wunsch mit Frühstücksbuffet oder Halbpension, die auch in ausgewählten anderen Restaurants konsumiert werden kann. Studio (2 P.) inkl. Frühstück 92–120 €, mit Seeblick 5 € mehr, die sich lohnen. Archkogl 31, ☎ 03622-84770, 📠 03622-847744, www.grundlsee.mondiholiday.at.

*** **Alpengasthof Max Schraml**, bodenständiger Gasthof oberhalb des Nordufers. Altösterreichische Küche von Schnitzel bis Kaiserschmarrn, gemütliche, holzgetäfelte Gaststuben, aussichtsreicher Kastaniengarten. Hauptspeisen 6–15 €. Do Ruhetag. 9 Komfortzimmer, teils mit Balkon. DZ 62–70 €. Bräuhof 14, ☎ 03622-8642, 📠 03622-8156, www.grundlsee.at/alpengasthofschraml.

Post am See, ausgezeichnetes Gourmetlokal der Fam. Hocker an der Norduferstraße, eigene Schiffsstation. Dezent modern eingerichtet, österreichische, mediterran inspirierte Küche, herrliche Desserts. Gastgarten am See. Gehobene Preise, Menü (4 Gänge) 36 €, à la carte 16–23 €. Durchgehend Küche. Mai bis Okt. Mi–So 12–22 Uhr, Dez. bis April Mi–Fr 18–22, Sa/So 12–22 Uhr. Bräuhof 94, ☎ 03622-20104, www.postamsee.com.

*** **Gasthof Ladner**, an der Norduferstraße bei Schachen. Uraltes Wirtshaus mit originaler Stube von 1799. Regionale Küche, steirische Weine, nachmittags Jausenkarte. Di/Mi Ruhetag. 8 Komfortzimmer mit Seeblick. DZ 62–70 €. Gößl 1, ☎/📠 03622-8211, www.lad.at.

*** **Gasthof-Pension Hofmann**, ländlich-gemütlicher Betrieb in Gößl am Ostufer. 8 rustikale Komfortzimmer. Leihräder. Gutbürgerliche Küche, Sonnenterrasse, Mo Ruhetag. DZ 62–66 €. Gößl 150, ☎ 03622-82150, 📠 03622-82157, www.gasthofhofmann.at.

** **Gasthof Veit**, Traditionsgasthof in ruhiger Lage zwischen Grundl- und Toplitzsee, berühmt für regionale Spezialitäten. Rind und Schwein aus eigener Aufzucht, Nocken- und Knödelgerichte. Nostalgisches Ambiente. Durchgehend Küche, Di Ruhetag. 8 rustikale Komfortzimmer, teils mit Balkon. DZ 56–60 €. Gößl 13, ☎ 03622-8212, 📠 03622-8434, www.gasthof-veit.com.

Fischkalter, kleines, einfaches Lokal mit 25 Plätzen an der Seeklause, quasi direkt über dem Wasser. Fisch-, Wurst- und Fleischgerichte. 10–24 Uhr, Ruhetag Mi/Do, in der HS nur Do. ☎ 0664-4429340.

s'Murbodenhüttl, urige Jausenstation in Schachen direkt an der Norduferstraße, schöne Badeplätze nebenan. Hausmannskost, Salatbuffet, Grillspezialitäten. Ganztägig Küche. Mo Ruhetag. Gößl 224, ☎ 03622-8588, www.murbodenhuettl.com.

Gästehaus Syen, Ausseerhaus unweit der Kirche in Grundlsee, in ruhiger Hanglage über dem Nordufer. 4 Komfortzimmer mit Balkon, 1 Ferienwohnung. DZ 44–50 €, Fewo (2 P.) 50 €. Bräuhof 15, ☎ 03622-8631, 📠 03622-86314, www.syen-grundlsee.at.

Aldmannseder, modernes Haus im Ausseer Stil oberhalb des Infobüros, nah beim Seeufer. 1 Komfortzimmer sowie 3 Ferienwohnungen (auf Wunsch mit Frühstück), hell und im Landhausstil ausgestattet, mit Balkon und Seeblick. DZ 40 €, Fewo (2 P.) 45–50 €. Mosern 66, ☎ 03622-8696, www.adlmannseder.at.

Jugend- und Familiengästehaus, modernisiertes Haus in ruhiger Lage am Südostufer, Badestrand, Leihräder. 4 DZ, 22 6-Bett-Zimmer. DZ mit Frühstück 64–68 €. Gößl 149, ☎ 03622-8629, 📠 03622-862988, www.jfgh.at.

Camping Gößl, kleiner, komfortabel ausgestatteter Grasplatz in Gößl mit 75 Stellflächen und Mietwohnwägen. 20 € für 2 Pers., Auto und Zelt. Gößl 201, ☎ 03622-8181,

Am Grundlsee

✆ 03622-81814, www.campinggoessl.com.

• *Radverleih* **Fam. Schanzl**, in Gößl gegenüber der Dorfkirche, ✆ 03622-8612.

• *Baden/Wassersport* Viele Badestellen am Nordufer: **Badeplatz Murboden** mit FKK-Bereich. **Badeplatz Gößl**: größte Liegewiese am See, flacher, seichter Strand. **Badeplatz Forsthaus**, an der Seeklause **Surf- und Segelschule LA**, Bräuhof 106, ✆ 0676-5048978. **Tauchertreff Rostiger Anker** in Gößl, ✆ 03622-8268. **Tauchschule Grundlsee**, Gößl, ✆ 0676-7941269.

• *Bootsverleih* In Gößl und beim Seehotel Grundlsee. Ruder-, Tret- und Elektroboote.

• *Veranstaltungen* **Narzissenfest**, Ende Mai (Kasten S. 209)

Seer Open Air, riesiges Heim-Open-Air der bekannten Musikgruppe, Mitte Aug., Sportzentrum Zlaim, www.dieseer.at.

Sehenswertes/Ausflüge

Fahrt entlang dem Grundlsee-Nordufer: Von Bad Aussee kommend, stößt man an der Seeklause beim Abfluss der Grundlseer Traun erstmals an das Seeufer. Der unscheinbare Holzbau rechts an der Brücke ist der *Fischkalter*. Er steht auf Pfählen im Wasser und hält in Unterwasserkäfigen Seefische auf Vorrat. Schon im Mittelalter waren Grundlseesaiblinge wegen ihres Geschmacks geschätzt und wurden in Fässern lebend bis an den Wiener Hof geliefert. Der zuständige Fischmeister wohnte ab dem 16. Jh. im Forsthaus gegenüber. Diesem folgt an der Straße der mit dem Reichsadler geschmückte imposante *Kaiserliche Stall* aus dem 16. Jh., der heute für Sommerausstellungen genutzt wird. Blickt man über den See fällt die weiße, mit einem Türmchen versehene *Villa Castiglioni* auf, die sich ein italienischer Spekulant namens Camillo Castiglioni 1930 als Sommersitz erbauen ließ. Weiter am Nordufer, passiert man das eigentliche Zentrum von Grundlsee mit Grünanlage samt Musikpavillon am Seeufer. Oberhalb erhebt sich am Hang die *Herz-Jesu-Pfarrkirche* von Grundlsee. Sie wurde 1890 von reichen Sommergästen spendiert, die sich den sonntäglichen Kirchgang in Bad Aussee ersparen wollten. Entlang der Uferstraße folgen nun ein Dutzend kostenloser Bade- und gebührenpflichtiger Parkplätze. Wo der Zimitzbach seinen dicht bewaldeten Schwemmkegel in den See geschoben hat (Ortsteil **Schachen**; in der *Villa Grundlsee* am Ufer residierte einst

Joseph Goebbels), schwenkt die Straße kurz vom See ab und erreicht ihn wieder in der sonnigen Gößler Bucht.

Gößl: Der Weiler am Ostende des Grundlsees hat eine Schiffsstation und einen großen Badeplatz mit Tauch- und Segelschule. Der eigentliche Dorfkern, ein idyllischer Haufen schöner Holzhäuser, liegt abseits des Ufers am Fuß der steil aufragenden Gößler Wand. Er ist für den Straßenverkehr gesperrt. An seinem Rand steht das Kirchlein St. Raphael, das 1819 von Gößler Bauern errichtet wurde. Von Gößl aus erreicht man zu Fuß den Toplitzsee (s. u.).

Süduferweg am Grundlsee: Die Wanderung (2½ Std.) von der Seeklause bis Gößl garantiert schöne Ausblicke auf die imposanten Felsabstürze des *Backensteins* (1772 m), die das Nordufer dominieren. Man startet beim Seeabfluss am westlichen Seeende, wandert am Promenadenweg Nr. 1 südwärts, hinauf in den Wald und hinter der Villa Castiglioni vorbei zum Seebad. Von dort geht es bergauf und dann links auf einer Asphaltstraße parallel zum Ufer durch aussichtsreiche Wiesen. Leider ist der Weg ab hier bis auf weiteres wegen Steinschlaggefahr – ausgelöst durch Sturm „Emma" – gesperrt. Startet man in Gößl, gelangt man auf der Straße unter den Steinbrüchen des Gipsbergbaus auch nur bis nach Wienern. Aktuelle Informationen gibt es im Touristbüro.

Wanderung zur Zimitzalm (983 m): Ausgangspunkt für die gemütliche Wanderung ist der Parkplatz an der Uferstraße in Schachen, kurz nach dem Gasthaus Ladner (Bushalt, Parkgebühr). Von dort (Wegweiser „Zimitzalm") geht es zunächst auf einer Forststraße, kurz darauf auf einem Waldpfad links oberhalb des Zimitzbachs bergauf. Nach rund 30 Min. lohnt sich der beschilderte kurze Abstecher steil hinunter zum *Zimitzwasserfall*. Wieder zurück, wandert man weiter aufwärts, quert auf einer Brücke den Bach und erreicht nach insgesamt etwa 1 Std. die auf einer Waldwiese gelegene Alm. Sie wird von der imposanten Südwand des Reichensteins (1913 m) beherrscht und belohnt mit einem schönen Dachsteinblick. Eine der Almhütten wird im Sommer bewirtschaftet (Juli/Aug. tägl. 10–16 Uhr).

Bergtour auf die Trisselwand (1754 m): Ausgangspunkt für die Tour ist der Tressensattel (3 km lange Zufahrt von Grundlsee-Bräuhof). Links am Gasthof Trisselwand vorbei (Wegweiser) zunächst durch die Wiese, dann im Wald und zwischen einer Felskluft steil bergauf, bis man nach 20 Min. in den rot-weiß-rot markierten Weg von Altaussee einmündet. In vielen Serpentinen geht es durch den von Sturm „Emma" 2008 verwüsteten Wald und später durch Latschen rund 1½ Std. einen steilen Bergrücken hinauf. Schöner Tiefblick zum Grundlsee. Nach einem Sattel erreicht man die Hochfläche, auf der es in weitem Linksbogen bergauf und bergab zum schon lange vorher sichtbaren Gipfelkreuz geht (20 Min.), unter dem die berühmte Westwand senkrecht zum Altausseer See abfällt (→ Foto S. 10/11). Schönes Dachstein- und Loserpanorama. Zurück geht es auf gleicher Strecke.

„Via Artis" Grundlsee: Die 10,5 km lange Grundlseer Version der Ausseer Künstlerwege folgt von der Seeklause aus den Spuren von Sigmund Freud, Felix Braun, Erzherzog Johann und anderen Sommerfrischlern und führt meist auf Promenadenwegen oder Nebenstraßen oberhalb des Nordufers zum Toplitzsee. Von Gößl aus Rückfahrt mit dem Schiff.

An Toplitzsee und Kammersee

Der kaum 2 km östlich von Gößl gelegene und nur zu Fuß erreichbare **Toplitzsee** ist wohl der meist beschriebene See des Salzkammerguts. Seine Berühmtheit rührt von dem Gerücht, Nationalsozialisten hätten in seinen Tiefen gegen Kriegsende rund 100 Kisten Gold versenkt. Zahlreiche Tauchgänge mit U-Booten und hochtechnischem Gerät haben aber bisher nur Kriegsrelikte und Kisten mit gefälschten Pfundnoten zu Tage gebracht, Baumstämme und Schlamm am Seegrund erschweren allerdings die Suche. Immerhin wurde 1983 dabei eine neue Wurmart entdeckt, die im sauerstofflosen Wasser lebt. Selbst jene amerikanische Bergefirma, die schon die Titanic ortete, konnte 2000 keinen Schatz finden. 2009 soll wieder ein Versuch gestartet werden. Tatsache ist, dass sich Nazi-Bonzen wie Ernst Kaltenbrunner, Adolf Eichmann und Joseph Goebbels gegen Ende des Krieges in das abgelegene Ausseerland zurückzogen und der See von den Nationalsozialisten 1943–44 als Versuchsstation für neue Wasser-Luft-Raketen genutzt wurde.

Toplitzsee: 718 m Seehöhe. 1,8 km lang, bis zu 0,3 km breit. Max. Tiefe 103 m. Max. Temperatur 18 °C. Tauchverbot!

Auch wenn man kein Schatzsucher ist, ein landschaftliches Kleinod ist der Toplitzsee allemal. Seine von hohen bewaldeten Felsflanken umschlossenen Ufer sind so steil, dass sogar Platz für einen Uferweg fehlt. Nur am westlichen Rand liegt eine Wiese mit Rastbänken, Badestellen und einem Gedenkstein, der an die 1819 hier stattgefundene erste Begegnung zwischen Erzherzog Johann und Anna Plochl erinnert (Kasten S. 213). Am Nordufer versteckt sich unter hohen Bäumen das beliebte Fischrestaurant Fischerhütte, wo man nicht nur gut speist, sondern auch Bildmaterial und Fundstücke von den Tauchgängen zu sehen bekommt.

Den hinter dem Toplitzsee gelegenen **Kammersee** erreicht man nur auf dem Wasserweg. Mit einer Motorplätte tuckert man – vorbei an Wasserfällen – ans Ostende des Toplitzsees und gelangt von dort auf einem Pfad in wenigen Minuten bergauf zu dem düsteren, in einem Felskessel gelegenen See. Der kleine Wasserfall an seiner Nordseite ist der offizielle Ursprung der Traun, des wichtigsten Salzkammergutflusses, die tatsächlich über mehrere Quellflüsse verfügt. Zwischen den beiden Seen sieht man die Reste eines um 1550 in den Fels gehauenen und bis ins 20. Jh. genutzten Triftkanals, mit dessen Hilfe Holz aus den Wäldern hinter dem Kammersee via Toplitzsee und Grundlsee nach Bad Aussee geflößt wurde.

• *Wanderwege zum Toplitzsee* **Straße**: vom Kreisverkehr in Gößl bis zur Kirche und weiter entlang der Gößler Wand durch den Wald. **Waldweg**: vom Großparkplatz nach der Traunbrücke in Gößl durch den Wald

Temperaturkontrolle – hat der Grundlsee endlich 20 Grad?

Im Ausseerland

mit einem Abstecher zur romantischen Ranftlmühle am Stimitzbach. **Toplitzparcours**: vom Großparkplatz über den neuen, künstlerisch gestalteten Erlebnis-Wasserlehrpfad am renaturierten Toplitzbach entlang. Die drei Wege sind 1,6–1,8 km lang, Gehzeit jeweils rund 25 Min.

• *Schiff* Plättenfahrt über den Toplitzsee, ab 8 Pers. Mai bis Ende Sept. Hin/zurück 8 €.

• *Essen & Trinken* **Fischerhütte**, beliebter rustikaler Ausflugsgasthof am Toplitzsee, Seeterrasse. Bekannt für Fischspezialitäten. Mi Ruhetag. Nov./Dez. geschlossen. ✆ 03622-8296, www.toplitzsee.at.

Zur **Drei-Seen-Tour** gerät der Besuch von Toplitz- und Kammersee, wenn man zusätzlich mit dem Schiff über den Grundlsee nach Gößl anreist. Dieser Halbtagesausflug ist eine beliebte Unternehmung im Ausseerland . www.3-seen-tour.at.

Im Hinterbergertal

Verlässt man Bad Aussee ostwärts Richtung Ennstal, erreicht man ein weites sonniges Hochtal, das sich vom Ödensee über Bad Mitterndorf bis Tauplitz erstreckt. Die Landschaft ist wie verwandelt, breit und bäuerlich mit grünen Wiesen und dichten Wäldern, der Sommerfrischestil der Häuser verschwunden, und feine Ohren hören sogar den Unterschied zum Ausseer Dialekt.

Der Name Hinterbergertal leitet sich vom früheren Namen „Hinterberg" für Bad Mitterndorf ab, der sich wiederum auf die Lage „hinter" dem Grimming (2351 m) bezog, jenes imposanten Bergstocks, der im Südosten das Steirische Salzkammergut wie ein Wächter gegen das Ennstal abgrenzt. **Bad Mitterndorf** im Zentrum des Tals ist ein heilklimatischer Kurort mit einem Thermalbad und traditioneller Wintersportort. Bereits im frühen 20. Jh. wurden hier Skirennen ausgetragen, 1908 entstand am nahen **Kulm** eine Sprungschanze. Dort liegt auch der 1000-Einwohner-Ort **Tauplitz**. Rund um die beiden Orte erinnern große, teils dreieckförmige Appartementanlagen an den touristischen Bauboom der 1970er-Jahre.

Oberhalb von Bad Mitterndorf und Tauplitz breitet sich in den Ausläufern des Toten Gebirges das sehenswerte Hochplateau der **Tauplitzalm** (1600 m) aus, das über eine Alpenstraße bzw. eine Vierer-Sesselbahn erreichbar und als Wander- und Wintersportgebiet erschlossen ist. Kunstfreunden sei ein Abstecher über den Rand des Salzkammerguts hinaus nach **Pürgg** ans Herz gelegt.

• *Information* Größtes Büro im Tal ist das **Infobüro Bad Mitterndorf**, im Ortszentrum gegenüber dem Dorfbrunnen. Mo–Fr 8–12/14–18, Sa 9–12 Uhr. Hauptstr. 59, ✆ 03623-2444, www.bad-mitterndorf.at.

• *Verbindungen* **Bahn/Bus**: alle 1–2 Std. nach Bad Ischl bzw. der Ennstalbahn. Bahnhalte in Kainisch, Bad Mitterndorf, Heilbrunn, Tauplitz und Pürgg.

• *Parken* Kurzparkzone (90 Min., Parkuhr) in Bad Mitterndorf Mo–Fr 8–18, Sa 9–12 Uhr.

• *Einkaufen* Ausgezeichneten Zirbenschnaps (www.zirbe.at) kauft man auf der Knödlalm → „Essen & Trinken".

• *Übernachten* *** **Wander- und Landhotel Kanzler**, in Krungl; traditioneller Familienbetrieb in dem ruhigen Dorf zwischen Bad Mitterndorf und Tauplitz; 19 schöne Komfortzimmer im Landhausstil. Wellness-Oase mit Pool, Whirlpool, Sauna und Schwimmteich im alpinen Stil. Leihräder; im Winter direkt an der Loipe bzw. Hotelskibus. Restaurant und Almbar. DZ mit Halbpension 130–170 €. Krungl 2, ✆ 03623-2260, ℻ 03623-22603, www.landhotel-kanzler.at.

*** **Pension Peterwirt**, neu renovierter Betrieb mitten in Bad Mitterndorf; 7 sehr schöne Komfortzimmer im Landhausstil. Sauna, Solarium. Hausbrauerei mit Bräustüberl (Mi–Sa ab 15 Uhr). DZ 52–75 €. Bad Mitterndorf 68, ✆ 03623-25970, ℻ 03623-25974, www.peterwirt.com.

*** **Pension Köberl**, nah am Ortszentrum, Haus im alpenländischen Stil mit 10 Komfortzimmern, teils mit Balkon. DZ 60–66 €.

Bad Mitterndorf 314, ✆ 03623-2313, 📠 03623-23134, www.fis.at.

** **Landhaus Kulm**, gemütliches Haus in sonniger Lage, 5 Gehminuten nördlich der Kirche von Bad Mitterndorf. 3 Komfortzimmer mit Balkon, 1 Ferienwohnung. DZ 52–64 €. Salzafeld 265, ✆ 03623-2455, 📠 03623-24554, www.landhaus-kulm.com.

Gästehaus Peinsipp, Privathaus unweit der Ortsmitte in ruhiger Lage. 5 nette Komfortzimmer mit Balkon. DZ 46–55 €. Bad Mitterndorf 332, ✆/📠 03623-3112, www.hauspeinsipp.at.tf.

Kur Camping Grimmingsicht, kleiner Platz unter holländ. Leitung mit 38 Stellflächen in schöner Lage. Gut ausgestattet, ganzjährig geöffnet. 20 € für 2 Pers., Auto und Zelt. Bad Mitterndorf 338, ✆ 03623-2985, 📠 03623-29854, www.grimmingsicht.at.

• *Essen & Trinken* **Grimmingwurz'n**, an der Straße Richtung Heilbronn, führendes Gourmetlokal des Tals, gemütliches Ambiente, österreichische Küche mit mediterranem Einschlag. Günstiges 4-Gänge-Mittagsmenü (12 €), à la carte 12–29 €. Di/Mi Ruhetag. Bad Mitterndorf 354, ✆ 03623-3132, www.grimmingwurzn.com.

Kirchenwirt, rustikales Gasthof-Café-Restaurant mitten in Bad Mitterndorf, gutbürgerliche steirische Küche, 3-Gänge-Menü ca. 12 €, à la carte 9–16 €. Schöne Terrasse. Do Ruhetag. Hauptstr. 242, ✆ 03623-2336, www.gasthaus-kirchenwirt.com.

Knödlalm Knoppenberg, Traditionsgasthof in Pichl/Knoppen zwischen Aussee und Mitterndorf, bekannt für deftige Knödelkost, Braten, Zirbenschnaps und Volksmusikabende, durchgehend warme Küche. Do–So ab 11 Uhr. Knoppen 3, ✆ 03624 21132, www.urig.at.

Café-Konditorei Egger, im Ortszentrum von Bad Mitterndorf, hausgemachte Mehlspeisen und Eis. Tägl. außer Di 9–18.30 Uhr. Hauptplatz 152, ✆ 03623-2700.

Take Five, legendäre Disco im Zentrum von Bad Mitterndorf. Fr/Sa 21–5 Uhr. Hauptstr. 60, www.take-five.at.

• *Radverleih* **Mount Action Hierzegger**, in Tauplitz neben Info, MTBs. ✆ 03688 2737.

• *Baden* **Alpenbad Bad Mitterndorf**, Ortsmitte, große Anlage mit Rutsche, Mai bis August, Eintritt 3,30 €, S-Card. ✆ 03623-3420.

Schwimmbad Tauplitz, Erlebnisbad, Juni bis Sept., Eintritt 3 €. S-Card. ✆ 03688 2505.

Ödensee → s. u.

• *Wintersport* → Auf der Tauplitzalm. Zusätzlich 80 km Loipen im Tal.

• *Veranstaltungen* Nikolospiel (→ Kasten)

Das Hinterberger Nikolospiel

Dieses Schauspiel mit Umzug, eine bäuerliche Version des Jedermann-Themas, wird seit mehr als 100 Jahren am 5. Dezember abends an verschiedenen Plätzen aufgeführt. Über 80 Figuren nehmen teil, darunter furchterregende Krampusse, eine Habergeiß als Fruchtbarkeitsdämon und die Schab, in Stroh gehüllte, peitschenschnalzende und mit langen Hörnern bewehrte Gestalten.

Sehenswertes/Ausflüge

Am Ödensee: Der kleine Moorsee liegt, von dichten Wäldern umgeben, zwischen Bad Aussee und Bad Mitterndorf (Wegweiser an der B 145 in Kainisch, Parkplatz beim See). Er ist schon lange Ziel für Badegäste und Angler, das gemütliche Gasthaus an seinem Ufer sehr beliebt. Die empfehlenswerten Rundwanderwege um den See (45 Min.) und durch das angrenzende Hochmoor (1½ Std.) mit seinen seltenen Pflanzen wurden als Erlebniswege neu beschildert. Sie führen auch an einem früheren Torfstich vorbei. Torf vom Ödensee wurde Ende des 19. Jh. anstelle von Holz zum Beheizen der Ausseer Sudpfannen genutzt. 1½ Std. vom See sind die *Karstquellen Strumern* entfernt, die vor allem zur Schneeschmelze und nach Niederschlägen üppig sprudeln.

• *Essen & Trinken* **Kohlröserlhütte**, bodenständiger Wald- und Ausflugsgasthof am Ödensee, Terrasse, steirische Küche, Fischgerichte (ab 16.30 Uhr), Mehlspeisen. Durchgehend Küche. Nov. geschl. ✆ 03624-213, www.kohlroeserlhuette.at.

• *Baden/Angeln* Beste Badeplätze am Südufer. Fischerkarten (26 €/Tag) in der Kohlröserlhütte (s. oben). www.fischen.at.

Wallfahrtskirche Maria Kumitz/Obersdorfer Rundweg: Auf dem Kumitzberg, jenem isoliert in der Mitte des Tals, 3 km westlich von Bad Mitterndorf aufragenden, bewaldeten Felshügel steht seit 1773 eine Gnadenkirche. Ein vom Pferd gestürzter und unverletzt gebliebener Pfarrer soll ihre Errichtung gelobt haben. Von hier bis nach Bad Mitterndorf und wieder retour führt der 10 km lange, gemütliche *Obersdorfer Rundweg*. Dieser gut beschilderte Themenweg widmet sich der Geologie und Kulturgeschichte der Region.

Bad Mitterndorf/Heilbrunn/Salzastausee: Das 3000 Einwohner zählende Bad Mitterndorf (809 m) ist ein vom Tourismus geprägtes Straßendorf, in dem sich nur wenige alte Gebäude erhalten haben. Die auf einem Hügel in der Ortsmitte gelegene *Pfarrkirche der Hl. Margaretha* ist ein spätgotischer Bau aus dem 14./15. Jh. mit schönem Netzrippengewölbe und prächtiger barocker Innenausstattung. Das nahe am Ufer der Salza gelegene private *Heimatmuseum Strick* (✆ 03623-2217) zeigt Volkskundliches sowie Kostüme und Masken des berühmten Nikolospiels (→ Kasten S. 229)). Gegenüber der Kirche beginnt der im zweiten Teil etwas steile Wanderweg (1 Std.) auf die seit 1905 bestehende *Simonywarte* (1227 m), von deren Holzunterstand aus man einen großartigen Ausblick genießt.

Mitte Oktober 2009 eröffnet am südlichen Stadtrand die *GrimmingTherme*, ein moderner, geschwungener Bau mit viel Holz und Glas samt angeschlossenem Vier-Sterne-Clubhotel mit 166 Betten (www.grimming-therme.com). Die große Thermenwelt mit fünf Becken, Saunadorf, Fitness- und Wellnesstudio soll eine Attraktion für Familien, Kinder und sportliche Naturen werden. 2 km weiter südlich befindet sich abgeschieden in der Senke eines engen, waldreichen Tals schon seit 1967 das **Moor- und Thermalbad Heilbrunn** mit seinem hochhausähnlichen Hotel (www.heilbrunn.at), dessen Zielpublikum Kurgäste sind. An dem 26 °C warmen Thermalwasser sollen schon die Römer Gefallen gefunden haben. Wenige Meter südlich beginnt der 5 km lange, wildromantische **Salzastausee**, der 1946 durch die Flutung des schluchtartigen Tals entstand (Bootsvermietung).

Freizeit **Bootsverleih Salzastausee**: Ruderboote, Kanus, Surfbikes, Mitte Mai bis Mitte Sept. tägl. 10–18 Uhr.

Auf der Tauplitzalm: Die 10 km lange, mautpflichtige Alpenstraße auf die Tauplitzalm zweigt in Thörl-Zauchen (östlich von Bad Mitterndorf) ab. Über 10 Kehren geht es mit herrlichem Dachsteinblick bis zum Großparkplatz auf rund 1600 m. Vom Talort *Tauplitz* gelangt man im Hochsommer bzw. bei Skibetrieb auch mit einer Vierer-Sesselbahn (inkl. Radtransport) auf die lang gestreckte Almhochfläche, die im Norden von der Kalkwüste des Toten Gebirges begrenzt wird. In den Senken des Almbodens haben sich 6 Seen aufgefüllt, die die Tauplitz zum größten Seenhochplateau Mitteleuropas machen. Bekannt ist die Alm auch für ihre üppige Alpenflora. Im Hochsommer blühen königsblaue Enzianarten und der rote Almrausch. Orchideen und Lilien sind im September dran, im Oktober vergolden die verfärbten Lärchen das Bild.

Das aussichtsreiche Almplateau wird schon lange touristisch genutzt. So ist es von Straßen und Wegen durchzogen und von Schiliftanlagen überspannt. Eine Hand voll Berghotels sowie ein Dutzend Schutz- und Almhütten bilden das Tauplitzalm-Dorf (im Winter autofrei), selbst eine moderne Kirche (1963) fehlt nicht. Vorteil dieser Infrastruktur ist, dass die zentralen Wege mit Kinderwagen befahrbar sind, und allerorten eine Hütte zur Einkehr bereit ist.

Die beliebteste Wanderung auf der Tauplitz ist die Seenwanderung (s. rechte Seite).

Auf der Tauplitzalm

- *Anfahrt/Verbindungen* **Mautstraße**: ganzjährig befahrbar, 9,45 € pro Pkw, S-Card. **Vierer-Sesselbahn Tauplitz**: Juli bis Mitte Sept. 8.30–12/13–16.30 Uhr, Berg- und Talfahrt 13 €, einfach 10 €, Radtransport gratis. S-Card. **Bummelzug**: am Almplateau, Juni bis Sept. Mo, Mi, Fr 10 Uhr. Fahrpreis 4 €, Kinder 6–14 J. 3 €.
- *Übernachten* Urige Almhütten und Bergquartiere, Information im Tourismusbüro Bad Mitterndorf bzw www.tauplitzalm.at.
- *Wintersport* 20 Lifte, 40 km Skipisten, Tageskarte 32 €, 10 km Höhenloipen. Besonders schneesicher!

Wanderung 15: Seenwanderung auf der Tauplitzalm

Almwanderung, Bergseen. Gesamtgehzeit 2½ Std., leicht.

Ausgangspunkt ist der oberste Parkplatz der **Tauplitzalmstraße** (**1**, 1603 m). Von dort die Asphaltstraße 2 Kehren bergauf und geradeaus weiter zum Zentrum der Alm mit mehreren Hotels und einer Kirche. Weiter entlang der Straße, am Naturfreundehaus vorbei, fast eben über das Almplateau bis zu einer Straßenteilung (**2**, 40 Min. ab Parkplatz). Hier rechts weiter Richtung „Steyrersee", zunächst mitten durch die Almwiese, dann auf die Schotterstraße und, bevor diese bergab führt, links auf flachem Weg zum sog. **Wernerbankerl** (**3**) mit Blick hinauf zum Felsklotz des Sturzhahn (2028 m) und Blick hinunter zum **Steirersee** (15 Min.). Zurück zur Kreuzung (**2**) und nun auf der Schotterstraße geradeaus weiter. An der Grazerhütte und dem kleinen **Tauplitzsee** vorbei und dann auf einem Wanderweg weiter zum **Großsee** (25 Min.) Sein Nordufer entlang bis zur Mitte, dann kurz hinauf über den Kamm zum **Märchensee**. 30 m vor dem See (**4**) rechts über die Wiese zum Felsabbruch **Öderntörl** mit schönem Tiefblick (**5**, 10 Min.). Wieder zurück und rechts am Märchensee vorbei zum Großsee. Dort rechts haltend oberhalb des Großsee auf das obere Almplateau hinauf und die Straße rechts hinab in die Mulde

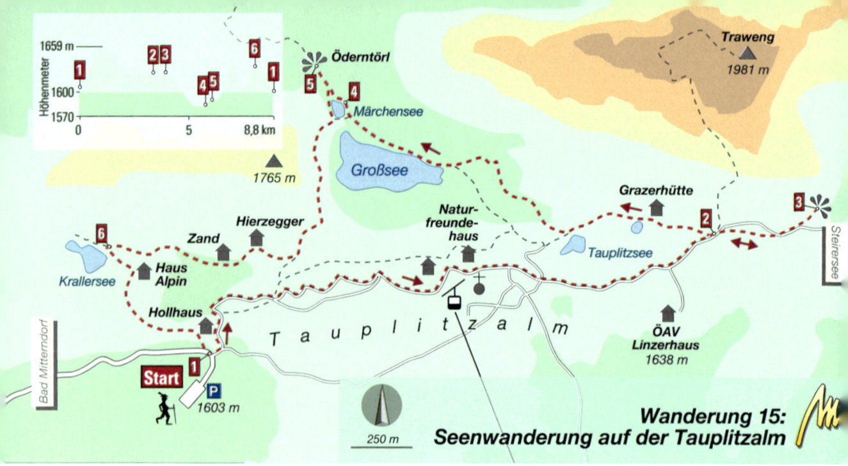

mit den Gasthof-Hotels Hierzegger und Zand. An ihnen vorbei zum versteckten **Krallersee** (**6**). Von dort hinauf zum Haus Alpin, unter der Seilbahn hindurch und auf einem Pfad zum Hollhaus und nach insgesamt 40 Min. zum Ausgangspunkt zurück.

Skiflugschanze Kulm: Die größte Naturflugschanze der Welt befindet sich westlich von Tauplitz am Nordhang des Kulms. Sie wurde 1948–50 erbaut und ist seit dieser Zeit Austragungsort internationaler Skiflugwettbewerbe – neben Oberstdorf (Deutschland), Vikersund (Norwegen), Harrachov (Tschechien) und Planica (Slowenien). Im Januar 2006 fand hier zuletzt eine Weltmeisterschaft statt. Den Schanzenrekord (2009) mit 215,5 m hält Gregor Schlierenzauer. Ein Museum (Eintritt frei) im Kampfrichterturm, erreichbar auch mit einem Doppelsessellift, informiert über die Geschichte der Schanze.

Juni bis Sept. Mi–So 10–18 Uhr. Berg- und Talfahrt 5 €, Kinder 6–15 J. 2,50 €, einfache Fahrt 3,50 bzw. 1,50 €. www.skifliegen.at.

Pürgg und seine Kirchen (Foto S. 29): Das Bilderbuchdorf Pürgg liegt 6 km östlich von Tauplitz (Abzweigung von der B 145). Es bezaubert nicht nur mit seiner Lage gegenüber dem mächtigen Grimming (2351 m) und den malerischen Häusern, sondern verfügt auch über zwei kunsthistorisch wertvolle Sakralbauten. Die im Dorfkern gelegene *Pfarrkirche St. Georg* entstand 1130, wurde im 14. Jh. gotisch umgestaltet und 300 Jahre später barockisiert. In der sog. Turmläutkammer, die man über einen Seiteneingang erreicht, wurden umlaufende Fresken von 1300 frei gelegt. Sie zeigen die Leidensgeschichten von Christus und der Hl. Katharina, nach der die Kapelle benannt war. Auf einer freien Anhöhe, 400 m weiter östlich erhebt sich die kleine *Johanneskapelle*, eines der bedeutendsten romanischen Bauwerke des Landes. Ihr Innenraum ist zur Gänze mit Fresken von 1160–65 ausgeschmückt. Das berühmteste Motiv ist der Katzen-Mäuse-Krieg an der hinteren Südseite. Mit Pfeil und Bogen verteidigen sich die Mäuse auf ihrer Burg gegen die angreifenden Katzen, von denen sich eine mit einem Schild schützt.

- *Anfahrt* Pürgg ist erfreulicherweise **für den Verkehr gesperrt**, man lässt also sein Fahrzeug am Ortsrand stehen und erkundet das Dorf zu Fuß.
- *Essen & Trinken* **Gasthaus Krenn**, romantischer Traditionsgasthof im Dorf; regional verfeinerte Küche und Deftiges, wie Grammelknödel und Wildererpfandl (à la carte 10–18 €). Mo/Di Ruhetag, Nov. bis Feb. selten geöffnet. ✆ 03862-22274, www.puergg.at/krenn.

Morgennebel am Traunsee

Am Traunsee und im Almtal

Eine grandiose Felskulisse, geschäftige Betriebsamkeit an den Seeufern, aussichtsreiche Höhenrücken und eine Kurstadt mit charmantem Flair machen den Traunsee am Nordostrand des Salzkammerguts zu einem bevorzugten Ziel von Urlaubern, Ausflüglern und Sportbegeisterten. Im nahen Almtal bezaubert die landschaftliche Idylle.

Der lang gestreckte Traunsee verläuft in Nord-Süd-Richtung und wird von der Traun durchflossen. Er ist der tiefste See Österreichs, was Taucher begeistert. Segler und Surfer werden von „drehenden" Winden gefordert. Das Ostufer ist steil, großteils unzugänglich und vom **Traunstein** (1691 m) geprägt. Wie ein landschaftlicher Grenzstein markiert er das Salzkammergut, seine rassigen Felsflanken locken unzählige Bergsteiger und verzaubern sonnige Abende mit Alpenglühen. Für die Salzwirtschaft war der Traunsee einst von großer Bedeutung. Das weiße Gold aus dem Inneren Salzkammergut nahm auf dem Schiff seinen Weg nach **Gmunden** am sanfthügeligen Nordufer und von dort in alle Welt. Die Stadt war wichtigster Umschlagplatz und Sitz des Salzoberamtes und mauserte sich im 19. Jh. zur stolzen Kurstadt. Am Westufer ist das reizende **Traunkirchen** einen Besuch wert. Am südlichen Seeende, wo Totes und Höllengebirge mit dem aussichtsreichen **Feuerkogel** an das Traunseeufer grenzen, ist **Ebensee** als Standort der Saline noch immer dem Salz verbunden. Zeugnis der jüngeren Vergangenheit ist die dortige KZ-Gedenkstätte.

Traunsee: 423 m Seehöhe. 12 km lang, bis zu 3 km breit. Max. Tiefe 191 m. Max. Temperatur 20 °C. Linienschifffahrt Mai bis Ende Okt.

Die Schlösser und Villen an den Gestaden des Sees, die der Adel zur Blütezeit der Sommerfrische im 19. Jh. errichtete, frequentierten viele Komponisten und Maler, darunter Brahms, Schubert und Gerstl. Zum Sitz am Traunsee entschieden sich auch zwei entthronte Herrscherfamilien: Die toskanischen Habsburger bezogen die Halbinsel Ort, die Könige von Hannover ließen sich im Gmundner Stadtteil Traundorf nieder. Im benachbarten **Almtal**, das mit seinem **Almsee** zu den verträumten Ecken des Salzkammerguts gehört, erwarben die Hannoveraner riesige Waldgebiete. Ihre Nachfahren besitzen dort heute noch den sehenswerten **Wildpark Cumberland**.

Gmunden

13.160 Einwohner, 424 m

Die frühere Salzhandels- und heutige Kurstadt schmiegt sich um die nordwestliche Bucht des Traunsees. Die Seepromenade ist die schönste des Salzkammerguts, der Blick zum Traunstein einmalig. Mediterranes Flair sorgt für Muße, das Ufer und sein Hinterland locken zu Spaziergängen. Zu Ruhm gelangte Gmunden auch durch das Seeschloss Ort und die Keramik.

Im Wettstreit der drei Salzkammergutstädte hat Gmunden ein Ass im Ärmel: Ischl und Aussee wurden zwar mit einem „Bad“ geadelt, doch die Stadt am Traunsee liegt direkt am Wasser! Hier genießt man von den Cafés und den Uferanlagen den offenen Blick auf den See, sieht Schiffe und Boote anlegen und Schwäne vorbeiziehen (übrigens ein Gmundner Wahrzeichen). Zwei Höckerschwanpaare hat eine habsburgische Erzherzogin 1875 hier angesiedelt, heute sind es über 100. Ein anderes Markenzeichen, und das schon lange vor seiner TV-Karriere als Serienhotel, ist Schloss Ort auf einer Insel im See. Wer an Gmunden denkt, denkt auch an Keramik. Hafner und Töpfer fanden hier die erforderlichen Rohstoffe, v. a. Ton, Wasser und Holz und entwickelten die Stadt im 17. Jh. zur Hochburg der Keramikerzeugung. Aus dieser Zeit stammt auch das typische grün geflammte Dekor, das noch heute in den Manufakturen dominiert.

Geschichte

Die Lage am Abfluss der Traun aus dem Traunsee machte Gmunden schon im 11. Jh. zu einem wichtigen Umschlagplatz für das auf Schiffen hierher transportierte Salz aus Hallstatt. Im 13. Jh. wurde Gmunden landesfürstliche Stadt und mit einer Mauer befestigt. Von ihrem Kammerhof aus, in dem das Salzoberamt eingerichtet war, wurde die gesamte Salzproduktion im Kammergut überwacht. Das weiße Gold wurde hier in gepressten Formen transportfähig gemacht und auf dem Landweg oder die Traun flussabwärts weiterbefördert. Man lebte gut davon, wie die prächtigen Bürgerhäuser der Salzfertiger in der Altstadt bezeugen. 1829 erleichterte die Pferdeeisenbahn Gmunden–Linz–Budweis den Salztransport nach Böhmen. Mit dem Bau der Salzkammergutbahn 1826 verlagerte sich der Transport zur Gänze vom Schiff auf die Eisenbahn und Gmunden verlor seine Rolle im Salzhandel. Es wandelte sich allmählich zur Sommerfrische und Kurstadt mit Esplanade, Theater und Hotels. Heute ist Gmunden Hauptstadt des gleichnamigen Bezirks, der den Großteil des oberösterreichischen Salzkammerguts umfasst.

Praktische Informationen

• *Information* **Gästezentrum Traunsee**, moderner Pavillon am Toscanapark, viel Prospektmaterial, Gratis-Stadtplan. Juli/Aug. Mo–Fr 8–20, Sa/So 10–19 Uhr. Mai bis

Okt. Mo–Fr 8–18, Sa/So 10–16 Uhr, Nov. bis April Mo–Fr 9–17, Sa/So 9–13 Uhr. ✆ 07612-74451.

Das **Tourismusbüro im Rathaus** hat Juli bis Okt. Mo–Fr 9–17, Sa 10–16 Uhr (Sept./Okt. nur 9–12 Uhr), Nov. bis April Mo–Fr 9–13 Uhr geöffnet. www.traunsee.at/gmunden.

• *Verbindungen* **Bahn**: Zur Westbahnstrecke bzw. nach Bad Ischl 1x stündl.

Bus: mit Grünau im Almtal Mo–Sa alle 1–2 Std., So 4x tägl.

Linienschiff: Rundkurs bis Ebensee 1. Mai bis 26. Okt. 4x tägl., Tageskarte 17 €, Fahrrad 2 €, Gmunden–Traunkirchen 7 €. S-Card. ✆ 07612-66700, www.traunseeschiffahrt.at.

Traunseebahn → „Freizeit"

• *Stadtverkehr* **City-Bus**, 2 Linien, nur Mo–Sa. Eine **Straßenbahn** verbindet alle 30 Min. Bahnhof (2 km außerhalb) und Franz-Josef-Platz (Kasten S. 239).

• *Parken* Gebührenpflicht im Zentrum Mo–Fr 8–18, Sa 8–12 Uhr. Parkscheinautomaten ohne Wechselgeld. Kostenlose Plätze bei der Information am Toscanaplatz.

• *Einkaufen* **Gmundner Keramik (1)**, größte Keramikmanufaktur Mitteleuropas (seit 1843), ihre Produkte findet man in jedem 2. Haushalt Österreichs. Berühmteste Dekore sind das „Grüngeflammte" und „Streublumen". Werksverkauf 2. Wahl (bis zu 30% billiger) Mo–Fr 9–18, Sa 9–17 Uhr, Juli/Aug. auch So 10–16 Uhr. Werksführung nach Voranmeldung (✆ 07612-786391). Keramikstr. 24 (Bahnhofsnähe), www.gmundner-keramik.at.

Keramikwerkstätte Pesendorfer (3), direkt am Trauntor, günstige Lagerware und 2. Wahl. Mo–Fr 9–18, Sa 9–17 Uhr. Kößlmühlgasse 1/Ecke Traungasse.

Übernachten/Essen (→ Karte S. 236/237)

• *Übernachten* ****** Schlosshotel Freisitz Roith (14)**, Schlösschen mit Wurzeln im 16. Jh., herrliche Aussichtslage mit Garten oberhalb des Ostufers. Freundliches Ambiente. 19 stilvoll elegante Komfortzimmer und 4 Suiten, exklusives Gourmetrestaurant. Sauna, Fitnessraum, Freizeitanlage am See. Beliebt als Hochzeitslocation. DZ 150–230 €, Suiten bis 320 €. Traunsteinstr. 87, ✆ 07612-64905, 📠 07612-6490517, www.schlosshotel.at.

****** Seehotel Schwan (5)**, freundliches Traditionshotel der Fam. Nöstlinger, tolle Lage direkt im Zentrum. 34 traditionell oder modern (Superior) eingerichtete Komfortzimmer, teils mit Seeblick und Balkon. DZ 110–120 €, Superior bis 140 €. Rathausplatz 8, ✆ 07612-633910, 📠 07612-633918, www.seehotel-schwan.at.

***** Landhotel Grünberg am See (15)**, beliebte, familienfreundliche Anlage direkt am Ostufer 2 km vom Zentrum (Schiffsstation). 30 Komfortzimmer, 3 Appartements. Sauna, Fitnessraum, Bootsverleih. Bekanntes Fischrestaurant. DZ 140–180 €. Traunsteinstr. 109, ✆ 07612-77700, 📠 07612-7770033, www.gruenberg.at.

***** Steinmaurer (12)**, jüngst renovierter, traditionsreicher Familienbetrieb unweit der Talstation der Grünberg-Seilbahn und des Segelhafens. 12 moderne Komfortzimmer. Seegasthof im Haus. DZ 90 €, mit Balkon und Seeblick 94–100 €. Traunsteinstr. 23, ✆ 07612-70488, 📠 07612-7048831, www.steinmaurer.at.

***** Hois'n Wirt (16)**, traditioneller Gasthof in schöner Lage direkt unterhalb des Traunsteins am Ostufer, 5 km vom Zentrum (Schiffsstation). 15 gemütliche Komfortzimmer, alle mit Balkon und Seeblick. Terrassenrestaurant. März bis Ende Okt. geöffnet. DZ 100–140 €. Traunsteinstr. 277, ✆ 07612-77333, 📠 07612-7733395, www.hoisnwirt.at.

Austria am See (8), im früheren Grand Hotel im Stadtzentrum werden von hilfsbereiten Privatvermietern 9 funktionelle Komfortzimmer mit Blick zum Innenhof vermietet. Imperiales Stiegenhaus. Kein Frühstück, aber mehrere Cafés im Haus. DZ 48–54 €. Sparkasseg 1/2. Stock. ✆ 0676-3506231, 📠 07673-3591, www.tiscover.at/austria-am-see.

Inge Reiser (11), Frühstückspension in ruhiger Lage unweit der Grünbergseilbahn. 7 Zimmer mit Du/WC, teils mit TV. DZ 46–58 €. Freygasse 20, ✆/📠 07612-72425, pension-reiser@aon.at.

• *Restaurants* **Wiener Café Restaurant (8)**, im 1. Stock des einstigen Hotels Austria mit Panoramablick zum See und Sonnenterrasse. Große Frühstückskarte, günstige Tagesmenüs (8–11 €), Nudel- und Fleischgerichte. Tägl. 9–22 Uhr. Sparkassegasse 1, ✆ 07612-71549, www.wienercafe.com.

Schwan (5) → „Übernachten". Gutbürgerliches Restaurant, Fischspezialitäten, günstiges Mittagsmenü Mo–Fr für 8 €, Sa/So 9,50 €.

Grünberg am See (15), → „Übernachten". Gemütliches Fischrestaurant, köstliche Gerichte mit Traunseefisch, gute Weinauswahl, tolle Mehlspeisen. Kein Ruhetag, Küche durchgehend.

Hois'n Wirt (16) → „Übernachten". Gemütlicher Seegasthof, sonnige Terrasse, regionale Küche, fangfrische Traunseefische. März bis Ende Okt. tägl. offen, Küche durchgehend.

Orther Stub'n (13), Restaurant im Seeschloss Ort, historische Räume, Innenhof-Garten und traumhafte Seeterrasse. Fischrestaurant, verfeinerte Regionalküche, die schön angerichtet auf den Tisch kommt. 3-Gänge-Mittagsmenü 14 €, à la carte ab 8 €. Im Winter Mo Ruhetag. ✆ 07612-62499.

Seegasthof Steinmaurer (12) → „Übernachten". Freundlicher, geschmackvoll modernisierter Gasthof mit großem, sonnigem Gastgarten und köstlicher regionaler Küche zu mittleren Preisen.

Engelhof (2), stattlicher Gasthof Richtung Almsee. Heimelige Kachelofenstube, schöner Gastgarten. Die Wirtsfamilie Bergthaler verwöhnt mit regionaler und mediterraner Kost, Fisch- und Wildgerichten. So ab 15 Uhr/Mo geschlossen. Engelhofstr. 1, ✆ 07612-64892, www.engelhof.at.

• *Kaffeehäuser/Nachtleben* **Konditorei Grellinger (6)**, elegante Confiserie (seit 1878), feinste Mehlspeisen, Gmundner Torte, Schloss-Ort-Törtchen und Schwanenküsse, Konditoreis. Tägl. außer Mi 8.30–18.30 Uhr. Franz-Joseph-Platz 6, ✆ 07612-64153.

Konditorei Baumgartner (9), Traumlage direkt am Seeufer, Terrasse, großer Wintergarten. Spezialitäten sind das nussig-schokoladige Schwanenei, Traunkiesel und die Schloss-Ort-Trüffel. Warme Mittagsgerichte. Tägl. außer Mo 8.30–19.30, Juli/Aug. bis 22 Uhr. Esplanade 1, www.konditorei-baumgartner.at.

Hinterwirth (7), Konditorei-Bäckerei, für süße Schloss-Ort-Kugeln bekannt. Klosterplatz 19. Filialen: Rathausplatz 2, Schleifergasse 1. Mo–Fr 6.30–18, Sa bis 12.30 Uhr.

Kulturcafé Villa Lehmann (10), Live-Veranstaltungen (Jazz, Soul, Blues), gute Weinauswahl, ital. Küche. Mo–Fr ab 18, Sa ab 15, So ab 10 Uhr. Esplanade 27, www.kulturcafe-gmunden.at.

Blauer Affe (4), nette Café-Pub-Bar für abends mit großer Auswahl an Drinks, tägl. ab 18 Uhr. Kirchengasse 8, www.blauer-affe.com.

Freizeit/Veranstaltungen

• *Baden/Wassersport* **Strandbad Gmunden**, Architekturjuwel aus den 1920ern südlich der Toscana-Halbinsel, große Liegewiese, Seezugang, beheizte Becken, Erlebnisrutsche, Restaurant. Mai bis Sept. Eintritt 5 €, Kinder 6–14 J. 50 %. ✆ 07612-64144. Kostenlose **Badeplätze** beim Seebahnhof.

Surfschule Hammerschmid, Surfen, Wakeboard, Kajak. Juni bis Sept. geöffnet, Traunsteinstr. 139, ✆ 07612-63692, www.surf-

hammerschmid.at.

Tauchschule Neptun, Traunsteinstraße, ✆ 0664-3119397, www.tauschschule-neptun.at.

• *Bootsverleih* An der Esplanade, Ruder- und Elektroboote.

• *Radverleih* **Hammerschmid** → „Wassersport"

• *Golf* **GC Traunsee**, 18-Loch-Anlage in Kirchham, 10 km nördlich. www.golfclub traunsee.com.

• *Traunseebahn* Die Schmalspurbahn von Gmunden/Seebahnhof nach Vorchdorf fährt im Linienverkehr (alle 1–2 Std., Sa/So 6x tägl.) und als Erlebnisbahn (Bratlzug, Kinderzug, Hobbylokführer). Infos unter ✆ 07612-795251, www.stern-verkehr.at.

• *Kino* **Kino und Stadttheater Gmunden**, Theatergasse 7, ✆ 07612-64095, www.kino.gmunden.at.

• *Veranstaltungen* **Glöcklerlauf und Hl. 3 Könige**, 5. Januar, Rathausplatz, altes Brauchtum. **Liebstattsonntag**, altes Brauchtum mit Kirchgang am 4. Sonntag der Fastenzeit. **Salzkammergut Festwochen Gmunden**, Mitte Juli bis Sept., Konzerte, Theater, Ausstellungen renommierter Künstler. ✆ 07612-70630, www.festwochen-gmunden.at. **Lichterfest**, Mitte Aug., Esplanade. www.lichterfest.at. **Töpfermarkt**, traditioneller Kunstmarkt am Rathausplatz, letztes Augustwochenende, www.toepfermarkt.at. **Adventmärkte**, jeweils Sa/So im Advent.

Sehenswertes/Ausflüge

Rathausplatz: Der zum See hin offene, weitläufige untere Stadtplatz wird dominiert vom Gmundner *Rathaus*. Der schöne zartgrüne Bau stammt in seinem Kern aus dem 16. Jh. und erhielt 1756 eine reich stuckierte Fassade sowie zwei Ecktürmchen mit Zwiebelhaube. Der vorspringende, wappengeschmückte Mittelteil ist auf drei Geschossen mit Loggien versehen, in deren oberster Loggia das einzige *Keramikglockenspiel* Österreichs hängt. Die 24 Glocken im grün geflammten Gmundner Dekor erklingen im Sommer um 10, 12, 13, 14, 15, 16, 17 und 19 Uhr, zur übrigen Zeit seltener und von Januar bis März gar nicht. Von 1836–70 endeten die Geleise der Pferdeeisenbahn (→ Geschichte) direkt beim Rathaus. Hier wurde das Salz von den Schiffen auf die Bahn verladen und bis Böhmen transportiert. 1874 eröffnete der hinter dem Rathaus gelegene Hotelpalast *Austria am See*; mittlerweile ist er ein Geschäfts- und Appartementhaus.

Altstadt um die Pfarrkirche: Malerisch ist der Blick vom Rathausplatz in die mittelalterliche *Kirchengasse*, die Richtung Norden bergauf führt. An prächtigen Bürger- und Salzfertigerhäusern aus dem 16./17. Jh. vorbei – das Erkerhaus Nr. 2 war einst Rathaus – bringt sie zur frühgotischen, im 18. Jh. barockisierten *Pfarrkirche Mariä Himmelfahrt*. Ihr bedeutendster Schatz ist die Figurengruppe am Hochaltar (1678). Sie stellt die Anbetung des Jesuskindes durch die Heiligen Drei Könige dar und ist neben dem Doppelaltar von St. Wolfgang (→ S. 134) das Hauptwerk des Bildhauers *Thomas Schwanthaler*. Die Statuen von Elisabeth und Zacharias sowie der Annaaltar stammen von Michael Zürn d. J. An der südlichen Außenwand der Kirche sieht man Fresken von 1525. Die Schwanthalergasse leitet zum Rinnholzplatz, auf dem ein Keramikbrunnen mit der Figur eines Salzträgers steht. Die Salzfertigergasse bergab und dann links kommt man zum lang gestreckten, schmucken *Marktplatz* mit Brunnen, Bäumchen und historischen Häusern. Am Ende des Platzes führt die Traungasse hinab zum Trauntor im Kammerhof am Seeufer.

Am Gmundener Rathaus läuten Keramikglocken

Kammerhof Museen Gmunden (K-Hof): Der gotische Kammerhof bei der Traunbrücke war seit seiner Errichtung 1450 bis 1850 Sitz des Salzoberamtes, der obersten Verwaltungsbehörde des Salzkammerguts. Von hier brachen die Kaiser per Schiff zu Inspektionsreisen in ihre Salzbetriebe auf. Seit 1942 beherbergt der repräsentative Bau das Stadtmuseum. Nach der Neugestaltung 2008 werden seine Sammlungen in 14 Räumen, verteilt auf drei Geschosse, modern und ansprechend präsentiert: Es beginnt mit der Lage der Stadt am

Endmoränenwall des eiszeitlichen Traungletschers, die für geologische Vielfalt (Themenwege, s. u.) und Fossilienreichtum (bedeutende Ammonitensammlung aus dem Gschliefgraben) sorgt. Steinzeitliche Pfahlbau- und Gräberfunde aus der Bronzezeit sowie Reste einer römischen Villa Rustica und deren Keramikwerkstätte zeugen von der langen Besiedlung der Region. „Gmunden im Mittelalter" ist vertreten durch gotische Skulpturen, Zunftordnungen und die baulich integrierte gotische **Bürgerspitalkirche St. Jakob** von 1340, die einstige Hauskirche der Salzamtleute. Ein Raum widmet sich der Gegenreformation, ein weiterer dem Salztransport – in der Soleleitung, am Traunsee, auf der Traun, mit der Pferdeeisenbahn – und den Kaiserbesuchen. Erinnert wird an die Adeligen und Künstler, die sich im 19. Jh. in der Kurstadt Gmunden niederließen, und an die Entwicklung Gmundens zur Keramikstadt. Sonderausstellungen in der Adventszeit würdigen die große Krippentradition am Traunsee. Ebenfalls im K-Hof untergebracht wurde das ungewöhnliche und sehenswerte Museum für historische Sanitärobjekte **„Klo und so"**, das kunstvoll bemalte Klosettmodelle aus dem 19. Jh., gut getarnte Zimmertoiletten, Leibstühle und Urinale, Badestühle und Bassenas, Spucknäpfe, Bidets für die Reise und zu Hause, Wandbrunnen und Stücke aus dem Kaiserhaus zeigt.

Mi–So 10–17 Uhr, Juni bis Aug. auch Di geöffnet. Eintritt 6 €, Kinder 6–18 J. 2 €. ✆ 07612-794420, www.k-hof.at.

Denkmäler unterwegs

Der Hauptbahnhof von Gmunden liegt oberhalb der Stadt auf einem Schutthügel des eiszeitlichen Traunseegletschers. Seit 1894 startet hier die kleinste und älteste elektrische Straßenbahn Österreichs. Ihre gewagte Trasse mit einer Neigung von bis zu 10 % (!) führt in 2,3 km durch das Gmundner Villenviertel in das knapp 60 m tiefer gelegene Stadtzentrum am See. Voller Nostalgie ist die Fahrt im Jugendstil- oder offenen Sommerwagen: von Mai bis Sept. jeweils 1. Sa/So, am Liebstattsonntag, zum Töpfermarkt und an den Adventsamstagen. Unweit der Endstation ankert in der Stadtbucht die „Gisela" (Betonung auf e) – eines der ältesten Dampfschiffe der Welt und das zweite denkmalgeschützte Verkehrsmittel Gmundens. Benannt ist das weiße, elegant geschwungene Schaufelradschiff von 1871 nach der Tochter von Kaiser Franz Joseph, der auf der „Gisela" über 40-mal den Seeweg über Ebensee nach Bad Ischl antrat. Heute wird die „Gisela" im Juli und August an Sonntagen im Traunsee-Linienverkehr eingesetzt. Der Dampfschiffzuschlag beträgt 2,50 € – es lohnt sich.

Esplanade: Die von Blumenbeeten und Kastanienbäumen gesäumte Seepromenade entstand nach 1860, als man die Stadtmauern niederriss und das Ufer aufschüttete. Mit herrlichem Blick zum Seeschloss Ort und zu den schroffen Felsen von *Traunstein* (1691 m) und *Erlakogel* (1575 m, wegen des markanten Profils auch „Schlafende Griechin" genannt) spaziert man vom Kurpark bis zum Jachtclub und dann abseits vom Ufer auf breiten Gehwegen bis zur Halbinsel Toscana und den Schlössern von Ort (1,2 km).

Seeschloss Ort: Das auf einer Felseninsel gelegene und nur über eine lange, malerische Holzbrücke erreichbare Seeschloss Ort ist Gmundens Wahrzeichen. Internationale Berühmtheit erlangte es als Kulisse der TV-Serie „Schlosshotel Orth", deren

Seeschloss Ort

144 Folgen von 1996 bis 2005 hier gedreht wurden. Zur Enttäuschung vieler ist das Schloss gar kein Hotel. Es ist im Besitz der Stadt, beherbergt das Restaurant „Orther Stub'n" (→ „Essen"), wird als romantisches Standesamt (www.schlossort.gmunden.at) und für Veranstaltungen genutzt. Empfehlenswert ist der neue aussichtsreiche Gehweg rund um das Schloss.

Das Schloss hat eine wechselvolle Geschichte hinter sich: 909 erstmals erwähnt, erhielt es im 15. Jh. den wuchtigen Torturm, Umbauten erfolgten nach einem Brand 1634. Heute besitzt es einen malerischen dreieckigen Arkadenhof, eine spätgotische Schlosskapelle und Kerkerzellen, die an seine Verwendung als Gefängnis erinnern. 1879 erwarb es Erzherzog *Johann Nepomuk Salvator von Toskana*. Er war Spross der 1869 aus Florenz vertriebenen toskanischen Linie der Habsburger und Neffe von Kaiser Franz Joseph. Als Kritiker und Reformer am Wiener Hof in Ungnade gefallen, legte er seine Titel nieder, heiratete eine völlig unstandesgemäße Balletttänzerin und nannte sich fortan „Johann Orth". Als leidenschaftlicher Kapitän trat er mit seiner Frau 1890 eine Seereise nach Südamerika an, das er nie erreichte. 1911 wurden die beiden Verschollenen für tot erklärt.

Bummelzug Rathaus–Seeschloss–Rathaus, Mai bis Okt. tägl. 9–18 Uhr alle 35 Min. Tageskarte 4 €, Kinder 2–14 J. 2,50 €. www.bummelzug-gmunden.at.

Landschloss Ort/Villa Toscana: Das Landschloss, eine vierflügelige, mit Ecktürmen versehene, bescheidene Anlage direkt gegenüber dem Seeschloss stammt von 1626. Es gehörte ebenfalls Erzherzog Johann Salvator, heute ist es eine forstliche Ausbildungsstätte und nicht öffentlich zugänglich. Links am Schloss vorbei gelangt man zu dem erhöht in der Mitte der Halbinsel gelegenen Prachtschlösschen **Villa Toscana**, das der Erzherzog 1870 für seine Mutter, die verwitwete Großherzogin von Toskana selbst entworfen hatte. 1913 gelangte es an *Margarete Stonborough-Wittgenstein*, Schwester des berühmten Philosophen *Ludwig Wittgenstein*, die es innen im Jugendstil umgestalten ließ. Die Villa ist seit den 1970ern Teil des gesichtlosen Kongresszentrums an ihrer Rückseite und mit Ausnahme des Café-Restaurants (Mo/Di Ruhetag) nur zu Veranstaltungen geöffnet. Der umliegende, vom See umsäumte Landschaftspark mit alten Linden und Buchen ist einen Spaziergang wert. In der sog. *Kleinen Villa Toscana* befindet sich seit 2001 das *Thomas-Bernhard-Archiv*, das über den gesamten Werknachlass des großen österreichischen Literaten verfügt, der lange in Gmunden lebte und hier 1989 mit 58 Jahren starb. Die Villa ist ein gut gewählter Platz, setzte doch Bernhard mit dem Roman „Wittgensteins Neffe" 1982 einem Familienmitglied der früheren Besitzer ein literarisches Denkmal (Archivbesichtigung → www.thomasbernhard.at).

Schloss Cumberland und Krottensee: Die Brücke im Stadtzentrum, die den Abfluss der Traun aus dem See überspannt, führt nach **Traundorf**, in die frühere Gmundner Vorstadt. Dort siedelte sich das im Deutschen Krieg 1866 entthronte und exilierte Königshaus von Hannover, die Welfen, an. Zunächst bewohnte *König Georg V.* (1819–78) die bis heute im Familienbesitz stehende Villa Thun. 1882–86 ließ sein Sohn *Ernst August* (1845–1923), der den Titel Herzog von Cumberland angenommen hatte, auf einer Anhöhe etwas nördlich *Schloss Cumberland* mit Kapelle und Mausoleum bauen. Die im neugotischen Tudorstil errichtete, prächtige Anlage, in der auch der Welfenschatz aufbewahrt wurde, diente ihm bis zu seinem Tod 1923 als Residenz. Ab 1930 nutzten ihn die Welfen als Haus- und Familienmuseum, nach dem Weltkrieg kam er an die Republik Österreich. Heute ist das Schloss eine Pflegeanstalt. Für Spaziergänge zu empfehlen sind der Schlosspark und der Naturlehrpfad rund um den unterhalb des Schlosses gelegenen *Krottensee*, ein wildromantisches, mooriges Toteisloch. Die neugotische evangelische Kirche an der Traundorfer Georgstraße entstand 1876 durch eine großzügige Spende der Welfen.

Fußweg zum Schloss Nach der Traunbrücke links in die Linzer Straße, diese entlang, dann über die B 144 und links in den Blunauerweg (20 Min.).

Galerie Schloss Weyer: Das unweit der Grünbergseilbahn im Ortsteil Weyer gelegene schmucke Renaissanceschloss mit seinen Arkaden und Sgraffitofassaden beherbergt eine bedeutende Sammlung Meissner Porzellans, so etwa Stücke der Kaiserinnen Maria Theresia und Sisi, der russischen Zarinnen, August des Starken und Madame Pompadours. Zusätzlich finden Sonderausstellungen statt.

Mai bis Ende Sept. Di–Fr 10–12/14–17.30, Sa 10–13 Uhr. Eintritt 7,50 €, Kinder bis 14 J. frei. S-Card.

Themenwege: Der mit Schautafeln zur Erd- und Kulturgeschichte Gmundens illustrierte *Jahrtausendweg* führt in zwei gemütlichen Rundrouten durch die Stadtteile am linken und rechten Seeufer. Beim Seebahnhof beginnt Teil 1 (5 km, Gehzeit 1½ Std.), am Rathausplatz Teil 2 (7,6 km, ca. 2 Std.). *Den Spuren der Pferdeeisenbahn* folgt ein weiterer Themenweg, der ausgehend von der Theatergasse 3 km bis zum Bahnhof Engelhof geleitet (Rückweg auf gleicher Route).

Information Pläne erhält man bei der Information. Die Wege sind auch im Gratis-Stadtplan (Schubert & Franzke) eingezeichnet.

Grünbergseilbahn und Laudachsee: Die bewaldete Kuppe links neben dem mächtigen Traunstein ist der 1004 m hohe Grünberg, Gmundens Hausberg. Am schnellsten „besteigt" man ihn mit Hilfe der Seilbahn, deren Talstation 20 Gehminuten vom Zentrum gelegen ist. Auf markierten Wanderwegen kann man von der Bergstation wieder nach Gmunden absteigen (Gehzeit 1½ Std.). Eine überaus beliebte Familienwanderung führt von der Bergstation in einer Stunde auf breiten, einfachen Waldwegen (Waldlehrpfad) Richtung Südosten über das Radmoos zum

Laudachsee (880 m), der in einem Hochmoor zwischen Grünberg und den Nordabstürzen des Traunsteins eingebettet ist. Der Abstieg vom Radmoos ans Traunsee-Ostufer ist wegen des Erdrutsches im Gschliefgraben (→ S. 16) nicht mehr über den Almweg, sondern nur über die neue Forststraße „Ahornleiten" möglich (beschildert). Geübte Wanderer können vom Laudachsee in 4½ Std. den Traunstein umrunden. Dabei ist die exponierte *Hohe Scharte* (1090 m) zu überwinden, danach geht es über die bewirtschaftete Mairalm und eine Forststraße an das Seeufer und entlang der Traunsteinstraße zurück nach Gmunden. Im Winter sind bei ausreichend Schnee am Grünberg zwei Schlepplifte in Betrieb.

• *Betriebszeiten* 1. Mai bis 26. Okt. tägl. 9–17 Uhr, Juli/Aug. bis 18 Uhr. Auffahrt jede volle Stunde. Winterbetrieb ab Mitte Dez. Berg- und Talfahrt 11,80 €, Kinder 7 €, nur Bergfahrt 8,20 €/4,70 €, S-Card. ✆ 07612-66014, www.gruenberg-gmunden.net.

• *Essen & Trinken* **Grünbergalm**, Restaurant unweit der Bergstation, tolle Panoramaterrasse, günstige Hausmannskost. April bis Okt. tägl. 9–21 Uhr. ✆ 07612-77798, www.gruenbergalm.at.

Ramsauer Alm, der Almgasthof wird nach langem Umbau ab Mitte 2009 wieder offen sein.

Wanderung 16: Laudachsee und Grünberg

Bergsee, Panoramablicke, Obstbaumwiesen. Gesamtgehzeit 3¾ Std., leicht.

Der Ausgangspunkt (**1**; 665 m) ist bei der Schranke (Parkmöglichkeit) an der Straße zum Laudachsee oberhalb des **Franzl im Holz** (5 km nordöstlich von Gmunden, Wegweiser an der B 120). Die Forststraße 5 Min. bergauf, dann wendet man sich links in den Wald **(2)** und steigt auf dem breiten Weg Nr. 08 in Kehren bergan. Nach 20 Min. **(3)** trifft man auf eine Forststraße und folgt dieser links, 5 Min. bis zu einer Wegteilung am **Radmoos** (**4**, Rastbänke). Links führt die leicht ansteigende Waldstraße, vorbei am Siebenbrünnlein **(5)**, in 30 Min. zum **Laudachsee** (**6**, s. o.). Auf selbem Weg zurück zum Radmoos **(4)**, nimmt man nun den Weg schräg links in den Wald Richtung Grünberg (Weg 410). Nach 500 m **(7)** kann man zwischen zwei Varianten wählen: aussichtsreicher und 15 Min. länger ist jene rechts über das **Hochgschirr** (981 m). Die wieder vereinten Wege führen durch einen vom Sturm verwüsteten Hochwald weiter, an der Seilbahnbergstation vorbei, bis zur aussichtsreichen **Grünbergalm** (**8**; 984 m; Gasthof s. o., 1¼ Std. ab Laudachsee). Von hier steigt man die steile Skipiste hinab, quert unter der Seilbahn und wandert im Wald und entlang der Piste bergab. Rechts haltend mündet man nach 25 Min. oberhalb des **Grünbergbauer** in eine Asphaltstraße **(9)** und folgt dieser bergab durch Obstbaumwiesen. Nach 15 Min. und zwei Haarnadelkurven weist der gelbe Pfeil „Franzl im Holz" bei einem Bauernhaus nach rechts **(10)**. Man folgt ihm, steigt in einen Waldgraben hinab bis zu einer kleinen Brücke **(11)**, quert diese, geht rechts und gleich darauf links bergan in einen Hohlweg. Durch Wiesen und Wald erreicht man nach 30 Min. die Asphaltstraße zum Laudachsee **(12)**. Nun bergauf zum Franzl im Holz **(13)** und zum Ausgangspunkt zurück.

Traunstein (1691 m)

Bis weit ins Alpenvorland ist er bei schönem Wetter zu sehen – der Traunstein. Der „Wächter des Salzkammerguts" prägt mit seinen schroffen Felswänden das Ostufer und ist einer der bekanntesten Aussichtsberge Österreichs. Dass sein Gipfel trotz der vergleichsweise bescheidenen Höhe von allen Seiten über lange, versicherte

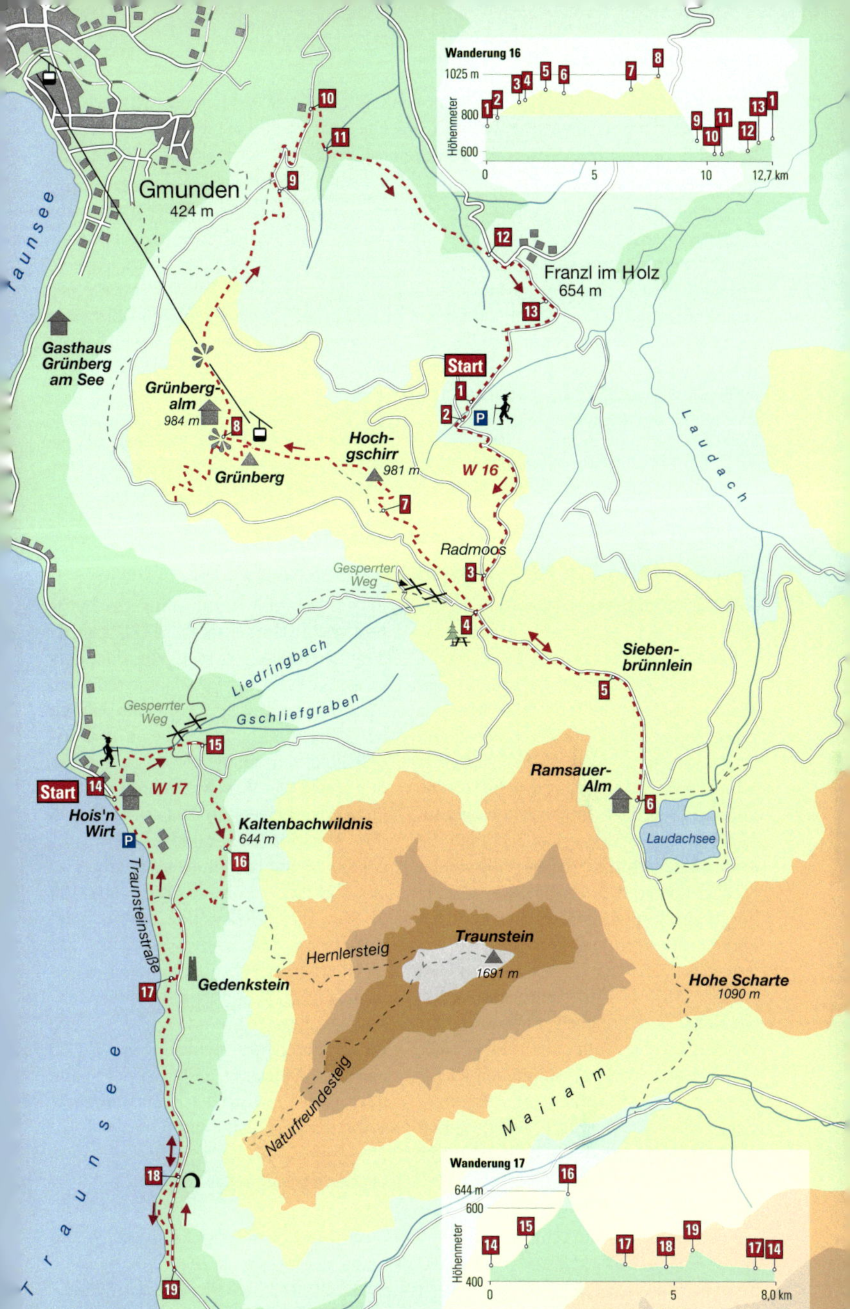

500 m

Wanderung 16 und 17:
Laudachsee und Grünberg / Kaltenbachwildnis und Miesweg

Steige (ca. 1200 Höhenmeter), die ausschließlich ausdauernden und trittsicheren Bergsteigern vorbehalten sein sollten, zu erreichen ist, macht ihn für viele umso reizvoller und fordert jährlich seine Opfer (Gedenkstein am Fuß des Hans-Hernler-Steigs).

Ein einfaches und dennoch eindrucksvolles „Fels-Feeling“ für jedermann vermitteln zwei am Fuß des Traunsteins nah am Seeufer angelegte Wege, die zu den Pflichtwanderungen am Traunsee zählen (s. u.). Ihre Ausgangspunkte liegen am Ende der **Traunsteinstraße**, die ab Gmunden 6 km am Ostufer des Traunsees und unterhalb des durch den monatelangen Hangrutsch bekannt gewordenen **Gschliefgrabens** entlangführt und dessen rare Parkplätze an schönen Sommerwochenenden hoffnungslos ausgelastet sind. Dann empfiehlt sich die Anreise von Gmunden mit dem Schiff (bis zum Gasthof Hois'n Wirt) bzw. mit dem öffentlichen Bus.

• *Traunstein-Anstiege* **Hans-Hernler-Steig** bzw. **Naturfreundesteig** von der Seeseite, **Lainausteig** von der Mairalm auf der Südseite (wird meist als Abstiegsvariante gegangen); gesicherte Steige, jeweils 3 Std. Anstieg.

• *Verbindungen* **Citybus Linie 4**: werktags 8–17 Uhr alle 1–2 Std. ab Rathausplatz. **Wanderbus**: April bis Ende Sept. Sa, So, Feiertage 6–20 Uhr ab Rathausplatz. www.stern-verkehr.at.

Wanderung 17: Kaltenbachwildnis und Miesweg

Felsromantik am Fuß des Traunsteins. Gesamtgehzeit 2½ Std., mittelschwer.

Ausgangspunkt ist der **Gasthof Hois'n Wirt** an der Traunsteinstraße (**14**; Schiffsstation, Parkplätze). Links davon auf asphaltiertem Pfad bergauf in den Wald und rechts haltend in 10 Min. bis zu einer Forststraße (**15**) – linker Hand ist das gewaltige Ausmaß der Hangrutschung im Gschliefgraben sichtbar. Die Forststraße 100 m links weiter bergauf und dann beim Wegweiser rechts in die **Kaltenbachwildnis**, deren Felsnadeln, Schluchten und Klettertürme (Adlerhorst) auf Serpentinen, Stufen, Brücken und in einem Tunnel durchquert werden. Nach 25 Min. erreicht man einen Sattel (**16**, 644 m) mit Holzhütte, höchster und zugleich Endpunkt der Wildnis. Ab hier führt der Weg 15 Min. durch einen kiefernbestandenen Grashang und Wald, vorbei am Ausgangspunkt des Hans-Hernler-Steigs, bergab zu einer Forststraße, die links hinunter in 10 Min. zum Traunsteingedenkstein und zum **Umkehrplatz (17)** an der Traunsteinstraße bringt. Von dort geht es weiter Richtung Süden: entweder auf der Forststraße Richtung Mairalm oder auf dem unterhalb gelegenen, ufernahen Pfad, der später direkt an den Badeplätzen am Wasser entlanggeht und kurz vor dem ersten Tunnel wieder in die Forststraße mündet (20 Min.). Gleich beim Tunnelportal rechts (**18**) beginnt der schmale **Miesweg**, der 20 Min. durch Felswände und auf Stegen knapp über dem Wasser bis zur meist trockenen Mündung des Lainaubaches führt. Von dort geht es steil hinauf zur Forststraße (**19**) und entlang dieser durch die beiden Tunnel (**18**) zum Umkehrplatz (**17**) zurück. Von dort noch 1 km auf der Traunsteinstraße bis zum Gasthof Hois'n.

Nördlich von Gmunden

„Römerkirche“ in Aurachkirchen: Die schön renovierte Kirche 11 km nördlich von Gmunden (jenseits der Autobahn A 1) ist eine der besterhaltenen romanischen Dorfkirchen Österreichs. Sie stammt aus dem 12. Jh., 1472 erhielt sie einen spätgotischen Chor und ein gotisches Portal.

Die Kirche ist von April bis Okt. Sa/So tagsüber geöffnet.

Nicht so schlecht, wie sein Name: der Miesweg

Bernhard-Haus bei Ohlsdorf: Der Vierkanthof in Obernathal Nr. 2, 2 km nördlich von Ohlsdorf, den der Schriftsteller *Thomas Bernhard* (1931–89) 1965 baufällig erwarb, jahrelang restaurierte und mit Antiquitäten und selbst entworfenen Möbeln ausstattete, ist unverändert erhalten. Er vermittelt einen guten Einblick in Bernhards Leben, seine Lust an Widersprüchen und Provokationen und kann mit Führung besichtigt werden. 2008 wurde ausgehend vom Bernhard-Haus der 9 km lange Rundweg „gehen denken" markiert, der an 11 Stationen mit Zitaten an den Schriftsteller erinnert.

Ostern bis Okt. Sa/So 14–18 Uhr. Eintritt 8,80 €, Schüler/Stud. 4,40 €. Voranmeldung unter ✆ 07612-47013, www.thomasbernhard.at.

Traunsee-Westufer

12 km lang ist das Westufer zwischen Gmunden und Ebensee an der Südspitze des Traunsees. Hier verlaufen die wichtigen Verkehrswege Richtung Bad Ischl, die Salzkammergutstraße B 145 und die Salzkammergutbahn. Die zwei größten Siedlungen sind Altmünster und Traunkirchen. Sie und die zahlreichen Herrschaftssitze und Villen, die das Ufer säumen, profitieren von der grandiosen Kulisse des Traunsteins, der gegenüber aus dem See ragt.

Schloss Traunsee (Schloss Württemberg): Das zwischen Gmunden und Altmünster oberhalb der Uferstraße (B 145) gelegene prächtige Schloss ließ Herzog Philipp von Württemberg 1873–75 im Stil der Neorenaissance für seine habsburgische Gemahlin erbauen. Der schön restaurierte Bau ist heute eine Internatsschule, sein Festsaal wird für Veranstaltungen und Hochzeiten genutzt.

Museum Eggerhaus: Dieses von 1700 stammende Wohnhaus eines Bauerngehöfts, ein schöner Stein- und Holzbau, wurde 1996 an seinem ursprünglichen Standort abgetragen und 1 km nördlich von Schloss Traunsee wieder aufgebaut und zum

Teil mit Originalmobiliar ausgestattet. Es dient als regionales Museum für ländliche Bau- und Wohnkultur des 18./19. Jh. und als Veranstaltungslokal.

Mai bis Sept. Sa/So 13–17 Uhr. Eintritt 3 €, Kinder bis 15 J. 2 €, S-Card. www.eggerhaus.at.

Altmünster

9570 Einwohner, 442 m

Der südlich an Gmunden anschließende Ort schmiegt sich in eine weite, nach Südwesten offene Bucht und bietet zahlreiche Freizeit- und Wassersportmöglichkeiten. Sein Ortsbild prägen neben der bemerkenswerten Pfarrkirche Hotels, Sommervillen und Tourismuseinrichtungen und leider auch die stark befahrene Uferstraße.

Das „Alt“ im Ortsnamen legt nahe, dass er einer der ersten Orte am Traunsee und Standort eines Klosters war, möglicherweise jenes, das in einer bairischen Urkunde von 909 als *monasterium an trunseo* erwähnt, später aber zerstört wurde.

• *Information* **Tourismusbüro**, Mai/Juni, Sept./Okt. Mo–Fr 9–12/14–17 Uhr, Juli/Aug. Mo–Fr 9–18, Sa 9–12/16–19 Uhr, Nov. bis April Mo–Fr 9–12 Uhr. Marktstr. 6, ✆ 07612-87181, www.traunsee.at/altmuenster.

• *Verbindungen* **Bahn**: 1x stündl. nach Gmunden bzw. Bad Ischl. **Linienschiff**: 1. Mai bis 26. Okt. 2-3x tägl. nach Gmunden, 1x tägl. nach Ebensee.

• *Übernachten* **** **Alpenhotel**, jüngst modernisierter Hotelbau aus den 1970ern direkt an der verkehrsreichen Hauptstraße unweit des Seeufers. 42 Komfortzimmer, teils mit Balkon und Seeblick, davon 19 topmodern mit Lärmschutzfenstern. Sauna, Solarium, Leihräder. Gute Küche. DZ 84–110 €, neue Zimmer 5 € extra. Hauptstr. 28, ✆ 07612-87377, ℻ 07612-88837, www.alpenhotel-traunsee.at.

*** **Reisenberger**, zentral hinter dem Schloss gelegene Gasthof-Pension mit 22 altmodisch-rustikalen Komfortzimmern, teils mit Balkon. DZ 70–80 €. Maria-Theresia-Str. 3, ✆ 07612-87216, ℻ 07612-8721616, www.pension-reisenberger.at.

Landhotel Reiberstorfer, am Schlosspark; zu einem rustikalen Landhotel mit 37 Komfortzimmern (teils mit Balkon) und 3 Suiten angewachsenes Traditionswirtshaus. Eher älteres Publikum. Sauna, eigener Badestrand. DZ 90–110 €. Maximilianstr. 2, ✆ 07612-87338, ℻ 07612-8733837, www.reiberstorfer.at.

*** **Gästehaus Schweizerhof am See**, direkt am See gelegen; 4 schöne, moderne Komfortzimmer mit Balkon sowie 4 einfache Zimmer (Du/WC am Gang). Fischrestaurant im Haus. DZ (alt) 56 €, DZ (neu) 96–140 €. Hauptstr. 14, ✆ 07612-87276, ℻ 07612-872764, www.schweizerhof.cc.

Haus Schuller, Privatquartier in ruhiger Lage, dennoch zentral im Ort. 4 Komfortzimmer mit Balkon. DZ 46–56 €. Franz Schubert-Str. 11, ✆ 07612-89504, ℻ 07612-89101, www.hausschuller.at.

Camping Schweizerhof, direkt am See, gut ausgestattet, 35 Stellplätze, Fischrestaurant. Mai bis Ende Sept. geöffnet. 20 € für 2 Pers., Auto und Zelt. Hauptstr. 17, ✆ 07612-87276, ℻ 07612-872764, www.schweizerhof.cc.

• *Essen & Trinken* **Reiberstorfer** → „Übernachten“. Traditionsreiches Gasthaus mit gemütlicher Kachelofenstube. Bekannt für verfeinerte Regionalküche (à la carte 10–18 €), saisonale Spezialitäten. Schöner Gastgarten.

Alpenhotel, → „Übernachten“. In den geschmackvollen Stuben wird kreativ verfeinerte Kost aus der Region geboten (Hauptgerichte 12–19 €). Warme Küche mittags und abends.

Schweizerhof → „Übernachten“. Gemütliches, kleines Restaurant am Seeufer mit Terrasse, bekannt für Gerichte mit Traunseefisch. Mi Ruhetag, Sa/So ganztägig Küche.

Almgasthof Windlegern, idyllisch mitten im Almgebiet gelegen, 12 km südwestlich von Altmünster. Bodenständige Küche, Wildgerichte und Produkte vom eigenen Bauernhof (Hochlandrinderzucht). Aussichtsterrasse mit Traunsteinblick. Di/Mi Ruhetag. Kollmannsberg 122, Neukirchen, ✆ 07617-2844, www.windlegern.at.

Steckerlfisch Trawöger, Imbissbude an der Schiffsstation Altmünster; hervorragender gegrillter Saibling auf Schwarzbrotscheiben. Juni bis Sept. Fischerweg 23.

• *Baden/Wassersport* **Solarbad**, hölzernes Seebad und moderne Badeanlage, solarbeheiztes Becken, große Liegewiese,. Mitte Mai bis Mitte Sept. Eintritt 4,40 €, ab 16 Uhr 2,30 €.

Badeplätze (gratis) an der Seepromenade zwischen Solarbad und Schiffsstation, mit Duschen, Buffet. Hundeverbot.

Wasserskischule, an der Seepromenade, Juni bis Sept. 10–20 Uhr. ✆ 0676-3024066, www.wasserskischule.org.

Tauchshop/schule Petro Diving, Fischerweg 3, ✆ 0664-3408913, www.pedro-diving.at.

• *Bootsverleih* **Trawöger** bzw. **Mayer** unweit der Schiffsstation, Ruder- und Segelboote.

Sehenswertes/Ausflüge

Pfarrkirche Hl. Benedikt: Die mitten in Altmünster erhöht gelegene Kirche präsentiert sich als interessantes Stilgemisch. Ältester Teil ist der auffällige steinerne Turm aus der Romanik (12. Jh.). Die Kirche selbst ist eine weiträumige, spätgotische Halle aus dem 15. Jh. mit schönem Rippengewölbe. Der Chor entstand um 1625 im Frühbarock. Zur kostbaren Ausstattung gehören der barocke Hochalter von 1636, die Figuren der Heiligen Georg und Florian und zweier Engel von *Michael Zürn d. J.* (1690), der Allerheiligenaltar mit Steingussrelief von 1518 und das Epitaph des Grafen Herberstorff in der Taufkapelle (südliches Seitenschiff) sowie die Weihnachtskrippe von *Johann Georg Schwanthaler* (18. Jh.).

Schloss Ebenzweier: Der prächtigste Profanbau von Altmünster war bereits im 13. Jh. Herrschaftssitz. Im Sommer 1825 war bei den damaligen Eigentümern der Komponist Franz Schubert zu Gast. 1830 erwarb Maximilian Habsburg d'Este das Schloss und ließ es 1842 zu seiner jetzigen Form ausbauen. Es beherbergt heute eine Gastgewerbeschule. Öffentlich zugänglich ist der weite Schlosspark mit seinen botanischen Raritäten; Festsaal und Schlosshof werden für Konzerte genutzt.

Oldtimermuseum „Rund ums Rad": Das kleine, ambitionierte Museum in der Maria-Theresia-Straße 3a dokumentiert mit über 130 fahrbereiten Exponaten die Entwicklung vom hölzernen Lauf- über das Hoch- bis zum Waffenrad des frühen 20. Jh. (Probe fahren!). In Sonderausstellungen werden Motorradveteranen gezeigt.

Mai/Juni und Sept./Okt. Sa/So/Feiertage 14–17 Uhr, Juli/Aug. tägl. 10–12/14–18 Uhr. Eintritt 4 €, Kinder 2 €. S-Card. www.radmuseum.at.

Gmundnerberg (822 m) und Grasberg (746 m): Die beiden lang gezogenen, nahezu baumfreien Höhenrücken oberhalb des Traunseewestufers bieten eine traumhafte Aussicht auf den See und ins Gebirge. Sie sind mit Straßen gut erschlossen (Abzweigung von der B 145 direkt in Altmünster, das einstige Krankenhaus hier oben wird 2008/09 in ein Therapiezentrum umgebaut). Ausflugsgasthäuser laden zur gemütlichen Einkehr, die flachen Gipfelwiesen sind ideal für Spaziergänge. Von Altmünster führen markierte Rundwanderwege herauf (Gesamtgehzeit jeweils 3 Std.). Der Grasberg ist auch ein beliebtes Ziel von Radfahrern.

Essen & Trinken **Gasthaus Reschenwirt** am Grasberg, gutbürgerliche Küche mit Produkten aus eigener Landwirtschaft. Mo/Di Ruhetag, ✆ 07618-8371, www.reschenwirt.at.

Viechtauer Heimathaus: Das bei Neukirchen, 6 km westlich von Altmünster Richtung Attersee gelegene Bauernhaus bietet Einblicke in das Landleben um 1900; zum Anwesen gehört auch eine im Gschwandhäusl nebenan eingerichtete Werkstatt der Viechtauer Holzwarenerzeuger. Vom Mittelalter bis zum Ersten Weltkrieg produzierten diese in Heimarbeit Löffel, Teller, Eimer, Schachteln, landwirtschaftliches Gerät, Spielwaren, Puppenmöbel und andere Holzwaren, die von sog. Verlegern in der Habsburgermonarchie und bis China vertrieben wurden und einen lebensnotwendigen Zusatzverdienst bescherten.

Di/Do 14–16, So 10–12 Uhr. www.heimathaus-viechtau.at.

Wildpark Hochkreut

Das landschaftlich großartig auf einer Bergkuppe (959 m) zwischen Traunsee und Attersee gelegene Areal, das früher den gräflichen Eigentümern, der Familie O'Donnell, und deren Jagdgästen vorbehalten war, ist seit 1975 als Wildpark zugänglich. Ein kinderwagentauglicher Rundweg führt vorbei an über 300 Wildtieren, darunter Steinböcke, Yaks, Rot- und Damwild, Zwergziegen, Uhus und andere Eulen – die beeindruckende Kulisse im Hintergrund bilden Traunstein und Höllengebirge. Am Vogelstimmenlehrpfad trällern heimische Singvögel auf Knopfdruck, beim Froschlehrtümpel tönen Amphibien. Ein Pilzlehrpfad klärt über essbare und giftige heimische Pilze auf. Im früheren Jagdhaus im Zentrum des Geländes befinden sich eine Gaststätte und ein Panoramamuseum. Dort erfährt man die Namen der umliegenden Berggipfel, Wissenswertes über ihre geologische Entstehung, die Geschichte der Holzspielerzeugung in der Viechtau sowie die der Jagd und Fischerei im Salzkammergut.

- *Anfahrt* Ab Altmünster 12 km, beschildert.
- *Verbindung/Wanderweg* Ab Neukirchen (566 m, Busverb. mit Altmünster 2-8x tägl.) beschilderter, teilweise steiler Weg zum Wildpark (1½ Std.).
- *Öffnungszeiten* April bis Nov. tägl. 9–18 Uhr. Eintritt 5,60 €, Kinder 3,50 €, S-Card. www.wildpark.co.at.

Traunkirchen

1680 Einwohner, 422 m

Die in den See vorspringende, bewaldete Felszunge von Traunkirchen mit dem dahinter aufragenden Traunstein ist das Postkartenmotiv der Region.

Der kleine, um zwei Plätze zentrierte Ort im südlichen Drittel des Traunsees ist berühmt für seine malerische Lage und die sehenswerte Fischerkanzel in der Pfarrkirche. Traunkirchen entwickelte sich aus dem 1020 gegründeten Benediktinerinnenkloster, das ein Vorposten bei der Christianisierung des Inneren Salzkammerguts war. 1622 übernahmen Jesuiten im Zug der Gegenreformation das zwischenzeitlich verödete Kloster und bauten es barock aus. Sie errichteten den Kalvarienberg und führten die bekannte Fronleichnamsprozession am See ein. 1773 wurde das Kloster aufgelöst, seine Kirche zur Pfarrkirche. 1861 und 1876 erhielt Traunkirchen mit dem Bau der Straße bzw. der Eisenbahnlinie eine Landverbindung Richtung Süden. Ende 2007 wurde die lang ersehnte Ortsumfahrung durch den Geisswandtunnel eröffnet.

- *Information* **Tourismusbüro**, in der Ortsmitte. Sept. bis April Mo–Fr 8–12/13–17 Uhr, Juli/Aug. Mo–Fr 8–18, Sa 9–12/14–18 Uhr. Ortsplatz 1, ✆ 07617-2234, www.traunsee.at/traunkirchen.
- *Verbindungen* **Bahn**: vom Bhf. Traunkirchen (2 km außerhalb) 1x stündl., von Traunkirchen-Ort (zentral!) alle 2 Std. nach Gmunden bzw. Bad Ischl. **Linienschiff**: 1. Mai bis 26. Okt. 4x tägl. nach Gmunden und Ebensee.
- *Übernachten* **** **Symposionhotel Post**, traditionsreiches Haus im Ortskern, mit Wurzeln im 16. Jh. 61 moderne Komfortzimmer, großteils mit Balkon. Sauna, Solarium. DZ 104–130 €. Ortsplatz 5, ✆ 07617-23070, ℻ 07617-2809, www.hotel-post-traunkirchen.at.

**** **Seehotel „Das Traunsee"**, Schwesternbetrieb der Post, unweit der Kirche direkt am See. 36 Komfortzimmer, Appartements und Suiten mit Balkon und Seeblick. Hauseigene Tauchschule. Neuer Wellness- und Fitnessbereich, Badesteg mit Lounge-Bar, Leihräder. DZ 122–180 €, Suiten bis 220 €. Klosterplatz 4, ✆ 07617-2216, ℻ 07617-3496, www.dastraunsee.at.

Strand-Camping Kienesberger, 40 Stellplätze 3,5 km nördlich, direkt am See, Buffet, eigener Strand. Mai bis Ende Sept. geöffnet. 22 € für 2 Pers., Auto und Zelt. Uferstr. 46, ✆/℻ 07617-2281.

- *Essen & Trinken* **Hotel Post** → „Übernachten". Gepflegtes Restaurant mit gediegenen Stuben, netter Gastgarten. Ausgezeichnete, verfeinerte Regionalküche, Spe-

Traunkirchen mit dem Traunstein

zialitäten sind Traunseefische und Traunkirchner Torte. Hauptgerichte 10–38 €, 2-Gänge-Mittagsmenü 12 €. Küche durchgehend.

Klosterstube, das kleine Wirtshaus im Klosterhof (schöner Gastgarten) serviert Wiener Hausmannskost. Do–So mittags und abends. Klosterplatz 2, ✆ 0664-5040778.

Eiscafé Johannesberg, Mehlspeisen und Eisbecher direkt am Seeufer. Mai bis Ende Sept. tägl. 9–22 Uhr, Ortsplatz 13.

• *Baden* **Bräuwiese**, größter und beliebter Badeplatz, 2 km nördlich. Liegewiese, flacher Kiesstrand, Imbiss, Duschen, frei zugänglich, Parkplatzgebühr.

Badeinsel, Ortsmitte, kleines, seichtes Seebadebecken, Schwimmplattform, kleine Liegewiese, frei zugänglich. Weitere Plätze an der Nordseite der Halbinsel.

• *Bootsverleih* **Loidl**, Ortsplatz, Elektro-, Tret- und Ruderboote. Mai bis Sept.

• *Veranstaltungen* **Fronleichnamsprozession am See**, Tradition seit 1632, Beginn 9 Uhr. **Märchennacht**, August, größtes Seefest am Traunsee. **Traunkirchner Holzmarkt**, 1. Sa/So im Sept., Spielwaren, Dekorationsartikel, Gebrauchsgegenstände, Boote, Brunnen, etc.

Sehenswertes/Ausflüge

Pfarrkirche Mariä Krönung und Fischerkanzel: Die wegen ihrer Kanzel berühmte Kirche ist nicht jene am Berg, sondern der schlossähnliche Bau mit dem großen Satteldach und den zwei niedrigen Türmen nördlich davon. Sie entstand 1632 als barocke Jesuitenkirche. Im Inneren zählt man fünf Altäre. 1753 erhielt sie ihr kostbarstes Ausstattungsstück, die in Form eines Bootes geschnitzte Kanzel. Sie stellt das Wunder vom reichen Fischfang (Lukasevangelium) dar: Die Apostel Jakobus und Johannes ziehen vor Jesus und Petrus ein Netz mit zappelnden Fischen ins Boot, nach unten trieft silbriges Wasser. Auf dem Schalldeckel steht der Jesuitenheilige Franz Xaver, umgeben von dunkelhäutigen Figuren, die seine Missionstätigkeit in Asien symbolisieren. Der große Krebs bezieht sich auf die Legende, wonach der Heilige bei einem Schiffbruch sein Kreuz verloren hatte und es von einem Hummer wieder gefunden wurde. Umgeben ist die Kirche von einem stimmungsvollen Friedhof mit alten schmiedeeisernen Kreuzen.

Am Gipfel des Kleinen Sonnsteins

Ehemaliges Kloster/Handarbeitsmuseum: An die Kirche schließen die früheren Klostergebäude an, deren stilvolle Räume heute für Veranstaltungen genutzt werden. Im Klosterhof sieht man eine Kaiserbüste und das Epitaph des Salzverwesers Hans Herzheimer. Im Kloster (1. Stock) ist ein liebevoll gestaltetes Handarbeitsmuseum untergebracht. Es zeigt Stick-, Strick-, Häkel- und Klöppelarbeiten, die in 34 verschiedenen Techniken von Hand gefertigt wurden.

Mai bis Ende Okt. Mi, Sa, So 14–16.30 Uhr, Juli/Aug. tägl. 14–16.30 Uhr. Eintritt 2 €, S-Card.

Johannesbergkapelle: Unbekannt ist die Bauzeit des Kirchleins, das auf dem bewaldeten Felsriegel Traunkirchen überragt. Sein Bauplatz aber ist uralt. So sollen auf dieser Anhöhe, einst Odinsberg genannt, bereits ein vorgeschichtlicher Opferplatz und ein römischer Tempel gestanden haben. Ein Steinkopf aus der Römerzeit ist in der Vorhalle der Kapelle zu sehen, ihr kleiner Altar stammt von 1622. Bestiegen wird der Johannesberg am besten vom Seeufer aus. Unter Naturschutz steht er, weil auf ihm der letzte geschlossene Eibenhain Österreichs wächst. Andernorts wurden diese Bäume wegen ihrer giftigen Nadeln und Samen entfernt.

Kalvarienberg: Der Kreuzweg auf der Bergseite des Orts entstand 1696 unter den Jesuiten und ist somit der älteste im Salzkammergut. Fünf Barockkapellen begleiten ihn nach oben. Von der letzten, die eine farbenprächtige Kreuzigungsgruppe birgt, hat man einen herrlichen Ausblick auf Traunkirchen und den See.

Kulturweg „Via Historica": Der mit 15 Schautafeln beschilderte, einfache Weg passiert die Highlights von Traunkirchen – vom Ortsplatz den See entlang, vorbei am Weltkriegsmahnmal (1966), dann auf den Johannesberg, wieder abwärts zur Seepromenade, um die Pfarrkirche und durch das Seetor in den Klosterhof. Nach der Kirche geht es über den Klosterplatz zum Ausgangspunkt zurück (45 Min.). Nun spaziert man rechts am Hotel Post vorbei, den Kalvarienberg hinauf und passiert dabei die vom berühmten Architekten Theophil Hansen 1850–54 für eine russische

Fürstentochter errichtete sog. **Russenvilla**, in der Anton Rubinstein, Rainer Maria Rilke, Richard Wagner und Adalbert Stifter verkehrten. Nach der obersten Kalvarienbergkapelle folgt man dem Weg weiter bergauf bis zu einer Weggabelung, an der es links über Stufen wieder abwärts geht. Bei der nächsten Abzweigung nimmt den Weg rechts über den Malerwinkel und steigt die Alte-Post-Straße zum Ortsplatz hinab (zusätzlich 1 Std.).

Löwendenkmal und Wechselkreuz: 2 km südlich von Traunkirchen markiert ein großer, zungenloser und sehr renovierungsbedürftiger Löwe eine aussichtsreiche Stelle an der 1856–61 aus dem Felsen gesprengten und in diesem Abschnitt heute als Rad- und Fußweg genutzten Uferstraße (Abzweig von der B 145). Sie ermöglichte erstmals den Landweg ins Innere Salzkammergut. Das Denkmal wurde 1963 von Rechtsextremisten gesprengt, bald aber wiedererrichtet. Etwas südlich des Denkmals steht direkt am Seeufer (Stichweg) ein schlichter Bildstock, das sog. Wechselkreuz. Hier, etwa auf halbem Weg, „wechselten" sich die Ruderer, die bis zum Bau einer eigenen Kirche 1729 jeden Sonntag rund 2000 Ebenseer auf großen Salzzillen zur Heiligen Messe nach Traunkirchen fuhren.

Wanderung 18: Kleiner Sonnstein (923 m)

Atemberaubender Traunseeblick. Gesamtgehzeit 2½ Std., mittelschwer.

Ausgangspunkt ist der Parkplatz vor dem Straßentunnel in **Siegesbach**, an der B 145 1 km südlich von Traunkirchen (**1**; 437 m). Der gut markierte Weg beginnt mit einer Betontreppe durch die Straßenstützmauer. Es geht durch einen Wald aufwärts, an einigen Häusern vorbei und auf einem Hohlweg wieder durch den Wald, dann steigt der Weg in unzähligen Kehren steil nach links an, bis man nach 1 Std. einen Sattel erreicht (**2**; 830 m). Links geht es durch den von Kiefern bestandenen, felsigen Gipfelhang 30 Min. aufwärts bis zur **Sonnsteinhütte** (Ostern bis Ende Okt. Sa, So, Feiertage, im Juli/Aug. tägl. geöffnet, ✆ 0664-8797294) und den nahen, auf drei Seiten steil abfallenden Aussichtsgipfel des **Kleinen Sonnstein** (**3**; 923 m) mit Traunsteinblick und Tiefblick nach Traunkirchen! Der Rückweg erfolgt auf der Aufstiegsroute.

Ebensee

8040 Einwohner, 426 m

Der Salinen- und Fremdenverkehrsort am Südende des Traunsees erstreckt sich in einer von der Traun aufgeschütteten Ebene zwischen Höllengebirge und Totem Gebirge. Ebensee ist Talort der Seilbahn auf den Feuerkogel und Ausgangspunkt zu den Langbathseen und zum Offensee.

Seit 1595 wird in Ebensee Salz erzeugt. Die dazu benötigte Sole wird seit 1607 vom Hallstätter Salzberg und seit 1905 auch aus Altaussee zugeleitet. Industrie- und Gewerbebauten sind daher Teil des Ortsbilds, wenn auch 1979 die große Saline in den Ortsteil **Steinkogel** (5 km südlich) verlegt wurde. Dort produziert sie als größtes Werk Österreichs jährlich bis zu 1,1 Mio. Tonnen Salz. Es wird u. a. verwendet als Speise-, Vieh- und Auftausalz und als Grundstoff in der Kunststoff-, Pharma-, Farb- und Textilindustrie, als Düngemittel und zur Unkrautvernichtung. Der nach Abriss der alten Salinengebäude frei gewordene Platz im Ebenseer Zentrum wurde modern bebaut. Ein kleiner, alter Ortskern mit zwei Museen gruppiert sich um die erhöht gelegene Pfarrkirche. Hier spielen sich auch die alten, weithin bekannten Ebenseer Volksbräuche ab: der Glöcklerlauf zur Raunacht am 5. Januar und der Fetzenzug als Höhepunkt des Faschings. Im Ortsteil **Rindbach** an der südöstlichen Traunseebucht präsentiert sich Ebensee als Sommerfrischeort mit historischen Villen und einem großen Freizeitzentrum am See. In **Roith** 2 km südlich, wird mit einer Gedenkstätte an das größte **Nebenlager des KZs Mauthausen** erinnert, das hier 1943 eingerichtet wurde.

• *Information* **Tourismusbüro Ebensee**, Juli/Aug. Mo–Fr 8–18, Sa 9–12/14–18 Uhr, sonst Mo–Fr 8–12/13–16 Uhr. Hauptstr. 34, ✆ 06133-8016, www.ebensee.at.

• *Verbindungen* **Bahn**: 1x stündl. nach Gmunden bzw. Bad Ischl.

Linienschiff: Rundkurs bis Gmunden 1. Mai bis 26. Okt. 4x tägl., Ebensee–Gmunden 8,50 €.

• *Einkaufen* **Lederhosenmacher Ahamer**, Traditionsbetrieb seit 1932, maßgefertigte Hosen, Jacken und Röcke aus Wildleder. Mo–Fr 8–12, 15–18, Sa 8–12 Uhr. Marktgasse 22, ✆ 06133-6693, www.leder-ahamer.at.

Goldschmiede Lorenz, Trachten- und Grandlschmuck (aus den Eckzähnen von Rothirschen). Mo–Fr 8–12, 14.30–18, Sa 8–12 Uhr. Marktgasse 6, ✆ 06133-8464.

• *Übernachten* *****S Landhotel Post**, einziges Hotel im Ort, bestehend aus 2 Häusern (Land- und Parkhotel) mit insgesamt 68 modernen Komfortzimmern, großteils mit Balkon. Wellness-Bereich, Restaurant. DZ 60–86 €. Hauptstr. 19, ✆ 06133-5208, ℻ 06133-520852, www.hotel-post-ebensee.at.

***** Pension Ahamer**, nette Frühstückspension in zentraler, aber ruhiger Lage. 19 farbig gestaltete Komfortzimmer, reichhaltiges Frühstücksbuffet, Fitnessraum und Saunahütte. DZ 58–64 €. Rindbachstr. 20, ✆ 06133-5202, ℻ 06133-520233, www.tiscover.at/pension-ahamer.

**** Pension Sybille**, einfache Pension im alpenländischen Stil 2 km südlich im Ortsteil Roith. 8 Zimmer mit Du/WC, teils mit TV und Balkon. DZ 50–55 €. Landsgraben 3, ✆ 06133-5389, ℻ 06133-5071, www.traunsee.at/pension-sybille.

Haus Lehner, Privatquartier in Roith, 2 km südlich mit 3 Komfortzimmern im Landhausstil. DZ 60–70 €. Roitherstr. 65, ✆/℻ 06133-6836, www.fam-lehner.at.tt.

• *Essen & Trinken* **Landhotel Post** → „Übernachten". Großes Hotel-Restaurant mit gehobener regionaler und internationaler Küche. Mi Ruhetag.

Parkcafé Tiki Taki, Restaurant-Café-Bar in einem hölzernen Pavillon unweit vom Museum. Hausmannskost, Ofenkartoffeln, Wraps, Burger, Mittagsmenü 6–8 €. Di–So

11–22 Uhr, abends Barbetrieb und Parties. Hauptstr. 31, ✆ 0699-11199478, www.tiki-taki.at.

• *Baden* **Freizeitanlage Rindbach**, Strandbad in der Rindbacher Bucht, große, sonnige Liegewiese, Buffet, seichter Kiesstrand, Bootsverleih, Segel- und Tauchschule, Wasserski, frei zugänglich, Parkplatzgebühr.

Hallenbad Ebensee, Sauna, Solarium. Mo–Mi/Fr 14–21, Sa/So 10–20 Uhr. Eintritt 5,50 €. Hauptstr. 34.

• *Kino* **Kino Ebensee**, Schulgasse 6, ✆ 06133-6308, www.kino-ebensee.at.

• *Radverleih* **Drahteselklinik**, MTB-Verleih, Mo–Fr 8–12, 14.30–18, Sa 8–12 Uhr. Hauptstr. 30, ✆ 06133-6187.

• *Reiten* **Panoramareitweg Höllengebirge Traunsee**, auf markierten Forstwegen zwischen Traunsee und Langbathseen. Mai bis Okt. gegen Gebühr benützbar (ca. 8 €/Tag). www.reiten-traunsee.at.

• *Veranstaltungen* **Glöcklerlauf**, 5. Jan. ab 18 Uhr, alter, in Ebensee entstandener Brauch mit über 300 Glöcklern (→ S. 18).

Fetzenzug, Faschingsmontag, Höhepunkt des Ebenseer Faschings. Die am Umzug teilnehmenden *Fetzen* tragen Gewänder aus Lumpen und Stoffresten sowie kunstvoll geschnitzte Holzmasken.

Sehenswertes/Ausflüge

Pfarrkirche Hl. Josef/Kalvarienbergkapelle: In der 1729 erbauten und 1911 erweiterten Kirche hat sich ein barocker Chor erhalten. Zu der 1779 erbauten und reizvoll über dem Ort thronenden Kalvarienbergkapelle führen sechs Kreuzwegkapellen und an die 400 Steinstufen hinauf.

KZ-Gedenkstätte und Gedenkstollen Ebensee

4 km südlich von Ebensee dokumentiert eine Gedenkstätte das Schreckensregime der Nationalsozialisten. Ende 1943 errichtete die SS hier am Fuß des Seebergs das Arbeitslager „Zement“, ein Nebenlager des Konzentrationslagers Mauthausen bei Linz. 27.000 Häftlinge aus 20 Nationen mussten hier Stollen in den Berg treiben, in denen eine Raketenversuchsanstalt untergebracht werden sollte. Ab 1944 gab es hier eine Raffinerie, später wurden Panzerteile produziert. Etwa 8500 Häftlinge kamen durch die gnadenlosen Arbeitsbedingungen ums Leben. Im Mai 1945 befreiten US-Truppen rund 18.000 Gefangene. Für die rund 1000 aufgefundenen Leichen wurde 1946 ein Friedhof errichtet – das übrige Lagergelände wurde mit einer Wohnsiedlung weitgehend überbaut. 1948 wurden zwei Massengräber mit weiteren 3000 Leichen entdeckt. An dieser Stelle entstand 1952 eine *Gedenkstätte*, an der nun 4000 Menschen beerdigt sind und Angehörige und Heimatländer der Opfer Denkmäler errichteten. Die Gedenkstätte ist ganzjährig frei zugänglich und informiert seit 1994 auch über die Geschichte des Lagers. Das Haupttor des Lagers ist ebenfalls noch erhalten. Seit 1996 sind Teile der rund 500 m von der Gedenkstätte entfernten Stollenanlagen auf Initiative eines privaten Vereins für Besucher geöffnet. Die dort gezeigte erschütternde Ausstellung zur Geschichte des KZs wurde mit Unterstützung der Republik Österreich realisiert.

Gedenkstollen (8 °C, warme Kleidung!): Mai bis Ende Sept. Sa/So 10–17 Uhr, Mitte Juni bis Mitte Sept. tägl. (außer Mo) 10–17 Uhr. Eintritt 3 €, Schüler 2 €, S-Card! Kombikarte mit Zeitgeschichtemuseum s. o.

Museum Ebensee: Das in der früheren Salinenverwaltung (Hauptstr. 27) eingerichtete und 2008 neu gestaltete, sehenswerte Museum informiert im 1. Stock über die Salzgewinnung, die Soleleitung und das Leben der Holzknechte, über regionale

Tracht und das rege Ebenseer Brauchtum rund um den Glöcklerlauf (toll präsentierte Glöcklerkappen im Dachgeschoss), Singvogelfang, Weihnachtskrippen und Faschingstreiben. Zu sehen gibt es auch ein historisches Klassenzimmer und Erinnerungen an den frühen Tourismus am Feuerkogel. Im 2. Stock wird die Schau „Heimat – Himmel & Hölle" über die (un)freiwillige Aus- und Einwanderung in der Region präsentiert.

Juni bis Ende Sept. Di, Do, Sa 14–18 Uhr. Krippenschau Mitte Dez. bis Ende Jan. tägl. 13–17 Uhr. Eintritt 6 €, Kinder 2 €, S-Card. ✆ 0676-83940778, www.heimat-himmel-hoelle.at.

Zeitgeschichtemuseum Ebensee: Das Museum im ehemaligen Schulgebäude Kirchengasse 5 (neben der Pfarrkirche) präsentiert mit 1000 historischen Fotos, Filmen, Dokumenten und Plakaten die Geschichte des Salzkammerguts zwischen 1918 und 1955 im gesamtösterreichischen Kontext, von der Ersten Republik, über Bürgerkrieg, Austrofaschismus 1934–38, Nationalsozialismus und der Geschichte des KZs Ebensee (→ Kasten S. 253) bis zu den Nachkriegsjahren.

Tägl. (außer Mo) 10–17 Uhr. Eintritt 4 €, Schüler 2,50 €. S-Card. Kombikarte mit KZ-Gedenkstollen 6 € bzw. 4 €. www.ebensee.org.

Rindbachwasserfall: Das Naturdenkmal 2 km östlich von Ebensee erreicht man vom Parkplatz am Ende der Rindbachstraße in einem 25-minütigen Spaziergang.

Gassel-Tropfsteinhöhle (1226 m): Im Massiv des Erlakogels östlich von Ebensee befindet sich eine der schönsten Tropfsteinhöhlen der Nördlichen Kalkalpen und zugleich die einzig öffentlich zugängliche Höhle des Toten Gebirges. Ihren Eingang erreicht man nach einer 2½-stündigen Wanderung ab dem Parkplatz Rindbach (Wegweiser an der B 145) vorbei am Rindbachwasserfall (s. o.). Während der Führung (Dauer 50 Min.) durch die 6 °C kalte Höhle sieht man bis zu 6 m hohe reinweiße, gelbliche oder dunkelbraune Tropfsteine, Sinterfahnen und orgelförmige Gebilde. Eine Schutzhütte neben der Höhle liefert die Stärkung.

• *Öffnungszeiten* Mai bis Mitte Sept. Sa/So/Feiertage 9–16 Uhr. Nur mit Führung. Eintritt 5 €, Kinder ab 6 J. 3 €, S-Card. www.gasselhoehle.at.

• *Zubringerbus* Fährt bis 30 Gehminuten unter die Höhle. Juli/Aug. Sa 9 und 13 Uhr. Abfahrt gegenüber dem Bahnhalt Ebensee. Ticket 10 €, Kinder 5 €. Voranmeldung bis Fr 18 Uhr unter ✆ 06133-5446.

Feuerkogel (1594 m)

Der mächtige Kalkstock des Höllengebirges erstreckt sich vom Südende des Traunsees 16 km Richtung Westen bis an die südlichen Ufer des Attersees (→ Steinbach S. 178). Seine Hochfläche ist ein hügeliges, von Latschen dicht bewachsenes Felsgelände, das herrliche Ausblicke bietet. Auf den Feuerkogel, den nordöstlichsten Gipfel des Gebirges, führt bereits seit 1927 von Ebensee aus eine **Seilbahn** (der Aufstieg zu Fuß dauert rund 3 Std.). Auf dem Plateau rund um die Bergstation gibt es fünf Berggasthöfe, ein Almhüttendorf und ein kleines Skigebiet. Wer nicht bloß von einer der Terrassen die grandiose Rundsicht vom Dachstein bis zum Böhmerwald genießen möchte, kann 40 km markierte Wander- und Höhenwege in Angriff nehmen. Problemlos und viel begangen sind die Pfade zu zwei Aussichtspunkten: Der breite Weg Nr. 835 führt in 45 Min. von der Bergstation westlich zur gemauerten Aussichtskanzel und dem Europakreuz (seine 25 Stahlwürfel stehen für die 25 EU-Staaten) auf dem **Alberfeldkogel** (1707 m), dessen Nordwand spektakulär gegen das Langbathtal abbricht. Rückweg auf gleicher Route. Weg Nr. 837 bringt in 1 Std. von der Bergstation südlich auf den **Helmeskogel** (1633 m), ebenfalls mit Aussichtskanzel und Kreuz. Lang, wegen des steinigen Wegs anspruchsvoll und nur bei guten Wetter zu gehen ist die Bergtour auf den **Großen Höllkogel** (1862 m), der etwa in der Mitte des Gebirges als höchste Erhebung aufragt (nur Hinweg 3 Std.).

• *Seilbahn* Juni bis 26. Okt. tägl. 8.30–17, Juli/Aug. bis 18 Uhr. Fahrten zur vollen Stunde. Bergfahrt 13 €, Kinder 7–15 J. 7,60 €, Berg- und Talfahrt 17 € bzw. 9,80 €, S-Card. www.feuerkogel.net.

• *Mountainbike* 5,6 km lange, naturbelassene Downhillstrecke – nur für Könner. Bei Seilbahnbetrieb geöffnet. 11,70 €/Fahrt.

• *Wintersport* 6 Lifte, 12 km Pisten. Tageskarte ca. 27 €. Betrieb von Mitte Dez. bis Ende März. Beliebtes Skitourengebiet.

• *Übernachten/Essen* *** **Berggasthof Edelweiß**, in Panoramalage auf 1600 m. Bei Fam. Neubacher gibt es zurzeit 15 liebevoll eingerichtete Komfortzimmer und 3 Suiten, teils mit Balkon. 14 Zimmer sollen mit dem modernen Anbau „Annex Edelweiß" hinzukommen. Sauna, höchstgelegener Weinkeller Österreichs. Sehr gute Küche, Wildgerichte, Hausmannskost. Bei Seilbahnbetrieb tägl. geöffnet. DZ 82–90 €. Feuerkogel 13, ✆ 06133-5490, 📠 06133-549030, www.feuerkogel.at.

Haus Dachsteinblick, neu renoviertes uriges Berggasthaus 5 Min. von der Bergstation, köstliche Hausmannkost und Almgerichte. Aussichtsterrasse. Mitte Mai bis Ende Okt. tägl. offen. ✆ 06133-54942.

Almhüttendorf, 13 komfortabel ausgestattete, 1998 erbaute Selbstversorgerhütten für je 12 Pers. Infos unter ✆ 0463-55080, www.familiendorf-feuerkogel.at.

An den Langbathseen und am Offensee

Die vor großartiger Felskulisse am Ende von Seitentälern gelegenen Gebirgsseen bei Ebensee sind beliebte Ausflugsziele und mit dem Auto erreichbar. An heißen Sommertagen herrscht an ihren Ufern reger Badebetrieb.

Zu den **Langbathseen** am Fuß des Höllengebirges gelangt man durch das 9 km lange, enge Tal des Langbathbaches, das vom Ebenseer Ortszentrum nach Nordwesten ansteigt. Die Straße endet beim kostenlosen Parkplatz neben dem Hotel vor dem *Vorderen Langbathsee.* Gleich von seinem Ostufer hat man v. a. vormittags einen atemberaubenden Blick über das glasklare, von tiefgrünen Wäldern gesäumte Gewässer, in dem sich die felsige Umgebung spiegelt. Das einzige Gebäude im Blickfeld ist das frühere Jagdschloss von Kaiser Franz Joseph in einer sattgrünen Seewiese am gegenüberliegenden Ufer. Es erinnert daran, dass das gesamte Höllengebirge bis zum Ersten Weltkrieg kaiserliches Jagdgebiet war und nur mit Genehmigung betreten werden durfte. In einem Talkessel 1 km hinter dem Ende des vorderen Sees liegt etwas erhöht (753 m) sein ebenfalls sehenswerter kleiner Bruder, der idyllische *Hintere Langbathsee.*

Vorderer/Hinterer Langbathsee: 664/753 m Seehöhe. 1,1/0,5 km lang, beide bis zu 0,4 km breit. Max. Tiefe 33/15 m. Max. Temperatur 23 °C.

Lohnenswert ist die etwa 8 km lange Umwanderung (2 Std.) beider Langbathseen, die auf Schotterstraßen und breiten Wegen auch mit Kinderwagen oder Fahrrad (dann vermutlich schneller) möglich ist. Wer nur den vorderen See umrundet, braucht zu Fuß etwa 40 Min. Zwischen den beiden Seen mündet von Norden der Weg von der Großalm ein (S. 179).

• *Essen & Trinken* **Hotel beim Parkplatz** bis auf weiteres geschlossen.

Landgasthof Zur Kreh, Restaurant und Pferdezucht im Langbathtal. Die Küche bietet tägl. regionale Schmankerl, Hausmannskost und Brettljause. Langbathsee 1, ✆ 06133-6235.

• *Baden* Alle Ufer sind frei zugänglich, der beste Platz mit seichtem Kiesstrand ist gleich beim Hotel.

• *Angeln* Mai bis Mitte Nov. mit Fischerkarte und Lizenz, Tageskarte 40 €, erhältlich im Gasthof in der Kreh.

Die Straße zum **Offensee** zweigt 3 km südlich von Ebensee von der B 145 ab und führt dann 9 km aufwärts in Richtung Osten zu den Ausläufern des Toten Gebirges. Dort eingebettet liegt das kristallklare, mehr rechteckig als rund geformte Gewässer, dessen seichte Schotterufer ideal zum Baden sind. Parkplätze gibt es beim Restaurant Offensee (rechts abbiegen) bzw. am Ende der Straße (geradeaus weiter), von wo es nur mehr wenige Schritte bis zur Nordostspitze des Sees sind. Am Rand der breiten, sonnigen Seewiese am Südufer (20 Min. zu Fuß ab Parkplatz) hat von Mai bis Oktober die kleine Jausenstation Seeau geöffnet.

Offensee: 649 m Seehöhe. 1,2 km lang, bis zu 1,1 km breit. Max. Tiefe 36 m. Max. Temperatur 22 °C.

Der Spaziergang um den See dauert etwa 1 Std. Es geht auf kinderwagentauglichen breiten Fahrwegen dahin, nur am Südufer muss der Schotterkegel, den der Rinnerbach in den See schiebt, überquert werden. Am Nordwestufer kommt man an einer Haflingeralm und am einstigen Jagdschloss von Kaiser Franz Joseph vorbei. Beim Restaurant Offensee sollte man rechts den Waldweg zurück zum Parkplatz erwischen, ansonsten muss man 1 km auf der Asphaltstraße traben. Der See darf übrigens auch mit dem Fahrrad umrundet werden und ist so Ziel eines netten Radausflugs von Ebensee.

Vom Ostufer des Sees erreicht man in langen Bergtouren zwei weitere Seen: 4 Std. dauert der steile, anspruchsvolle Anstieg zum auf 1535 m gelegenen *Wildensee*, ei-

Langbathseen – einst dem Kaiser vorbehalten

nem wildromantischen Gebirgssee. 5 Std. ist man unterwegs auf dem Hochpfad Richtung Osten zum *Almsee* am Ende des Almtals (S. 260).

• *Essen & Trinken* **Restaurant Offensee**, moderner Bau 300 m südlich des Sees, Terrasse mit Gebirgsblick, regionale und internationale Küche, Fischrestaurant. Mai bis Okt. tägl. geöffnet. ✆ 06133-6572, www.offensee.at.

• *Baden* Ideal sind Ost- und Südufer des Offensees, dort auch große Liegewiese.

• *Angeln* Von Mai bis Mitte Nov. mit Fischerkarte und Lizenz, Tageskarte 44 €, erhältlich im Restaurant.

Im Almtal

Östlich des Traunsees erstreckt sich in Nord-Süd-Richtung das 20 km lange innere Almtal, das mit seiner verträumten stillen Landschaft zu den Perlen des Salzkammerguts zählt. Anziehungspunkte in dem „Tal der Vögel" sind der Cumberland-Wildpark und der Almsee in grandioser Kulisse am Talende.

Von Gmunden über die B 120 kommend, trifft man in **Scharnstein** auf das Almtal. Im örtlichen Schloss sind mehrere Museen eingerichtet, in der Nähe lässt eine alte Schmiede die Hämmer dröhnen. 6 km weiter taleinwärts folgt mit dem Bergsteigerdorf **Grünau** der Hauptort des Almtals. Hier teilt sich die Straße: Rechts (Richtung Almsee) folgt sie der kristallklaren Alm durch dichte Wälder weiter flussaufwärts, passiert nach 6 km den beliebten **Cumberland-Wildpark** und nach weiteren 3 km den schmucken Gasthof Jagersimmerl, wo links eine 6 km lange, schmale Straße in die wildromantische Hetzau zum **Almtalerhaus** und den smaragdgrünen **Ödseen** abzweigt, und trifft schließlich nach weiteren 4 km auf den **Almsee** im prächtigen, von den Gipfeln des Toten Gebirges überragten Talschluss.

Konrad Lorenz und das Tal der Vögel

1973 wurde der Österreicher *Konrad Lorenz* (1903–89) gemeinsam mit Karl von Frisch (→ S. 118) und dem Niederländer Niko Tinbergen für seine grundlegenden Arbeiten in der modernen Verhaltensforschung mit dem Nobelpreis für Medizin ausgezeichnet. Berühmt wurden Lorenz' Versuche an Graugänsen, bei denen er medienwirksam als „Gänsevater" demonstrierte, dass die Nachlaufprägung der Küken angeboren war. Um die Experimente nach seiner Emeritierung 1973 fortzusetzen, suchte Lorenz eine neue Unterkunft für seine halbzahmen Graugänse. Er fand sie im Cumberland-Wildpark in der Grünau, wo eine eigene *Konrad-Lorenz-Forschungsstelle* errichtet wurde. Diese beschäftigt sich mittlerweile nicht nur mit Graugänsen, sondern auch mit den hochintelligenten Kolkraben, denen 1997 sogar eine Folge der TV-Reihe „Universum" gewidmet wurde. Jüngste Forschungserfolge beruhen auf der Waldrappe, einer vom Aussterben bedrohten Ibisart. Da den gezüchteten Waldrappen die traditionellen Zugvogelrouten unbekannt waren, wurden sie darauf trainiert, im Spätsommer ihren Zieheltern in Ultraleichtflugzeugen über die Alpen und im Juni wieder zurück ins Almtal zu folgen. So sollen frei lebende Waldrappen wieder in Mitteleuropa heimisch gemacht werden.

Kostenlose Führungen durch die Forschungsstelle jeden Di 15 Uhr nach Anmeldung: ✆ 07616-8510.

Nimmt man in Grünau die Straße nach links (Richtung Schindlbach), kommt man in das breitere Tal des Grünaubaches. Nach 3 km beginnt rechts die kurvenreiche Mautstraße Farrenau zum **Hochberghaus** (1100 m), das Ausgangspunkt schöner Wanderungen im Gebiet des **Kasbergs** (1747 m) ist. Dieser Gebirgsstock ist ein Vorposten des Toten Gebirges und im Winter ein beliebtes Familienskigebiet. Nach 4 km am Ende der Talstraße bietet das **Kinderland Schindlbach** Familienunterhaltung.

• *Information* **Tourismusbüro Grünau**, unweit der Kirche. Mo–Fr 9–12/14–18, Sa 9–12 Uhr. Im Dorf 17, ✆ 07616-8268, www.gruenau-almtal.at.

• *Verbindungen* **Almtalbahn**: Wels (Westbahn)–Grünau alle 1–2 Std. **Bus**: nach Gmunden Mo–Sa alle 1–2 Std., So 4x tägl.; zum Almsee 3–4x tägl.

• *Übernachten* **** **Romantikhotel Almtalhof**, in Gartenlage am südlichen Ortsrand von Grünau, schlösslartiger, charmant-rustikaler Familienbetrieb, 22 Komfortzimmer und 2 Suiten im eleganten Landhausstil. Hallenbad, Sauna, Dampfbad, Whirlpool, Leihräder. Sehr gutes Restaurant. DZ 150–200 €. Grünau 382, ✆ 07616-6004, 📠 07616-600466, www.almtalhof.at.

*** **Alpenpension Birkenhof**, in Ortsmitte, dennoch ruhige Lage in einem Garten. 13 geräumige, zweckmäßige Komfortzimmer mit Südbalkon. Kneippanlage, Leihräder. DZ 56–60 €. Almseestr. 58, Grünau, ✆ 07616-8241, 📠 07616-824115, www.tiscover.at/birkenhof-gruenau.

*** **Pension Wanderruh**, 2 km südlich von Grünau, ruhige Lage an Wald und Fluss. Geschmackvoll renovierte Pension, 4 schöne Komfortzimmer und 3 Appartements. DZ 54–66 €. Rabenbrunn 4, ✆ 07616-8337, 📠 07616-833715, www.wanderruh.at.

*** **Gasthof Jagersimmerl**, Bilderbuchgasthof in Alleinlage, 4 km nördlich des Almsees. 6 neue, rustikal-elegante Komfortzimmer, 5 Juniorsuiten. Sauna, Solarium, Leihräder, Angeln am Ödsee und eigene Loipen mit Skiverleih. DZ 72–110 €. Habernau 6, ✆ 07616-8505, 📠 07616-850533, www.jagersimmerl.at.

*** **Landgut Oberschwiebl**, Frühstückspension in ruhiger Waldrandlage 2 km südlich, 4 neue Komfortzimmer im Landhausstil mit Balkon, 2 Appartements. Liegewiese. Leihräder. DZ 56–76 €. Hinterinnbach 14, ✆ 07616-8339, 📠 07616-20034, www.oberschwiebl.at.

** **Pension Kasbergblick**, am Ortsrand, ruhige Lage am Waldrand mit Garten, familienfreundlich. 10 Komfortzimmer mit Balkon. Leihräder, Sauna. DZ 50–54 €. Almeggstr. 28, ✆ 07616-8279, 📠 07616-827926, www.kasbergblick.at.

• *Essen & Trinken* **Almtalhof** → „Übernachten"; ausgezeichnete Gourmetküche, serviert in gemütlichen, liebevoll dekorierten Stuben oder im idyllischen Garten. Vollwertgerichte, Spezialitäten vom Almtalrind, gute Weinauswahl. Hauptgerichte 15–38 €. Tägl. 12–13.30, 19–21 Uhr.

Jagersimmerl → „Übernachten"; heimelige Kachelofenstube, kreativ verfeinerte regionale Küche, Wild und Forellen aus eigener Jagd und Zucht. À la carte 8–15 €. Di Ruhetag.

Forellenhof Wieselmühle, rustikaler Gasthof in schöner Lage, Forellen aus eigener Zucht. Do Ruhetag. Almseestr. 73, ✆ 07616-8250, www.wieselmuehle.at.

• *Baden* **Erlebnisfreibad Grünau**, Ortsmitte; geheiztes Becken. Sommer tägl. 9–21 Uhr. Tageskarte 2,30 €. **Ödseen**, s. u.

• *Rad* **Almtalradweg** (R 11, 58 km) von Wels bis zum Almsee.

Radverleih im Hotel Almtalhof → „Übernachten".

• *Wintersport* **Ski/Snowboard** → Kasberg **Langlauf**: 9 km Loipen im Ort, 13 km beim Jagersimmerl. **Eislaufen**: am Almsee.

• *Veranstaltungen* **Almabtrieb** vom Kasberg, Mitte Sept.

Sehenswertes/Ausflüge

Museen im Schloss Scharnstein: Das 1584 im Renaissancestil erbaute und im letzten Jahrhundert verfallene Schloss fand 1967 einen neuen privaten Eigentümer, der es vorbildlich renovierte und Museen einrichtete: Das *Kriminalmuseum* zeigt in über 20 Schauräumen die österreichische Geschichte des Justiz- und Sicherheitswesens vom Mittelalter bis heute. Für Kinder ist diese Ausstellung wenig geeignet.

Zu sehen gibt es Folterinstrumente, Mittel des Strafvollzugs, Waffen, Exponate zu Gerichtsverfahren, Dokumentationen spektakulärer Kriminalfälle sowie Uniformen und Geräte der oberösterreichischen Gendarmerie, der ein Teil des Museum gewidmet ist. Das *Zeitgeschichtemuseum* befasst sich mit der Entwicklung Österreichs im 20. Jh. Das *Haus der Gifte* im Keller des Schlosses beeindruckt mit seinen Terrarien voll exotischer und großteils giftiger Spinnentiere, Schlangen und Frösche und seiner Schau zu Pfeil- und Rauschgiften.

Kriminalmuseum: 1. Mai bis 15. Okt. tägl. (außer Mo) 9–17 Uhr. Eintritt 4,50 €.
Zeitgeschichtemuseum: 1. Mai bis 15. Okt. Sa/So 9–17 Uhr. Eintritt 4,50 €. ✆ 0664-3005677, www.kriminalmuseum.at.
Haus der Gifte: Mai bis Mitte Okt. tägl. (außer Mo) 9–17 Uhr. Eintritt 5 €, Kinder 2,50 €. ✆ 0664-1755073, www.hausdergifte.at.

Sensenmuseum Scharnstein: An die große Tradition der Sensenerzeugung in Scharnstein erinnert eine Dokumentation in der 400 Jahre alten Sensenschmiede Geyerhammer, die erst 1987 still gelegt wurde und noch über drei original erhaltene, mit dem Wasser der Alm betriebene Hämmer und Essen verfügt.

1. Mai bis 26. Okt. Sa/So 10–12/14–16 Uhr, Schmiedevorführungen jeden 1. Sa 15 Uhr. Eintritt 3 €, Kinder 2 €, S-Card. www.sensenmuseum.at.

Grünau im Almtal: Der Ort (2140 Einwohner) ist schnell durchstreift; sehenswert ist der prächtig goldene Hochaltar der barocken *Pfarrkirche St. Jakob*, der kaum Platz im Chor zu finden scheint. Er stand 200 Jahre in der Stiftskirche Kremsmünster, bevor er 1712 hier eingepasst wurde. Weite Gebiete des Almtals sind übrigens bis heute im Besitz von Stift Kremsmünster.

Cumberland-Wildpark: In dem entlang dem Almfluss gelegenen, 60 ha großen Areal sind an die 500 Tiere in großartiger Landschaft zu sehen, darunter heimische Wildarten (Steinböcke, Gämsen, Adler, Waldrappen, Braunbären und Luchse) und europäische Arten (Elche, Wisente und Urwildpferde). Da die Konrad-Lorenz-Forschungsstelle nicht weit ist, sind auch Kolkraben im Wildpark anzutreffen (→ Kasten S. 257). 2008 wurde zudem ein Wolfsforschungszentrum eingerichtet. Alle Wege durch den Park sind kinderwagentauglich, ein Buffet sorgt für Speis und Trank. Eigentümer des weitläufigen Areals ist Ernst August von Hannover, der mit seiner Gattin Caroline von Monaco gern im nahen Jagdschloss Auerbach weilt.

April bis Okt. tägl. 9–18, Nov. bis März Mo–Fr 11–16, Sa/So 9–16 Uhr. Eintritt 7,50 €, Kinder 6–15 J. 5,50 €, S-Card. Hundeverbot. www.cumberland.at.

Almtaler Haus/Großer und Kleiner Ödsee/Herrentisch: Schon die Zufahrt zum Almtaler Haus auf der schmalen, kurvenreichen Straße ist ein Abenteuer (kaum zu glauben, dass sie von Mai bis Mitte Sept. mit dem Pkw erlaubt ist; zu Fuß rund 1½ Std.) und ein landschaftlicher Genuss. In dieser Zeit hat auch das Almtaler Haus am Ende der Straße geöffnet. Es ist eine Schutzhütte des ÖAV (714 m, www.almtalerhaus.at) und Ausgangspunkt hochalpiner Touren in das Tote Gebirge, deren imposante Nordgipfel (*Großer Priel* 2515 m, *Schermberg* 2396 m) die Hintere Hetzau umschließen.

Nicht versäumen sollte man die einfache Rundwanderung (1½ Std.) zu den beiden kleinen, mitten im dichten Wald gelegenen Ödseen, in denen im Sommer auch gebadet wird. Der Weg ist ab dem Parkplatz beim Almtaler Haus beschildert. In rund 15 Min. ist der **Kleine Ödsee** erreicht, der nur am Südufer zugänglich ist. 25 Min. dauert der Weg bis an den **Großen Ödsee**, den man – vorbei an einer Jagdhütte und mit schöner Bergaussicht – zur Hälfte umrunden kann. Von seiner Westspitze gelangt man wieder auf die Hetzaustraße und zum Almtaler Haus zurück. Einen tollen Blick aus der Vogelperspektive auf die Seen hat man vom **Herrentisch** (800 m), einen Rastplatz auf einem Felsvorsprung, den man vom Almtaler Haus in ca. 25 Min. (Weg Nr. 430 Richtung Seyerling) erreicht.

Beim Almtaler Haus vor der Kulisse des Toten Gebirges

Almsee: „Hier hält die Stille", sagte *Adalbert Stifter* vor 150 Jahren über den Almsee, der bis heute mit seinem kristallklaren Wasser und seiner pittoresken Lage am Fuße majestätischer Felsgipfel des Toten Gebirges bezaubert (von links nach rechts: Rotgschirr, 2270 m, Zwölferkogel, 2099 m, Woising, 2064 m). Und das gilt vom Frühjahr, wenn die Narzissen blühen und die Berge noch weiß sind, bis in den goldenen Herbst mit angezuckerten Gipfeln. Am Westufer führt eine Straße entlang bis zum großen Parkplatz beim *Seehaus*, einem 1652 vom Stift Kremsmünster erbauten Wirtschaftshof am südlichen Seeende. Das östliche Ufer hingegen ist naturbelassen, teils mit Schilf und Auwäldern und einem empfehlenswerten Promenadenweg, auf dem man mitunter auf die berühmten Graugänse (→ Kasten S. 257) trifft. Die Gehzeit von einem zum anderen Ende des Almsees beträgt etwa 1 Std. (zurück auf gleicher Route). Man kann das Gewässer auch ganz umrunden, ist dann aber etwa 500 m entlang der Straße unterwegs.

Vom Parkplatz beim Seehaus treten Bergsteiger ihre anspruchsvollen Touren in das Tote Gebirge an, etwa zur *Pühringerhütte* (4 Std.). Dazu müssen sie zunächst eben auf einer Forstraße in den Talschluss zum gewaltigen Felskessel *In der Röll* marschieren, dieser Abschnitt ist auch als einfache Talwanderung zu empfehlen.

Almsee: 589 m Seehöhe. 2,3 km lang, bis zu 0,7 km breit. Max. Tiefe 9 m. Max. Temperatur 18 °C.

- *Wanderweg* Von Grünau erreicht man den Almsee über den 13 km langen Reutlweg und den anschließenden Konrad-Lorenz-Weg in ca. 3½ Std.
- *Essen & Trinken* **Seehaus**, modern-rustikaler Ausflugsgasthof in historischen Mauern. Regionale Küche, fangfrische Saiblinge und Forellen. Innenhofgarten, Veranda mit Seeblick. Ende März bis Anfang Nov. tägl. (außer Mo). Almseestr. 1, ✆ 07616-8366.

** **Deutsches Haus**, stimmungsvoller Gasthof in einem alten Jagdhaus am Westufer, sehr gute österreichische und regionale Küche, Almseeforellen, Wildgerichte etc. À la carte 7–17 €. Mai bis Anfang Okt. tägl. 11–21 Uhr. 4 einfache Zimmer mit Fließwasser. DZ 48 €. Almsee 262, ✆/✉ 07616-8332.

• *Veranstaltungen* **Echoblasen**: Mitte Juni bis Mitte Sept. Mi ab 19.30 Uhr, Echoplatzl am Westufer.

Bergstraße Farrenau und Kasberg (1747 m): 6 km geht es durch Wiesen und Hochwald mit schönen Ausblicken hinauf zum 1150 m hoch gelegenen *Berghotel Hochberghaus*. Bei 1000 m passiert man den *Du-Stein*, der darin erinnert, dass man sich ab dieser Höhe üblicherweise duzt. Die Hänge oberhalb des Hochberghauses sind mit ihren Liftanlagen vom Wintersport geprägt. Eine kurze Wanderung führt in 30 Min. zum *Jagerspitz* (1266 m). 1½–2 Std. ist man unterwegs über die Farrenau und den Benn-Nock-Gipfel zu den von Weidevieh bevölkerten Kasbergalmen mit der *Sepp-Huber-Hütte* (1506 m, Mai bis Mitte Sept. geöffnet) und der urigen *Kasbergalmhütte* (Schausennerei Mi/So 12–17 Uhr). Eine Bergtour für Trittsichere ist der Weiterweg von der Alm durch Latschenfelder und Dolinenmulden auf den *Kasberggipfel* (1747 m, 1½ Std.), der für seine prächtige Rundsicht bekannt ist.

• *Mautstraße* **Bergstraße Farrenau**: 1. Mai bis 26. Okt. tägl. 7–24 Uhr. 10 €/Pkw, S-Card.

• *Übernachten/Essen* *** **Hochberghaus Familienalm**, Gasthof auf 1200 m mit rustikalen Stuben und Aussichtsterrasse; bodenständige Küche, Wild- und Pfandlgerichte. Kinderfreundliches Familienhotel mit 5 Komfortzimmern im Stammhaus und 12 rustikal-modernen Familienzimmern in der Familienalm. Sauna. DZ (alt) 74–90 €, DZ (neu) 114–140 €. Kasberg 1, ✆ 07616-8477, ✉ 07616-847777, www.hochberghaus.at.

• *Wintersport* Familienskigebiet **Grünau – Kasberg**, 12 Lifte, 40 km Pisten, Tageskarte 30,50 €. www.kasberg.at.

Kinderland Schindlbach: In idyllischer Lage im Schindlbachtal finden sich ein Märchenwald und Sagenwanderweg, ein Bassin mit Elektrobooten, ein Kurs für Elektroautos, Go-Kart-Bahn und Kinderspielplatz. Ein Selbstbedienungsrestaurant nebenan versorgt mit warmer Küche.

Juli/Aug. tägl. 10–18, Mai/Juni/Sept. bis 26. Okt. nur Sa/So/Feiertage. Eintritt 2,60 €, Kinder 1,70 €. Für die einzelnen Spielgeräte sind zusätzlich Jetons à 1,10 € zu erwerben. www.kinderland-schindlbach.at.

Graugänse am Almsee

Register